O2O领域前沿法律问题研究

北京知识产权法研究会／编

法律出版社
LAW PRESS · CHINA
北京

图书在版编目(CIP)数据

O2O领域前沿法律问题研究 / 北京知识产权法研究会编. -- 北京 : 法律出版社, 2022
ISBN 978 - 7 - 5197 - 7203 - 1

Ⅰ. ①O… Ⅱ. ①北… Ⅲ. ①电子商务-法规-研究-中国 Ⅳ. ①D922.294

中国版本图书馆CIP数据核字(2022)第193682号

O2O领域前沿法律问题研究
O2O LINGYU QIANYAN FALÜ WENTI YANJIU

北京知识产权法研究会 编

责任编辑 陶玉霞
装帧设计 鲍龙卉

出版发行 法律出版社
编辑统筹 法规出版分社
责任校对 张红蕊
责任印制 耿润瑜
经　　销 新华书店

开本 710毫米×1000毫米 1/16
印张 22.75 **字数** 340千
版本 2022年11月第1版
印次 2022年11月第1次印刷
印刷 三河市兴达印务有限公司

地址:北京市丰台区莲花池西里7号(100073)
网址:www.lawpress.com.cn
投稿邮箱:info@lawpress.com.cn
举报盗版邮箱:jbwq@lawpress.com.cn

销售电话:010-83938349
客服电话:010-83938350
咨询电话:010-63939796

书号:ISBN 978-7-5197-7203-1
定价:75.00元

凡购买本社图书,如有印装错误,我社负责退换。电话:010-83938349

编　委　会

序 言

Preface

经济社会的发展和科技创新的进步深刻地影响着人们的生产方式和生活方式。尤其是互联网时代数字技术的应用和普及,为平台共享经济提供了强有力的技术支撑,极大地改变了传统的商业营销模式和公众的消费形式。新经济形态在优化资源配置、加速要素流动和提高匹配效率方面发挥了积极作用。在“互联网 +”和“大众创业、万众创新”的背景下,O2O 商业模式(Online To Offline,亦称离线商务模式)成为当下数字网络经济的一个缩影。以数字化信息为要素,以信息网络为载体,从线上到线下将服务商与消费者联结在一起,实现线上与线下的完美结合,O2O 商业模式为人们的物质生活和精神需要提供了高效与便利的服务。

O2O 商业模式是指线上营销、线上购买或预订带动线下消费,让互联网成为线下交易的前台。作为一种新的商业模式,O2O 在很大程度上影响和改变了传统的营销模式和消费习惯,与此同时,人与人之间的关系也因之发生了许多变化。伴随各种复杂情况的出现,传统的市场规则和法律规范遇到许多挑战。正是在这样的背景之下,北京知识产权法研究会对 O2O 平台领域的法律法规和行业政策给予高度关注,调动各方资源,在总结互联网法治前沿研究成果的基础上,聚焦行业的热点问题和典型案例,对数据安全、个人信息保护、平台食品安全、灵活用工以及网络不正当竞争等方面的法律问题展开了广泛而深入的研究,意在为推动互联网经济的健康发展和 O2O 商业模式的法治化运作提供助力。

O2O 是目前社会上流行的热门电子商务方式，在需求层次和购物选择方面为人们提供了一种全新的形式。由于 O2O 不仅降低了采购成本，而且还提供了生活便利，所以深受人们的喜爱和欢迎。然而，随着 O2O 的普及应用，各种不同于传统商务的复杂情况开始出现，其中就有不少问题涉及法律层面，需要给予应对和解决。将这些问题归纳起来主要集中在以下方面：

第一，关于平台、服务商与消费者之间的法律关系。涉及三者各自的法律地位、权利义务、法律责任等方面。法律是用来定分止争的，只有定分在前，才有止争在后。责、权、利明确了，纠纷自然会减少。在 O2O 商业模式中，平台是最主要的沟通中心和交易汇聚地，大量 O2O 是借助网络交易平台得以实现的。然而，对于平台在 O2O 交易当中的法律地位和责任，法律并没有明确地作出规定。

第二，关于合同要约的撤销。根据《民法典》的规定，除规定不可撤销的情况外，要约是可以被撤销的，不过，撤销的通知须在受要约人发出承诺通知之前送达。然而，在 O2O 模式下，网上交易的瞬时性和数据传输的迅捷性，致使发出要约和要约到达几乎同步的。当下的情形是，接收方的运营系统一般会包含自动接收要约的功能，这就导致了在及时确认要约的同时，也容易造成要约的自动认可，使合同无法进行撤销。

第三，关于电子签章运用。电子合同是指在专用的或者公开的网络环境里通过数据电文达成的非纸质的数值化的合同。电子合同不仅可以通过电子商务网站达成，而且可以通过电子数据交换或其他电子交互方式来达成。然而，电子合同使得作为合同成立标志的签章如何在网络上运用成为问题。由于电子合同的无纸化特点，极易引发围绕电子签章效力的法律纠纷。

第四，关于网络事故造成的损失责任分担。网络系统出现事故、故障，很容易引起法律责任，造成法律纠纷，而目前法律并未对此作出清晰明确的规定。

第五，关于交易证据的收集。现行法律未对数据电文证据的法律地位及其认定作出具体要求。网络交易的特殊性，无纸化的特点，都会给收集证据带来巨大困难。

第六，关于虚假信息与网络审核。在 O2O 中，网络交易平台联系着买家与卖家,因此负有向买卖双方提供真实信息的责任。如果一方恶意提供虚假信息并因此损害到其他方权益,那么,网络交易平台究竟应当承担什么样的法律责任:审核义务责任抑或侵害责任?

最后,关于信息安全保障。网络交易平台为了交易的需要,会向买卖双方收集信息并加以保存。在网络平台遭受黑客攻击用户信息被盗取利用的情况下,网络平台应该承担什么样的法律责任?

所有上述存在的问题都需要我们从理论上和法律上加以分析并给出解决的办法,这也是研究这些问题的意义所在。尽管我们不能对这些问题一一给出满意的答案,因为还需要时间和经验的积累,但是,我们可以对这些问题进行梳理归纳,找出具有共性的东西,从宏观体系方面提出方略。归纳上述问题不难看出,为了减少和解决在O2O下产生的法律纠纷,需要在完善法治、落实责任和加强监管三个方面下功夫。

首先,在完善法治方面需要强调立法、司法和行政执法等方面的工作。针对目前O2O模式开展的状况,应制定更为具体明确的法律规范,借此来解决发生在纠纷当中的责任不清的问题。现行立法更多的是针对实体商务方面的纠纷,而对于网络商务的法律规范不尽完善。因此,应当运用立法手段来填补O2O模式的漏洞,为解决纠纷提供法律上的依据,做到有法可依。从实践情况看,当前O2O模式中出现的法律纠纷多数是以民商法为主的私法来进行调整,但是,也有少数案件涉及刑事法律,使当前涉及O2O法律纠纷呈现复杂化、多样化的趋势。与此相对,可适用的法律规范又不够用,而且适用范围也比较狭窄。

在司法方面,需要作出相应调整。由于在调查取证和审理裁判上都存在困难,所以法院对涉及O2O的案件并不十分愿意受理。如何发挥法院在司法上的积极性和能动性,是一个比较现实的问题。当然,还需要来自立法和执法的支持,如果不能做到有法可依和有法必依,那么法院也无济于事。

在行政执法方面,执法队伍对涉及O2O的案件普遍缺乏积极性和主动性。一方面是涉及网络商务方面的案件通常都比较复杂,另一方面是执法人员对与之相关的法律掌握不够,因此经常会出现逃避执法、消极执法的情况。改变这种局面，一方面需要加强对执法人员的法律业务能力的培训；另一方面，也要注意建设和营造良好的执法环境和条件。

其次，就落实责任而言，需要明确各个 O2O 的参与者的法律地位和与之相应的责任。在法律责任和法律风险方面 O2O 与传统电商存在许多不同。以对入驻商户的审查义务为例，电商不可能对每个商户进行实质性审查，况且根据有关居间合同的法律规定，也无法直接推导出居间人的审查义务。然而，对于 O2O 企业而言，其对消费者的承诺超出一般居间人的义务范围，即使从自身利益出发，为了避免索赔风险，都有必要对入驻商户穷尽其审查义务，除了提供入驻商户的真实联系方式，还需要对入驻商户的资质、信誉、履约能力、服务的实际情形等进行审查，如果发现上述事项与实际情况明显不一致，还应进一步核实信息的真伪，以确保信息的真实性。

O2O 中企业担负的法律责任也有所不同。传统电商扮演居间人的角色，电商平台对委托人与第三人之间的交易合同无权采取实质性的介入，仅负有如实报告义务，而且还是以故意作为损害赔偿的主观要件。O2O 企业因讲究行业细分领域内的重度垂直和可控的服务质量，通常会就服务质量对消费者作出某种承诺。对传统电商来说，除非消费者能够举证证明电商存在故意隐瞒重大事实或者提供虚假情况，明知或应知平台入驻商户利用其平台侵害消费者合法权益而未采取必要措施的情形，电商不需要向实际交易的双方承担责任。相比之下，O2O 企业则要受到其向消费者作过的更有利承诺的约束，并须履行承诺，如服务质量保障措施、先行赔付等。

最后，就加强监管而言，行政机关的监管效率有待提升。针对 O2O 的监管，重点在于落实网络平台的审查责任，以保证入驻商家的品质。O2O 所涉及的领域很广，除了商品销售以外，还包括提供服务等诸多领域。互联网条件下的 O2O 商业模式非常适合中小企业的发展。以往企业一味追求大而全的目标已经落伍，而 O2O 更多地要求企业化整为零，以最大限度地提升经济生产的效率。当然，这种产业结构上的变化也自然会给行政监管带来不少难题。因此，给相关行政部门提出的目标是：对传统的管理方式进行调整，适时转换监管模式，提升工作效率并节约监管成本。

无救济则无权利是现代法治的一项基本原则。在互联网时代,也同样需要围绕着 O2O 构建一个公平合理的法律秩序。要想实现这样的目标,则必须对现实社会发生的新情况和新问题进行深入细致研究,从而寻找到解决问题的有效策略。《O2O 领域前沿法律问题研究》一书,意在通过探究 O2O 的本身结构、外部运用以及由其引发的各种法律关系,来揭示这种新型网络商业活动的社会本质和法律本质,寻找当前法律救济制度在电子商务方面的缺失和不足,为营造良好规范的营商环境,为消费者和商家合理合法地从事商业活动,提供建议和指南。

曲三强

2022 年 7 月 1 日

目 录

Contents

反不正当竞争法视野下的企业数据权益保护

——基于司法典型案例的研究分析

北京中周法律应用研究院 *

【内容摘要】 在大数据时代，通过知识产权专门法保护企业数据权益存在局限性，反不正当竞争法保护成为现行法律框架下企业数据权益保护的主要途径。运用反不正当竞争法保护企业数据的核心问题在于企业数据保护的门槛和边界，即数据权益基础的确定和诉争行为不正当性的认定。本课题根据数据属性和行为类型的不同，结合涉企业数据权益典型案例对上述问题进行了重点研究和深入分析。

【关键词】 企业数据　数据权益　数据抓取　数据爬取　不正当竞争

引　言

在第四次工业革命浪潮下，随着大数据技术的迅速发展和数据应用场景的不断拓展，数据对于企业经营的重要性日益凸显。无论是数据控制方还是数据利用方，均越来越重视数据所蕴含的经济价值。企业数据爬取和使用所引发的数据权益争议不断，涉企业数据权益纠纷案件呈现逐年增长态势，企业数据权益保护问题受到了各方的热议。

当前，学术界对企业数据权益的保护机制依然存在很大争议，司法实践中

---

* 课题负责人：叶国志、苏志甫；课题组其他成员：李铁凡、杨博雅、张好、陈彦蓉。

对于企业数据权益的保护也存在不同观点和不同路径选择。为准确探析企业数据权益在现有法律框架下的保护路径，本文对近年来涉企业数据权益纠纷的典型案例进行了筛选和梳理，希望在了解司法保护现状的基础上，厘清企业数据权益纠纷案件背后的裁判规则和司法共识，进而归纳企业数据权益保护的路径、门槛与边界。

一、企业数据权益保护司法概况

（一）数据权益纠纷整体态势分析

通过对近年来发生的与企业数据相关的案件进行整理归纳，以中国裁判文书网、知产宝、威科先行和北大法宝数据库为基础，对"数据""平台数据""数据权益""数据爬取""大数据"这些关键词进行逐一检索和交叉检索，对检索结果进行逐一排查，排除出不相关的案件，选择出与本文研究相关的案例共 26 例。其中，企业数据权益纠纷最早可追溯至 2011 年的大众点评诉爱帮网案，2017 年后企业数据纠纷争议更加频繁，企业数据纠纷案件数量呈增长趋势（见图 1）。

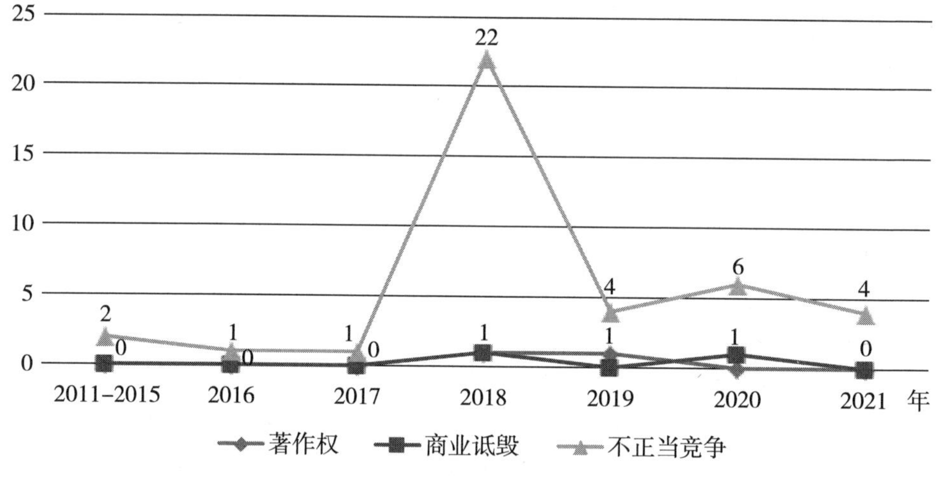

图 1　数据纠纷案例数量统计

随着大数据技术的快速进步，数据市场的蓬勃发展，数据所蕴含的经济价值日益被法院所重视，在数据纠纷案件中，判赔金额在 200 万元以上的案件共 9 例，占比 43%（见图 2）。

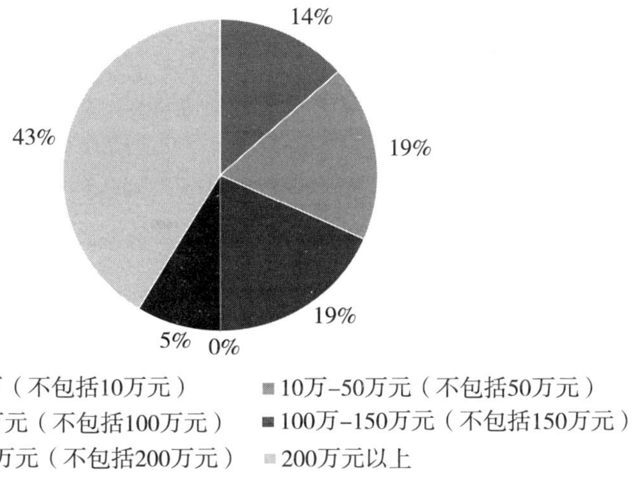

图2　数据纠纷案件判赔金额比例[1]

当前数据权属尚不明朗，企业对数据抓取分析能力日益增强，未来数据纠纷案件数量还将呈现持续增加的态势。

（二）涉企业数据权益典型判例梳理

笔者通过对近年来涉企业数据典型案例进行分析挑选，共选取出11例较有代表性的案例[2]，以期整体了解当前企业数据权益纠纷的现状（见表1）。

表1　典型案例基本信息

案号	案件名称
(2010)海民初字第24463号民事判决 (2011)一中民终字第7512号民事判决	爱帮聚信（北京）科技有限公司、上海汉涛信息咨询有限公司不正当竞争纠纷案（以下简称大众点评诉爱帮网案）

---

〔1〕 数据统计结果基于本文检索到的样本案例，其中判决原告败诉的案件不参与统计。

〔2〕 参见北京市第一中级人民法院民事判决书，(2011)一中民终字第7512号；北京知识产权法院民事判决书，(2016)京73民终588号；上海知识产权法院民事判决书，(2016)沪73民终242号；广东省深圳市中级人民法院民事判决书，(2017)粤03民初822号；北京知识产权法院民事判决书，(2017)京73民终2102号；浙江省杭州市中级人民法院民事判决书，(2018)浙01民终7312号；浙江省杭州市滨江区人民法院民事判决书，(2019)浙0108民初5049号；北京知识产权法院民事判决书，(2019)京73民终3789号；北京知识产权法院民事判决书，(2019)京73民终2799号；杭州互联网法院民事判决书，(2019)浙8601民初1987号；浙江省杭州市中级人民法院民事判决书，(2020)浙01民终4847号。

续表

案号	案件名称
(2015)浦民三(知)初字第 528 号民事判决 (2016)沪 73 民终 242 号民事判决	北京百度网讯科技有限公司与上海汉涛信息咨询有限公司不正当竞争纠纷案(以下简称大众点评诉百度地图案)
(2017)京 0108 民初 4758 号民事判决 (2017)京 73 民终 2102 号民事判决	北京五八信息技术有限公司与青岛韩华快讯网络传媒有限公司侵害著作权纠纷、不正当竞争纠纷案(以下简称奋韩网诉 58 同城网案)
(2015)海民(知)初字第 12602 号民事判决 (2016)京 73 民终 588 号民事判决	北京淘友天下科技发展有限公司、北京淘友天下技术有限公司与北京微梦创科网络技术有限公司不正当竞争纠纷案(以下简称微博诉脉脉案)
(2017)粤 03 民初 822 号民事判决	深圳市谷米科技有限公司与武汉元光科技有限公司不正当竞争纠纷案(以下简称谷米科技诉元光科技案)
(2017)浙 8601 民初 4034 号民事判决 (2018)浙 01 民终 7312 号民事判决	安徽美景信息科技有限公司与淘宝(中国)软件有限公司不正当竞争纠纷案(以下简称淘宝诉美景案)
(2018)京 0108 民初 28643 号民事判决 (2019)京 73 民终 3789 号民事判决	湖南蚁坊软件股份有限公司与北京微梦创科网络技术有限公司不正当竞争纠纷案(以下简称微博诉蚁坊案)
(2017)京 0108 民初 24510 号民事判决 (2019)京 73 民终 2799 号民事判决	上海复娱文化传播股份有限公司与北京微梦创科网络技术有限公司不正当竞争纠纷案(以下简称微博诉饭友 App 案)
(2019)浙 8601 民初 1987 号民事判决 (2020)浙 01 民终 5889 号民事裁定	腾讯科技(深圳)有限公司、深圳市腾讯计算机系统有限公司与浙江搜道网络技术有限公司、杭州聚客通科技有限公司不正当竞争纠纷案(以下简称腾讯诉搜道公司、聚客通公司案)
(2019)浙 0108 民初 5049 号	杭州阿里巴巴广告有限公司、阿里巴巴(中国)网络技术有限公司与南京码注网络科技有限公司、梁斌不正当竞争纠纷案(以下简称阿里巴巴诉码注公司案)
(2019)浙 8601 民初 1594 号民事判决 (2020)浙 01 民终 4847 号民事判决	苏州朗动网络科技有限公司与重庆市蚂蚁小微小额贷款有限公司、浙江蚂蚁小微金融服务集团股份有限公司不正当竞争纠纷、商业诋毁纠纷案(以下简称蚂蚁金服诉企查查案)

通过对上述11个典型案例的梳理可以发现，当前数据纠纷涉及的领域主要集中在互联网行业。涉及企业数据竞争的主体多为知名的网站经营者或软件经营者，如大众点评、新浪微博、微信等大型网络平台。企业数据纠纷涉及的数据类型呈现多样化，在部分案件中被划分为原始数据和衍生数据、公开数据和非公开数据等。作为案件原告的数据经营者通常依据《著作权法》《反不正当竞争法》寻求保护。具体到表1的11个案例中，以著作权和不正当竞争为由寻求保护的有1例，占比9%；以不正当竞争和商业诋毁为由寻求保护的有1例，占比9%；以不正当竞争纠纷为由寻求保护的有9例，占比82%（见图3）。通过对上述9例数据不正当竞争纠纷案件分析可以发现，其中以《反不正当竞争法》中"一般条款"为裁判依据的共6例，占比67%；以"互联网专条兜底条款"为裁判依据的共3例，占比33%（见图4）。

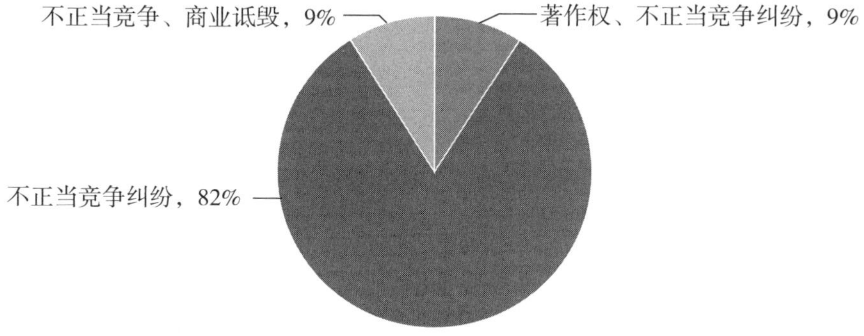

图3 数据纠纷案由分布

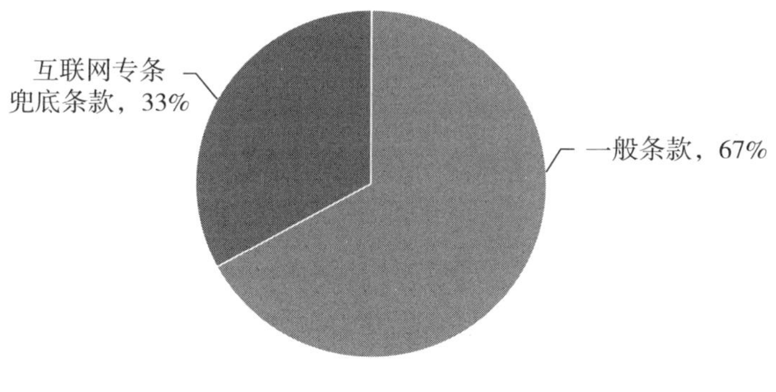

图4 《反不正当竞争法》法条援引比例

通过对上述11例案件判决结果分析可以发现,数据纠纷中原告胜诉率100%,法院倾向于认可数据经营者对于其收集、整理、加工的数据,基于其所投入的成本和精力拥有竞争法所保护的合法权益,他人在未经许可的情况下获取、使用数据经营者所收集、整理的数据的行为可能构成不正当竞争。

二、企业数据权益的保护机制与路径选择

在网络技术被普遍和深度运用的数字经济时代,数据不再仅仅具有承载信息这一单一功能,而是逐渐成为人们认知世界的工具以及商业交易的对象。企业数据的多重属性使得其成为一项重要的生产要素,其财产价值和竞争意义也日益凸显,数据财产化成为数字经济时代的必然趋势,也为企业数据保护体系的构建提供了正当性基础。正如有学者指出财产权观念和财产权制度也是与时俱进、不断发展的,现代财产观更重视人与人之间的关系,而不限于对某个客体的绝对性支配权,这一观点契合数据保护的需要,为数据财产化提供了更有力的理论支撑。[3] 实际上,当下对于企业数据具有受保护的价值,应当纳入法律调整的范围,已经鲜有争议,学术界和实务界对企业数据保护的分歧主要在于对保护路径的选择方面,因此,在探究企业数据保护路径之前有必要先梳理学术界和实务界的不同观点。

(一)企业数据权益保护的学术观点

目前,我国尚未在立法层面形成专门的企业数据保护机制,学术界对于数据的保护模式一直存在不同观点,其中包括债权保护模式、物权保护模式、知识产权保护模式、新型权利保护模式以及事实财产保护模式。持债权观点的学者梅夏英认为,以合同法就能够对数据的交易进行有效的调整,因为数据无法成为财产权保护的客体。[4] 持物权观点的学者周林彬、马恩斯认为,将数据归入物权法体系是最为便捷的保护模式,能够避免立法创设数据财产权而产生的成

〔3〕 参见冯晓青:《数据财产化及其法律规制的理论阐释与构建》,载《政法论丛》2021年第4期。

〔4〕 参见梅夏英:《数据的法律属性及其民法定位》,载《中国社会科学》2016年第9期。

本问题，相比于知识产权和债权，物权的架构更具有优势。[5] 持著作权观点的学者杨立新、陈小江认为，衍生数据的形成过程是经营者智慧劳动的成果，因其独创性而应当纳入著作权法的保护范畴。[6] 学者郝思洋认为，可以适当扩张邻接权的客体范畴，将不具有独创性的数据使用邻接权加以保护。[7] 龙卫球教授则呼吁构建新型财产权，将数据视为一种财产，基于数据与知识产品的类似性，参照知识产权对数据权利进行构建，用户基于其个人的信息获得数据精神权益与财产权利，而数据控制者（企业或平台）可取得其相关数据的经营权与资产权。[8] 持事实财产保护观点的高富平教授从数据流通的角度考量企业数据保护模式，认为可以利用民法最基本理论实现对数据的社会配置和利用，这实际上是一种事实财产权，即数据控制者基于事实上的合法控制即可享有数据使用权，这一进路可以实现即使现有法律并未明确数据控制者享有什么权利，数据控制者基于对数据的实际控制也能享有数据流通或许可使用的法律基础，只要法律承认和保护数据控制者对数据具有事实上的控制，那么也能够以此构建数据利用秩序。[9] 除了上述观点外，有观点认为不论是选择赋权路径还是行为规制路径，均不是当下数据保护问题的关键，即使选择赋权的权利化保护模式，也可以将排他权设置得比较狭窄或者通过设置限制或例外的规定以照顾竞争者的利益，因此，在大数据时代，最关键的问题并不在于选择何种路径，而在于如何界定清楚数据爬取行为非法与合法的边界。[10] 与一般的赋权路径不同，还有观点主张从“权利界定”转向“权益权衡”的私法进路，指出数据的事前界权成本过高，权利进路在当下难以成为数据保护的最佳方式，权益权衡模式则不再纠结于如何赋权，而是暂时悬置数据权益的争议，转而对数据爬取的事实和后

---

〔5〕 参见周林彬、马恩斯：《大数据确权的法律经济学分析》，载《东北师大学报（哲学社会科学版）》2018 年第 2 期。

〔6〕 参见杨立新、陈小江：《衍生数据是数据专有权的客体》，载《中国社会科学报》2016 年 7 月 13 日，第 5 版。

〔7〕 参见郝思洋：《知识产权视角下数据财产的制度选项》，载《知识产权》2019 年第 9 期。

〔8〕 参见龙卫球：《数据新型财产权构建及其体系研究》，载《政法论坛》2017 年第 4 期。

〔9〕 参见高富平：《数据流通理论：数据资源权利配置的基础》，载《中外法学》2019 年第 6 期。

〔10〕 参见魏立舟学者在第六届三知论坛“数据权益知识产权保护”中发表的观点，载微信公众号“知产力”2022 年 1 月 13 日，https://mp.weixin.qq.com/s/6OaQD99jjMebRpwzSnB2zQ。

果作实质性思考,利用权衡的法则实现数据保护领域的定分止争。[11]

(二)企业数据权益保护的实践观点

不仅学术界对于企业数据权益的保护机制存在争议,司法实践中对于企业数据权益的保护也存在不同的观点和不同的路径选择,其中主要包括知识产权专门法保护路径和反不正当竞争法保护路径。随着企业数据保护司法案例的不断增多,不同法律保护路径的优劣及其作用逐渐清晰。

1. 知识产权专门法保护路径

支持用知识产权框架来保护企业数据的观点通常认为企业数据是一种新型的知识产权,而是否应该用知识产权体系来容纳数据实际上涉及两个层次的问题:一是现有知识产权客体是否足以容纳企业数据;二是如果传统知识产权客体无法容纳企业数据,是否有必要扩大知识产权客体范畴。有观点指出选择知识产权作为数据保护的路径,是因为知识产权恰恰可以实现客体的共享和利益排他之间的分离。[12] 但由于知识产权采用垄断的方式保护权利人权利,在一定程度上限制了交易,限制了数据的自由流动,如果不从数据保护的现实需要角度去分析知识产权保护路径的可行性,轻易将数据纳入知识产权范畴,可能会造成对公众自由利用信息的阻碍,因此,大多数观点也持审慎态度,对于数据是否应当纳入知识产权体系目前也尚无定论。从当下的司法实践来看,知识产权专门法保护路径在司法实践中主要包括汇编作品保护和商业秘密保护两种方式。随着大数据时代的到来,通过知识产权专门法保护企业数据权益这一路径的局限性和困境越来越清晰。

(1)汇编作品保护的条件与困境

企业数据主要表现为数据的集合和汇总,与汇编作品的性质相似。当企业收集、编排的数据库具有独创性且满足汇编作品构成要件时,企业可以对该数据库寻求著作权的保护。如在济南白兔信息有限公司与佛山鼎容软件科技有

---

〔11〕 参见许可:《数据爬取的正当性及其边界》,载《中国法学》2021 年第 2 期。

〔12〕 参见北京市高级人民法院陶钧法官在第六届三知论坛“数据权益知识产权保护”中发表的观点,载微信公众号“知产力”2022 年 1 月 13 日,https://mp.weixin.qq.com/s/6OaQD99jjMebRpwzSnB2zQ。

限公司侵害著作权纠纷案[13]中,法院肯定了数据库可以作为汇编作品进行保护,并指出数据本身不构成作品,不具备独创性,但对数据的选择或者编排形成的具有独创性的数据库,可以纳入汇编作品的范围。

然而,数据本质上是事实类信息,与知识产权专门法所保护的智力成果之间存在区别。一方面,具有高度商业价值的事实信息如商业数据库、金融数据库等,在不满足著作权法意义上的独创性时,无法获得保护;另一方面,在大数据时代,企业数据的价值往往在于数据内容本身,而非编排结构上的独创性。企业的数据采集、整合、编排通常要尊重原始数据,在数据选择和编排上的个性化选择空间有限,通常难以达到汇编作品的独创性要求。因此,在大数据时代,汇编作品的保护路径难以满足大数据的保护需求。

(2)商业秘密保护的条件与困境

在实践中,运用商业秘密保护企业数据是当事人在汇编作品之外选取的另一专门法保护路径。如在衢州万联网络技术有限公司诉周某民等侵害商业秘密纠纷案[14]、何某亮等侵犯商业秘密纠纷案[15]中,法院肯定了原告网站数据库中的用户信息等数据能为原告带来经济利益具有实用性,且不易为相关领域人员普遍知悉和容易获得,且采取了保密措施,符合商业秘密的构成要件。

通过商业秘密保护企业数据权益的局限性在于,商业秘密的保护门槛较高,商业秘密的秘密性和保密性要求使该保护路径仅适用于未公开的企业数据。对于互联网平台上积累的海量用户数据,如微博上的大量用户言论、大众点评上的用户评论等无法获得商业秘密的保护。由于企业数据具有海量、来源广的特点,通常是数据收集者经过大范围收集公开或从被授权收集信息中经过加工整理得到的,该类数据是否满足秘密性的要求,是企业数据商业秘密保护的基本门槛。正是因为大多数数据来源于公开渠道,单一数据的公开性是否会直接导致整体的数据集合丧失秘密性也存在争议。同时,企业数据所采取的保密措施通常只限于收集、处理过程的必要技术手段,这些手段是否构成法律上

---

〔13〕 参见广东省佛山市中级人民法院民事判决书,(2016)粤06民终9055号。
〔14〕 参见上海市高级人民法院民事判决书,(2011)沪高民三知终字第100号。
〔15〕 参见北京市海淀区人民法院民事判决书,(2013)海民初字第15447号。

的合理保密措施有待在个案中予以证明。上述要求使相应一部分企业数据难以达到商业秘密的构成要件。此外,企业数据权益的实现不仅来自对数据的占有和控制,更有赖于数据在数据市场的流转和使用。商业秘密的保护方式可能导致公众难以获取和利用他人在先收集控制的数据,有碍于数据作为生存要素的价值实现和数据产业的发展。

在微博诉脉脉案[16]中,针对淘友公司超授权范围抓取数据行为,微梦公司原本试图通过商业秘密保护路径进行维权。但是,一、二审法院对于"微梦公司的数据是否属于商业秘密""淘友公司是否侵犯微梦公司的商业数据"等问题均没有予以认定,而是援引《反不正当竞争法》第 2 条认定淘友公司的诉争行为构成不正当竞争。上述裁判结果表明了司法机关对于通过商业秘密保护企业数据的审慎立场,也凸显了在现有法律框架下运用商业秘密保护企业数据权益的局限性。

2. 反不正当竞争法保护路径

一般认为,知识产权与反不正当竞争法存在某种互动关系,反不正当竞争法具有对知识产权提供保护的补充功能。[17] 在知识产权领域,竞争法的作用一直以来都是为了在变动不居的科技与生产力发展背景下,为尚未来得及作出调整的法律争取调整的空间,该模式可以避开著作权模式中对独创性的判断,也可以避免对现有知识产权法律体系的突破。[18] 正是由于在大数据时代背景下,运用知识产权专门法保护途径保护企业数据权益存在种种局限性,使反不正当竞争法保护路径成为当事人在现有法律框架下保护企业数据权益的主要途径。在众多典型案例中,司法机关在解决企业数据权益类纠纷时也倾向于援引《反不正当竞争法》的相关规定处理相关纠纷案件。

根据对以往司法案例的统计分析,涉企业数据权益不正当竞争主要集中在互联网领域。针对该类不正当竞争行为,一方面可以援引《反不正当竞争法》互联网专条即第 12 条第 2 款第 4 项的规定进行规制。对此,2021 年 8 月,最高人

---

〔16〕 参见北京知识产权法院民事判决书,(2016)京 73 民终 588 号。

〔17〕 参见吴汉东:《论反不正当竞争中的知识产权问题》,载《现代法学》2013 年第 1 期。

〔18〕 参见郝思洋:《知识产权视角下数据财产的制度选项》,载《知识产权》2019 年第 9 期。

民法院对外公布的《关于适用〈中华人民共和国反不正当竞争法〉若干问题的解释(征求意见稿)》(以下简称《反不正当竞争法司法解释(征求意见稿)》)第26条第1款明确规定:“经营者违背诚实信用原则和商业道德,擅自使用其他经营者征得用户同意、依法收集且具有商业价值的数据,并足以实质性替代其他经营者提供的相关产品或服务,损害公平竞争的市场秩序的,人民法院可以依照反不正当竞争法第十二条第二款第四项予以认定。”另一方面,如果该被控侵权行为并未对他人网络产品的正常运行产生影响,但违反了诚实信用原则或互联网行业公认的商业道德,则法院通常援引《反不正当竞争法》一般条款即第2条予以规制。

由于互联网专条所规定的妨碍、破坏其他经营者的网络产品或服务正常运行的要件不足以覆盖大部分企业数据竞争行为。在法条适用上,《反不正当竞争法》一般条款仍是法院解决企业间数据不正当竞争纠纷的主要法律依据。在具体案件中,法院通常从主体要件(当事人存在竞争关系)、行为要件(诉争行为具有不正当性)、结果要件(诉争行为损害原告数据权益,且扰乱竞争秩序)来判断涉企业数据竞争行为是否构成不正当竞争行为。

通过对近年来涉企业数据权益典型不正当竞争案例的分析,相较于常规的不正当竞争案件和企业数据权益的专门法保护,运用反不正当竞争法保护企业数据的核心问题在于反不正当竞争法保护企业数据的门槛和边界,即对诉争企业数据提供反不正当竞争法保护的权益基础和认定被诉数据使用行为具有不正当性的界定标准。下文将结合相关司法案例,从权益基础确定和行为不正当性认定两方面进行分析。

三、企业数据获得反不正当竞争法保护的权益基础

(一)企业数据的司法定性

《民法典》第127条规定:“法律对数据、网络虚拟财产的保护有规定的,依照其规定。”该规定与《民法总则》相一致。尽管目前法律对于数据的保护尚未作出具体规定,仍处于留白状态,但从《民法典》的上述条文内容来看,可以理解为《民法典》对数据的保护持肯定态度。通过对上述案件裁判结果分析可以发

现，法院倾向于认可数据经营者对于其收集、整理、加工的数据，基于其所投入的成本和精力拥有竞争法所保护的合法权益，他人在未经许可的情况下获取、使用数据经营者所收集、整理的数据的行为可能构成不正当竞争。虽然在判决中对数据属性的表述不同，如存在合法权益、竞争利益、经营权益等不同表述，但本质上是将数据属性定义为财产性权益，而非权利（见表 2）。上述裁判文书的共同之处在于均未承认数据经营者对数据享有如物权一般的绝对权利。正如在淘宝诉美景案[19]中，法院指出数据并非法律上所规定的权利，和一般意义上的绝对权利存在区别，财产所有权作为一项绝对权利，如果赋予网络运营者享有财产所有权，则意味着不特定多数人将因此承担相应的义务。在腾讯诉搜道公司、聚客通公司案[20]中，法院认为对于单一原始数据聚合而成的数据资源整体，数据控制主体享有竞争性权益。

表 2　典型案例中的数据属性

案件	数据属性	权益归属
大众点评诉爱帮网	合法权益	归于收集、整理数据的经营者
大众点评诉百度地图	正当权益，但并非绝对权利	归于收集、整理、挖掘数据信息的经营者
微博诉脉脉	竞争利益	归于用户知情同意下的数据收集者
谷米科技诉元光科技	无形财产	归于软件著作权人
奋韩网诉 58 同城网	经营权益	归于信息数据的经营者
淘宝诉美景	独立的财产性权益，但并非绝对权利	归于数据产品的开发、整合者
微博诉饭友 App	合法权益	归于用户知情同意下的数据经营者

〔19〕 参见浙江省杭州市中级人民法院民事判决书，(2018)浙 01 民终 7312 号。

〔20〕 参见杭州铁路运输法院民事判决书，(2019)浙 8601 民初 1987 号。

续表

案件	数据属性	权益归属
微博诉蚁坊	合法权益	公开数据：收集整理数据的经营者拥有合法权益，但应允许他人合法获取使用；非公开数据归于收集、整理数据的经营者
阿里巴巴诉码注公司	竞争权益	归于收集、整理数据的经营者
腾讯诉搜道公司、聚客通公司案	竞争权益	对于单一原始数据，数据控制主体只能依附于网络用户信息权益，依其与用户的约定享有原始数据的有限使用权；对于单一原始数据聚合而成的数据资源整体，数据控制主体享有竞争性权益

（二）数据类型与数据权益基础的界定

企业数据具有多重属性，在不同类型的数据属性下可能呈现完全不同的特征。相应地，企业经营者对于不同类型的数据，具有截然不同的利益诉求。法院在对不同类型数据进行保护时，也会有所区别。鉴于企业数据的多重属性，应依据数据类型和属性的不同，区分经营者所享有的竞争性权益，进而明确经营者的权益基础。经过对 11 件典型案例的分析可以看出，将数据区分为原始数据和衍生数据，以及公开数据和非公开数据（见表 3），是司法实践中最为常见的数据类型划分。

表 3　数据权益纠纷典型案例数据类型

案件信息	数据类型
爱帮聚信（北京）科技有限公司、上海汉涛信息咨询有限公司不正当竞争纠纷案（大众点评诉爱帮网案）【（2011）一中民终字第 7512 号】	原始数据
北京百度网讯科技有限公司与上海汉涛信息咨询有限公司不正当竞争纠纷案（大众点评诉百度地图案）【（2016）沪 73 民终 242 号】	原始数据
北京五八信息技术有限公司与青岛韩华快讯网络传媒有限公司侵害著作权纠纷、不正当竞争纠纷案（奋韩网诉 58 同城网案）【（2017）京 73 民终 2102 号】	原始数据

续表

案件信息	数据类型
上海复娱文化传播股份有限公司与北京微梦创科网络技术有限公司不正当竞争纠纷案(微博诉饭友 App 案)【(2019)京 73 民终 2799 号】	原始数据
北京淘友天下科技发展有限公司、北京淘友天下技术有限公司与北京微梦创科网络技术有限公司不正当竞争纠纷案(微博诉脉脉案)【(2016)京 73 民终 588 号】	原始数据
腾讯科技(深圳)有限公司、深圳市腾讯计算机系统有限公司与浙江搜道网络技术有限公司、杭州聚客通科技有限公司不正当竞争纠纷案(腾讯诉搜道公司、聚客通公司案)【(2019)浙 8601 民初 1987 号】	原始数据
安徽美景信息科技有限公司与淘宝(中国)软件有限公司不正当竞争纠纷案(淘宝诉美景案)【(2018)浙 01 民终 7312 号】	衍生数据
湖南蚁坊软件股份有限公司与北京微梦创科网络技术有限公司不正当竞争纠纷案(微博诉蚁坊案)【(2019)京 73 民终 3789 号】	公开数据、非公开数据
杭州阿里巴巴广告有限公司、阿里巴巴(中国)网络技术有限公司与南京码注网络科技有限公司、梁斌不正当竞争纠纷案(阿里巴巴诉码注公司案)【(2019)浙 0108 民初 5049 号】	公开数据
深圳市谷米科技有限公司与武汉元光科技有限公司不正当竞争纠纷案(谷米科技诉元光科技案)【(2017)粤 03 民初 822 号】	公共数据
苏州朗动网络科技有限公司与重庆市蚂蚁小微小额贷款有限公司、浙江蚂蚁小微金融服务集团股份有限公司不正当竞争纠纷、商业诋毁纠纷案(蚂蚁金服诉企查查案)【(2020)浙 01 民终 4847 号】	公共数据

1. 原始数据和衍生数据

(1)原始数据和衍生数据的保护思路

原始数据是由企业采取大数据技术进行收集和存储的海量数据集合。随着数据规模日益庞大,量变引起质变,汇集数据的隐藏价值在质量上超过单个数据价值。原始数据范围广泛,既包括用户在客户端主动提供的数据,如用户注册时的用户身份信息,或者用户在平台上发表的用户评价等;也包括经营者主动通过 Cookie 采集用户在网页上的浏览访问数据、从公开渠道采集的公共数据等。衍生数据是企业基于自身拥有的数据资源,经过进一步分析和加工形成的具有更高价值和分析预测能力的数据产品。

对于原始数据和衍生数据权益给予反不正当竞争保护的权益基础在于正当的收集行为和经营者在数据资源形成的过程中投入了大量的人力、物力、财力等诚实劳动。根据洛克的劳动财产理论,“人们对于自己的身体享有所有权,人们通过其身体进行的劳动是正当属于他的,对掺进自己劳动的物可以主张享有财产权,人们当然有权利享有自己行为所带来的利益”〔21〕。劳动财产理论认为劳动是人们获取财产的依据,人们可以对通过自身劳动而对脱离原始状态的物主张权益。

在淘宝诉美景案〔22〕中,“生意参谋”零售电商数据平台是淘宝开发运营的一款数据产品,是在收集巨量原始数据基础上,以特定的算法深度分析过滤、提炼整合,然后经匿名化脱敏处理后形成的预测型、指数型、统计型衍生数据,主要功能是为淘宝、天猫商家的网店运营提供系统的数据化参考服务,提高经营水平。被告美景公司运营“咕咕互助平台”及“咕咕生意参谋众筹”网站,以提供远程登录“生意参谋”数据平台的技术服务来招揽客户,帮客户获取信息数据,从中获利,客户购买美景公司的数据产品价格仅仅是淘宝公司收取的一半,淘宝公司主张美景公司的行为构成不正当竞争行为。该案中,法院进行了网络用户信息、原始网络数据、衍生数据的三元划分,认为网络用户信息是用户隐私权的一部分,对这部分信息在收集时不仅须征得用户同意,且经营者负有安全保障的义务。原始网络数据是网络用户信息的数字化表现,其内容仍在网络用户信息的范畴内,因此对于原始网络数据,网络运营商不能享有独立权利,依照其与用户签订的信息使用权协议进行权利限制。网络大数据产品是经过网络运营者独创性的劳动实现的智力成果,已经独立于基础性的网络用户信息和原始网络数据,因为有开放和整合的过程,衍生数据享有独立性的财产权益,所有者为网络运营者。值得说明的是,虽然法院在本案中明确生意参谋这一类产品作为网络大数据产品是可以为运营者带来经济效益的重要财产权益,但根据物权法相关规定,囿于“物权法定”原则,并不确认网络运营者因此享有数据产品

〔21〕［英］洛克:《政府论》,叶启芳、翟菊农译,商务印书馆2009年版。
〔22〕参见浙江省杭州市中级人民法院民事判决书,(2018)浙01民终7312号。

的财产所有权。

正是由于企业数据权益并非法定权利，在个案中需要根据诉争企业数据的内容、属性以及数据拥有者对数据利益形成的贡献度等因素，准确界定企业数据的利益归属及其权利边界。从举证责任分配的角度，请求企业数据权益保护的主体对此负有举证责任。正如某审判指导文件所指出："请求保护数据利益的一方对其所主张的数据的范围、数量、来源、采集、存储、分析、获利方式以及公认的商业道德、行业惯例等负有举证证明责任。"[23]

（2）非法收集原始数据情形下，相关衍生数据的保护问题

在原始数据缺乏合法来源的情况下，对原始数据加工整合形成的衍生数据能否仍受到法律保护是一个值得思考的问题。

对此问题，《民法典》《数据安全法》《网络安全法》《个人信息保护法》等上位法并未进行明确的限制和规定。在数据保护领域的地方综合性立法中存在更为具体的表述。2022 年 1 月起实施的《上海市数据条例》中强调了能够使用、加工和交易的数据应当具有合法性。《上海市数据条例》第 14 条规定，自然人、法人和非法人组织对其合法取得的数据，可以依法使用、加工。法律、行政法规另有规定或者当事人另有约定的除外。第 55 条规定，本市鼓励数据交易活动，有下列情形之一的，不得交易：①危害国家安全、公共利益，侵害个人隐私的；②未经合法权利人授权同意的；③法律、法规规定禁止交易的其他情形。此外，深圳市的地方立法《深圳经济特区数据条例》第 67 条亦规定，市场主体合法处理数据形成的数据产品和服务，可以依法交易。但是，有下列情形之一的除外：①交易的数据产品和服务包含个人数据未依法获得授权的；②交易的数据产品和服务包含未经依法开放的公共数据的；③法律、法规规定禁止交易的其他情形。

由上文可知，《上海市数据条例》对于受数据权益保护的衍生数据的"合法性"提出要求：首先，"合法性"影响数据的后续使用、加工和交易；其次，"合法性"包含国家安全公共利益、个人隐私和是否经过合法权利人授权同意此三个

〔23〕《北京市高级人民法院关于加强知识产权审判促进创新发展的若干意见》。

维度的判断。《深圳经济特区数据条例》对于衍生数据产品和服务的交易亦规定了个人数据依法获得授权、公共数据依法公开的合法性要求。

司法实践中对此问题尚无众多直接的裁判规则予以指引，笔者根据目前的数据权益不正当竞争案例的裁判思路分析如下：该问题涉及两个层面，一是非法获取数据的衍生数据的权益归属界定问题，二是该衍生数据的保护问题。对于第一点，根据当前不正当竞争类案件的裁判规则，在界定数据权属时，考虑对于数据价值的贡献。根据“淘宝诉美景案”的裁判思路，如果衍生数据已经形成了网络大数据产品，独立于基础性的网络用户信息和网络原始数据，则该衍生数据享有独立性的财产权益，所有者为网络运营者。此时衍生数据权益归属的规则应与原始数据的获取手段是否合法并无直接关系，即便原始数据属于非法手段获取，对于原始数据的加工合成亦应当享有财产性权益。对于第二个问题，涉及能否通过不正当竞争路径对该衍生数据进行保护，应遵循不正当竞争案件裁判思路进行判断，分析主体要件（广义竞争关系）、行为要件（违法性）和结果要件（竞争秩序的损害）。在此部分中，衍生数据来源的“合法性”问题对“结果要件”的分析可能具有一定影响。

2. 公开数据和非公开数据

公开数据是指可为公众公开获取的信息，如商家点评数据、实时公交数据等。非公开数据是指不可为社会公众公开获取的信息，对于符合商业秘密构成要件的非公开数据可以通过商业秘密进行保护。当下引发大量纠纷的互联网平台数据权益纠纷通常涉及互联网平台的公开数据和非公开数据。

网络平台通过自身经营活动吸引用户所积累的平台数据是其重要的经营资源，平台经营者能通过经营使用这些数据获得相应的合法权益。企业数据的公开程度代表了数据权益方对数据不同的控制力度，故而被获取数据的公开程度、企业所采取的保护措施和企业数据权益基础的正当性密切相关。企业在保护自身数据时，通常会采用技术措施来实现这一目的，有时也会基于公法目的（如个人信息或基础设施平台数据的保护）对数据施以更加严格的保护，同时也会通过数据安全管理制度的建立来杜绝或最大限度地减少数据泄露的概率。

有观点指出，企业的数据控制与数据安全是直接相关的，通常企业公开的数据或非经过特殊手段可以轻易获得的数据,客观上已进入公共领域,无法获得法律的保护。[24] 按照该观点,如若数据属于公开数据,相当于数据权益者赋予了全社会公众以授权。该类数据被外界主体自由获取是数据权益者早已预见到并放任甚至促成的。基于网络环境中数据的可集成、可交互之特点,平台经营者应当在一定程度上容忍他人合法收集或利用其平台中已公开的数据,否则将可能阻碍以公益研究或其他有益用途为目的的数据运用,有违互联网互联互通之精神。无论是通过用户个人浏览还是网络爬虫等技术手段获取数据,只要其遵守通用的技术规则,则其行为本质均相同,网络平台在无合理理由的情形下,不应对通过用户浏览和网络爬虫等自动化程序获取此类公开数据的行为进行区别性对待。如若数据属于不完全公开数据,则意味着数据权益者实际上自愿将其数据与外界分享。只要意欲获取数据的主体通过数据权益者设置的前置授权、验证措施,即可正当接触获取到数据信息。如若涉案数据属于非公开数据,则表明数据权益者无意与外界主体分享这些数据,外界主体通过正当途径也无法获取。此时若行为方通过破解或绕过前述阻碍措施的不当手段获取了相关数据,就可能构成对数据权益方的利益的侵犯。

相较于原始数据与衍生数据的划分,按照企业数据公开程度作为界定企业数据权益保护的正当性基础,为企业数据的保护提供了另一种思路。当然,实践中对此尚存在一定分歧,产生分歧的原因在于:仅以数据是否公开作为企业数据保护的正当性理由,相当于将企业对数据的公开意愿、控制措施和使用状态作为其权益基础。以该基础作为对企业数据是否给予反不正当竞争保护的标准过于绝对。一方面,同行业竞争者对于他人在先公开数据达到实质性替代程度的使用,若不予保护,可能造成竞争秩序的混乱;另一方面,若对非公开数据一律给予保护,则可能导致在先数据收集者对数据的实际独占,不利于数据的流动和开发利用。因此,对于公开数据与非公开数据的类型划分及其权益基础有待进一步探讨。

---

〔24〕 参见梅夏英:《企业数据权益原论:从财产到控制》,载《中外法学》2021年第5期。

3. 平台单一数据个体和数据资源整体

原告腾讯计算机公司、腾讯科技公司(以下简称两原告)分别是微信软件的著作权人和微信产品的经营者。个人微信产品中的数据内容主要为个人微信用户的用户账号数据、好友关系链数据、用户操作数据等个人身份数据和个人行为数据。浙江搜道网络技术有限公司、杭州聚客通科技有限公司(以下简称两被告)开发运营"聚客通群控软件",利用 Xposed 外挂技术将该软件中的"个人号"功能模块嵌套于个人微信产品中运行,为购买该软件服务的微信用户在个人微信平台中开展商业营销、商业管理活动提供帮助。两原告认为其对于自己所控制的微信平台数据享有数据权益,两被告擅自获取、使用涉案数据,构成不正当竞争,起诉至杭州铁路运输法院,请求判令两被告停止侵害、赔礼道歉并连带赔偿经济损失(含合理费用)500 万元。法院经审理认为,被控侵权软件批量化操作微信、发布商业活动信息异化了个人微信产品的作为社交平台的服务功能,给用户使用微信产品造成了明显干扰,同时危及微信平台的安全、稳定、效率,已妨碍、破坏了两原告合法提供的网络产品与服务的正常运行,属于《反不正当竞争法》第 12 条第 2 款第 4 项所规定的妨碍、破坏其他经营者合法提供的网络产品或者服务正常运行的行为,构成不正当竞争。

在该案中,关于被控侵权软件擅自收集微信用户数据,存储于自己所控制的服务器内的行为是否属于违反《反不正当竞争法》第 2 条规定的不正当竞争行为。法院将原告主张数据权益的微信平台数据分为两种数据形态:单一数据个体和数据资源整体。网络平台方对于原始数据个体与数据资源整体所享有的是不同的数据权益。

对于单一原始数据而言,数据控制主体只能依附于用户信息权益,依其与用户的约定享有原始数据的有限使用权。未经许可使用他人控制的单一原始数据只要不违反"合法、必要、征得用户同意"原则,一般不应被认定为侵权行为。因此,两被告擅自收集、存储或使用单一微信用户数据仅涉嫌侵害该微信用户个人信息权,两原告不能因此而主张损失赔偿。就微信平台数据资源整体而言,微信数据资源系两原告经过长期经营积累聚集而成的,能够给两原告带来竞争优势,两原告对于微信数据资源应当享有竞争权益。如果被告未经许可规模化破坏性使用该数据资源，则构成不正当竞争，两原告有权要求获得赔偿。

此外，该案中法院认为，擅自使用他人控制的数据资源是否构成不正当竞争，应重点考察是否属于破坏性利用。仅是“搭便车”行为本身，若并未对他人数据资源进行了破坏性利用或违反法律规定，且能够给消费者带来全新体验的，一般不应被认定为不正当竞争。

该案件中，法院注重网络平台、数据用户和同业竞争者之间的利益，将数据区分为平台单一数据个体和数据资源整体，对于作为数据控制方的平台，对其进行保护的同时，也施加必要限制，防止权利滥用和数据垄断。

四、企业数据竞争行为不正当性的认定

（一）裁判思路解读

法院在适用反不正当竞争法“一般条款”分析是否构成数据不正当竞争行为时，为了防止因不适当扩大不正当竞争范围而妨碍自由、公平竞争，倾向于采取谨慎的态度。对此，《反不正当竞争法司法解释（征求意见稿）》第 26 条第 2 款明确规定：“经营者征得用户同意，合法、适度使用其他经营者控制的数据，且无证据证明使用行为可能损害公平竞争的市场秩序和消费者合法权益，控制该数据的经营者主张属于反不正当竞争法第十二条第二款第四项规定的行为的，人民法院一般不予支持。”该规定表明最高人民法院认为经营者使用其他经营者控制的数据，并不当然构成不正当竞争行为，仍需要考量经营者使用数据的行为本身是否可能损害公平竞争的市场秩序和消费者合法权益，防止不适当扩大不正当竞争行为的认定范围。对于不正当竞争行为的认定，目前司法实践基本遵循着最高人民法院在海带配额案[25]中所遵循的思路——判断双方是否存在竞争关系；竞争行为是否具有不正当性；经营者的合法利益是否受到损害（见表 4）。

---

〔25〕 参见最高人民法院民事判决书，(2009)民申字第 1065 号。

表4 典型案例争议焦点总结

案件	争议焦点
大众点评诉百度地图	一审法院:关于百度公司使用大众点评网点评信息是否构成不正当竞争 (1)百度公司和汉涛公司是否存在竞争关系 (2)汉涛公司是否因百度公司的竞争行为而受到损害 (3)百度公司的行为是否具有不正当性 二审法院:百度公司实施的被控行为是否构成不正当竞争行为 (1)汉涛公司的利益是否因百度公司的行为受到损害 (2)百度公司的行为是否违反诚实信用原则和公认的商业道德
谷米科技诉元光科技	认定被诉行为是否构成不正当竞争,关键在于该行为是否违反了诚实信用原则和公认的商业道德,并损害了原告的合法权益
淘宝诉美景	被诉行为是否构成不正当竞争 (1)淘宝公司与美景公司是否存在竞争关系 (2)美景公司的被诉行为是否具有不正当性 (3)淘宝公司是否因美景公司的被诉行为遭受了损失
阿里巴巴诉码注公司	被告是否构成不正当竞争 (1)阿里巴巴广告公司、阿里巴巴网络技术公司是否因码注公司的竞争行为受到损害 (2)码注公司的行为是否具有不正当性

由于互联网行业中技术形态和市场竞争模式与传统行业存在显著差别,为保障新技术和市场竞争模式的发展空间,法院对于企业间数据竞争秉持着更加审慎的司法态度,如微博诉脉脉案[26]中,法院在分析是否构成数据不正当竞争行为时,认为还应关注到是否损害消费者利益和竞争秩序。从目前的司法实践来看,法院通常主要从主体要件(经营者的竞争关系)、行为要件(行为的违法性)、结果要件(对竞争秩序的损害)来判断数据市场竞争行为是否构成不正当竞争行为。

〔26〕 参见北京知识产权法院民事判决书,(2016)京73民终588号。法院认为在互联网行业中适用《反不正当竞争法》第2条更应秉持谦抑的司法态度,在满足上述条件外还需满足以下3个条件才可适用:(1)该竞争行为所采用的技术手段确实损害了消费者的利益,限制消费者的自主选择权,未保障消费者的知情权,损害消费者的隐私权等;(2)该竞争行为破坏了互联网环境中的公开、公平、公正的市场竞争秩序,从而引发恶性竞争或者具备这样的可能性;(3)对于互联网中利用新技术手段或新商业模式的竞争行为,应首先推定具有正当性,不正当性需要证据加以证明。

1. 主体要件:广义的竞争关系

传统的竞争观点认为:“认定不正当竞争,除了要具备一般民事侵权行为的构成要件外,还要审查是否存在竞争关系。存在竞争关系是认定构成不正当竞争的条件之一。”〔27〕易言之,在不正当竞争行为的认定框架下,判定竞争双方的逻辑起点是竞争关系的判定。〔28〕通常认为,竞争关系是取得经营资格的平等市场主体之间在竞争过程中形成的社会关系。互联网技术的发展使传统的竞争活动转向大数据 + 互联网平台的新型商业模式,经营者的市场竞争行为和市场竞争活动呈现出跨市场跨行业的发展趋势,竞争范围在空间上得到拓展,传统竞争活动中所要求的同业竞争关系已经不能适应互联网技术下竞争活动的特点。就当前的司法实践现状来看,法院基本已经不再局限于相同行业、相同领域或相同业态模式等固化的要素范围的要求,而是从更宽泛的角度来认定竞争关系,即只要经营者之间的商业利益存在此消彼长的或然性对应关系就认定存在竞争关系。正如大众点评诉百度地图案〔29〕中,一审法院明确指出对于竞争关系的判定,不应局限于相同行业、相同领域或相同业态模式等固化的要素范围,而应从经营主体具体实施的经营行为出发加以考量,反不正当竞争法所调整的竞争关系不限于同业者之间的竞争关系,还包括争取交易机会或破坏他人竞争优势所产生的竞争关系,竞争的本质是对客户即交易对象的争夺,因此,在互联网领域,不论是不是同行业经营者,只要是对交易对象的争夺,就可以认定存在竞争关系。对当下司法裁判规则提炼与总结的《反不正当竞争法司法解释(征求意见稿)》第 2 条规定:“与经营者在生产经营活动中存在可能的争夺交易机会、损害竞争优势等关系的市场主体,人民法院可以认定为反不正当竞争法第二条规定的‘其他经营者’。”该规定对“其他经营者”的界定实际上是对传统“竞争关系”的拓宽,生产经营活动中经营者的“竞争关系”包括彼此间的“可能

---

〔27〕 参见《最高人民法院副院长曹建明在全国法院知识产权审判工作座谈会上的讲话——加大知识产权司法保护力度 依法规范市场竞争秩序》,载知识产权学术与实务研究网,http://www.fadaip.com.cn/jieshi/zscqsfjs/20111031/6676_2.html。

〔28〕 参见富新梅:《互联网金融不正当竞争认定的思考——以“搭便车”行为为例》,载《学习与实践》2017 年第 11 期。

〔29〕 参见上海知识产权法院民事判决书,(2016)沪 73 民终 242 号。

的争夺交易机会、损害竞争优势等关系”,不再局限于同行业竞争对手之间的关系,此种界定竞争关系的方式更能反映互联网经济下竞争关系的真相。

法院对于竞争关系的认定,更多从经营者之间的行为性质角度考量。只要经营者的行为不仅具有对其他经营者利益造成损害的可能性,且其同时会基于该行为获得现实或潜在的经济利益,就可以认定存在竞争关系。《反不正当竞争法》是行为法,从行为的角度进行衡量,更加关注行为本身是否具有市场竞争属性和不正当性,是否扰乱市场竞争秩序和其他经营者合法权益,而不再纠结竞争关系本身的界定。[30]

2. 行为要件:行为具有违法性

根据《反不正当竞争法》第 2 条第 2 款的规定,不正当竞争行为,是指经营者在生产经营活动中,违反本法规定,扰乱市场竞争秩序,损害其他经营者或者消费者的合法权益的行为。因此,从行为要件来看,数据不正当竞争行为的违法性应包括:违反《反不正当竞争法》明确规定、损害经营者或者消费者合法权益两个要件。

在第一个构成要件上,由于没有规定具体的数据不正当竞争行为类型,只能以是否违反诚实信用原则以及互联网行业的商业惯例来进行判断。互联网行业的商业惯例可大致从互联网领域信息共享、互联互通的特质、信息网络行业的特定行业惯例、行业协会或者自律组织根据行业特点、竞争需求所制定的从业规范或者自律公约、信息网络行业的技术规范等角度进行综合考虑。从目前实践案例中,集中表现为“搭便车”行为。

“搭便车”,在判决中又称为“未经他人许可使用他人劳动成果”“不劳而获搭便车”以及“食人而肥”等,该规则是法院在审理不正当竞争纠纷中常用的理论,其起源于“诚实信用原则”,即经营者在进行市场交易时负有诚实劳动而不得借用或盗用他人劳动成果谋取利益的义务。“搭便车”现象在数据不正当竞争中较为普遍(见表 5)。

---

〔30〕 参见孔祥俊:《反不正当竞争法新原理》,法律出版社 2019 年版,第 25 页。

表 5 典型案例中的"搭便车"行为

案件	"搭便车"行为
大众点评诉爱帮网	对于大众点评网的商户简介和用户点评,爱帮科技公司未付出劳动、未支出成本、未做出贡献,却直接利用技术手段在爱帮网上展示,并以此获取商业利益,属于反不正当竞争法理论中典型的"不劳而获"和"搭便车"的行为。爱帮科技公司的这一经营模式违反公平原则和诚实信用原则,违反公认的商业道德,构成不正当竞争
大众点评诉百度地图	在靠自身用户无法获取足够点评信息的情况下,百度公司通过技术手段,从大众点评网等网站获取点评信息,用于充实自己的百度地图和百度知道。百度公司此种使用方式,实质替代大众点评网向用户提供信息,对汉涛公司造成损害。百度公司并未对于大众点评网中的点评信息作出贡献,却在百度地图和百度知道中大量使用了这些点评信息,其行为具有明显的"搭便车""不劳而获"的特点
淘宝诉美景	美景公司据他人市场成果直接为己所用,从而获取商业利益与竞争优势的行为,明显有悖公认的商业道德,属于不劳而获"搭便车"的不正当竞争行为,如不加禁止将严重挫伤大数据产品开发者的创造积极性,阻碍互联网产业的发展,进而会影响到广大消费者福祉的改善
谷米科技诉元光科技	本案中,被告元光公司利用网络爬虫技术大量获取并且无偿使用原告谷米公司"酷米客"软件的实时公交信息数据的行为,实为一种"不劳而获""食人而肥"的行为,具有非法占用他人无形财产权益,破坏他人市场竞争优势,并为自己谋取竞争优势的主观故意,违反了诚实信用原则,扰乱了竞争秩序,构成不正当竞争行为

在第二个构成要件上,由于经营者所收集、整理的数据蕴含着巨大的经济价值,能够为经营者带来竞争优势,未经授权而擅自获取、使用经营者积累经营的数据成果,攫取了原本属于数据收集者的商业利益与竞争优势,会给经营者造成经济损失。而且,企业数据可能包含用户的身份信息、行为痕迹信息,平台在收集用户信息时需要充分保障用户的合法权益。对于这部分数据的非法获取和使用,存在侵害用户隐私权的风险,由于个人信息的主体所对应的是反不正当竞争法所保护的消费者,非法获取、使用这部分数据的行为也会影响到消费者整体福利。对于数据相关的竞争行为,不能仅因为未经许可"搭便车"而一概否定,在司法实践中,对于行为不正当性的认定通常会结合该行为对经营者利益、消费者利益及社会公共利益的影响作整体利益衡量和判断。

3. 结果要件：对竞争秩序的损害

网络经济“开放、共享、效率”的主要价值取向及其“共生经济”的基本特质使“创新与效率”是网络经济的核心价值理念，也是维护竞争秩序、营造竞争环境的核心因素。“大数据”时代的背景下，信息所具有的价值超越以往任何时期，越来越多的市场主体投入巨资收集、整理和挖掘信息，如果不加节制地允许市场主体任意地使用或利用他人通过巨大投入所获取的信息，对竞争秩序的损害是显而易见的。

《反不正当竞争法》是行为法，亦是市场法，其立法目的是通过规制市场主体参与市场竞争的行为，阻止市场主体以不正当手段攫取市场竞争优势，维护“平等、公平、诚信”的市场竞争秩序。市场的正当竞争行为也会导致经营者的经济利益受到损失，一种行为如果损害了经营者或者消费者的权益但没有对公平竞争秩序构成损害，则不构成不正当竞争行为。因此，在判断某一竞争行为的正当性时，在考虑到该行为是否损害到经营者或消费者权益的同时，也要考虑到这一竞争行为对正常的产业生态、市场竞争秩序的影响。

判断一项竞争行为是否具有正当性，通常依据诚实信用原则、公认的商业道德和利益平衡原则，结合相关行业惯例、行为手段、损害后果以及对市场竞争秩序的影响等因素对其性质予以综合评判。在涉企业数据不正当竞争案件中，竞争行为主要体现为数据获取行为和数据利用行为两种表现形式。

（二）企业数据获取行为不正当性的认定

1. 数据获取行为是否非法破坏数据权益方的技术措施

采用非法侵入计算机系统等技术手段破坏数据权益方技术措施，因其行为本身的违法性而当然被认定为具有不正当性。除可能构成不正当竞争承担民事责任外，还可能同时构成我国《刑法》第285条规定的非法获取计算机信息系统数据罪。在谷米科技诉元光科技案[31]中，元光公司攻破谷米公司“酷米客”App的加密系统，利用爬虫技术大量抓取并使用谷米公司后台交通运行数据，除该行为被法院认定构成不正当竞争行为外，元光公司的员工邵凌霜等人还被

〔31〕 参见广东省深圳市中级人民法院民事判决书，（2017）粤03民初822号。

南山区人民法院认定构成非法获取计算机信息系统数据罪。在前锦网络公司与逸橙科技公司不正当竞争纠纷案[32]中,法院指出如果通过某种技术手段绕开平台的验证程序,这种行为系破解平台所采取的技术措施,具有不正当性。

判断数据获取行为是否非法破坏数据权益方的技术措施时,还涉及原被告举证责任分配问题。如北京微播视界科技有限公司与上海六界信息技术有限公司等不正当竞争纠纷案(以下简称抖音诉小葫芦网案)[33]中,原告北京微播视界科技有限公司(以下简称微播公司)认为被告上海六界信息技术有限公司(以下简称六界公司)开发运营的"小葫芦"产品采取破解、伪装、欺骗等不正当技术手段,突破原告数据防护措施,绕过原告反爬系统,非法从抖音平台抓取并售卖涉案抖音用户打赏及收益数据,该行为破坏了抖音产品的数据展示规则,破坏了抖音直播产品运营逻辑和运行秩序,导致涉案数据丧失管控,法院指出由于利用技术手段获取数据具有隐蔽性,数据运营方微播公司难以掌握数据获取方六界公司采用何种技术手段获取数据的直接证据,因此,在数据运营方已经穷尽所有其能掌握的证明材料,初步证明数据获取方采用不当技术手段获取其数据的高度可能性时,应当由数据获取方六界公司就此给出合理解释并提供相应的证据证明。

2. 数据获取行为是否违反 Robots 协议

Robots 协议又称爬虫协议、网络机器人协议,是互联网领域通行的行业规范,其初衷主要在于防止被抓网站的服务器过载影响网站正常运行,以及防止网络机器人抓取一些管理后台的内部信息、临时性文件、cgi 脚本等对网络用户没有使用价值的数据。爬虫协议通常对搜索引擎抓取网站内容的范围作出限定,包括网站是否希望被搜索引擎抓取,哪些内容不允许被抓取,而网络爬虫可以据此抓取相关网页内容。

在涉企业数据爬取不正当竞争纠纷案件中,法院一般根据数据权益方的主张,将诉争数据爬取行为是否违反 Robots 协议作为判断该行为是否具有不正当

〔32〕 参见上海知识产权法院民事判决书,(2019)沪 73 民终 263 号。
〔33〕 参见浙江省杭州市余杭区人民法院民事判决书,(2021)浙 0110 民初 2914 号。

性的考量因素。例如，在大众点评诉百度地图案[34]中，法院指出网站通过Robots协议可以告诉搜索引擎哪些内容可以抓取，哪些内容不能抓取。由于Robots协议是互联网行业普遍遵守的规则，故搜索引擎违反Robots协议抓取网站的内容，可能会被认定为违背公认的商业道德，从而构成不正当竞争。但并不能因此认为，搜索引擎只要遵守Robots协议就一定不构成不正当竞争。Robots协议只涉及搜索引擎抓取网站信息的行为是否符合公认的行业准则的问题，不能解决搜索引擎抓取网站信息后的使用行为是否合法的问题。

在对数据获取行为是否因违反Robots协议而具有不正当性进行审查判断时，除考虑数据获取行为本身是否违反Robots协议外，当事人还可能对Robots协议本身设置的正当性产生分歧。例如，在奇虎360诉百度不正当竞争纠纷案[35]中，争议焦点在于百度公司通过设置歧视性Robots协议白名单的方式限制360搜索引擎抓取其相关网页内容，是否构成不正当竞争行为。二审法院认为，百度公司未将360搜索引擎纳入白名单，导致该引擎无法抓取其相关网页内容，同时允许国内外主流搜索引擎抓取其网页内容，构成对360搜索引擎采取的有针对性的限制抓取行为。Robots协议的初衷是为了指引搜索引擎的网络机器人更有效地抓取对网络用户有用的信息，从而更好地促进信息共享，而不应将Robots协议作为限制信息流通的工具。百度公司设置Robots协议的方式不是以网络信息本身是否适合被搜索引擎抓取作为区分标准，而是将搜索引擎的经营主体作为区分标准。并且，此种区分并未采取相同的标准，对奇虎公司而言，具有针对性和歧视性，故认定百度公司的涉案行为构成不正当竞争。此外，在新浪微博诉今日头条案[36]中，法院则对通过微博设置唯一Robots协议黑名单行为的正当性进行了审查和认定。该案中，法院指出在判断Robots协议对于网络机器人限制行为的正当性时，其核心在于保护网站经营者的自主经营权与维护其他经营者利益、维护消费者利益、维护竞争秩序之间的平衡。法院同时还对将网络机器人应用场景区分为搜索引擎应用场景和非搜索引擎应

---

〔34〕 参见上海知识产权法院民事判决书，(2016)沪73民终242号。

〔35〕 参见北京市高级人民法院民事判决书，(2017)京民终487号。

〔36〕 参见北京市高级人民法院民事判决书，(2021)京民终281号。

用场景，认为在搜索引擎场景下的 Robots 协议应受到较为严格的限制，主要是基于搜索引擎的作用是便于公众搜索，降低搜索成本，符合互联网互联、互通、共享、开放的精神；而在非搜索引擎应用场景下，网络机器人不仅仅抓取检索网站的信息编制成索引便于其他用户访问，还往往抓取其他网站公开的各种数据，甚至是其他网站中用户生成的数据，直接用于自己的商业行为。在不损害消费者利益、不损害公共利益、不损害竞争秩序的情况下，应当允许网站经营者通过 Robots 协议对其他网络机器人的抓取进行限制，这是网站经营者经营自主权的一种体现。尽管上述两起案件均非直接有关企业数据爬取行为的案例，但有关 Robots 协议正当性审查的裁判思路和规则值得在相关纠纷中借鉴。

3. 数据获取行为是否获得相关授权

对于数据的获取，除了从公开渠道获取的公共数据不需要获得原始数据主体的授权外，无论是非公开的原始数据还是对原始数据经过整理而产生的数据产品，其能够成为合法权益的关键在于数据具有合法来源，即经过授权许可。特别是原始数据在涉及用户个人身份信息的情况下，数据主体的知情同意是获得个人信息的基本规则。在涉及用户身份信息的案件中，消费者利益体现为隐私保护和数据安全，网络服务提供者需要尊重用户意愿，在获得用户授权的前提下，获取和利用数据信息。[37] 如前文提及的抖音诉小葫芦网案中，法院指出六界公司获取相应基础数据并未征得打赏用户及主播同意，其行为本就丧失合法性基础，其对这些数据进行分析、对外展示的行为，侵犯了包括打赏用户和主播在内的抖音用户的个人信息权利，进而影响用户对微播公司数据安全保护的期待和信任，最终造成微播公司用户流失，损害微播公司利益。

其他经营者如果希望获取已经被收集、整理的数据信息，在征得用户同意的同时，是否还需要获得在先平台的授权，实践中存在不同的认识。在前文新浪微博诉脉脉案中明确了“用户授权 + 平台授权 + 用户授权”的三重授权原则。按照该规定，在后平台爬取他人数据信息时，如果未经在先平台授权获取他人数据信息，均可能被认定为损害数据平台的合法权益，因而数据爬取行为具有

〔37〕 参见胡迎春、廖怀学：《论数据不正当竞争的演进与规制》，载《竞争政策研究》2021 年第 2 期。

不正当性，其行为进而被构成对数据平台的不正当竞争行为。但在日益强调“互联互通”的时代背景下，在后数据获取行为是否应一律征得在先数据平台的授权，值得进一步讨论。根据《反不正当竞争法司法解释（征求意见稿）》第26条第2款的规定，征求意见稿并未完全采纳“三重授权”原则。上述意见在对个人信息保护给予充分重视的同时，也为数据的合理流动预留了法律空间。

（三）企业数据利用行为不正当性的认定

1. 数据来源是否正当

企业间的数据不正当竞争行为既包括数据的不正当获取行为，也包括数据的不正当利用行为。当企业通过不正当的途径获取其他市场主体的数据资源时，其后续的数据利用行为必然存在不正当性。然而，即便是通过正当途径获取其他市场主体数据资源的情形，相关企业也可能存在对于数据的后续不正当利用行为。〔38〕

2. 数据使用目的是否正当

企业数据获取行为采取的若是符合 Robots 协议、按照其与数据权益方之间达成的合作协议约定或属于默示许可等获取手段，则属于正当的数据获取行为。在此情形下，获取行为本身是经过数据权益方同意或默认或授权的，但是仍需进一步判断行为方后续的使用、公开行为是否正当。对于数据使用目的是否正当的判断，通常需要数据权益方提供证据予以证明，该类证据既可以是足以证明对方主观过错的直接证据，也可以是能够推定对方过错的间接证据。数据的获取和使用如未遵循双方协议的约束范围，则可能被认定违反诚信和公认商业道德而有较高的不正当竞争风险，如前文提及的微博诉脉脉案和腾讯与抖音、多闪不正当竞争纠纷案〔39〕都将违反协议认定为不正当因素。

3. 数据使用范围是否合理

如前文所述，经营者基于其收集、整理数据资源所付出的劳动而享有受反不正当竞争法保护的财产性权益，但并非排他性权利。对于公开数据和原始数

---

〔38〕 参见田小军、曹建峰、朱开鑫：《企业间数据竞争规则研究》，载《竞争政策研究》2019 年第 4 期。

〔39〕 参见天津市滨海新区人民法院民事裁定书，(2019)津 0116 民初 2091 号。

据，数据权益方在一定程度上需要容忍他人合法收集或利用。但数据使用方对数据的使用应遵循“合法、正当、必要”的原则。如果数据使用方的行为，客观上对数据收集者提供的数据产品或服务产生了实质性替代的效果，使消费者不再通过数据收集者的数据产品即能满足体验和需求，则行为具有不正当性。如在大众点评诉爱帮网案〔40〕中，法院认为：“爱帮网对大众点评网的点评内容使用，已达到了网络用户无须进入大众点评网即可获得足够信息的程度，超过了适当引用的合理限度，事实上造成爱帮网向网络用户提供的涉案点评内容对大众点评网的相应内容的市场替代，对汉涛公司的合法利益产生实质性损害。”在阿里巴巴诉码注公司案〔41〕中，法院认为：“码注公司计算企业活性值可以参考1688平台公开的数据，但其将1688平台的公布的商家数据直接用于其网站，甚至可以直接替代1688平台的部分功能，显然超过合理限度。”

前文提及的最高人民法院发布的《反不正当竞争法司法解释（征求意见稿）》第26条第1款规定采用“实质性替代”的判断标准，指出如果经营者擅自使用其他经营者的企业数据，足以实质性替代其他经营者提供的相关产品或服务，损害公平竞争的市场秩序的，属于不正当竞争行为，这一条款的规定显然来自对以往司法裁判规则的总结和提炼。

4. 数据使用是否有利于促进公共利益

司法实践中，对于数据使用行为是否具有正当性的认定，还会考虑数据使用行为本身是否有利于促进公共利益，若数据使用行为与数据权益者的使用行为具有同质性，产生了实质性替代作用，则具有不正当性；若数据使用行为能够有效促进创新，促进社会公共利益发展，则很可能被法院认定该数据使用行为具有正当性。如前文提及的前锦网络公司与逸橙科技公司不正当竞争纠纷案中，法院指出由于被诉行为并未影响到前锦网络公司的实质性利益，对于本案中前锦网络公司所遭受的流量损失应当如何评价，则需要判断被诉行为是否违背商业道德。在判断被诉行为是否违背商业道德时，需要将该行为放置在反不

〔40〕 参见北京市第一中级人民法院民事判决书，（2011）一中民终字第7512号。
〔41〕 参见浙江省杭州市滨江区人民法院民事判决书，（2019）浙0108民初5049号。

正当竞争法促进市场经济健康发展，鼓励和保护公平竞争，保护竞争者和消费者合法权益的立法目的下，综合考虑行为对经营者、消费者和市场秩序的影响进行判断，防止脱离竞争法的目标进行泛道德化评判。本案被诉行为在技术上具有创新之处，虽然关联账号功能的实现需要依附于上诉人网站中内容，但随着互联网市场竞争的日趋激烈，以及信息技术和互联网技术的发展，互联网市场领域的各种产品或者服务关联性和依附性不断加深，依赖甚至介入于其他经营者的产品或服务而开展经营活动本身并不会损害正常的市场秩序，相反以此而否定该行为的正当性，无疑将会挫伤创新动力，因此，被诉行为并不具有不正当性，不构成不正当竞争。

五、对企业数据处理与合规的建议

数据问题既涉及数据收集者与数据提供者之间的冲突平衡，又涉及数据持有方和第三方之间的冲突平衡。企业在日常经营管理中，特别是互联网平台企业、以数据处理为主营业务的数据公司以及在日常经营活动中可能接触、使用个人信息或数据的企业，应清楚自身的数据获取、使用、流转行为的性质和情形，并根据自身所扮演的角色，在相互关系中充分把握与特定主体之间的具体数据规则。一方面要理解自身在数据获取、占有使用、流转中所享有的权益，另一方面亦应知晓为当前法律、司法裁判所禁止的行为，在“权利”和“边界”的双重视角下审视自身业务，避免出现数据侵权或被侵权而陷入数据纠纷泥沼。此外，企业应当建立较为完善的数据合规体系，进一步规避经营的风险。

（一）数据获取

数据分析与开发等处理应用行为始于数据获取，数据的来源合法与否关系到后续的数据流通与使用等环节的合法性认定。数据来源包括从个人直接收集信息、从第三方供应商收集信息以及从网络公开或半公开平台收集信息。不同来源所涉及的法律规范和与之对应的风险有所不同，所需获取的授权亦有所不同。因此，有必要对于数据来源进行分类，根据不同来源，理清获取用户数据信息的来源、获取途径及授权方式，收集用户信息获得用户同意的具体制度及相关安排，收集用户信息时是否明确告知收集信息的范围及使用用途，对数据的使用是否超过必要的限度。

针对企业直接获取的个人数据,应落实告知同意原则。同意原则是对网络用户知情权的保障。《App 违法违规收集使用个人信息行为认定方法》对不合规的隐私政策和"未经用户同意收集使用个人信息"的情形进行列举[42],企业可以参照规定完善优化隐私政策的内容,落实同意告知原则。例如,罗列的内容应清晰明确并与实际的处理方式相符,对重点内容使用加粗字体或标红来提醒用户。除此之外,可以设置用户停留在隐私政策的页面一定时间后才能点击"同意"按钮,通过多种方式落实告知与获得同意的要求。[43]

针对企业通过公开或半公开网络平台收集的数据,网络爬虫应遵守目标网站设置的 Robots 协议,重点关注被爬平台网站有无预先设置的反爬协议或已经采取了反爬措施。同时,对于爬取的内容进行审查和判断,有无侵犯用户隐私及平台企业的商业秘密(核心经营业务数据),如有涉及侵权风险,应及时停止并采取删除措施。

针对通过 Open API 方式收集的数据,无论是数据控制企业还是数据被授权使用企业,在对用户个人数据进行共享和授权使用的过程中,都应当注意遵循司法裁判中确立的"用户授权 + 平台授权 + 用户授权"的三重授权原则,三重授权须同时满足,缺一不可。

针对通过转让、共享等方式间接收集的数据,则需要做好事前的尽职调查和风险排查工作。审查数据转让方的主体资格及数据来源的合法性,要求出让方提供数据合法获取途径的证明材料,必要时作出保证和承诺,从而确保其获得数据资源在授权范围内,能够满足自身的数据处理需求。

(二)数据流通和使用

在数据使用过程中,其中一个主要使用方式是通过个人信息刻画用户画像来预测用户的喜好与行为,对特定用户提供个性化的广告信息与资讯,实现精准营销。此时,需要对数据进行脱敏化处理,使数据不具有可识别性,不能联系

---

〔42〕 参见《App 违法违规收集使用个人信息行为认定方法》(国信办秘字〔2019〕191 号)。

〔43〕 参见李玉华、冯泳琦:《数据合规的基本问题》,载《青少年犯罪问题》2021 年第 3 期。

到具体个人。《个人信息安全规范》(GB/T 35273—2020)对用户画像的使用作出了限制性规定。一是要求用户画像对用户的特征描述不得包含污秽、恐怖、暴力以及含有对民族、宗教、疾病的歧视的内容;二是使用用户画像不得侵害其他权利主体的合法权益、不得危害国家安全和扰乱社会秩序等;三是除为实现用户同意的使用目的所必需的情况之外,避免用户画像可以精确定位到特定个人。

依据《个人信息安全规范》,企业作为个人信息控制者作出委托处理、共享、转让或者融合数据行为,应事前进行个人信息安全影响评估,确保供应商满足相关规定的数据安全能力要求。企业可以通过开发者协议、开放平台规则等方式与合作方就数据共享中的用户同意、使用范围、安全防护等方面达成共识,选择数据开放范围、确立或限制所开放数据范围及第三方应用获取数据的使用方式、适用范围等,加强对第三方数据合规性的管理。如微信《开放平台开发者服务协议》中规定了未经腾讯同意,禁止收集、存储、抓取服务平台的信息内容、用户数据等,不得将合法获得的数据擅自提供给他人,用于他途。[44] 对于经过公示的管理规则,法院通常认定主体在使用开放平台服务时,就应当遵守上述管理规则,亦是诚实守信的体现。

由此可知,开放平台中的开发者协议、平台规则等管理规范的制定和实施对于开放平台至关重要,一整套完善、有效的管理制度不但能够保证开放平台的规范运营,更能在面对他人侵权行为时转化成维权利器。[45] 企业应在现行法律所允许的框架内,完善开发者协议、平台规则,对原始数据和衍生数据、公开数据和非公开数据等不同类型的数据使用、授权等事项进行详细规定,在必要时可以作为诉讼中维权的合同依据。

(三)数据安全

为了保证企业的数据安全,最大化实现企业数据的价值,企业对数据进行管理的过程中可以将数据进行分类、分级,将数据对象划分类别并确定相应的

---

〔44〕 参见微信《开放平台开发者服务协议》。

〔45〕 参见《平台企业数据权益法律问题研究》,载微信公众号“天达共和法律观察”2020 年 11 月 11 日,https://mp.weixin.qq.com/s/398ni3414BpUPX4fd8ettg。

安全等级，实施该等级对应程度的保护措施。

数据分类是企业数据安全基础工作之一，企业根据持有的数据的内容、用途、业务领域等因素，对数据进行分类、归类。如结合企业实际业务情况、将企业数据资产划分为用户管理、市场活动管理、产品管理、服务管理等；再结合企业实际业务场景，对场景中的涉及的具体数据对象进行梳理、归类、细分，自下而上完成对前述每一类的细化，形成子分类。如用户管理类，可以根据用户数据采集、使用等场景的不同，分为用户信息、用户评价、用户服务等。〔46〕

企业数据分级是指企业按照所持有的数据的价值、敏感程度、泄露、非法提供或滥用之后的影响等因素进行评估并确定等级。如将数据分为“公开”“秘密”“机密”等，数据内容、数据时效性、数据规模、数据应用场景、数据加工处理方式都会影响到数据的分级。

根据司法实践，对于原始数据和衍生数据、公开数据和非公开数据等重要性和法律意义不同的数据，应采取不同的保护措施和风险防控措施。如果采取同样等级的保护措施，实施无差别的保护，可能导致对重要数据保护力度不足，对普通数据保护力度过剩。企业的数据保护具有灵活性，对于企业不愿被他人获取、使用的数据，可以进行必要的加密措施，实现公开数据到非公开数据的转换。数据分类与分级的意义在于把重要的业务和数据放在首位，区别对待不同业务的数据，实现业务发展与数据安全的共赢。

（四）合规体系的整体建设

企业应建立较为完善的合规体系，搭建健全的数据安全组织机构和体系，制定企业的数据安全管理制度和操作规程，明确数据安全部门的责任，配备具备数据合规能力的负责人员。实时关注、分析行业的数据监管动态、行政执法尺度和司法实践，定时开展事前数据安全风险评估，从而指导企业的数据安全管理制度，规范自身业务。在搭建合规体系时，应注意落实《网络安全法》《数据安全法》和 2021 年 11 月起实施的《个人信息保护法》对于企业义务的规定，并实时关注行政部门即将出台的配套措施。此外，企业应明晰触发行政义务的行

---

〔46〕 参见杨振煜、白宇思：《企业数据安全与隐私保护》，载《中关村》2021 年第 5 期。

为和情况(如存在前置性行政许可义务的行为、数据出境等情况),对于此类情况应严格地获取行政许可,向相关主管部门征求意见。

结　语

在数字经济时代,数据日益成为企业重要的生产要素,数据资源的获取与利用已经成为资源配置的重要渠道。当前,企业数据权益保护越发受到企业的重视,但对企业数据权益的保护尚未达成共识。在现行知识产权专门法无法对企业数据权益提供充分保护以及专门法律法规尚未出台的情况下,预计反不正当竞争法保护模式将在处理企业数据竞争纠纷案件中发挥主要作用。作为反不正当竞争法适用的新兴领域,对企业数据权益提供反不正当竞争保护的门槛和边界问题无疑是其中最为重要的问题。对于上述问题的处理,需要在数据保护和数据流动之间寻求平衡点,兼顾数据权益方、数据利用方和社会公众等各方主体之间的利益。尽管实践中的相关案例对上述问题的解决进行了一定探索,但相关处理规则仍有待进一步明晰和完善。

企业衍生数据赋权研究评述*

杨华权　田雨阳**

摘要：在数字经济时代，企业衍生数据成为企业间重要的竞争资源。国家相继发布了促进数据发展的战略方针与政策，强调构建数据保护规则的重要性。当前，立法上还未对企业衍生数据设立专门的法律保护制度，实务上法院主要援引《反不正当竞争法》解决企业间的数据纠纷，理论上不断探索对其赋权保护的路径。基于此，本文分别对典型数据纠纷以及不同赋权理论进行归纳、梳理和评析，最后主张构建以企业衍生数据为客体的新型知识产权。

关键词：企业衍生数据　司法争议　赋权保护　路径评析　知识产权

一、问题的提出

我们已经处于数字经济时代，数据是数字经济的关键要素。国务院于2015年8月发布的《促进大数据发展行动纲要》中就已经指出"数据已成为国家基础性战略资源"[1]。《中共中央、国务院关于构建更加完善的要素市场化配置体制机制的意见》中将数据作为基本市场生产要素，并提出了要"加快培育数据要

* 北京市法学会2022年市级法学研究课题"北京数字经济治理体系中企业衍生数据法律保护研究"[立项编号：BLS(2022)B008－2]阶段性成果。

** 杨华权，法学博士，北京理工大学法学院副教授，北京知识产权法研究会常务副会长兼秘书长；田雨阳，北京理工大学法学院硕士研究生。

〔1〕《促进大数据发展行动纲要》之序言。

素市场”“研究根据数据性质完善产权性质”[2]。2021年9月,中共中央、国务院印发《知识产权强国建设纲要(2021—2035年)》,进一步提出“加快大数据、人工智能、基因技术等新领域新业态知识产权立法”“研究构建数据知识产权保护规则”。这意味着在数字经济背景下,妥善解决数据的产权性质,尤其是其知识产权保护机制的构建问题的要求日益迫切。

我国《民法典》区分了个人信息与数据,个人信息权益被确认具有人格权属性。《个人信息保护法》获得通过并已经实施,个人信息保护制度日趋完善。相较而言,数据法律保护制度悬而未决,数据产业界和学术界努力进行探索。此前,学术界大多将研究视角置放于个人数据、个人信息和数据安全等方面的保护研究,对非个人数据的关注度相对较少。即便一些学者已经重视到非个人数据的研究,也是将数据权属问题类比于传统法律中有关信息权益的保护,[3]或将机器产生的数据、企业内部生成的数据集作为商业秘密、汇编作品或竞争性财产权益看待。偶有学者开始涉及衍生数据作为新型知识产权客体的证成问题,[4]但有学者惊呼数字时代传统财产所有权将终结。[5]

在司法实践中,由于缺乏明确的立法规定,面对争议越来越多的数据权益与竞争类型案件,法院只能依据现有立法关于商业秘密、汇编作品、《反不正当竞争法》一般条款的规定[6]进行裁判。这种个案个判的司法现象给企业衍生数据保护增加了许多的不确定性,也不利于数据市场的良性竞争与发展。

基于此,本文旨在以企业衍生数据赋权保护为研究视角,以“淘宝诉美景案”“新浪微博诉脉脉案”“大众点评诉百度案”等典型案件为例,探讨企业衍生数据在司法实践中的保护现状,进而梳理企业衍生数据赋权的研究现状,比较不同的学术观点并对其展开评述,最后提出企业衍生数据可作为新型知识产权

[2] 《中共中央、国务院关于构建更加完善的要素市场化配置体制机制的意见》之六(二十二)。

[3] 参见梅夏英:《企业数据权益原论:从财产到控制》,载《中外法学》2021年第5期。

[4] 参见高阳:《衍生数据作为新型知识产权客体的学理证成》,载《社会科学》2022年第2期;许娟:《企业衍生数据的法律保护路径》,载《法学家》2022年第3期。

[5] 参见[美]亚伦·普赞诺斯基、[美]杰森·舒尔茨:《所有权的终结:数字时代的财产保护》,赵精武译,北京大学出版社2022年版,第8页。

[6] 参见浙江省高级人民法院联合课题组:《关于企业数据权益知识产权保护的调研报告》,载微信公众号“人民司法杂志社”,https://mp.weixin.qq.com/s/VPMyofSZZNCHMFCKaQiBag。

客体,对企业衍生数据可构建知识产权保护体系。

二、企业衍生数据赋权研究背景

(一)企业衍生数据与不同概念界分

1. 衍生数据与原始数据

对数据的赋权保护首先要对数据种类作合理划分。按照数据的处理程度不同,可以分为原始数据与衍生数据。从计算机学科视角出发,原始数据(原生数据)是指数据采集者通过传感器、社交网络、移动互联网等方式获取各种类型的结构化、半结构化及非结构化的海量数据。衍生数据(次生数据)是指数据采集者将收集到的数据进行数据清理、集成、规约、变换以及数据存储和数据分析挖掘等一系列操作后,得到具有新价值、新规律和指导意义的数据。[7] 有学者认为衍生数据"是指原始数据被记录、存储后,经过算法加工、计算、聚合而成的系统的、可读取、有使用价值的数据"[8]。也有学者认为衍生数据"是网络运营者运用算法以及分析模型对海量混沌无序的原始数据深度加工形成的数据产品,通常以预测型、统计型、指数型等可视化方式呈现"[9]。原始数据需要通过清洗、整理、汇集等数据处理的过程,才能成为数据分析的生产资料。数据处理分为汇集性数据处理以及分析性数据处理。[10] 前者是将原始数据加工处理作为数据分析的材料,后者是指对数据进行演算分析(亦称数据挖掘),为人们提供新知识、新判断,支撑人们的决定。

本文认为,企业衍生数据是企业运用清理、分析、建模、算法等步骤对原始数据加工处理后形成的数据产品,产生了新的数据价值。基于此,企业对衍生数据付诸了劳动与智力,因此企业衍生数据具有财产属性和智力成果属性。对

---

〔7〕 参见黄源、蒋文豪、徐受蓉主编:《大数据分析:python 爬虫、数据清洗和可视化》,清华大学出版社 2020 年版,第 9－12 页。

〔8〕 杨立新、陈小江:《衍生数据是数据专有权的客体》,载《中国社会科学报》2016 年 7 月 13 日,第 5 版。

〔9〕 高阳:《衍生数据作为新型知识产权客体的学理证成》,载《社会科学》2022 年第 2 期。

〔10〕 参见高富平:《数据生产理论———数据资源权利配置的基础理论》,载《交大法学》2019 年第 4 期。

个人数据或企业敏感数据进行简单的脱敏、加工处理后形成的新数据集合仍然无法构成衍生数据。

2. 衍生数据与数据集合

数据集合是一个较为宽泛的概念，其中既包括原始数据集合又包括衍生数据集合，是指将大规模数据采用一定的排列方式整理形成的大规模数据集合。

3. 衍生数据与公开数据

公开数据，既包括企业在网络平台或应用软件上主动公开可供消费者看到的数据，也包括企业未对数据采用有效保护措施导致被动公开的一部分数据；[11]公开数据既可以是原始数据，也可以是衍生数据。

（二）衍生数据法律保护的现有规定

国际层面对数据集合的保护在《保护文学和艺术作品伯尔尼公约》、《与贸易有关的知识产权协定》（以下简称TRIPs协定）和《世界知识产权组织版权公约》中均有体现。《保护文学和艺术作品伯尔尼公约》第2条第5款规定了内容的选择和编排构成智力创作的汇编物，应得到作品的保护。TRIPs协定第10条第2款规定："数据汇编或其他资料，无论机器可读还是其他形式，只要由于对其内容的选取或编排而构成智力创作，即应作为智力创作加以保护。该保护不得延伸至数据或资料本身，并不得损害存在于数据或资料本身的任何版权。"[12]《世界知识产权组织版权公约》第5条规定："数据或其他资料的汇编，无论采用任何形式，只要由于其内容的选择或排列构成智力创作，其本身即受到保护。这种保护不延及数据或资料本身，亦不损害汇编中的数据或资料已存在的任何版权。"

欧盟在1996年颁布了《关于数据库法律保护的指令》，其第3条第1款规定："凡在内容的选择或编排方面体现了作者自身的智力创作的数据库，均可获得版权保护。该指令是判定一个数据库能否获得版权保护的唯一标准。"[13]欧

〔11〕 参见崔国斌：《公开数据集合法律保护的客体要件》，载《知识产权》2022年第4期。

〔12〕 《TRIPs协定》文本（中文），http://sms.mofcom.gov.cn/article/wtofile/201703/20170302538505.shtml。

〔13〕 《关于数据库法律保护的指令》，https://wipolex.wipo.int/zh/text/126789，最后访问时间2022年6月29日。

盟另外一部重要法规《通用数据保护条例》作为数据领域的标志性立法,重在保护个人数据,但在非个人数据保护方面还显得不足。关于衍生数据的直接规定在 2020 年 11 月通过的新加坡《个人数据保护法(修订)》第 2 条中有所体现:"衍生的个人数据指某机构在业务过程中从有关该人或该机构所管有或控制的另一人的其他个人数据所衍生的有关该人的个人数据;但不包括该组织适用任何规定的手段或方法得出的个人数据。"[14]

我国关于数据集合或衍生数据的立法保护一直较为模糊,具有滞后性,且法律除了明文规定对个人数据(信息)的保护外,没有对其他各类数据进行直接立法。《民法总则(草案)》曾在第 108 条将"数据信息"作为知识产权的一项内容。这一举动突破性地将"数据"作为一种新型的知识产权客体,但因为反对声音较多,最终在 2017 年出台的《民法总则》中并未将数据信息列为知识产权客体,但在第 127 条规定:"法律对数据、网络虚拟财产的保护有规定的,依照其规定。"《民法典》延续上述规定。尽管"数据"这一客体已经进入《民法典》的权利保护范围之内,但究竟如何对数据进行保护立法者并没有给出明确答案,而是作了留白处理。很显然,这样的立法规定难以系统解决现实生活中复杂的数据权利问题。因此,在司法实践中,面对新类型数据纠纷案,法院一般援引反不正当竞争法一般条款、商业秘密条款或者有关汇编作品等法律条款对案件进行裁判。

如前文所述,我国《民法典》对"个人信息"与"数据"是作了明确区分的,前者规定在人格权编,后者仅在总则编第 127 条作了原则性规定,由此也可以看出立法者将个人信息作为人格权的客体,而数据则是财产权的客体,此时的数据应是匿名化的不具可识别性的非个人数据。[15] 对这部分权益的保护范围和保护程度,都需要加强研究。

(三)企业衍生数据的司法争议

随着大数据技术的不断发展,企业收集、运用、处理数据的技术越来越成

---

〔14〕 CAICT 互联网法律研究中心:《新加坡〈个人数据保护法(修订)草案〉全文翻译》,载安全内参网,https://www.secrss.com/articles/19678。

〔15〕 参见马长山主编:《数字法治概论》,法律出版社 2022 年版,第 55 页。

熟，继而演绎出具有利益价值的大规模数据集合与数据产品，成为企业竞争的核心竞争资源。企业数据纠纷的司法争议经常见诸报端，然而，因缺乏相应的权利保护体系，法院在裁判时往往引用既有的法律条文来保护数据持有人的相关权利。本文对此略作梳理。

1. 淘宝诉美景案〔16〕

“淘宝诉美景案”是我国首例在大数据背景下涉及数据产品的新型客体类型案件，为企业衍生数据的赋权保护开启了突破性的一步。在本案中，美景公司让已订购“生意参谋”产品的淘宝用户下载“咕咕互助平台”客户端，并利用该软件分享“生意参谋”数字产品中的内容进而从中牟利。该案的主要争议焦点之一是淘宝公司对于“生意参谋”数据产品是否享有法定权益。法院认为“生意参谋”是淘宝公司付出了大量的人力、物力、财力开发出来的数字产品，其中的数据内容是将网络用户信息与原始网络数据运用算法技术处理后，形成的具有预测型、指数型、统计型的衍生数据。该产品具有可视化的数据内容，是新型的网络大数据产品。淘宝公司对该数据产品享有独立的竞争性财产性权益，且美景公司经营的“咕咕互助平台”与淘宝公司经营的“生意参谋”数据产品的服务人群与服务内容完全一致，二者之间存在竞争关系。因此，法院援引《反不正当竞争法》第 2 条对淘宝公司的合法权益予以保护。

2. 新浪微博诉脉脉案〔17〕

“新浪微博诉脉脉案”是我国数据不正当竞争的第一案。微梦公司是新浪微博的经营者，淘友技术公司、淘友科技公司是脉脉软件与脉脉网站的共同经营者。微梦公司称淘友技术公司与淘友科技公司进行了非法抓取、使用新浪微博用户信息的行为，非法抓取脉脉用户通讯录中的电话号码与微博用户进行匹配的行为，对微梦公司进行商业诋毁以及模仿微博加 V 机制等行为。本案的争议焦点主要有：淘友技术公司、淘友科技公司与微梦公司是否存在竞争关系；淘

〔16〕 参见杭州铁路运输法院民事判决书，(2017)浙 8601 民初 4034 号；浙江省杭州市中级人民法院民事判决书，(2018)浙 01 民终 7312 号。

〔17〕 参见北京市海淀区人民法院民事判决书，(2015)海民(知)初字第 12602 号；北京知识产权法院民事判决书，(2016)京 73 民终 588 号。

友技术公司、淘友科技公司的行为是否对微梦公司构成不正当竞争。一审法院认为原被告的经营性质、服务内容、服务对象以及对用户信息的需求度都存在交叉重叠,因此认定双方存在竞争关系。同时淘友技术公司、淘友科技公司在与微梦公司合作期间超出了《开发者协议》的内容,非法抓取、使用涉案新浪微博用户职业信息、教育信息。双方在合作终止后,淘友技术公司、淘友科技公司也没有及时删除而是继续使用从新浪微博获取的用户信息,违反了《开发者协议》。同时两被告通过脉脉软件注册用户的手机通讯录联系人,非法获取到相关联系人与新浪微博用户的对应关系,并将这些人展示在脉脉用户的一度人脉中的行为危害到新浪微博平台用户信息安全,也损害了微梦公司的合法竞争利益。法院依据《反不正当竞争法》第 2 条的规定认为两被告对微梦公司构成不正当竞争。

二审法院根据举证责任分配规则,推定上诉人淘友技术公司、淘友科技公司通过 Open API 直接获取新浪微博用户的职业信息、教育信息。同时,法院认为上诉人获取新浪微博用户信息的行为违背了在 Open API 开发合作模式中,第三方获取用户信息应遵守的“用户授权 + 平台授权 + 用户授权”三重授权原则,且上诉人没有遵守 Open API 的运行规则,擅自获取并使用脉脉用户手机通讯录中非脉脉用户联系人与新浪微博用户对应关系的行为,损害了微梦公司的竞争性利益。法院主要根据《反不正当竞争法》第 2 条的规定认定上诉人淘友技术公司、淘友科技公司的行为构成不正当竞争。

3. 科睿唯安诉梅斯案〔18〕

梅斯公司在未经许可的情况下在其官网中提供 IF 影响因子数据的链接、含有 IF 影响因子数据的文章、视频,在“梅斯医药”手机 App 中发布 IF 影响因子数据以及 IF 影响因子数据的链接,涉及的期刊包含 JCR 期刊引证报告数据库中的全部期刊。本案的主要争议焦点是梅斯公司在涉案网站、涉案 App 中提供 IF 影响因子数据的链接的行为是否构成对 JCR 期刊引证报告数据库著作权

〔18〕 参见上海市徐汇区人民法院民事判决书,(2019)沪 0104 民初 2392 号;上海知识产权法院民事判决书,(2020)沪 73 民终 531 号。

的帮助侵权。法院认为,IF影响因子数据是通过特定公式计算出来的,并在它的基础上衍生出总引用次数、五年影响因子、立即指数、可引用论文量等其他诸多的数据。JCR期刊引证报告制作者在选择由哪些数据进行计算的这一过程体现了选择编排的独创性,JCR期刊引证报告数据库中对期刊的个性化选择同样体现了制作者的智力创造。因此,JCR期刊引证报告数据库构成汇编作品。而greensci. net网站运营者未能证明其获得权利人授权的情况下,向公众提供IF影响因子数据的行为侵害了JCR期刊引证报告数据库权利人的信息网络传播权。梅斯公司未尽到合理审慎的注意义务,对该网站设置了链接,其行为构成帮助侵权。因此法院主要依据《著作权法》第2条第2款、第10条第1款第12项、第15条,《最高人民法院关于审理侵害信息网络传播权民事纠纷案件适用法律若干问题的规定》第7条第1款、第3款的规定认定JCR期刊引证报告数据库构成汇编作品,梅斯公司在涉案网站、涉案App中提供IF影响因子数据的链接的行为构成对JCR期刊引证报告数据库著作权的帮助侵权。

4. 四维图新诉秀友、奇虎、立得案[19]

秀友公司违背与四维图新公司合作协议的相关约定,向奇虎公司、立得公司提供涉案导航电子地图,且均对外宣称奇虎公司所使用的电子地图数据获得四维图新公司的合法授权。案件的主要争议焦点是:四维图新公司主张的涉案导航电子地图是否构成地图作品;秀友公司、奇虎公司、立得公司的被诉使用行为,是否侵害了四维图新公司对涉案导航电子地图的著作权;秀友公司、奇虎公司、立得公司是否实施了不正当竞争行为。一审法院认为,涉案的地图数据没有包括一个已被稳定地固定在有形载体上的电子地图,无法认定四维图新公司已整体创作完成了其主张的地图作品,也无法证明四维图新公司对这些数据进行了相应的取舍和艺术处理。即使四维图新公司在部分数据上体现出一定的个性化选择,但《著作权法》上判断地图作品的独创性应从整体上考虑,而不仅仅考虑部分内容。因此,一审法院认为奇虎公司、秀友公司、立得公司没有侵害四维图新公司电子地图数据的著作权。

---

〔19〕 参见北京知识产权法院民事判决书,(2019)京73民终1270号。

二审法院认为，尽管用户可以在导航电子地图编辑软件中选择叠加不同的图层或改变地图的渲染方式，但都在作者创作的范围内，用户的选择行为不会增加电子地图的独创性内容，也不会改变电子地图作品的表达方式。它的“独创性”主要表现在不同制图者在创作的过程中对相同地物、地貌进行绘制时的不同表达以及对地物、地貌、信息点的选择取舍，且在任意不同设备中打开电子地图均有着相同的图形化表达，因此证明导航电子地图已经完成且固定。导航电子地图每个图层的图形化表达在满足独创性要求的情况下，都可以成为图形作品。法院主要依照《著作权法》第3条第7项，第10条第1款第2项、第5项、第12项、第14项，第52条第6项等条款认定奇虎公司、秀友公司、立得公司使用了四维图新公司享有著作权的涉案导航电子地图，侵害了四维图新公司的著作权。四维图新公司主张的被告实施的不正当竞争行为与前述著作权侵权行为实质上属于同一行为，已适用《著作权法》进行保护，不需要再以《反不正当竞争法》第2条进行重复保护。

5. 大众点评诉百度地图案〔20〕

用户在百度地图上对商家进行搜索时，百度地图在商家信息页面会出现来自其他网友在大众点评网对商家的评论，并附有跳转到大众点评网站的链接。本案的主要争议焦点是百度公司大量使用大众点评网的信息行为是否构成不正当竞争。在一审中，法院认为尽管大众点评网的Robots协议允许百度公司抓取其网站的信息，但百度公司在未经许可的情况下任意使用来自大众点评网的信息，达到了排挤竞争对手的目的，构成了不正当竞争。二审中，法院认为大众点评网站上用户评论信息是汉涛公司付出大量劳动获得的劳动成果，具有极高的经济价值，是可以受到保护的法益。百度公司大量抓取并全文展示来自大众点评网的信息已超过必要限度，对大众点评网的有关服务构成了实质性替代。法院主要依据《反不正当竞争法》第2条、第5条第2项、第8条第1款等规定认定百度公司的行为违反公认的商业道德，构成不正当竞争。

〔20〕 参见上海市浦东新区人民法院民事判决书，(2015)浦民三(知)初字第528号；上海知识产权法院民事判决书，(2016)沪73民终242号。

6. 白兔诉鼎容数据库侵权案[21]

白兔公司发现鼎容公司开发的商标查询微信公众号中，商标查询的数据库中包含与自己公司相同的隐藏标记，认为鼎容公司通过复制自己公司的《商标数据库》进行营利性使用。本案的主要争议焦点在于白兔公司的商标数据库能否作为汇编作品受到著作权保护。法院认为数据本身不构成作品，不具备独创性，但白兔公司开发的《商标数据库》对商标信息的编排方式、分类方式具有一定的独创性，可以纳入汇编作品的范围受到著作权保护。法院主要依据《著作权法》第3条、第9条、第10条、第11条第2款、第15条认定鼎容公司侵犯了白兔公司的著作权。

7. 嗨狗公司诉汪某侵害商业秘密纠纷案[22]

嗨狗公司负责直播平台的经营活动，汪某在任职嗨狗公司旗下平台的运营总监期间，公司发现其通过自身权限登录到后台查看中奖的实时数据，并通过分析这些数据进行"刷奖"套现。汪某在离职后仍使用原公司员工的账号进行上述行为，并以此获利。嗨狗公司认为汪某的行为侵犯了公司的商业秘密。本案主要的争议焦点在于直播平台后台中的中奖实时数据以及根据中奖实时数据分析得出的中奖概率是否构成商业秘密。

一审法院认为，原告主张的后台中奖实时数据具有保密性、秘密性与商业价值，因此构成商业秘密。二审法院认为，一审原告主张的后台实时数据遵循用户的打赏行为的特征，通过这些后台实时数据能够归纳中奖规律，分析预测用户行为，且其内容具体确定，也符合保密性、秘密性、商业价值的构成要件，构成商业秘密。对于根据中奖实时数据推算得出的中奖概率，二审法院认为其系运用一定算法使用系统后台数据计算得出，所要保护内容的基础实际上在于后台数据和算法本身，因此中奖概率无法作为一种独立的经营信息进行保护。[23]因此法院主要依据《反不正当竞争法》第9条认定汪某实质接触并使用了嗨狗

---

〔21〕 参见广东省佛山市禅城区人民法院民事判决书，(2016)粤0604民初1541号；广东省佛山市中级人民法院民事判决书，(2016)粤06民终9055号。

〔22〕 参见杭州互联网法院民事判决书，(2021)浙8601民初609号。

〔23〕 参见《粉丝福利被截流，直播平台员工盗用公司数据"刷奖"套现200余万，二审这样判!》，载微信公众号"杭州中院"2022年4月11日，https://mp.weixin.qq.com/s/Jlt6GuUwGW0X6LwwEAtt1A。

公司的商业秘密，主观上具有过错，客观上实施了侵权行为，构成侵犯商业秘密。

（四）典型案例简要评析

通过分析以上案件，我们发现目前企业数据权益的争议大多发生在网络平台企业或应用软件之间。发生争议的数据种类包括有原始数据与衍生数据，公开数据、半公开数据与秘密数据等。对于不同类型数据法院认定与保护方式不同，裁判结果也不一。

衍生数据的价值认定，在不同案件中法院所依据的理论观点并没有达成共识。如在“淘宝诉美景案”中，法院认定“生意参谋”数字产品是淘宝公司投入大量人力、物力、财力，运用算法技术对原始数据进行深度处理后，形成的预测型、指数型、统计型的衍生数据，属于淘宝公司的劳动成果。与以往案件中汇编型数据库不同，“生意参谋”提供了可视化的数据内容，淘宝公司对其衍生数据产品享有竞争性的财产权益，法院援引《反不正当竞争法》中的一般条款保护淘宝公司对其数字产品享有的权益。在“科睿唯安诉梅斯案”中，每本期刊的引用数据是由特定公式计算得出的。一审法院在审理过程中，没有将其认定为衍生数据，而是运用《著作权法》的理论基础，认为这部分数据本身不构成作品。数据库中各项评价指标的选择、编排以及数据库中期刊的选择均体现出独创性，因此数据库构成汇编作品。同理在“白兔诉鼎容数据库侵权案”中，法院认为数据本身并不具有独创性，而经过公司对数据进行编排与分类后形成的数据库具有独创性，可以认定为汇编作品。可以明确的是法院在“淘宝诉美景案”中，开创性地提出了原始数据与衍生数据的界分。

与此同时，对同一数据产品客体性质的认定不同也会导致同案不同判。例如，“四维图新诉秀友、奇虎、立得案”一审法院与二审法院对导航电子地图能否构成地图作品的观点并不相同。我们在此对导航电子地图是不是作品不作过多讨论，但可以看到的是，当前法院在审理数据类型案件时或许会因为个案的特性而选择某部专门法予以规制。如“嗨狗公司诉汪某侵害商业秘密纠纷案”中，法院认定直播平台的经营数据属于商业秘密，援引《反不正当竞争法》第9条予以规制。随着数字经济的发展，会出现越来越多种类的数据产品与数据库集合，如果仅仅依赖于现有的法律制度予以裁判，则会导致裁判标准不统一，法官的自由裁量权扩大等现象发生。

除此以外，导致企业数据权益受到侵害的方式主要有数据获取行为与数据使用行为。法院对企业行为是否合理与合法的判断标准主要是根据企业是否采用了破坏技术的措施，如破坏、规避爬虫技术或超越约定的 Open - API 接口获取数据的权限范围收集数据，再或者违反 Robots 协议不公平对待对其他经营主体。〔24〕 我们不排除随着技术的发展，还会出现其他侵害企业数据的方式。因此，我们需要为企业衍生数据合理赋权，为其构建权利体系，保证企业间数据的公平竞争与流转，促进企业开发出更多的新型数据产品，提高自身的竞争实力。

三、企业衍生数据学理赋权路径及评析

在传统的法律理论中，权利所保护的客体包括物、行为、智力成果和人格利益。随着社会的进步与科技的发展，一些新兴客体也成为法律所保护的对象，如计算机软件、集成电路布图等。

企业衍生数据具有无形性、可复制性、公共物品性、财产性等特征，属于无体物。作为大数据与算法技术的产物，现有的法律体系中还没有为其设立特殊的保护方式，学术界为此展开了艰苦的探索。

（一）企业衍生数据学理赋权说

1. 所有权说

综观各国和地区相关立法，对数据财产进行保护之初的主要做法之一就是利用物权来保护。〔25〕 我国与数据相关的立法中，存在数据与信息有时混用、有时分开、有时重叠的现象。〔26〕 但在研究领域，一般认为数据是信息的载体，是信息的表达方式之一。信息是知识的载体，知识可以从数据中发掘出来，信息是

---

〔24〕 参见浙江省高级人民法院联合课题组：《关于企业数据权益知识产权保护的调研报告》，载微信公众号“人民司法杂志社”2022 年 6 月 17 日，https://mp.weixin.qq.com/s/VPMyofSZZNCHMFCK-aQiBag。

〔25〕 参见齐爱民：《数据法原理》，高等教育出版社 2022 年版，第 193 页。

〔26〕 参见朱扬勇、熊赟：《论数据与信息的差别——从计算机的视角》，载李玉华主编：《数据法学》第 1 卷，中国人民公安大学出版社 2021 年版。

数据的内容。[27] 纪海龙教授曾就数据与信息的关系从物理层、符号层和内容层作划分，将符号层的数据定位为“数据文件”，将内容层面数据包含的信息定位为“数据信息”。在数据信息上设定绝对权会阻碍信息的公开，不利于信息的共享，而对数据文件设置所有权有利于保护数据文件拥有者对数据的控制，解决激励缺失的问题。[28]

衍生数据全生命周期可以分为数据来源，如用户上网痕迹，机器产生的数据以及传感器所搜集到的数据，数据的收集、整理、分析、加工处理后形成衍生数据。有学者认为应当实现用户与企业之间数据财产权益的均衡配置，借助“自物权—他物权”和“著作权—邻接权”的权能分割模式，对数据赋权应分别考虑到数据的来源与数据的处理者，设定数据原发者拥有所有权与数据处理者拥有数据用益权的二元结构。[29]

也有学者基于劳动正当论，以及数据构造的复杂性和权利主体的多元性，认为应当为数据产业者财产赋予物权与知识产权双重保护模式。[30] 有学者对此提出了反对的观点：我国所有权包括占有、使用、收益、处分四项权能，依据数据的无形性和可复制性，其不是传统法律意义上的物，难以适用所有权制度及相关理论，因此无法对企业衍生数据赋予所有权。[31]

2.《反不正当竞争法》一般条款保护说

正如前文所述，在司法实践中法院通常是将企业衍生数据财产权益用《反不正当竞争法》一般条款予以保护，这种保护模式被称为“权利侵害式”思维。[32] 然而，有学者提出在适用《反不正当竞争法》一般条款处理新型数据产品竞争性案件时，应依据诚实信用原则对个案进行利益衡量。通过适用“利益衡量式”的不正当竞争认定标准，一般条款既能实现维持数据控制者的激励效

---

〔27〕 参见梅宏：《大数据导论》，高等教育出版社 2018 年版，第 1 页。

〔28〕 参见纪海龙：《数据的私法定位与保护》，载《法学研究》2018 年第 6 期。

〔29〕 参见申卫星：《论数据用益权》，载《中国社会科学》2020 年第 11 期。

〔30〕 参见姬蕾蕾：《数据产业者财产赋权保护研究》，载《图书馆建设》2018 年第 1 期。

〔31〕 参见李爱君：《数据权利属性与法律特征》，载《东方法学》2018 年第 3 期；程建华、王珂珂：《再论数据的法律属性——兼评〈民法典〉第 127 条规定》，载《重庆邮电大学学报（社会科学版）》2020 年第 5 期。

〔32〕 参见孔祥俊：《〈民法总则〉新视域下的反不正当竞争法》，载《比较法研究》2018 年第 2 期。

应,又能避免对竞争秩序的破坏和保护对消费者有利的数据使用行为免受不正当竞争的非难。[33] 我国《反不正当竞争法》中列举了七种不正当竞争行为,有学者认为运用《反不正当竞争法》保护商业数据的正确思路是优先检索涉案行为是否为法律明确列举的七种不正当竞争行为之一,若不能在其中找到既有的不正当竞争行为类型,则要通过《反不正当竞争法》的立法目的来扩张规制范围,为反不正当竞争法律体系外的不正当竞争行为构建规制和救济的途径。[34]

然而,通过反不正当竞争保护模式能够赋予企业的数据权利毕竟有限。反不正当竞争模式下的数据所有者只能对内使用自己生产的衍生数据产品,[35] 无法通过许可、设定担保等方式获得相应的商业对价。[36] 有的学者认为,《反不正当竞争法》的主要作用是通过事后禁止不正当竞争行为来维持市场的正常秩序,不能够成为数据财产利用的依据,[37] 也不能充分保护数据财产权,回应数据权利问题,[38] 过度使用一般条款会导致对企业数据的过度保护进而加深数据鸿沟和数据垄断。[39]

3. 场景化及类型化保护说

"场景"源于美国教授海伦·尼森鲍姆(Helen Nissenbaum)的"情境脉络完整性"理论,该理论指出,在论证某项权利保护的合理性及其边界范围时,应结合当下所处具体场景来综合判断,而不是主观预设。[40] 他曾经指出,数据隐私

[33] 参见刘建臣:《企业数据赋权保护的反思与求解》,载《南大法学》2021 年第 6 期。

[34] 参见张建文:《网络大数据产品的法律本质及其法律保护———兼评美景公司与淘宝公司不正当竞争纠纷案》,载《苏州大学学报(哲学社会科学版)》2020 年第 1 期。

[35] 参见许娟:《企业衍生数据的法律保护路径》,载《法学家》2022 年第 3 期。"从企业内外部数据利用的角度出发,企业衍生数据可以分为对外输出和对内使用两种类型。对外输出类型的企业衍生数据如淘宝公司'生意参谋'数据产品、阿里巴巴旗下的芝麻信用、产品经理常用的百度指数、淘宝魔方等;对内使用的企业衍生数据如公司内部使用的 CRM 系统、营销系统、风控决策系统等。"

[36] 参见徐海燕、袁泉:《论数据产品的财产权保护——评淘宝诉美景公司案》,载《法律适用(司法案例)》2018 年第 20 期。

[37] 参见申卫星:《论数据用益权》,载《中国社会科学》2020 年第 11 期。

[38] 参见李爱君:《数据权利属性与法律特征》,载《东方法学》2018 年第 3 期。

[39] 参见聂洪涛、韩欣悦:《企业数据财产保护的模式探索与制度建构》,载《价格理论与实践》2021 年第 9 期。

[40] 参见彭辉:《数据权属的逻辑结构与赋权边界——基于"公地悲剧"和"反公地悲剧"的视角》,载《比较法研究》2022 年第 1 期。

保护的基本原则与关键在于实现数据的“场景性公正”(contextual integrity)〔41〕,即要在具体场景中实现个人信息的合理流通(the flow of personal information—transmission, communication, transfer, distribution, and dissemination),〔42〕欧盟及美国对数据的保护均体现出场景化及类型化的保护模式。欧盟通过《通用数据保护条例》来保护个人隐私数据,通过《数据库指令》《商业秘密保护指令》授予数据库开发企业对衍生数据享有产权。根据欧盟建立“情景依存的有限产权”的实践经验,中国已出台《个人信息保护法》,现需对在数据采集、加工和开发中有重大投资或对数据开发做出创造性智力活动的衍生数据赋予财产权保护。〔43〕有学者认为,数据权属问题依赖于场景,数据要想成为具有价值的商品必须结合需求方的具体场景和服务,可以对数据采取个案化、场景化保护模式。对非公开数据用商业秘密给予保护,对半公开数据采用欧盟数据库的特殊权利保护模式给予保护,而对于网络平台公开数据用竞争法予以保护。数据的保护应当通过场景化的保护模式从下自上地推动数据确权的规则制定。〔44〕

4. 新型财产权保护说

企业衍生数据区别于原始数据的显著特点在于其产生过程中凝结了大量的劳动成果和智力创造,形成了具有新价值的无体物。企业衍生数据作为一种知识产品可以进行交易,因此应当为其设定财产权。美国学者劳伦斯·莱斯格最早认识到数据的财产属性,在 1999 年系统地提出了数据财产化的理论思路。〔45〕我国有学者在区分了个人信息与数据资产的基础上,将个人信息保护与企业数据保护统一起来进行合理平衡,按照数据的不同阶段分别构建自然人关

---

〔41〕 See Helen Nissenbaum, *Privacy in Context: Technology, Policy, and the Integrity of Social Life*, Stanford University Press, 2009, p. 127.

〔42〕 See Helen Nissenbaum, *Privacy in Context: Technology, Policy, and the Integrity of Social Life*, Stanford University Press, 2009, p. 140.

〔43〕 参见唐要家:《数据产权的经济分析》,载《社会科学辑刊》2021 年第 1 期。

〔44〕 参见丁晓东:《数据交易如何破局——数据要素市场中的阿罗信息悖论与法律应对》,载《东方法学》2022 年第 2 期;丁晓东:《数据到底属于谁? ——从网络爬虫看平台数据权属与数据保护》,载《华东政法大学学报》2019 年第 5 期。

〔45〕 See Paul M. Schwartz, *Beyond Lessing's Code for Internet Privacy: Cyberspace Filters, Privacy-Control, and Fair Information Practices*, Wisconsin Law Review, 746 (2000).

于个人信息的权利和企业关于数据的权利，后者称为企业新型数据财产权，包括数据资产权和数据经营权。〔46〕有学者认为数字经济带给数据的财产属性是数据财产权确立的社会经济前提，因此确实能够为企业数据构建新型财产权保护路径。〔47〕数据财产是具有独立价值和财产利益的新型民事法律关系客体，〔48〕赋予数据企业不同于人格权、物权、债权、知识产权的新型财产权可以促进数据的交易与流通，〔49〕同时也赋予了数据权利人直接支配特定的数据财产并排除他人干涉的权利。〔50〕也有学者通过分析欧盟对"非个人数据"的确权模式，认为过强的财产保护力度会对其他利益造成误伤，因此仅需在数据产品之上设置财产权即可。〔51〕有观点认为数据产品的使用与处分无碍信息主体对信息的控制权，作为独立于自然人信息、原始数据以外的有巨大市场价值的衍生信息，数据产品主体应当享有财产权。〔52〕但有不少观点反对赋予企业衍生数据新型财产权。有学者认为新型财产保护模式仍是套用物权保护模式的窠臼，且为企业数据设立强排他性的新型财产权时应当区分数据类型，避免造成"权利泛化"〔53〕。

5. 商业秘密保护说

商业秘密保护模式被很多学者认为是保护企业数据权属的有效途径。一些数据集合中所包含的数据元素本身就可能是秘密数据，且在司法实践中法院也将由秘密数据组成的数据集合认定为商业秘密。〔54〕单个数据元素的公共性

---

〔46〕参见龙卫球：《数据新型财产权构建及其体系研究》，载《政法论坛》2017 年第 4 期；龙卫球：《再论企业数据保护的财产权化路径》，载《东方法学》2018 年第 3 期。

〔47〕参见徐实：《企业数据保护的知识产权路径及其突破》，载《东方法学》2018 年第 5 期。

〔48〕参见齐爱民：《数据法原理》，高等教育出版社 2022 年版，第 195 页。

〔49〕参见程啸：《论大数据时代的个人数据权利》，载《中国社会科学》2018 年第 3 期。

〔50〕参见齐爱民、盘佳：《数据权、数据主权的确立与大数据保护的基本原则》，载《苏州大学学报（哲学社会科学版）》2015 年第 1 期。

〔51〕参见姬蕾蕾：《企业数据保护的司法困境与破局之维：类型化确权之路》，载《法学论坛》2022 年第 3 期。

〔52〕参见沙丽：《数据资源权属判断及司法保护路径》，载《人民司法》2020 年第 10 期。

〔53〕参见聂洪涛、韩欣悦：《企业数据财产保护的模式探索与制度建构》，载《价格理论与实践》2021 年第 9 期。

〔54〕参见上海市高级人民法院民事判决书，（2011）沪高民三（知）终字第 100 号。

与数据集合的秘密性二者的关系,存在两种对立观点。一种观点认为,现实中的大部分数据信息是可以通过公开方式取得的,而这种公开数据信息汇集后产生的数据集合不具有秘密性,因而套用商业秘密保护的方式来保护此数据集合是不妥当的。[55] 但国外的相关判例中持相反观点,认为即使商业秘密数据集合中的每一组成元素可能来自公有领域或是公开数据,但这些元素通过特定的组合方式可以形成具有新价值的商业秘密数据集合。[56] 也有学者认为商业秘密保护虽然是最接近企业数据保护需求的方式,但只针对某类型数据或者某种情形有效,不能完全满足企业衍生数据的保护。[57] 商业秘密的秘密性和价值性仅仅能规制不当获取非公开企业衍生数据的行为,且会加剧数据垄断与数据孤岛的问题。[58]

6. 汇编作品保护说

我国《著作权法》对于汇编作品的规定在实践中被作为保护企业数据集合的一种手段。《著作权法》第 15 条规定:"汇编若干作品、作品的片段或者不构成作品的数据或者其他材料,对其内容的选择或者编排体现独创性的作品,为汇编作品,其著作权由汇编人享有,但行使著作权时,不得侵犯原作品的著作权。"企业可以通过著作权法中汇编作品的规定来保护具有独创性的数据库集合。此时企业保护的是具有独创性的编排方式本身,而不是数据带来的利益和财产本身。在司法实践中,法院肯定了对数据的编排和整理体现出独创性,数据库可以作为汇编作品进行保护,享有著作权。[59]

---

〔55〕 参见芮文彪、李国泉、杨馥宇等:《数据信息的知识产权保护模式探析》,载《电子知识产权》2015 年第 4 期。

〔56〕 See *Vermont Microsystems, Inc. v. Autodesk, Inc.*, 88 F. 3d 142 (2d Cir. 1996), https://casetext.com/case/vermont – microsystems – inc – v – autodesk – inc; *Catalyst Chemical Serv. v. Global Ground Support*, 350 F. Supp. 2d 1 (D. D. C. 2004), https://casetext.com/case/catalyst – chemical – serv – v – global – ground – support.

〔57〕 参见梅夏英:《企业数据权益原论:从财产到控制》,载《中外法学》2021 年第 5 期。

〔58〕 参见高阳:《衍生数据作为新型知识产权客体的学理证成》,载《社会科学》2022 年第 2 期;纪海龙:《数据的私法定位与保护》,载《法学研究》2018 年第 6 期。

〔59〕 参见广东省佛山市中级人民法院民事判决书,(2016)粤 06 民终 9055 号。

7. 新型知识产权客体说

衍生数据的自然属性与有形财产不相符，因此应当从无形财产制度中寻求保护的可能。有学者认为衍生数据具有财产属性，但不属于传统的知识产权客体，是数字经济时代新型的知识产品，并可以为其构建衍生数据权的权利内涵，包括权利客体、权利主体、权利内容以及为其构建衍生数据权的权利限制。[60] 将企业衍生数据这一新客体纳入知识产权法保护的制度体系中，符合知识产权客体合理扩张的实践要求。[61] 《美国统一计算机信息交易法》从规范数据交易的角度出发，设计了信息权法律制度保护数据财产，不过这样一项权利主要是知识产权。

8. 其他赋权保护路径

有部分学者认为，即便一些类型的数据产权的保护问题在著作权和商业秘密保护体系下已得到部分解决，但对于公开状态的非独创性大规模数据集合的保护问题仍存在保护的空白地带，对于这一部分数据应适用有限排他权予以保护，阻止他人未经许可向公众传播收集者付出实质性投入收集的实质数量的数据内容，即公开传播权。[62] 也有学者赞同排除绝对排他权、设立有限产权的观点，同时建议辅之以合理的权利限制以构建数据有限产权保护与权利限制的利益平衡机制。[63] 数据的本质符合工业产权的历史逻辑和制度内涵，将可公开的数据信息作为保护对象，确立商业数据权，属于保护可公开性数据信息的新类型信息保护类工业产权。商业数据权是商业数据的收集者或者处理者对其合法收集的数据或者形成的数据产品的占有、使用和处分的权利。[64]

(二)对企业衍生数据学理赋权说的评析

目前国内外关于衍生数据的立法较为稀少，法院大多从现有的立法框架出

---

〔60〕 参见高阳:《衍生数据作为新型知识产权客体的学理证成》，载《社会科学》2022 年第 2 期。

〔61〕 参见聂洪涛、韩欣悦:《企业数据财产保护的模式探索与制度建构》，载《价格理论与实践》2021 年第 9 期。

〔62〕 参见崔国斌:《大数据有限排他权的基础理论》，载《法学研究》2019 年第 5 期。

〔63〕 参见冯晓青:《数据财产化及其法律规制的理论阐释与构建》，载《政法论丛》2021 年第 4 期。

〔64〕 参见孔祥俊:《商业数据权:数字时代的新型工业产权——工业产权的归入与权属界定三原则》，载《比较法研究》2022 年第 1 期。

发对企业衍生数据进行保护。如前文所述,根据我国的立法框架与法理研究,学理上认为对数据的主要保护路径有"所有权说""《反不正当竞争法》一般条款保护说""场景化及类型化保护说""新型财产权保护说""商业秘密保护说""汇编作品保护说""新型知识产权客体说"以及其他赋权保护路径等。企业衍生数据有其特有的内涵边界、法律属性等,与现有法律保护的客体的内涵边界以及法律属性并非完全吻合,因此既有的法律难以妥当地解决企业衍生数据利用产生的新问题。对于所有权保护模式,有学者认为首先应当证立其有赋权保护的必要性。对于新型财产权保护说,有学者认为该种方法本质与物权法保护相同,仍是借鉴所有权保护模式,认为企业对企业数据在特定范围享有占有、使用、收益及处分的权利。企业衍生数据的保护进行场景化、类型化区分,并不符合企业衍生数据的特性。援引《反不正当竞争法》一般条款来保护数据利益面临其适用上极大的不确定性。下面我们择要展开评述。

1. 企业衍生数据的自然属性与物权保护的客体不符

对于企业衍生数据的载体,可以适用于物权法进行保护,但企业衍生数据具有的无形性、可复制性、公共物品性等特征并不适用于物权保护。

企业衍生数据首先是"数据",经历了原始数据产生的第一步,从表现上来看是把现象转变为可制表分析的量化形式的过程;从技术角度来看,通过数字化技术把模拟数据转换成用 0 和 1 表示的二进制字符串,这样电脑才可以处理数据。[65] 因此,企业衍生数据的客体表现为 0 和 1 组成的字符串,具有无形性。其次,数据虽被称为 21 世纪的"新石油",但因其可被无限复制,重复使用,不同的复制体亦可为不同主体所控制,在支配上无法实现完全的排他性,不具有物的特定性。[66] 最后,企业衍生数据具有公共物品性,对其收集、交易、流转、使用并不一定意味着可以将其转变为私人物品归属于某个特定主体。在互联网信息时代,赋予企业对企业数据享有永久、绝对、全面、强排他性权利的做法,难免

---

〔65〕 参见[英]维克托·迈尔·舍恩伯格、[英]肯尼思·库克耶:《大数据时代:生活、工作与思维的大变革》,盛杨燕、周涛译,浙江人民出版社 2013 年版,第 104 页。

〔66〕 参见韩旭至:《数据确权的困境及破解之道》,载《东方法学》2020 年第 1 期。

会造成数据垄断与数据圈地,不利于数据的市场竞争与数据经济发展。[67] 所有权说无法克服以下缺陷:数据本身无法与电子载体相分离,不具有物的独立性,而且在支配上无法实现完全的排他性,不具有物的特定性。[68]

2.《反不正当竞争法》一般条款适用的不确定性

《反不正当竞争法》一般条款保护企业衍生数据集合或产品是司法实践中常用的方式之一,在前文所述的"淘宝诉美景案""新浪微博诉脉脉案"法院的裁判观点中均有体现。但一般条款对法院确定具体的保护客体范围、禁止行为类型、可能的权利限制、保护期限等,均无法提供明确的指引。[69] 一般条款虽然暂时填补了当前企业衍生数据的立法空白,但随着大数据技术与新产业新业态的发展,一般条款难以应对企业衍生数据集合和数据产品不断呈现出的多种样态,对其过度泛化使用会造成保护结果的不确定性。[70] 《反不正当竞争法》一般条款的保护路径是带有过渡性的安排,属于一种新型权利的"孵化器"。[71] 但在企业衍生数据竞争纠纷案件中过度使用一般条款不仅会造成法官自由裁量权的滥用,模糊不同法律之间的保护界限,且违背了《反不正当竞争法》的立法目的。[72]

3. 传统知识产权法保护范围受限

《著作权法》中关于汇编作品的保护前提是"其内容的选择或者编排体现独创性",因此《著作权法》能够保护的企业衍生数据仅仅是部分具有"独创性的数据集合",而不是全部数据,且企业衍生数据的价值在于其通过算法技术深度挖掘出的数据新规律新价值,难以界定其"内容的选择或编排"是否具有独创性。即使认定为汇编作品,其保护范围只能是选择或编排的独创性表达,而不

---

〔67〕 参见李扬、李晓宇:《大数据时代企业数据权益的性质界定及其保护模式建构》,载《学海》2019 年第 4 期。

〔68〕 参见马长山主编:《数字法治概论》,法律出版社 2022 年版,第 65 页。

〔69〕 参见崔国斌:《大数据有限排他权的基础理论》,载《法学研究》2019 年第 5 期。

〔70〕 参见孔祥俊:《商业数据权:数字时代的新型工业产权——工业产权的归入与权属界定三原则》,载《比较法研究》2022 年第 1 期。

〔71〕 参见孔祥俊:《论反不正当竞争法的二元法益保护谱系——基于新业态新模式新成果的观察》,载《政法论丛》2021 年第 2 期。

〔72〕 参见冯晓青:《数据财产化及其法律规制的理论阐释与构建》,载《政法论丛》2021 年第 4 期。

是数据内容本身。[73] 在司法实践中，法院除了用汇编作品对衍生数据集合予以保护外，基于个案数据产品，将导航电子地图认定为《著作权法》中的图形作品。[74] 这种保护仅仅是基于个案的偶然性，无法从正面对企业衍生数据赋予汇编作品的保护，[75]且在自媒体和电商平台盛行的时代，一些平台搜集到的用户个人数据，用户在平台上所留点评数据、后台交易数据等企业收集整理的数据显然不满足"独创性"保护的构成要件，也不属于衍生数据。著作权保护难以涵盖所有的企业数据类型。[76]

商业秘密也是司法实践中法院保护数据权益的另一路径，符合商业秘密要件的秘密数据信息可以受商业秘密保护。[77] 但并非所有企业数据都具有秘密性，由其衍生出的数据集合或数据产品更是如此。一些互联网平台上由用户提供的用于公开展示的数据，如消费者评价，这些数据没有保密的必要，若过度保护会造成数据垄断。

4. 新型财产权保护说的困境

有学者认为将数据集合定位为有限财产权，而数据产品在性质上已经成为一种纯粹的财产，然而，又因与知识财产的独创性相异，故将其确定为一种新型财产权。[78] 有学者对此质疑，认为在大数据时代不应当建立数据产权，尤其是数据所有权，理由在于：在实践中应当更加重视对数据的有效控制和利用，维护数据权益，明确数据权属，协调数据利益关系，而不是对数据排他权的构

---

〔73〕 参见苏志甫等：《司法裁判视角下企业数据权益保护的路径、门槛与边界——基于涉企业数据权益典型案例的分析》，载微信公众号"天同诉讼圈"2021 年 12 月 8 日，https://mp.weixin.qq.com/s/z7TqE0C1evtWfiYiDPWGLw。

〔74〕 参见北京知识产权法院民事判决书，(2019)京 73 民终 1270 号。

〔75〕 参见孔祥俊：《商业数据权：数字时代的新型工业产权——工业产权的归入与权属界定三原则》，载《比较法研究》2022 年第 1 期。

〔76〕 参见聂洪涛、韩欣悦：《企业数据财产保护的模式探索与制度建构》，载《价格理论与实践》2021 年第 9 期。

〔77〕 参见孔祥俊：《商业数据权：数字时代的新型工业产权——工业产权的归入与权属界定三原则》，载《比较法研究》2022 年第 1 期。

〔78〕 参见姬蕾蕾：《企业数据保护的司法困境与破局之维：类型化确权之路》，载《法学论坛》2022 年第 3 期。

建上。[79]

四、企业衍生数据赋权的理论基础评析

以上对衍生数据赋权的各种理论构建,无非都是要解决利益主体对衍生数据的控制权问题。要建构一种财产权,必须要明确财产的主体以及主体对资产的控制(排他权),这是财产权的核心要素。进入数字时代,曾有观点主张数字决定论。在这种观点下,认为"财产为障碍"(property as obstacle)其实不利于数字经济的发展。实际上,在数字经济时代,上述两个核心要素均已具备,并存在一一映射的关系。[80] 只有这样,才能"面对利益的多元化及其冲突化,需要借助立法的利益衡量实现对利益关系的调节,使得各个利益主体能够各得其所、各安其位"[81]。每一种理论都难以十全十美。在数据经济时代,劳动财产权论和激励理论仍然可以为企业衍生数据构成新型知识产权客体提供理论基础。

(一)劳动财产权论

TRIPs 协议开宗明义就宣布"承认知识产权是私权"。私权是知识产权的逻辑起点。洛克的劳动财产权理论认为,每个人对自己的人身以及身体从事的劳作享有所有权。当个人将其劳动添加于自然物上,使某物脱离自然和所处的状态时,他便对该物享有所有权。[82] 当然,知识创造需要付出独创性劳动,而且这种劳动与一般的生产劳动存在根本性差别。企业当然希望能通过自己付出的劳动而赋予企业衍生数据相应的权利。洛克的劳动财产权论建立在有体物之上以及体力劳动之上,而企业衍生数据的自然属性为无体物,因此并不能通过企业劳动本身推出企业衍生数据权利。[83]

企业为了获得衍生数据,首先需要投入巨大的资金、人力、技术等生产成本

---

〔79〕 参见冯晓青:《数据财产化及其法律规制的理论阐释与构建》,载《政法论丛》2021 年第 4 期。

〔80〕 参见高莉:《大数据创新发展与知识产权保护》,人民出版社 2021 年版,第 82 页。

〔81〕 张新宝:《从隐私到个人信息:利益再衡量的理论与制度安排》,载《中国法学》2015 年第 3 期。

〔82〕 参见[英]洛克:《政府论》(下篇),叶启芳、翟菊农译,商务印书馆 2017 年版,第 18 页。

〔83〕 参见李扬、李晓宇:《大数据时代企业数据权益的性质界定及其保护模式建构》,载《学海》2019 年第 4 期。

获得原始数据。在这个过程中,企业实施对数据的收集、整理、存储和加工等一系列处理数据的辛苦行为,这个过程的付出与传统财产权在本质上并无差别。企业获得数据财产权益,具有道德正当性。[84] 在"淘宝诉美景案"中,法院裁判时便是基于劳动财产权论,并结合诚实信用原则和商业道德,认可了淘宝公司对其实质投入的"生意参谋"享有竞争性财产利益。[85]

企业衍生数据具有价值,但其价值不是直接来源于数据本身,而是主要取决于数据分析。哈贝马斯曾经指出:"权利毕竟既不是一支枪,也不是一台独角戏。它是一种关系、一种社会惯例。"[86]企业衍生数据权利的形成,必须要到新型的权利社会关系中进行考察。如前文所述,进行数据分析需要对原始数据进行数据库的结构化转换,为此设计算法,而且需要进行大量的程序设计与运算。算法在数据价值的形成中居于中心地位。这些都凝聚了企业的智慧劳动,而这是传统的体力劳动所无法比拟的。每一项创造性成果都与创造者的自由意志紧密相连,这恰好是构建知识产权理论的核心。甚至有学者借用民法中的添附理论,[87]认为衍生数据的产生过程正是物权法中添附理论的实际运用,原始数据通过数据分析技术处理后形成的数据产品,根据劳动财产权论,数据添附者应当享有衍生数据的产权。[88]

(二)知识产权激励论理论

我国关于数据权配置激励理论讨论较多的有知识产权保护激励理论。[89]知识产权激励论强调,当知识产权人的权利以及创作成本得到必要的保障时,能够激励知识创新与知识产品的传播。[90] 如前文所述,企业衍生数据在产生的

---

〔84〕 参见李安:《论企业数据财产权的正当性——以洛克财产权学说为视角》,载《科技与法律(中英文)》2022年第1期。

〔85〕 参见朱丽:《企业数据财产化保护进路探析》,载《南阳理工学院学报》2022年第1期。

〔86〕 [德]哈贝马斯:《在事实与规范之间:关于法律和民主法治国的商谈理论》,童世骏译,生活·读书·新知三联书店2003年版,第110页。

〔87〕 参见李安:《论企业数据财产权的正当性——以洛克财产权学说为视角》,载《科技与法律(中英文)》2022年第1期。

〔88〕 参见朱宝丽:《数据产权界定:多维视角与体系建构》,载《法学论坛》2019年第5期。

〔89〕 参见杨琴:《数字经济时代数据流通利用的数权激励》,载《政治与法律》2021年第12期。

〔90〕 参见冯晓青:《知识产权法的价值构造:知识产权法利益平衡机制研究》,载《中国法学》2007年第1期。

过程中投入了大量的人力、物力、财力，当数据成为具有财产性利益的资产时，若放任竞争对手实施搭便车等对其不劳而获的行为，企业将会失去对衍生数据产品开发的积极性，从而阻碍数据经济及数据产业的发展。[91] 这种假设符合法学尤其是知识产权法学上激励理论的观点。

对于是否可以用知识产权激励论作为企业衍生数据赋权的基础，目前学界有支持和反对的声音。反对者认为，以劳动投入作为衍生数据赋权的基础违背作品必须具有"独创性"的原则，且数据集合或数据产品因不断更新导致衍生数据的保护期限不断重新计算，易导致数据垄断。该观点还认为衍生数据的收集处理的成本会越来越小，与知识产权客体为"付出大量劳动与成本的智力成果"要求不符。[92] 支持者认为由于企业衍生数据具有公共物品的属性，若不对其进行合理的赋权保护，企业无法收回其付出的成本，将失去创造开发出具有新价值，新规律的衍生数据的激励效应。因此，给企业衍生数据赋权的基础应当考虑是否存在激励缺失的问题。[93] 本文认为，应当以知识产权激励论为基础，为维护企业创新的劳动价值以及竞争性利益，赋予企业对企业衍生数据的合法权益。

综上所述，通过劳动财产权理论，就企业对衍生数据这种智力成果享有的权益进行确认，并利用激励理论对企业进行的数据加工和分析行为进行保护，持续驱动企业生产更多对社会有用的数据产品，实现外部性内部化，促进创新并增进社会福利。另外，将企业衍生数据界定为新型知识产权客体，在保障权利主体的利益、激励创新的同时进行权利合理限制，发挥知识产权制度的公共政策属性，平衡分配相关主体利益。不过，限于篇幅，本文不再对此展开论述。

---

〔91〕 参见李扬、李晓宇：《大数据时代企业数据权益的性质界定及其保护模式建构》，载《学海》2019 年第 4 期。

〔92〕 参见李晓宇：《大数据时代互联网平台公开数据赋权保护的反思与法律救济进路》，载《知识产权》2021 年第 2 期。

〔93〕 参见刘建臣：《企业数据赋权保护的反思与求解》，载《南大法学》2021 年第 6 期。

互联网平台场景下个人数据可携权的法律适用与合规方案

金　耀*

摘要　数据可携权起源于欧盟，近年来美国、印度、新加坡等国也逐渐开始重视和引入数据可携权。我国在2021年新颁布的《个人信息保护法》中也出现了这一权利的相关内容。个人数据可携权的确立有着深厚的法律基础与产业实践，但从法律移植视角看，将数据可携权引入我国仍然存在诸多理论困境，应当结合我国现有的法律规范作具体的体系分析。

从数据可携权的法律构造与权利适用角度看，我国个人数据可携权的主体范围、客体范围、权利行使基础均有待进一步明确。首先，个人行使数据可携权可能会影响到数据处理者、数据主体和数据接收者三方之间的利益平衡。其次，数据可携权容易与隐私权、删除权、商业秘密等权利产生冲突，或者涉及政府机关、社会公共利益、司法裁判等情形，需要限制条款予以约束。再次，对提供和移转的数据格式的规定缺乏具体要求，会妨碍互操作系统的建立。最后，在义务主体关于隐私和数据安全的责任范围方面，由于责任范围模糊不清，容易造成双方推诿责任最终损害数据主体利益的局面。

从理论上以我国适用数据可携权规范的理论困境分析为基础，向

*　课题组其他成员：吕双全、李声高、高颖、潘艺、袁璐璐。

企业提出数据可携权行使在不同阶段的合规建议。首先,在用户提出可携权请求前,企业应当告知数据主体其享有的权利内容,并为个人提供提交数据可携权请求的途径。其次,参考数据可携权的适用条件,企业应当审查数据主体身份、被移转数据的内容和权利行使基础。企业应当确保提出可携权的主体是权利行使的真正主体,并以"经个人同意"或"基于合同"作为权利行使基础,当数据涉及第三方时,必须注意审查其对第三方利益的可能影响。再次,企业负有以一定形式回应用户申请的义务。如不能随意拒绝数据可携权请求,应当在规定时间内按要求作出回应,不能擅自移转未经用户核实的数据,收到撤回请求后停止数据移转等。但在一定条件下,企业可就回应数据主体的重复性请求收取一定费用。又次,企业负有保障数据安全的义务,应当做好数据安全的风险评估、传输安全保障、保存数据副本等工作,当涉及境外数据传输时,企业更应当承担额外的注意义务。最后,企业应当以目的为限接收并安全保存用户数据,配合数据处理者的数据传输工作。

引　言

2019 年腾讯诉抖音多闪不正当竞争案,[1]引发了法学界和互联网领域的广泛关注。在本次争议中,腾讯控诉抖音违背诚信原则,不当使用其从微信、QQ 中获得的用户头像和昵称等数据,并将腾讯公司提供给抖音的微信账号授权登录服务提供给多闪使用。面对腾讯的指控,字节跳动公司则认为头像昵称等数据的权益应当属于用户,因此使用这些数据只需要获得用户的同意授权,而不必取得腾讯授权。[2] 本案一个较大的争议焦点在于字节跳动公司是否可以仅凭借用户授权而获取用户在微信或 QQ 上的头像和昵称等数据?即以用

〔1〕 参见腾讯诉抖音多闪不正当竞争案,天津市滨海新区人民法院(2019)津 0116 民初 2091 号民事裁定书;腾讯公司诉群控软件不正当竞争案,杭州互联网法院(2019)浙 8601 民初 1987 号民事判决书。

〔2〕 参见《多闪发声明:不认同腾讯主张,昵称、头像相关权益应归属用户》,载 https://www.sohu.com/a/302808039_118792。

户权利为视角，是否可以将其理解为用户对其在某一平台上的数据，享有将其数据从一个平台移转到另一平台的权利？

数据可携权作为一项赋予数据主体获取和传输个人数据的权利，是大数据时代背景下的产物。欧盟最早通过立法确立数据可携权，在其积极构建数据可携权体系时，正处于欧盟推进“单一市场”战略和发展数据产业的关键时期。欧盟在 2015 年《竞争政策报告》（Report on Competition Policy 2015）中提到，将数字化单一市场变为现实始终是委员会的首要任务，而“单一市场”战略核心第一点就是关于电子商务的进一步发展、打破地缘限制和实现反垄断的良性竞争。〔3〕 同时，欧洲还面临着其市场份额被美国互联网企业大量占据，欧盟地区的互联网企业发展受阻的困境。基于战略推进和数据产业发展受阻的现实背景，欧盟开始尝试通过赋予数据主体数据可携权等权利来限制大型企业的扩张，促进企业在欧盟市场良性竞争。我国的数据可携权较欧盟而言起步稍晚，在腾讯诉抖音多闪不正当竞争案发生之时，我国的法律框架中尚未出现“数据可携权”的概念，因此无法直接援引相关法条对案件进行判决，但这并不意味着数据可携权不适应我国的产业实践。自我国互联网行业勃兴以来，商业网站、搜索引擎、社交媒体等网络服务平台与个人信息的关联日趋紧密，〔4〕越来越多的网络服务提供平台开始利用个人数据谋取利益，而数据主体也逐渐丧失了对数字身份的控制权。〔5〕 快速发展的互联网生态已经对个人隐私造成了严重威胁，保障个人数据安全迫在眉睫。

为了使数据主体更好地控制与其有关的个人数据，促进数据控制者之间的公平竞争和推动个人数据的自由流通与社会创新，〔6〕我国在 2021 年出台的《个人信息保护法》第 45 条第 3 款中规定，“个人请求将个人信息转移至其指定的个人信息处理者，符合国家网信部门规定条件的，个人信息处理者应当提供

〔3〕 参见谢琳、曾俊森：《数据可携权之审视》，载《电子知识产权》2019 年第 1 期。

〔4〕 参见卢家银：《论隐私自治：数据迁移权的起源、挑战与利益平衡》，载《新闻与传播研究》2019 年第 8 期。

〔5〕 参见付新华：《数据可携权的欧美法律实践及本土化制度设计》，载《河北法学》2019 年第 8 期。

〔6〕 参见卓力雄：《数据携带权：基本概念，问题与中国应对》，载《行政法学研究》2019 年第 6 期。

转移的途径。”虽然有学者认为该条款赋予个人的权利有异于欧盟 GDPR 中的数据可携权，[7]但是也足以体现我国对“个人信息可移转”持肯定态度。对数据主体而言，其能够通过行使数据可携权决定由谁以何种目的、何种方式来处理与他们相关的数据，进一步地说，数据携带权为人类个性自由发展提供了相应的技术手段，[8]对市场和社会而言，数据可携权平衡了数据主体和数据控制者、大型企业和中小型企业之间的利益关系，有利于打破数据市场上的“锁定效应”[9]，进而促进数据控制者之间的公平竞争和创新发展。

但从规范适用层面看，目前《个人信息保护法》对数据可携权仅有概括性规定，将具体细则授权网信部门制定，而并未回应数据可携权本身仍存在的权利客体范围不明、缺乏限制性条款等问题。因而，个人数据可携权的规范适用与合规问题将成为企业适用可携权的重要问题。本文拟从数据可携权的缘起入手，结合欧盟、美国、新加坡和印度等国的立法现状，分析我国适用数据可携权规范的要点与难点，为互联网平台企业提出可行的合规建议。

一、数据可携权的权利演进与立法进展

（一）个人数据可携权的缘起

近年来，随着社会对个人数据权利的关注度越来越高，许多旨在保障用户权益的新权利被创设，其中包括数据可携权。数据可携权的确立有其深厚的法律基础与产业实践，一经提出就为立法者所认可。

数据可携权最早可以联系到 1995 年《个人数据保护指令》中的访问权。1990 年，欧共体委员会发布个人数据保护指令的框架草案，经过一系列的讨论

---

〔7〕 参见《中国个人信息移转权：数据携带权的脱胎换骨》，载法制网，http://www.legaldaily.com.cn/IT/content/2021-09/16/content_8601769.htm。

〔8〕 See Helena Ursic, *Unfolding the New-Born Right to Data Portability: Four Gateways to Data Subject Control*, 15 SCRIPTed 66 (2018).

〔9〕 “锁定效应”是指两个相同意义上的科学技术产品，一个是较先进入市场，积累了大量用户，用户对其已产生依赖；另一个较晚才进入市场，同种意义上的科学产品，用户对第一个已经熟悉了解，而另一个还需要用户重新学习了解，产生了很大麻烦，因此较晚进入市场的那个很难再积累到用户，从而慢慢退出市场。先进入市场的那个相当于已经锁定了同种类型的科学产品，从而发展越来越快。“锁定效应”本质上是产业集群在其生命周期演进过程中产生的一种“路径依赖”现象。

和审定,《个人数据保护指令》于 1995 年正式生效,其中第 12 条访问权要求欧盟成员国应保证每名数据主体拥有从控制者处获得数据信息的权利,包括数据处理、数据确认等。[10] 这一权利与数据可携权关系密切,是数据可携权诞生的前提性权利。[11] 2002 年,欧盟在《通用服务条例》(Universal Service Directive, Directive 2002/22/EC)[12]第 30 条中提及了"用户号码可携带性",要求各成员国应确保所有公共电话服务和移动服务的用户可以独立于提供服务的企业保留其号码,这也是数据可携权在法律规范中最早的雏形。同年,《框架指令》(Framework Drective, Drective 2002/21/EC)[13]对可移植性有了更为明确的规定,其中应用程序接口系统的互操作性能够增强交互式内容的可移植性。该条款突出展现了个人数据可移植性的潜在优势,奠定了《通用数据保护条例》(General Data Protection Regulation, GDPR)引入数据可携权的法律基础。

2007 年,随着互联网对个人数据权益的威胁日益严重,要求强化网络社会中个人数据权益的《社交网络用户权利法案》的宣言也应运而生。[14] 在这一背景下,"数据可携权项目"被创立,该项目认为,数据可携权意味着用户可以"获取个人的数据并将其移植到另一个平台上或者替换该平台之前的数据",数据可携权将帮助网络用户实现"人们在互操作的应用程序中重新使用数据的能力"。[15] 自此,各个国家和组织陆续展开了对数据可携权的探索和实践。2010 年,隐私权组织"电子隐私基金会"建议,数据可携权应该是"社交网络用户隐私

---

〔10〕 Directive 95 /46 / EC of the European Parliament and of the Council of 24 October 1995 on the protection of individuals with re – gard to the processing of personal data and on the free movement of such data.

〔11〕 参见冉从敬、张沫:《欧盟 GDPR 中数据可携权对中国的借鉴研究》,载《信息资源管理学报》2019 年第 2 期。

〔12〕 参见《通用服务条例》, https://eur – lex. europa. eu/legal – content/EN/TXT/PDF/? Uri = CELEX: 32002L0022&qID = 1550862252312&from = EN.

〔13〕 参见《框架指令》, https://eur – lex. europa. eu/legal – content/EN/TXT/PDF/? Uri = CELEX: 32002L0021&qID = 1550862252312&from = EN.

〔14〕 See Joseph Smarr, Marc Canter Robert Scoble & Michael Arringtonandothers A Bill of Rights for Users of the Social Web, http://www. template. org/template. org/? Page_id = 599, 2018 – 09 – 09.

〔15〕 Data Portability Project, http://dataportability. org, 2018 – 09 – 10.

权法案”的一个组成部分。[16] 同年，美国白宫发起“我的数据”（My Data）倡议，强调便捷化数据访问，同时提高数据的可移植性。[17] 2011 年，谷歌和脸书加入了“数据可携带项目”（Data Portability Project）[18]，并在其平台上设置了各种工具为用户下载数据提供可行途径。虽然数据可携权已经有了一定的实践基础，但是至此数据可携权尚未成为一项具体权利，只是以抽象的形式出现在一些法律规范和司法案例中。

直至欧盟委员会 2012 年《通用数据保护条例（建议案）》（以下简称欧盟《建议案》）颁布，数据可携权的概念才正式被提出。欧盟《建议案》在第 18 条第 1 款中规定“当个人数据以普遍使用的电子化和结构化的格式被处理时，数据主体有权从数据控制者处获得正在处理数据的副本，该副本应当采用普遍使用的电子化和结构化格式，并允许数据主体进一步的使用”，但略有不足的是，该法案中对数据可携权的限定主要聚焦在一些概念的阐述，而忽略了数据可携权在具体实践过程中可能遇到的问题，如权利行使的条件等，进而导致规定的可操作性并不强。2016 年欧盟议会通过了 GDPR，正式将数据可携权确立为一项数据主体权利。此外，2017 年第 29 条数据保护工作组修改和通过了《数据可携权指南》（以下简称《数据指南》），以此来规范数据主体对此权利的行使，并使数据控制者更充分了解自身义务。[19]

（二）个人数据可携权的进展

经 2012 年欧盟《建议案》初步勾勒，数据可携权最终由 2018 年 GDPR 第 20 条以及序言第 68 条所确立：该权利允许数据主体以结构化、通用化和机器可读

---

〔16〕 See Kurt Opsahl, A Bill of Privacy Rights for Social Network Users, https: // network - users, 2018 - 09 - 12.

〔17〕 See Kristen Honey Phaedra Chrousos & Tom Black, *MyData: Empowering All Americanswith Personal Data Access*, https: //obamawhitehouse. archives. Gov/blog/2016/03/15/my - data - empowering - all - Americans - personal - da - ta - access, 2018 - 09 - 12.

〔18〕 See Duncan Riley, *Facebook, Google and Plaxo Jointhe Data Portability Work group*, http: / / techcrunch. com/2008/01/08/this - day - day - remembered - facebook - google - and - In the 2018 - 09 - 13.

〔19〕 参见卢家银：《论隐私自治：数据迁移权的起源、挑战与利益平衡》，载《新闻与传播研究》2019 年第 8 期。

的格式接收它们提供给数据处理者的个人数据，并且在技术可行的情况下，不受阻碍地将这些数据传输给另一个数据控制者。总体而言，相较于欧盟《建议案》，GDPR 中的权利构造产生了较大的变化，相关规范更为严谨与完整，尤其是新增了相关的平衡限制条款，具体可以参见表 1。[20]

表 1　欧盟《建议案》与 GDPR 关于可携权的对比

	欧盟《建议案》第 18 条	GDPR 第 20 条
权利具体内容	获取数据副本权（控制者处理的个人数据）+ 数据移转权	获取数据副本权（数据主体提供的个人数据）+ 数据移转权
权利行使基础	主体同意与合同	同意与合同；数据直接移转需以技术可行为条件
数据格式标准	电子化、结构化	结构化、通用化、机器可读
权利限制条款	无	权利的行使并不优先于删除权；不得影响其他权利与自由

GDPR 首创的数据可携权对世界各国的相关立法产生了重要影响。澳大利亚、印度、日本、菲律宾、新西兰和美国加利福尼亚州等多个国家和地区已经实施或正在考虑引入数据可携权。在一些国家和地区的特定部门，如英国的金融部门和美国的卫生部门，也在进行数据可携权的实践。[21] 菲律宾紧跟欧盟的可携权立法步伐，在欧盟《建议案》颁布当年，也在新出台的《数据隐私法》第 18 节中规定了可携权内容。[22] 但其内容几乎照搬欧盟《建议案》对可携权的要求。

美国对数据可携权的立法探索起始于 2016 年。该年 10 月，美国科学技术政策办公室（Office of Science and Technology Policy）提出了解数据可携权相关

〔20〕 参见金耀：《数据可携权的法律构造与本土构建》，载《法律科学（西北政法大学学报）》2021 年第 4 期。

〔21〕 See Personal Data Protection Commission of Singapore, Public Consultation on Review of the Personal Data Protection Act of 2012 – Proposed Data Portability and Data Innovation Provisions 6 (May 22, 2019).

〔22〕 See National Privacy Commission – Republic Act 10173 – Data Privacy Act of 2012, IApp (12 July 2017) GDPR match up: The Philippines Data Privacy Act and its implementing rules and regulations.

优点和缺点的要求。[23] 而后,其金融部门逐渐重视相关权利带来的影响。例如,美国消费者金融保护局(U. S. Consumer Financial Protection Bureau,CFPB)在2017年年底发起了一项调查,内容为消费者在获取、使用和安全地共享其金融记录方面的挑战。2018年,加利福尼亚州颁布了《加利福尼亚州消费者隐私法》(以下简称《消费者隐私法》),首次规定了消费者的访问权和数据可携权。但与GDPR在行使可携权的前提条件、构成技术可行性的要求等方面都有所差别,也缺乏限制条款、合法性基础等规定。

澳大利亚对可携权的关注略晚于美国,至今未在相关综合性立法中对数据可携权作明确规定。目前,与可携权内涵最相近的是消费者数据权(Consumer Data Right,CDR)。消费者能够凭该权利更好地访问相关数据,并将其直接传输给数据接收者。2017年,为加强消费者对企业持有的与其使用相关产品和服务有关的数据的控制,澳大利亚生产力委员会(Australia's Productivity Commission)建议澳大利亚政府引入CDR。[24] 由此,消费者更易进行交易,并仅与可信赖第三方共享数据。2019年《财政部法律修正案(消费者数据权)法案》[the Treasury Laws Amendment (Consumer Data Right) Bill 2019]被提交至议会以引入CDR。该法案允许客户访问其银行、能源、电话和互联网交易。同年7月起,CDR在开放银行业务中的应用采用了分阶段实施的方法。所有主要银行[25]被要求允许消费者访问其银行数据并将其安全传输给受信任方。其中,信用卡、借记卡、存款和交易账户数据应于2019年7月前提供,抵押贷款数据应于2008年2月20日前提供。

新西兰隐私专员(New Zealand's Privacy Commissioner)于2017年在议会提交的《关于〈隐私法〉当前可操作性的报告》(the current operability of the Privacy Act)中提议引入数据可携权,以支持和加强消费者获取相关数据的权

〔23〕 See The White House (30 September 2016) Exploring data portability.

〔24〕 See Australian Government Productivity Commission report on data availability and use published on 8 May 2017.

〔25〕 ZDNet(10 May 2018).澳大利亚强制四大行在2019年7月前公开银行数据。澳大利亚联邦银行(CBA)、澳大利亚国家银行(NAB)、澳大利亚和新西兰银行集团(澳新银行)以及西太平洋银行彼时持有整个澳大利亚金融业约95%的市场份额。

利,并增加消费者的选择。该报告基于本国国情最低限度地赋予相关个人与GDPR 可携权相当的权利。

2018 年 7 月 27 日,印度《个人数据保护法(草案)》中出现了数据可携权,即每个印度公民都可以要求企业分享其在使用服务或商品时生成的个人数据详细信息。根据其相关规定,被企业使用和存储个人数据的数据主体有权以一种结构化的、普遍使用的格式接收该数据,这种格式可被其他任何企业可能使用的技术或机器读取。2019 年印度《个人数据保护法》(Personal Data Protection Bill,以下简称 PDP 法)第 19 条对可携权内容进一步完善,规定了个人数据获取权、数据移转权,详细规定了客体范围、数据格式、限制条款等内容。相较于欧美立法,该法案在很多方面都进行了大胆的创新与突破。例如,首次将与用户画像有关的部分数据包含在可移转数据范围内;将数据涉及商业秘密、政府机关、社会公共利益、司法裁判等情形都纳入权利限制条款内容中等。目前,印度通过账户聚合器以实现数据可移植性在贷款和融资部门的应用,并对匮缺信贷机会的中小企业部门提供帮助。[26]

2012 年新加坡《个人数据保护法》(Singapore's Personal Data Protection Act 2012,PDPA)旨在管理新加坡个人数据的收集、使用和披露。但该法并未提及数据可携权。鉴于进行 PDPA 审查的关键目标之一是加强组织之间的问责制和消费者对个人数据管理的信任,个人数据保护委员会(The Personal Data Protection Commission Singapore,PDPC)决定在 PDPA 下引入数据可移植性和数据创新条款(Proposed Data Portability and Data Innovation Provisions,以下简称新加坡《建议案》)。[27] 同时,新加坡 PDPC 委托伦敦经济研究院(London Economics)对引入数据可移植性要求可能带来的好处和问题进行研究,包括新加

〔26〕 See Laurent Le Moal&Amelia Ng, *How to harness AI and data portability for greater financial inclusion*, World Economic Forum (Oct. 18, 2021), https://www.weforum.org/agenda/2021/06/harness - ai - data - portability - financial - inclusion.

〔27〕《2019 年新加坡 PDPC 数据可携与创新条款建议案》第 3 页,PART I: INTRODUCTION AND BACKGROUND,第 1.1 ~ 1.4 条。See Personal Data Protection Commission of Singapore, Discussion Paper on Data Portability 3 (Feb. 25, 2019), https://www.pdpc.gov.sg/ - /media/Files/PDPC/PDF - Files/Resource - for - Organisation/Data - Portability/PDPC - CCCS - Data - Portability - Discussion - Paper - - - 250219.pdf.

坡引入该要求对消费者、企业和竞争的影响，并在2019年2月发布了关于在新加坡引入数据可移植性的讨论文件（Discussion paper on Data Portability）。[28] 不过，该研究中表达的观点不构成法律意见，对PDPC、CCCS或任何其他方不具有法律约束力。[29] 同年5月，新加坡出台《建议案》，设立数据可携权。新加坡《建议案》不仅包含了对可携权最基本的规定，包括行使情形、限制条款、移转要求等，还对数据处理者和数据接收者的义务作了详细说明，诸如通知义务、审查义务、安全保障义务等，具有极强的借鉴价值。2020年1月，在接受公众反馈后，新加坡个人数据保护委员会又出台了文件回应就《建议案》进行公众咨询的反馈（Response To Feedback On The Public Consultation On Proposed Data Portablility And Data Innovation Provisions），文件中对可携权的多方面规定作了修改，如数据范围、限制条款等，并表示将发布监管文书对可携权数据类型、技术流程等各方面进行规定。

日本《个人信息保护法》（Act on Protection of Personal Information）没有规定数据可携权，但是政府已经宣布计划研究引入这一权利的可行性。2017年，日本经济贸易产业省（the Ministry of Economy, Trade and Industry, METI）和总务省（the Ministry of Internal Affairs and Communications, MIC）召开了一个关于数据可携权的研究小组，研究引入此类权利带来的影响、实现数据可移植性的潜在挑战以及医疗、金融和电力领域的数据便携性。各部门的目标是在2020年前提出关于数据可移植性的建议以及完成对日本互联网隐私法的修订。[30]

综上所述，设立数据可携权以加强对个人信息的保护已经成为一种国际趋势。虽然各国对可携权的立法规范并未达成共识，我国对可携权的立法尚不完善，但是经过多年探索，数据可携权开始具备较完善的理论基础和较广泛的实践经验。

---

〔28〕 See Personal Data Protection Commission of Singapore, Public Consultation on Review of the Personal Data Protection Act of 2012 – Proposed Data Portability and Data Innovation Provisions 3 (May 22, 2019).

〔29〕 See Personal Data Protection Commission of Singapore, Public Consultation on Review of the Personal Data Protection Act of 2012 – Proposed Data Portability and Data Innovation Provisions 2 (May 22, 2019).

〔30〕 See Nikkei Asian Review (6 December 2017) Japan eyes easy consumer access to personal data.

二、我国适用数据可携权规范的理论困境

自 GDPR 颁布以来，欧盟第 29 条工作小组进一步澄清了可携权具体行使条件，美国、印度、新加坡等国家和地区也在其基础上进行创新性法律移植，但在适用条件、限制条款、数据格式以及数据处理者与接收者间的责任分配问题方面的争议仍然很大，造成实践层面的混乱。我国目前对数据可携权的规定过于简略，在上述问题方面的规定几乎空白。如果不厘清以上问题，势必会阻挠可携权制度的真正落实。

(一) 数据可携权的适用条件不明确

1. 数据携转义务是否应区分主体适用

我国《个人信息保护法》将可携权义务主体称为信息处理者与委托处理者，新加坡 PDPC 称为移转者(porting organisations) 与接收者(receiving organisations) ，欧盟 GDPR 则将两者统称为数据控制者。

数据可携权的设立，旨在提高数据主体对个人数据的控制权，防止平台的数据垄断，以鼓励市场主体展开竞争，催生新服务的诞生。因此，数据处理者应当积极响应用户的可携权请求，并承担相应义务。例如，企业对被申请移转数据的特殊存储义务，企业将有关数据进行处理使其符合技术可行性的义务，企业需保证被移转数据不触犯限制条款的义务等。可携权义务主体通常并未区分企业主体，而中小企业与大型企业在规模、技术、资源等方面存在较大差距。由于可携权对于数据传输格式以及技术可行性的要求较高，如建立互操作系统、采用自动化工具等，对于不同市场主体，履行相同的可携权义务带来的合规成本以及由此对企业造成的财务负担各不相同。鉴于各企业的规模、资源差距较大，提供可携权服务是否会给一些资源有限的中小企业带来较大负担，以致降低中小企业的相对竞争能力，违背可携权设立时促进市场自由竞争的理念?〔31〕法律法规是否需要对可携权全部或部分义务的适用主体进行区分?

因不同国家的规定不一致，企业在不同国家需遵守的可携权义务也会有所

〔31〕 参见谢琳、曾俊森:《数据可携权之审视》，载《电子知识产权》2019 年第 1 期。

差别。以数据客体范围为例，欧盟《数据指南》对此的规定为用户主动提供的数据与观测数据。仅仅就观测数据范围而言，与服务使用情况相关的个人数据可能会包含用户在一定时间段内查看的每个页面或每条内容、点击的每个链接以及收到的每个通知，企业通常会将包含这些信息的日志记录保留一段时间。但是，处理这些数据使其满足技术可行性要求的过程可能会很困难，而这类数据可能对用户并没有显著的好处。如果要求企业导出用户在特定时间段内在相关平台上单击的所有链接的列表，或者浏览网页期间所查看的每条广告，企业处理、存储数据的负担会明显增加。如果进一步扩大数据范围，如新加坡、印度等国家的有关规定将一些衍生数据、第三人数据包含在内，情况会变得更复杂。仅仅在辨别第三人、企业或国家利益是否受损方面，就需要花费极大的人力、物力。因此，可携权对企业负担大小的判定需要结合各国相关规定考虑。不过，欧盟、新加坡等国在设立数据可携权时，已经在考虑以一个可行、低成本的方式减轻中小企业的负担，或者对中小企业与大型企业加以不同标准的义务，来避免数据可携权与反垄断法理念相冲突所引起的反效果。许多参与隐私立法的美国学者也已经意识到设定可携权义务时应将中小企业负担纳入考量范围。[32]

囿于区分适用主体、设定义务标准方面的立法困难，目前并未形成可行的

〔32〕 一些隐私法案包含对中小企业的某些例外情况。例如，由 Sens. Mark Warner(D – VA)和 Josh Hawley(R – MO)提出的《仪表板法》(The DASHBOARD Act)将其适用范围限制在以下企业：(1)从用户数据的使用、收集、处理、销售或共享中产生大量收入；(2)在过去一年的大部分时间里，美国每月有超过 100,000,000 名独立用户。See Press Release, Sen. Mark R. Warner, Warner & Hawley Introduce Bill to Force Social Media Companies to Disclose How They Are Monetizing User Data (June 24, 2019), https://www. warner. senate. gov/public/index. cfm/2019/6/warner – hawley – introduce – bill – to – force – social – media – companies – to – disclose – how – they – are – monetizing – user – data. 又如，在一次听证会上，众议员 Rep. Jan Schakowsky (D – Ill.)指出“决不能忽视中小企业以及严厉的法律法规会对它们造成多大的伤害。成熟的大公司可以在复杂而繁重的隐私制度下生存。但数百万美元的合规成本对初创企业和小企业来说是不可行的”。See Protecting Consumer Privacy in the Era of Big Data: Hearing Before the Subcomm. on Consumer Prot. of the Comm. on Energy & Commerce, 116th Cong. (2019) (statement of Rep. Jan Schakowsky, Subcomm. Chair). 类似地，欧盟立法者试图通过立法对某些数据保护义务的例外情况来避免中小企业承受过重的负担。See, e. g. , GDPR, art. 30(5) (exempting SMEs with 250 or fewer employees from certain GDPR record – keeping obligations). 如果请求“显然是毫无根据或过度的，特别具重复性的”，GDPR 还允许数据处理者拒绝数据可携权请求以最大限度地减少企业的负担。See GDPR, art. 12(5)(b).

行业实践。只有新加坡个人数据保护委员会提出区分方法，但仍不完善。新加坡个人数据保护委员会认为应“采用开放、广泛使用和建立的数据标准”以减少转化数据传输格式带来的成本。其进一步规定“制定这些数据标准的最低限度应是确保相对容易实现和获取的实际基线，并确保所有部门的最低限度可移植性”。由此，中小企业只需要满足最低限度可移植性，而大型企业可以在此基础上增加针对性规定，使某些数据在特定的企业间实现移转。新加坡个人数据保护委员会对于有关企业能否就这些针对性规定所提供的服务收费，以及由谁决定有关迁移数据要求的收费是否合理未作明确规定。但该法案允许企业就个人或接收者提出的数据可携性要求收取合理的费用。有鉴于此，有关企业就针对性规定所提供的服务收费也属于合理要求。根据上述做法，有关法律只需对最低限度的可移植性加以强制性规定，如满足互操作性，而在高要求、高成本的技术要求方面则支持有关企业作补充规定。

需要注意的是，上述对于中小企业与大型企业不同义务的探讨多局限于数据格式、技术可行性范围，而对于数据分类、回应数据主体请求等合规部分，鉴于其与市场主体规模的关系有限，目前各国法律法规并未对不同企业的合规内容作区别性规定。

2. 数据可携权权利行使基础之限制

数据可携权的权利行使关系着多方主体的利益，因此在赋予数据主体数据可携权的同时，也要从不同方面对这一权利的行使加以限制。数据可携权的权利行使基础即数据主体行使数据可携权的根本前提，我国《个人信息保护法》尚未对数据可携权的权利行使基础作明确的限定，只是概括性地说明了个人可移转数据至其他信息处理者的情形。再观域外立法，目前只有 GDPR 和印度 PDP 法中明确规定了数据可携权的权利行使基础，但即使是 GDPR 和印度 PDP 法在实践中也仍然存在“难以落实”等问题。

(1)GDPR：权利行使基础为“经个人同意”或“基于合同”

欧盟 GDPR 第 20 条规定，在“经个人同意”或“基于合同”情形时，数据主体有权以结构化、常用和机器可读的格式获得其提供给控制者的相关个人数据，并有权无障碍地将此类数据从原控制者处传输给另一个控制者。其中，“经数据主体同意”分为数据主体对一般数据处理的“同意”和对特殊类型数据处理的“同意”。比较两种不同的“同意”情形可知，由于对特殊数据类型的数据处理行为对个人利益的影响程度可能更大，因此对特殊类型数据处理的“同意”的限制比对一般数据处理的“同意”更严格，需要数据主体明确同意基于一个或多个特定的目的而授权处理其个人数据。“基于合同”则是指数据处理对于完成某项数据主体所参与的合同是必要的，或者数据主体在签订合同就提出请求的情形。此外，GDPR 还要求数据处理必须是通过自动化的方式进行。[33]

GDPR 以法律依据和个人数据处理方式作为权利行使的基础前提，而本部分将重点就“同意”或“合同”的依据、适用情况展开论述。

①以“同意”或“合同”为合法性基础的依据

欧盟 GDPR 第 6 条中规定了数据主体同意、合同履行、法定义务、公共利益等一系列数据处理的合法性基础，但其中仅有“同意”和“合同”被作为数据可携权行使的法律依据，而排除了其他合法性基础的适用。将“同意”和“合同”作为权利行使的合法性基础是基于对数据主体对其个人数据享有权益，而不将法定义务和公共利益作为权利行使的基础则是基于保护第三方权益的考量。GDPR 第 20 条第 3 款及其序言第 68 条也强调，当被请求移转的数据涉及履行公共职责、保护公共利益、遵守法定义务的情形时，不适用数据可携权。例如，金融机构在履行侦查洗钱及其他金融罪行的义务时，不必响应个人数据的可携权请求，因为该数据处理活动是其法定义务之一。以“同意”或“合同”作为权利行使基础，一方面充分尊重数据主体的真实意愿，另一方面通过排除部分其他合法性基础，限制数据可携权的行使，平衡数据主体和数据处理者间的利益。

②“同意”或“合同”的适用情况区分

之所以要设定“同意”或“合同”两种数据可携权行使的权利基础，是由于单一的同意并不一定能保障数据主体的真实意思表达。在现实生活中数据处理者和数据主体往往处于权力不平等的地位，因此数据主体在做出同意行为时可能并非出于真实意愿，如员工与雇主在地位不平等的情况下所作出的“同

---

〔33〕 See GDPR, art. 20(1)(b).

意”。“合同”既指数据主体所参与的合同，也指根据数据主体事先请求采取措施而签订的必要合同，一般适用于数据处理者和数据主体权利不平衡时行使数据可携权的情况。GDPR 序言第 44 项对“合同”作了进一步的界定，规定只有在合同范围内是必要的或有意签订合同的情况下，个人对其个人数据行使可携权才是合法的。[34]

GDPR 以“同意”和“合同”作为数据可携权权利行使的基础，其初衷是尊重数据主体的意愿，并在一定程度上限制数据可携权的行使。但是，在实践中，对“同意”的多重限定将导致数据处理者获得数据主体合法“同意”的难度加大。例如，GDPR 第 7 条既规定了数据处理者负有确保“数据主体已经同意对其个人数据的处理”的义务，又限定“同意”必须“在书面声明的情形下”“以一种容易理解的形式”“使用清晰和平白的语言”作出，同时还规定“数据主体应当有权随时撤回其同意”[35]。

(2)印度：权利行使基础为以自动化方式处理的个人数据

印度 PDP 法和 GDPR 都限定了数据可携权行使过程中必须以自动化方式处理数据。结合 PDP 法中“自动化设备”的定义，其数据可携权只适用于能够在自动化设备中被处理的数据，进而排除了纸质文件适用数据可携权的可能性。但该法规定的数据可携权合法性基础并不完整，从法律体系的角度来看，权利行使基础不完善不仅会增加数据主体权益受损的风险，也不利于在此基础之上补充数据可携权的其他内容。此外，斯库迪耶罗隐私顾问对“自动化处理的数据”这一说法提出了疑问，如果数据最初收集时经过自动化处理，但后来通过人工对数据进行处理是否就不适用于数据可携权呢？再如收集的是纸质版的材料，但是人工输入电脑中，又是否能适用可携权？[36]

新加坡个人数据保护委员会认为，数据可携权应当只适用于以电子形式持有的数据。新加坡持此观点的理由是如果非电子数据也能适用数据可携权，会

〔34〕 参见尚海涛：《论我国数据可携权的和缓化路径》，载《科技与法律》2020 年第 1 期。

〔35〕 Regulation (EU) 2016 / 679 (General Data Protection Regulation), OJ L 119, 4. 5. 2016, p. 37.

〔36〕 参见谢琳、曾俊森：《数据可携权之审视》，载《电子知识产权》2019 年第 1 期。

给企业带来较大的合规成本，尤其以非电子形式保存数据的中小企业。

综上，GDPR 和印度 PDP 法都限定了数据可携权的权利行使的合法性基础。其中，以“同意”和“合同”作为权利行使基础对我国具有借鉴意义，但需要注意的是，如果过度提高“同意”或“合同”合法性的门槛，则可能会阻碍数据可携权在司法实践中的真正落实。

(3)我国《个人信息保护法》：未限定数据可携权的权利行使基础

我国《个人信息保护法》并未对数据可携权的权利行使基础作具体的限定，但是在第 13 条中列举了几种数据处理的合法性基础，比较中国《个人信息保护法》和 GDPR 的数据处理合法性基础可以发现，我国《个人信息保护法》和GDPR的合法性基础有许多相似之处，如两者都将知情同意、履行合同所必需、履行法定义务所必需等作为合法性基础。但是我国《个人信息保护法》并未借鉴 GDPR 中“控制者或第三方的正当利益”这一合法性基础，这大大压缩了理论上可以合法行使数据可携权的情形。在确定我国数据可携权权利行使的合法性基础时，可以结合我国实际情况适当参考 GDPR 的有关规定。

首先，将“同意”和“合同”作为我国数据可携权的权利行使基础具有合法性和合理性。“同意”和“合同”本就属于我国个人信息处理的合法性基础的类型，而且“同意”和“合同”在一定程度上能代表数据主体将其个人数据授予数据处理者使用的意愿。

其次，当公共利益、法定义务等与个人的数据可携权发生冲突时，我国应当优先考虑前者。将公共利益和法定义务排除在数据可携权的权利行使基础之外，可以平衡公共利益和隐私自治之间的矛盾。因此，欧盟也认为当数据可携权的行使影响到公共利益或妨碍数据控制者履行法定义务时，应当限制其适用。

最后，仅将“同意”和“合同”作为我国数据可携权的权利行使基础，可能会限制数据可携权的行使。我国《个人信息保护法》中的合法性基础除了前述内容，还包括“依照依法制定的劳动规章制度和依法签订的集体合同实施人力资源管理所必需”和“个人自行公开或者已经合法公开的个人信息”，其中前者与企业的人力资源管理工作相关，可能会牵涉企业的利益，后者的数据具有公开性,因此并不属于企业专有的可利用的数据资源,其移转也不会对企业产生较大的影响。因此,从平衡数据主体和数据控制者利益的角度考虑,也可以将"信息的公开性"作为数据可携权权利行使的合法性基础之一。

此外,我国《个人信息保护法》对"同意"形式条件也有了规定,第 14 条第 1 款规定:"基于个人同意处理个人信息的,该同意应当由个人在充分知情的前提下自愿、明确作出。"一部分同意行为还应当依照法律法规由个人单独作出或通过书面形式作出。因此,如果"同意"成为我国数据可携权的合法性基础,则意味着数据主体在行使数据可携权时应当在充分知情的前提下作出更明确的"积极性"同意。

3. 可携权权利客体范围不一

个人数据在被处理过程中,可以因来源不同分为三类:第一类是数据主体主动提供的数据,如姓名、性别、年龄、职业等;第二类是数据处理者对数据主体使用服务或产品时留下的行为痕迹进行记录、分析所得的数据,即观测数据,如搜索历史、浏览记录、购物记录等;第三类是数据处理者对前两类数据经过算法加工、计算、聚合而成的衍生数据或推测数据,如个性化处理、信用评级、用户的精准画像等。各国对于个人可以携转的数据客体范围的认识并不一致。

欧盟 GDPR 第 20 条从三方面限定数据可携权的数据范围:必须是关于数据主体的个人数据;数据主体提供的数据;行使此项权利不得对他人的权利和自由造成不利影响。其后的欧盟第 29 条工作组的指南对此加以解释:其一,数据主体对有关其自身的个人数据,即使同时包含多个其他数据主体的个人数据,也能够提出数据可携权请求;其二,扩张解释了 GDPR 中"提供"的内涵,规定数据主体提供的数据包括数据主体主动提供的数据和观测数据,但不包含数据处理者进行分析处理得到的衍生数据;其三,行使此项权利不得对他人的权利和自由造成不利影响。涉及他人的个人数据原则上应当排除,但在"此数据只能由提出数据可携权请求的用户进行单独控制,并且只能用于满足个人或家庭需求”情况下可以移转,如数据主体银行账户的历史记录。[37]

美国加州《消费者隐私法》提到“从消费者处收集的特定个人信息”属于消费者可以请求传输的数据范围。结合美国《民法典》第1798.140节第(e)条规定,“收集的信息”是指以任何方式购买、出租、收集、获取、接收或访问与消费者有关的任何个人信息,包括企业通过监测消费者的行为得到的信息。“特定”是指企业应当告知消费者其收集的有关消费者个人信息的类别和具体部分、收集信息的来源类别、收集或销售信息的业务目的以及与之共享信息的第三方的类别,并根据可验证的消费者请求提供相关信息。[38] 由此可知,其对数据可携权权利客体的限定范围与GDPR类似,包括数据主体主动提供的数据和企业通过观察、记录消费者行为而获得的观测数据。

印度PDP法第19条规定,可移转的个人数据包括数据主体已提供给数据处理者的数据,在数据处理者提供服务或者使用物品的过程中产生的数据,构成数据主体画像的部分内容的数据,以及数据受托者以其他方式获得的数据。较之GDPR,印度PDP法增加了“构成数据主体画像的一部分,或数据处理者以其他方式获得的”这一数据来源,并将排除适用的情况进一步细化为阻碍政府机关、社会公共利益、司法裁判的实现,涉及商业秘密、技术障碍等。

新加坡个人数据保护委员会在公众反馈的基础上,明确排除了衍生数据[39],计划将数据可携权的客体范围限定为与数据处理者有直接和现存关系的个人提供的用户数据和用户活动数据。[40] 在此基础上又提出将PDPA提到的业务联系信息(business contact information)纳入可携权客体范围,以促进业务活动。根据PDPA的定义,业务联系信息为“个人姓名、职位名称或头衔、业务电话号码、业务地址、业务电子邮件地址或业务传真号码以及个人的任何其他类似信息,这些信息并非由个人仅为个人目的提供”[41]。从定义看,业务联

〔37〕 See Article 29 WP, Guidelines on the right to data portability, 16/ EN, WP 2042, rev01, as last revised and adopted on 5 April 2017, p. 10 – 12.

〔38〕 See CCPA legislative counsel's digest 3.

〔39〕 参见2020年《PDPC回应公众就建议的数据可携性及数据创新条文咨询的意见》第3.10条。

〔40〕 参见2020年《PDPC回应公众就建议的数据可携性及数据创新条文咨询的意见》第3.8条。

〔41〕 2020年《PDPC回应公众就建议的数据可携性及数据创新条文咨询的意见》第3.2条。

系信息仍未脱离前述数据范围的限定。不过，新加坡个人数据保护委员会并不禁止他人数据，移转该类数据的要求与欧盟第 29 条工作小组对于他人数据的可移转要求相近。[42] 以上是新加坡个人数据保护委员会的初步计划，但其更希望将可携权数据范围限定为监管文书涵盖的白名单数据集。其将与行业利益相关者和所有相关部门监管机构协商，发布监管文书，共同确定一套固定的、标准的数据类别，即“白名单数据集”。每个监管文书规定了不同的白名单数据集以及白名单数据集移植的具体要求，而监管文书适用于拥有或控制白名单数据集的任何企业。[43] 这种做法将为企业设立清晰、确定的数据移转义务，降低合规成本，方便后续监管。

我国新出台的《个人信息保护法》第 45 条第 3 款未明确个人可以请求移转的“个人信息”的范围，而是授权国家网信部门制定具体的行使条件。但是 2017 年国家标准《个人信息安全规范》第 7.9 条中的“个人信息副本获取权”与“数据移转权”可视为我国“数据可携权”的首次构建。其将可适用的个人信息限定为个人基本资料、个人身份信息、个人健康生理信息、个人教育工作信息。这几类信息都属于上文提到的第一类信息，即数据主体主动提供的数据。2020 年国家标准《个人信息安全规范》第 9.6 条规定在此方面也未作出实质性改变，仍然保留对以上数据的列举式规定。

综合几部法律对可携权数据范围的有关规定，不难发现共性与个性之处。除我国《个人信息保护法》外，上述几部法律法规均规定了数据可携权的适用范围。我国目前明确规定的可移转数据范围最小，只限于《个人信息安全规范》规定的类型。域外立法一般是规定个人数据可携权的适用范围包括用户主动提供的数据和观测数据。印度还增加了“构成数据主体画像的一部分，或数据处理者以其他方式获得的”这一数据来源，根据印度 PDP 法第 2 条第 32 款的定义，“画像”系指就与数据主体的行为、属性或者利益有关的方面对个人数据进行任何形式的处理、分析或者预测。根据该定义，用户画像应该属于推测数据，

---

〔42〕 参见 2020 年《PDPC 回应公众就建议的数据可携性及数据创新条文咨询的意见》第 3.12 条。

〔43〕 参见 2020 年《PDPC 回应公众就建议的数据可携性及数据创新条文咨询的意见》第 3.9 条、第 6.4 条。

这就突破了欧美立法对数据范围的限定。此外,新加坡虽然也排除了推测数据,但其突破可携权数据客体应与数据主体相关的局限,把他人数据列入可移转数据范围。

确定数据可携权适用的数据范围需要考虑数据主体与数据处理者之间的利益平衡。过于宽泛的权利范围会增加数据处理者的成本,减少其经济利益,也有碍于权利的具体行使;但过于狭窄的权利范围,难以充分满足数据主体的数据利益,也不利于数据处理者间数据流通与共享。因而,如何构建强度范围适中的可携权制度是全世界面临的共同难题。有学者据此认为,应当根据数据控制者的不同类型,构建强度不一的数据可携权规范。[44] 但就近几年有关的立法趋势而言,数据可携权的数据范围显然在逐渐扩大:欧盟第 29 条工作组的指南将 GDPR 规定的"数据主体提供的个人数据"作了扩大解释,印度在欧美立法基础上增加了"用户画像"的部分,新加坡则增加了"他人数据"部分。

在这一趋势下,我国未来对于可携权数据范围的规定,不应限于当前国家标准中的几类个人信息,建议包括用户提供的数据、观测数据,但对于可能涉及竞争市场、第三方利益、商业秘密等问题的衍生数据、第三方数据,应当排除在可携权客体之外。

(二)数据可携权缺乏明确限制条款

数据可携权的客体范围越广泛,就越容易与隐私权、删除权、商业秘密等权利冲突,或者涉及政府机关、社会公共利益、司法裁判等情形。各国对于数据可携权限制条款的规定并不相同,有的偏形式化,如美国对申请频率的规定,而偏实质化的限制条款关注点却比较分散,包括与其他权利冲突、第三人利益、企业利益、国家利益四个角度。虽然隐私权、商业秘密、社会公共利益等都处于我国法律体系保护范围内,但我国《个人信息保护法》和国家标准《个人信息安全规范》都没有将其纳入可携权限制条款中。可携权的诞生就体现了用户数据利益与企业利益间的矛盾平衡,因此,有必要设置具体的限制条款以规范可携权的行使,均衡多方利益。

---

〔44〕 See Barbara Engels, *Data portability among online platforms*,5 Internet Policy Review 1 (2016).

1. 与数据主体其他权利关系

(1)访问权

访问权与数据可携权间的关系非常密切,是数据可携权诞生的前提性权利。[45] 访问权赋予个人可查阅数据处理者所拥有的所有个人资料以及使用其个人资料的方式的权利,促使企业向提供数据的用户负责。由于数据可携权的权利内容包括副本获取、副本转移几部分,获取副本的权利要求可携权的前提是可以自由查阅相关的数据。数据可携权则更大程度增强了个人的数据利益,使数据主体能够自主将可查阅的数据进行移转,并从更多的产品和服务中获益。[46] 由于访问权与可携权之间的紧密联系,2014 年欧洲议会的《通用数据保护条例(一读稿)》(以下简称《数据条例》)将数据可携权的相关内容放在数据访问权的相关条文中,并将该条改为"数据主体访问和获取数据的权利",但由于数据可携权还包括数据获取、数据移转内容等,数据访问权并不能完全涵盖数据可携权的内容,所以《数据条例》最终又将数据可携权独立出来,置于数据访问权之后。[47] 我国《个人信息保护法》将"个人请求查阅、复制其个人信息的,个人信息处理者应当及时提供"与可携权条款放在同一条中。但是,访问权与可携权不是包含关系,而是两个存在一定区别的概念。新加坡个人数据保护委员会对两者关系进行详细说明,制成可比照的表格。两者在数据范围、数据格式、限制条款等方面都有较大差别,具体参见表 2。而后为了进一步区分两者,将可携权的内涵限缩为副本转移,规定数据可携权无需企业向个人提供数据副本,而只需向数据接收者传输数据。[48] 这种做法似乎将访问权与可携权明确剥离,但是,新加坡个人数据保护委员会又提出应参照访问权为数据可携权设立类似的限制条款,无需移转不供用户访问的数据,以保持立法一致性。由此可知,可携权限制条款也可以参考访问权的例外情况。

---

〔45〕 参见冉从敬、张沫:《欧盟 GDPR 中数据可携权对中国的借鉴研究》,载《信息资源管理学报》2019 年第 2 期。

〔46〕 参见《2019 年新加坡 PDPC 数据可携与创新条款建议案》第 15 页。

〔47〕 参见卓力雄:《数据携带权:基本概念,问题与中国应对》,载《行政法学研究》2019 年第 6 期。

〔48〕 参见 2020 年《PDPC 回应公众就建议的数据可携性及数据创新条文咨询的意见》第 2.5 条。

表 2 新加坡个人数据保护委员会关于访问权和可携权的对比

	访问权	数据可携权
适用主体	个人	个人及其指定的接收机构
数据范围	企业拥有或控制的个人数据;企业使用或披露个人数据的方式信息(请求日期前一年内)	与数据处理者有直接和现存关系的个人提供的用户数据和用户活动数据
限制条款	威胁他人的安全或身心健康;对提出请求的个人的安全或身心健康造成直接或严重损害;违背国家利益;披露第三方的个人数据;披露提供个人数据的个人的身份,且该个人不同意披露其身份[49]	威胁他人的安全或身心健康;对提出请求的个人的安全或身心健康造成直接或严重损害;违背国家利益;涉及机密商业信息
数据格式	实物、电子或文件形式[50]	电子化、通用化、机器可读
回应期限	组织必须在收到访问请求后合理可行的时间内尽快提供访问。如果组织在收到请求后的 30 个工作日内无法遵守要求,则必须通知个人其将在该时间内何时响应请求	企业必须在合理可行的情况下,从收到个人的数据移转请求开始,尽快移转数据。企业应在 7 个工作日内或业务守则规定的任何其他期限内提交数据

综上,与访问权相比,数据可携权旨在兼顾多方利益的前提下,使数据主体对自己个人数据的控制加强,提升个人数据的流转性与再利用率,因此可携权具体的适用情况更为严格。

(2)删除权

根据 GDPR 第 20 条,数据可携权的行使不得优先于删除权,不得影响数据主体对删除权的行使。《数据指南》进一步规定,数据处理者的系统不因数据可携权行使而自动删除数据或影响该传输数据的原始保留期。只要数据仍在被数据处理者处理、利用,数据主体就可以行使删除权,数据处理者不能以数据可携权为由延迟或者拒绝数据主体的要求。

我国《个人信息保护法》缺乏可携权的限制条款,但其第 47 条规定,如果

〔49〕 PDPC 建议将这些排除范围扩大到个人在使用产品或服务时未提供或生成的个人数据。参见《2019 年新加坡 PDPC 数据可携与创新条款建议案》第 26 页。

〔50〕 如果所要求的数据无法以一种文件形式提供给用户,企业应为用户提供一个亲自检查所要求的数据的合理机会,无论是通过实物副本还是电子副本。

“法律、行政法规规定的保存期限未届满”或者“删除个人信息从技术上难以实现”,数据主体不能行使删除权。因此,数据可携权的行使不属于现阶段排除行使删除权的情形,不能妨碍删除权行使。

实际上,数据可携权与删除权在设立目的上缺乏相关性,因此在适用情形、限制条款上差别较大。前者旨在促进数据的流转、再利用,后者却赋予数据主体可要求删除数据和禁止数据流转的权利。数据可携权的行使不代表数据主体放弃了数据删除权,数据处理者更不能以“数据主体数据可携权的行使”为托辞拒绝数据主体行使删除权的请求。但是,删除权优先不会阻碍可携权的行使。综上所述,如果数据主体同时主张删除权与数据可携权,数据处理者应当首先回应删除权的请求。

2. 与第三方数据主体的利益冲突

数据可携权的行使可能引发侵犯第三方隐私与个人信息的问题。就数据客体而言,数据主体的一些数据通常包含第三方数据主体的信息。例如,某一微信用户的好友列表、聊天记录等信息,一定包含其他数据主体的数据,数据主体的照片、视频等电子音像数据也常常会夹杂他人的信息。一些与第三人利益相关的数据,如仅供数据主体使用的联系地址或数据主体银行账户的历史记录,如果仅受数据主体个人控制,并不会对第三方造成不利影响。但传输此类个人数据到其他数据接收者可能会损害其他数据主体的权利,如知情权、访问权、隐私权等。就数据接收者而言,作为营利性主体,其往往会出于某些经济目的使用第三方个人数据,如转让、营销数据等,从而对第三方权利和自由造成侵害。欧盟 GDPR、新加坡个人数据保护委员会、印度 PDP 法等都将第三方利益纳入了制度设计的考量因素。

为避免对相关第三方造成负面影响,欧盟第 29 条工作组的指南提出了几点建议。首先,涉及第三方利益的个人数据只能由提出数据可携权请求的个人进行单独控制,并且只能用于满足个人或家庭需求。其次,在未告知第三方并征得其同意的情况下,即便第三方个人信息已经被数据接收者掌握,该第三方数据也不得被检索或用于创建具体的第三方信息资料。实践中,企业往往兼任数据接收者与数据处理者的角色。因此,第 29 条工作组建议数据处理者能够采用一种工具,使数据主体能选择他们希望传输或被接收的相关数据,并且排除涉及他人的数据。最后,应当为第三方数据主体设立同意机制,从而在相关第三方同意的情况下简化数据传输过程。

新加坡个人数据保护委员会参考了欧盟第 29 条工作组的建议,允许信息处理者应数据可携权请求而在适当的保障措施下移转涉及第三方的数据。其考虑到数据接收者要获得每个第三方的同意是不切实际的,对未提供同意的第三方的所有个人数据进行编辑也是非常繁重的。因此,工作组认为只要企业的处理满足以下要件,则无需获得该第三方的同意:所请求的数据在用户的控制下;数据可携权请求是出于个人或家庭目的;收集第三方的个人数据是为了提供个人已同意(或已被视为同意)的产品或服务,而不是为任何其他目的(如直接向第三方营销)。[51] 因此,相较于欧盟对第三方隐私权的严格保护,新加坡个人数据保护委员会并未采用严格的同意机制。

3. 与数据处理者的利益冲突

参考域外立法,可携权客体以个人主动提供的数据与观测数据为主要对象,可以扩展至部分与个人有关的推测数据、衍生数据,甚至是他人数据。数据可携权的行使有可能与数据处理者的利益产生冲突。

根据我国《反不正当竞争法》及相关司法解释的规定,商业秘密应具有秘密性、实用性及保密性三个特征。但在实践中,个人数据是否构成企业商业秘密仍然存在争议。如周某与浙江省衢州万某网络技术有限公司侵害商业秘密纠纷案中,二审判决书阐明秘密性是指有关信息处于秘密状态,不为其所属领域的相关人员普遍知悉和容易获得;实用性是指有关信息具有现实的或者潜在的商业价值,能为权利人带来竞争优势;保密性是指相关信息处于保密的环境中,权利人为防止信息泄露采取了与其商业价值等具体情况相适应的合理保护措施。[52]

因此,就个人主动提供的数据与观测数据而言,由于个人数据为数据主体

---

〔51〕 参见 2020 年《PDPC 回应公众就建议的数据可携性及数据创新条文咨询的意见》第 3.12 条。

〔52〕 参见浙江省衢州万某网络技术有限公司诉周某侵害商业秘密案,上海市高级人民法院(2011)沪高民三(知)终字第 100 号民事判决书。

所有,且企业收集的个人数据大多来自公开渠道,任何人均可以从中直接获取,因而不构成企业的商业秘密或知识产权,企业对单个数据并不享有财产性权益。[53] 如无锡市万福金安房地产投资顾问有限公司诉无锡市房地产科技开发服务部技术合作开发合同纠纷案中,法院认为相关商品房的销售价格、销售面积等商品房销售信息因受法律规定强制明码标价,并不属于企业商业秘密范畴。收集整合以上信息并向公众群体提供查询服务的行为应属有效。[54] 但企业收集的数据集在整体上具有非公开性,具有结构秘密性特征,满足商业秘密的构成要件。如上述商业秘密纠纷案中,法院认为网站用户注册信息数据库是相关网站的核心资产,可按财产权取得原则,由该网站的经营者享有所有权。但是只有未经许可系统性地抓取信息,才有可能破坏数据集的结构和整体秘密性,构成对商业秘密的侵害。[55] GDPR 第 68 条和第 20 条均未明确将数据可携权对商业秘密和知识产权的不利影响作为限制条款之一。但其 GDPR 第 63 条提到,如果第 15 条规定的访问权对其他人的权利和自由产生不利影响,包括商业秘密和知识产权,则可以加以限制。有学者由此认为,由于数据可携权的权利可以被视为访问权的扩展,第 63 条中提到的限制应该适用于数据可携权请求。面对移转数据的请求,企业应该能够集中剥离对商业秘密和知识产权产生不利影响的数据。[56] 对数据可携权是否受商业秘密和知识产权限制的争论在欧盟第 29 条工作小组的解释出台后式微。《数据指南》认为,GDPR 第 20 条第 4 款提到的他人的权利和自由,可以理解为“包含商业秘密或知识产权,尤其是软件版权保护”,但是,不能简单地以此为由拒绝数据可携权请求,潜在商业风险或另一项合同权利受到侵犯的情形都不包含在内。虽然《数据指南》提到了对知识产权和商业秘密的保护,但由于用户数据,尤其是用户主动提供的

---

〔53〕 参见郝思洋:《知识产权视角下数据财产的制度选项》,载《知识产权》2019 年第 9 期。

〔54〕 参见无锡市万福金安房地产投资顾问有限公司诉无锡市房地产科技开发服务部技术合作开发合同纠纷案,江苏省高级人民法院(2013)苏知民终字第 0127 号民事判决书。

〔55〕 参见卢扬逊:《数据财产权益的私法保护》,载《甘肃社会科学》2020 年第 6 期。

〔56〕 See Aysem Diker Vanberg & Mehmet Bilal Ünver, *The right to data portability in the GDPR and EU competition law: odd couple or dynamic duo?*, European Journal of Law and Technology Vol. 8:1, p. 5 (2017).

数据与观测数据是否构成企业商业秘密目前仍存在争议，在实践中可行性存疑。

但当可携权客体范围涉及推测数据、衍生数据时，情况就有些许不同。数据控制者在对数据主体的数据进行收集加工后，为其赋予了财产属性。如果将数据传输给其他数据控制者使用，可能会损害有价值的专有信息或知识产权，破坏市场的有序竞争。阻碍企业创造性地创建专有信息，会导致一部分企业不再提供个性化服务，最终给消费者带来不利影响。〔57〕 因而，新加坡个人数据保护委员会与印度 PDP 法将商业秘密作为限制条款的规定有一定合理性。此外，为防止企业滥用此理由妨碍可携权的行使，新加坡还规定构成商业秘密需要自证。

4. 与国家权力、社会利益的冲突

GDPR 规定数据处理者为了公共利益，或者为了行使其被授权的权力而进行的必要处理时，不适用可携权。〔58〕 在比较法上，基于社会利益限制数据可携权的行使已形成一定的共识。如印度 PDP 法第 19 条规定数据可携权不适用于行政机关基于公共利益对于个人数据处理，也不适用于议会、州议会法律的明确授权或司法裁判。新加坡个人数据保护委员会将"与国家利益相悖"作为限制条款。但对于数据可携权中所讲的"公共利益"与一般意义上的公共利益有无区别，具体该如何行使，各国规定都较模糊。可以明确的是，公共利益应当由行政机关或官方权威界定，而不能由数据处理者自行判断。

虽然我国对此仅仅有"符合国家网信部门规定的条件"的规定，但是，我国对访问权的限制中包含"国家机关为履行法定职责处理个人信息，按照法律、行政法规应当保密或不需要告知的，或者告知将妨碍国家机关履行法定职责的"规定。从体系上考量，建议我国在可携权限制条款中增加涉及国家机关履职所需的情形。

---

〔57〕 See Aysem Diker Vanberg & Mehmet Bilal Ünver, *The right to data portability in the GDPR and EU competition law: odd couple or dynamic duo?*, European Journal of Law and Technology Vol. 8:1, p. 5 (2017).

〔58〕 See GDPR Recital 68 and Art. 20(3).

(三)可移转的数据形式有待确定

1. 基本要求

GDPR 对数据的提供和移转设置了两个要求,即"无障碍"(without hindrance)与"技术上可行"(technically feasible)。"无障碍"是指提供数据的数据处理者不得对数据传输设置障碍。《数据指南》对此进行解释,认为障碍包括法律、技术或经济障碍,其目的是阻止或拖延数据主体或其他企业访问、传输或再次使用数据,典型的表现有对数据提供采取付费制,提供缺乏互操作性的数据格式,人为增加检索数据集的难度,执行不适当的标准化分类等。如果数据处理者认为相应的障碍是合法的,不属于《数据条例》第 20 条规定的"障碍",那么数据处理者要承担相应的证明责任。[59] 因此,也有学者据此认为,"无障碍"是指数据处理者要尽最大努力将所掌握的个人数据传输给数据主体或另一数据控制者。

GDPR 第 20 条第 2 款还规定,在"技术上可行"情形下,数据处理者还负有将可携数据直接传输给数据接收者的义务。对于何为"技术上可行",目前仍无定论。但《数据指南》认为应当采取个案评定的方法判断技术可行性,同时数据处理者应当开发直接传输全部可携数据集(或者传输全部数据集的若干提取部分)与可提取相关数据的两种不同且互补的自动化工具。此外,还建议数据处理者以"可互操作"的格式传输个人数据,并且当两个系统可进行交流,能保证数据被接收者安全接收时,数据处理者应传输相关数据。如果存在技术障碍,数据处理者需要向数据主体解释原因。[60] 此外,印度 PDP 法第 19 条规定当被移转数据构成商业秘密情况下不符合技术可行性条件。

如上文所述,"无障碍"与"技术上可行"似乎存在一定的冲突。"技术上可行"是"无障碍"的例外情况,但是由于数据处理者不被认为是"负有采用或维护技术兼容处理系统的义务",技术可行性又缺乏明确规定,使技术可行性极容易成为拒绝传输数据的借口。

---

〔59〕 参见卓力雄:《数据携带权:基本概念,问题与中国应对》,载《行政法学研究》2019 年第 6 期。

〔60〕 See Article 29 WP, Guidelines on the right to data portability, 16 / EN, WP 2042, rev01, as last revised and adopted on 5 April 2017, p. 16.

此外,“无障碍”满足可携性请求的要求还与以下问题紧密相关:数据处理者是否可以据此拒绝可携权请求?是否可以限制所请求的数据?是否可以在数据传输后限制第三方对数据的使用?〔61〕

2. 数据格式

GDPR 第 20 条规定的“结构化”(structured)、“通用化”(commonly used)、“机器可读”(machine - readable)和引言部分第 68 条的“可互操作”(interoperable)的格式是欧盟对数据处理者提供的个人数据格式的要求。此后,各国基本延续 GDPR 对数据格式标准的规定。但美国加州《消费者隐私法》提出“电子化”(electronically)、“可携性”(portable)要求,新加坡个人数据保护委员会以“电子化”要求代替“结构化”要求。表面上看,数据格式似乎并没有形成统一的标准。但根据《数据指南》解释,“机器可读”格式是指一种可以被计算机自动验证、识别并提取特定数据的数据格式。〔62〕 该定义与“电子化”不谋而合。达到“结构化、通用化、机器可读”格式标准的数据也能满足“可携性”要求。因此,目前各国法律对可携权客体的格式要求,并未脱离 GDPR 的规定。参考欧盟第 29 条工作组对“可互操作”格式的解释,“可互操作”是指不同的和多样化的组织能够实现互利和商定的共同目标的能力,包括通过其支持的业务流程和各自的信息及通信技术系统之间的数据交换来实现各组织之间的信息和知识共享。〔63〕 简言之,GDPR 中数据可携权所期望的数据格式要求数据能够被其他数据处理者自动读取、处理,同时鼓励数据控制者之间建立互操作性系统。虽然后者并不属于强制性规定,但对前者本身就包含着建立相关系统,采用相关工具的要求。然而,实现互通性本身就是具备极大难度〔64〕,因此在实践中很难找到完全符合“结构化、通用、机器可读取”要求的格式。

---

〔61〕 See Erin Egan, *Data Portability and Privacy*(*white paper*), Facebook,2019,p. 8.

〔62〕 See Article 29 WP, Guidelines on the right to data portability,16 / EN,WP 2042,rev01,as last revised and adopted on 5 April 2017,p. 17.

〔63〕 See Article 29 WP, Guidelines on the right to data portability,16 / EN,WP 2042,rev01,as last revised and adopted on 5 April 2017,p. 17.

〔64〕 拉吉夫・沙赫(Rajiv Shah)教授与杰伊・凯森(Jay Kesan)教授在尝试开放式标准文件格式互通性测试时发现,单单是实现当前已有的格式之间的互通都是非常困难的。

除了上述对格式较硬性的规定,《数据指南》还提到,在没有规定通用化格式前,应当使用常用的开放格式,如 XML、JSON、CSV 等,但 PDF 并不属于这一类开放格式,因为 PDF 并不能有效促进数据控制者对数据的再利用。可见《数据指南》还注重格式的再利用性。新加坡个人数据保护委员会认为所使用的数据格式应易于获取,尽量使用开放数据格式,且任何企业都应负担得起,以促进数据共享。数据处理者应提供其所使用的数据格式以及传输、接收数据协议的技术信息。此外,虽然要求数据处理者以通用化、机器可读格式传输数据,但这并不妨碍数据接收者将接收到的数据转换为其产品或服务中使用的格式。[65]

3. 大量或复杂个人数据收集事务的处理

大量数据的收集、复杂的数据结构等情形,是数据处理者回应数据可携权所必须面对的技术挑战。

《数据指南》认为,在技术层面上,数据处理者应当探索实现数据可携权的两种不同路径:一是数据集合的直接传输;二是形成能够直接获取相关信息的自动化处理工具。当涉及大量的数据处理时,更建议数据处理者采用第二种方式,因为第二种方式能够更高效便捷地实现数据互通,有利于降低数据处理中的隐私风险。具体而言,数据处理者响应数据可携权请求的实用方法应当是通过提供适当安全和文档化的应用程序接口(API),使个人能够通过企业提供的渠道或第三方软件向该企业提出可携权请求,或授权他人(包括其他企业)代表其提出请求。[66] 用户可以利用外部可访问数据的 API 获取数据访问权限,还可以通过企业提供的数据访问系统,对数据提出后续请求,如下载完整数据、查询自上次下载后发生更改的数据等,但这些后续请求不应增加企业的负担。

(四)数据移转的法律责任并不清晰

数据处理者和数据接收者是数据移转过程的重要义务主体,应当就数据移转和后续存储过程中可能产生的法律风险承担相应的责任。然而,我国法律法

---

〔65〕 参见《2019 年新加坡 PDPC 数据可携与创新条款建议案》第 2.37 条第(e)款。

〔66〕 See Article 29 WP, Guidelines on the right to data portability, 16 / EN, WP 2042, rev01, as last revised and adopted on 5 April 2017, p. 19.

规尚未明确规定义务主体在隐私和数据安全方面的责任范围,域外立法虽然有提及此问题,但是并没有形成统一的责任范围划分标准。数据处理者和数据接收者之间模糊的责任范围不仅会导致两方在问题发生时互相推诿,以至于数据主体沦为不利后果的承担者,还有可能挫伤数据处理者和数据接收者配合数据主体行使数据可携权的积极性,使数据可携权陷入被架空的困境。

因而,我国对提供和移转的数据格式的规定不限于"技术上可行""无障碍"的较抽象要求,还应包括对数据格式、安全标准和传输协议等方面的具体规定,以便于实践中数据移转与流通。

1. 数据处理者的责任范围

数据移转过程中的数据发送方,在收到数据主体的数据可携权请求后,数据处理者应当尽快回应数据主体,同时配合数据主体将相关数据移转至数据接收方。但在某些例外情形下,出于节约成本和达成互操作性要求的考量,数据处理者可能会委托第三方帮助其处理信息。我国《个人信息保护法》第 21 条第 1 款对此也有规定,个人信息处理者委托处理个人信息的,应当与受托人约定委托处理的目的、期限、处理方式、个人信息的种类、保护措施以及双方的权利和义务等,并对受托人的个人信息处理活动进行监督。因此即使是委托第三方处理数据,委托人也仍需要按照委托合同承担其责任和义务,并对受托人的个人信息活动进行监督,委托行为并不能免除数据处理者的责任。

有学者认为数据处理者的责任范围并不是固定不变的,在不同的数据移转模式下,数据处理者的责任范围不同。首先,在数据主体可以请求将数据移转至任何新数据控制者处的"开放移转模式"之下,数据处理者仅需要对数据在隐私和数据安全方面的风险承担有限责任。其次,在有条件的移转模式或合作关系的移转模式下,数据处理者则应当承担更多的法律风险,如对数据接收者资格的审查等。[67] 在产业实践中,由于需要对数据的移转设置一些隐私和数据保护的限制,开放移转模式下的数据流通较为少见。[68] 但无论是"开放移转模

〔67〕 参见金耀:《数据可携权的法律构造与本土构建》,载《法律科学(西北政法大学学报)》2021 年第 4 期。

〔68〕 See Erin Egan, *Data Portability and Privacy(white paper)*, Facebook, 2019, p. 10.

式”“有条件的移转模式”还是“合作关系的移转模式”，不同模式下数据处理者的义务范围都有一定的重合，本段拟以数据处理者的基础义务范围为对象，阐明数据处理者需对其特定行为承担法律责任的依据，分析数据处理者行为可能引发的法律风险及原因。

（1）审查数据可携权能否适用的责任

数据处理者应对用户的数据可携权请求进行审查，审查内容包括对适用主体的审查、对数据可携权权利行使基础的审查、对权利客体的审查。将审查义务归于数据处理者的理由如下：从立法初衷角度考虑，数据可携权是为了平衡数据处理者和数据主体的地位，增强数据主体对其个人数据的控制力，因此应当使数据处理者优先承担更多责任；从审查能力考虑，数据处理者较之数据主体，具备能更全面更深入审查数据可携权适用条件的能力。

如数据处理者经审查认为可携权请求不满足数据可携权适用的条件，可拒绝配合用户行使数据可携权，但应当告知数据主体具体原因。新加坡个人数据保护委员会认为应当在 PDPA 中赋予其审查数据处理者拒绝移转数据情形的权利，如此便能够进一步确保数据处理者合理适当地履行其审查义务。[69]

若数据处理者未尽其审查义务，后续的数据移转工作将产生一系列隐私和数据安全隐患。首先是对权利行使基础的审查。结合前述内容可知，权利行使基础是数据主体行使数据可携权的根本前提，对其审查不足可能会直接导致企业陷入非法处理数据的困境。其次是对权利和义务主体资格的审查，若对其审查不足可能致使数据可携权的权利行使混乱。例如，本不具备权利主体资格的个人或非个人超越权限行使了数据可携权，或本应由个人行使的数据可携权被非个人的主体行使等。最后是对权利客体的审查。对权利客体审查不充分可能会损害第三方的知情权、隐私权等合法权益，以及企业的商业秘密甚至是公共利益等。

（2）确保数据传输安全的责任

在数据处理者将被申请数据移转至数据接收者的过程中，被移转数据被窃

---

〔69〕 参见 2020 年《PDPC 回应公众就建议的数据可携性及数据创新条文咨询的意见》第 5.1 条、第 5.3 条。

取和攻击的风险将激增。当数据接收者属于中小网络平台时,发生数据诈骗、虚假身份等事件的可能性更大。[70] 以亚马逊为例,在数据可携权正式确立后,亚马逊这一类的网络平台每日都会收到数以万计的数据可携权请求。在这种海量数据频繁移转的过程中,可能会让暂时失去多重安全保护的数据遭受黑客入侵,或者因为普通数据主体的非专业操作与不当行为造成数据泄露,从而对个人数据的安全甚至是一些公共服务机构和重要数据平台构成巨大威胁,危害国家安全和社会稳定。[71]

GDPR 的态度倾向于让数据处理者负责保障数据传输的安全。GDPR 第 5 条第 1 款第(f)项规定,数据处理者应以确保个人数据安全的方式处理个人数据,包括使用适当的技术或组织措施,避免数据的非法处理、意外遗失、灭失或损毁;第 32 条规定了处理安全权,要求数据处理者综合考虑最先进的技术、实施成本、处理的性质、范围和目的以及自然人权利和自由风险的各种可能性和严重性,采取适当的技术和组织措施保证安全性与风险性一致,包括个人数据的假名化和加密等。

美国《统一个人数据保护法》第 4 条第 a 款第 6 项和第 4 条第 b 款,分别规定了数据控制者和数据处理者维护数据隐私和进行安全风险评估的责任,并在该法第 10 条中具体说明了"数据隐私和安全风险评估"的内容。不论是从利益平衡角度还是从风险控制能力角度,数据处理者都有必要确保数据的传输安全。美国《加州民法典》(California Civil Code)第 1798. 82 条和 第 1798. 29 条规定了企业和国家机构的数据安全违规报告制度(Data Security Breach Reporting)。其中第 1798. 82 条中规定了企业在数据泄露事件发生时的通知义务。这一通知行为能够在一定程度上防止数据主体损失的进一步扩大,也属于企业确保数据传输安全的举措之一。

我国现行的法律规范中并没有对数据处理者义务范围的规定,但是在《个人信息保护法》第 51 条中规定了个人信息处理者的义务,要求个人信息处理者

---

〔70〕 参见尚海涛:《论我国数据可携权的和缓化路径》,载《科技与法律》2020 年第 1 期。

〔71〕 参见卢家银:《论隐私自治:数据迁移权的起源、挑战与利益平衡》,载《新闻与传播研究》2019 年第 8 期。

应当根据个人信息的处理目的、处理方式、个人信息的种类以及对个人权益的影响、可能存在的安全风险等,采取一定措施确保个人信息处理活动符合法律、行政法规的规定,并防止未经授权的访问以及个人信息泄露、篡改、丢失。其中列举的安全措施包括采取相应的加密、去标识化等安全技术措施,制订并组织实施个人信息安全事件应急预案等。此外,该法第 56 条从个人信息保护影响评估角度规定了个人信息处理者的义务,要求个人信息处理者从三个方面评估个人信息保护影响,分别是:个人信息的处理目的、处理方式等是否合法、正当、必要;对个人权益的影响及安全风险;所采取的保护措施是否合法、有效并与风险程度相适应。数据处理者当然也属于本条规定中个人信息处理者的范围,由此可知数据处理者也应当依据《个人信息保护法》的相关规定履行相应的保障数据安全的义务。

此外,数据处理者的身份也可能会影响其在数据传输过程中应当承担的安全责任范围。《互联网平台落实主体责任指南(征求意见稿)》第 4 条、第 6 条、第 7 条和第 8 条分别从数据管理、风险评估、风险防控和安全审计方面为超大型平台经营者设置了有关数据安全方面的具体义务。

但是,值得思考的是,除了我国《个人信息保护法》针对个人信息处理者规定的隐私和数据安全的义务,是否需要结合数据移转过程的特点,为数据处理者设定更多的义务?例如,对数据接收者身份的核验,跨境数据移转情形下的特殊义务等。以数据的跨境传输情形为例,新加坡个人数据保护委员会就认为,应当将移转义务主体限制为“根据新加坡法律成立或认可的组织”或“在新加坡设有营业场所的组织”,以平衡在数字经济中实现更大数据流的目标与降低数据处理者成本的需要,因此,新加坡并不支持跨境行使数据可携权。我国现有《个人信息保护法》中有一系列与数据跨境传输的条款,虽然该法中并没有详细规定是否可以跨境行使数据可携权,但是可知我国对一般情形下的数据跨境传输并非持完全否定态度,只是相较于境内数据传输,《个人信息保护法》对数据跨境传输情形下的数据处理者义务有更高的要求。

数据传输效率和数据传输安全性之间的冲突是数据传输安全保障的难点之一。为了满足数据可携权对数据“便携性”的要求,数据处理者可能会简化处理个人数据的过程，但这又会导致个人数据在传输过程中隐私安全保障不足，增加数据主体的隐私和数据安全风险。[72] 以 GDPR 提出的可互操作解决方案为例，为了实现数据处理者和数据接收者之间的“无障碍”传输，即使来自数据接收者 IP 地址的请求具有较高身份欺诈风险，仍无需重复验证接收者身份。[73] 综上，只有在数据传输效率和数据传输安全性之间找到一个平衡的方案，才能最大限度地保障数据主体的权益。

2. 数据接收者的责任范围

一方面，数据接收者是数据可携权的法定义务主体之一；另一方面，数据接收者在接收数据后将会获得数据的实际控制权，并能够通过对数据的利用获取一定的利益，因此数据接收者需要对数据交接过程以及数据被接收后的后续隐私和数据安全风险承担责任，但是目前各国在有关数据可携权的法律规范中对数据接收者的规定并不多。

根据欧盟第 29 条工作小组的相关解释，数据接收者应当确保其最终接收的数据与新数据处理相关，且不过量。数据接收者应当秉持着合法性、公平性和透明性、目的限制、数据最小化、准确性、完整性和机密性、存储限制和责任的原则处理数据。在正式接收移转数据前，数据接收者应当向数据主体说明数据处理的目的，同时在接收时仅保存与其处理目的相关的数据。这一规定增加了数据接收者的权利义务，有利于平衡数据接收者与数据主体之间的地位。此外，数据接收者在接收数据后将会成为新的数据处理者，因此数据接收者也有必要在后续的数据存储工作中承担起保障数据主体与第三方数据安全的责任。

《数据指南》对数据接收者责任范围的限定具有一定的合理性，但具体的落实则可能会面临许多的障碍。首先，《数据指南》要求数据接收者只能保存与其处理目的相关的数据，这也就意味着数据接收者被赋予了筛选数据的义务，而数据的筛选工作将会增加数据接收者的成本，尤其在数据接收者是中小型企业

---

〔72〕 See STEFAN WEISS, *Privacy threat model for data portability in social networks applications*, Internation - al Journal of Information Management, Vol. 29:4, p. 249 - 250 (2009).

〔73〕 See PETERSWIRE&YIANNI LAGOS, *Why the Right to Data Portability Likely Reduces Consumer Welfare: Antitrust and Privacy Critique*, Maryland Law Review, Vol. 72:2, p. 335 - 380 (2013).

的情况下。其次，确定“问题是由数据处理者的行为还是数据接收者的行为引起”也是实践中的难点之一。由于数据移转的过程缺乏第三方平台的监督，即使明确了数据接收者的责任范围，仍然需要根据双方主体留存的各项证据来确定问题的“导火索”。

新加坡个人数据保护委员会认为数据接收者主要从两方面限定了数据接收者的责任。一是数据接收者应当对其接收的分类数据承担准确义务。他们需要制定政策和实践，以确保他们可能用于作出影响个人的决定的移转数据的准确性。“准确性”原则在《数据指南》中也有被提及。二是数据接收者必须确保其收到的个人数据得到合理保护和准确保存，并用于已告知的目的。这是由于数据接收者在接收数据处理者依照数据可携权移转的数据后，数据保护条款将适用于其目前拥有或控制的个人数据副本。[74]

综上所述，欧盟和新加坡均认为应当对合理接收数据和后续数据保存负有责任。

三、企业应对个人数据可携权的合规要点

（一）企业应告知如何行使可携带权

1. 企业应当告知数据主体其享有的权利内容

面对任何一项用户的新权利，数据处理者首先都应履行事先告知义务。最基础的告知义务是告知用户某项权利的存在。这项义务的注意点有两点：告知的时间与内容。我国《个人信息保护法》并未对可携权有关的告知义务进行规定，但后续出台的网信部门的规定可能会从告知的时间、内容两方面对企业提出要求。

首先，告知的时间应当为个人数据收集前或收集时。根据《个人信息保护法》第 17 条的规定，可以推断知情权的内容应当包括个人行使访问权、可携权等权利的方式和程序。因此，企业告知用户享有数据可携权的时间不应晚于知

〔74〕 参见 2020 年《PDPC 回应公众就建议的数据可携性及数据创新条文咨询的意见》第 4.9 条、第 4.10 条。

情权规定的期限。《个人信息保护法》有关知情权的规定,将收集个人信息时告知被收集信息用户的时间限定为处理个人信息前。[75] 但向他人提供个人信息时应当何时告知个人我国并未有明确规定。根据欧盟第 29 条工作小组解释,欧盟成员国如果直接从数据主体处收集相关个人数据,则必须"在收集个人数据时"履行告知义务。如果个人数据不是从数据主体处获取,按照 GDPR 第 14 条第 3 款有关知情权的规定,应当在获得数据后不超过一个月的合理时间内与数据主体进行首次沟通或向第三方披露时提供信息。[76] 美国加州《消费者隐私法》则规定知情权的告知时间为收到消费者可以核实的请求后 45 日内,可携权的告知时间为收集前或收集时。由此可知,知情权的告知时间多为收集后或请求后的一段时间内,可携权的告知时间多为收集时或收集前。

其次,告知的内容除了知情权所要求的内容外,还需要告知可移转数据的权利与范围。《个人信息保护法》中知情权的内容包括"个人信息处理者的名称或者姓名和联系方式、处理目的、处理方式,个人信息种类、保存期限、个人行使权利的方式和程序"等,而可携权的告知内容应在知情权范围内。但可携权与知情权、访问权、删除权等在个人信息种类、保存期限、个人行使权利的方式和程序等方面有较大不同,为便于个人主体行使可携权,需要企业事先对用户说明以保证用户的数据利益。如《数据指南》要求数据控制者的告知必须确保能将数据可携权与其他权利进行辨别,[77] 为此特别建议,数据控制者向数据主体明确解释利用访问权和可携权获取的各种类型数据的区别。

因此,建议相关企业关注告知的时间与内容。在告知时间方面,网信部门可能会偏向于规定企业应当在收集个人数据时或收集前履行告知义务;告知的内容除了《个人信息保护法》第 17 条规定的内容外,还需要告知可携权的相关内容,如其与其他权利行使的区别、可移转数据的范围、可携转后的责任等

---

〔75〕 See Article 29 WP, Guidelines on the right to data portability, 16 / EN, WP 2042, rev01, as last revised and adopted on 5 April 2017, p. 13.

〔76〕 See Article 29 WP, Guidelines on the right to data portability, 16 / EN, WP 2042, rev01, as last revised and adopted on 5 April 2017, p. 13.

〔77〕 See Article 29 WP, Guidelines on the right to data portability, 16 / EN, WP 2042, rev01, as last revised and adopted on 5 April 2017, p. 13.

内容。

2. 企业应当为个人提供提交数据可携权请求的途径

提交请求的途径在访问权、删除权等各权利间差别不大，因此可以在企业原有的提交方式上增加关于可携带权的内容。当然，数据移转的请求需要符合一定内容要求，如包含足够的信息，能够通过请求内容确定提出请求的个人以及请求移转的数据类型和数量。[78] 但可携权对用户个人信息和隐私造成侵害的可能性更大，在审查、移转方面的安全问题更复杂。对此，新加坡 PDPC 强调企业必须为个人提供提交数据移转请求的途径，如通过企业的网站、电子邮件或通过接收组织提交电子请求。据此，对于可携权的请求途径、内容模板，需要企业根据监管部门要求作具体的设计。

总之，建议企业按照监管部门的规定提供可携权专门的请求途径、内容模板等，以便用户进行数据移转。

（二）企业在移转数据前的审查义务

1. 企业应当核实数据主体身份

由于数据可携权的行使牵涉到用户及第三方的个人信息和隐私安全，因此数据可携权的请求必须由数据主体本人提出。现如今个人信息和隐私泄露的现象泛滥，用户账号被窃取的情形也时常发生，如果企业忽视对数据主体身份的核验，数据主体的个人信息和隐私安全可能会受到极大威胁。有鉴于此，企业亟须制定身份验证程序，以高效审查数据主体的资格，防止身份盗用或欺诈。[79]

虽然《个人信息保护法》并未对企业核实数据主体身份的程序作具体规定，而是授权国家网信部门细化规则，但就审核义务而言重点应当包括以下内容。首先，数据可携权指向的是由本人提供的、无损他人权益的个人信息，因此请求行使权利的主体必须是真正的数据主体。为实现这一目的，监管部门可能要求数据处理者承担核查数据主体身份的义务。其次，根据 GDPR 第 11 条第 2 款和第 12 条第 6 款的规定，当数据处理者对数据主体身份产生合理怀疑时，可以

---

〔78〕 参见《2019 年新加坡 PDPC 数据可携与创新条款建议案》第 2.37 条第（a）款。

〔79〕 参见付新华：《数据可携权的欧美法律实践及本土化制度设计》，载《河北法学》2019 年第 8 期。

要求数据主体提供补充信息以对数据主体进行身份验证。最后，数据处理者在核实数据主体身份方面的义务也需要随具体情形的变化而调整。例如，在隐私风险较高时，应当使用其他身份验证信息进行二次验证；在用户账号存在泄露风险时，则应当对数据采取一定的冻结措施，避免不利后果的进一步扩大。[80]

在合规方面，为更好地保障用户权益和促进数据可携权的真正落实，企业应当构建有层次的数据主体身份验证程序。面对用户数据可携权的请求，企业首先，应当在用户账号已登录的前提下设置第一层的验证程序，作为用户行使数据可携权的门槛。为了使这一层验证程序能够有效实行，企业必须在用户注册时就收集一定必要的信息，例如密保问题，电子邮箱等。其次，企业应当在高风险情况下适用特殊的身份验证程序。在系统检测到用户身份有巨大风险隐患时，企业可以对用户进行第二层验证，如共享密匙或一次性密码等[81]；如果用户无法通过验证，则意味着用户账户存在一定的泄露风险，此时企业应当对用户数据采取一定的冻结措施，并告知用户冻结的原因和解冻的条件等。

2. 企业应当审查被请求移转的数据内容

并不是所有存储在数据处理者处，与用户相关的数据都可以作为数据可携权的权利客体。在司法实践中，部分被申请移转的数据可能与第三方利益相关，因此需要通过严格的审查来决定其是否属于可移转数据的范围。对于与他人相关的数据，其主要的法律风险在于数据的移转可能会影响第三人的个人信息和隐私安全。但涉及第三方个人数据并不会被绝对排除在可携权权利客体范围外，除非能确切证明该数据的移转确会损害第三人的利益。

我国《个人信息保护法》未明确可以请求移转的“个人信息”的范围，而授权了网信办制定相关细则。目前规定数据可携权权利客体的方式可以大致分为两种：一种是列举式，即明确列举每一类能够移转的数据类型，但是这种方法往往难以适应各种新类型数据出现的情况，具有一定的滞后性。2020 年《个人

〔80〕 See Article 29 WP, Guidelines on the right to data portability, 16 / EN, WP 2042, rev01, as last revised and adopted on 5 April 2017.

〔81〕 See Article 29 WP, Guidelines on the right to data portability, 16 / EN, WP 2042, rev01, as last revised and adopted on 5 April 2017, p. 19.

信息安全规范》就通过列举式的方法将“个人信息副本获取权”适用的个人信息限定为本人的基本资料、身份信息、健康生理信息、教育工作信息。[82] 但是，对于数据可携权而言，这些数据范围并不能使数据主体对其个人数据所享有的权益得到充分实现，因此监管部门如果采用列举方式明确数据可携权范围，则可能会在此基础上进一步扩大范围。另一种是通过排除不属于数据可携权权利客体范围的数据类型来反向推得可移转的数据类型，这种方式能囊括更多的数据类型，但是由于我国的数据可携权尚处于起步阶段，相关的争议也比较大，因此监管部门可能会更偏向于列举式的立法模式。

在合规方面，企业应当注重审查与第三方相关的数据。企业应当评估这类数据移转对第三方的影响程度，如果认为对第三方利益确有损害的，企业可以采取“去除个人数据中的第三方相关信息”或“设立第三方同意机制”等措施，[83]减少数据移转可能给第三方带来的法律风险。

3. 企业应当确保移转的数据具有合法性基础

为实现数据可携权制度的价值，应当限缩权利行使的条件，即个人行使可携权应当满足“经个人同意”或“基于合同”的条件。在权利行使基础方面，主要有两种可能引发企业合规风险的情况：一是数据传输在表面上“经个人同意”或“基于合同”，但是由于其他原因导致“同意”或“合同”在实质上或法律上无效。例如，数据主体虽然作出了“同意”，但是这种同意并不一定满足“充分知情”和“自愿明确”的条件，因此不一定属于有效的同意；数据主体的同意如果没有以书面或者电子形式作出的话，可能也会在效力确认上引起一定争议；如果数据传输是基于合同的，则可能会因为合同的订立过程或具体内容不合法而导致数据传输行为非法。二是数据处理者没有区分同意和合同的不同适用情形，如果本应以“合同”作为权利行使基础的情形，却只获取了数据主体的同意，也

[82] 《个人信息安全规范》(GB/T 35273－2020)第8.6条规定：根据个人信息主体的请求，个人信息控制者宜为个人信息主体提供获取以下类型个人信息副本的方法，或在技术可行的前提下直接将以下类型个人信息的副本传输给个人信息主体指定的第三方：a)本人的基本资料、身份信息；b)本人的健康生理信息、教育工作信息。

[83] See Article 29 WP, Guidelines on the right to data portability, 16 / EN, WP 2042, rev01, as last revised and adopted on 5 April 2017.

可能会影响企业数据处理行为的合法性。

我国《个人信息保护法》没有明确限定数据可携权的权利行使基础,但是在第13条中列举了数据处理的七种合法性基础,其中大部分合法性基础与欧盟GDPR规定的数据处理合法性基础高度相似。参考欧盟GDPR中对数据可携权合法性基础的规定,监管部门后续也可能会限缩数据可携权的权利行使基础,而"同意"和"合同"作为能够直接表明数据主体意愿的合法性基础,应该会被列入可携权权利行使基础的范围内。此外,参考我国《个人信息保护法》有关数据处理合法性基础的内容,"个人自行公开或者已经合法公开的个人信息",即数据的公开性也有可能成为数据可携权行使的权利合法性基础之一。

在合规方面,企业在移转数据前必须确保数据传输"经个人同意"或"基于合同"。第一,企业应当注意审查个人行使可携权的权利基础。在"同意"方面,企业应当要求用户的"同意"必须是通过书面声明或主动做出肯定性动作,对收集和处理其个人信息的请求作出明确的授权。[84] 其中,明确授权行为又可细化为:用户主动作出声明(电子或纸质形式)、主动勾选、主动点击"同意""下一步""注册""发送""拨打"等一系列肯定性动作。[85] 在合同方面,企业应当注重审查合同的有效性,如合同主体、合同时效等,尽可能避免合同无效的情形。第二,企业需要区分"同意"和"合同"的不同适用情形,并依据具体的情况判断应当选择"同意"还是"合同"作为数据主体行使权利行使基础。区分"同意"和"合同"不同适用情形的关键在于确认数据主体的同意行为能否被视为其真实意思表示,如若"同意"已经能够代表数据主体的意愿,则无需再进一步要求以"合同"作为权利行使的基础。

(三)企业在回应用户请求时的义务

1.企业不能随意拒绝数据可携权请求

为了防止企业以各种借口拒绝用户的请求,对可携权的行使造成障碍,欧

---

〔84〕 参见张新宝:《个人信息收集:告知同意原则适用的限制》,载《比较法研究》2019年第6期。

〔85〕 参见洪延青:《网络运营者隐私条款的多角色平衡和创新》,载《中国信息安全》2017年第9期。

盟、新加坡在规定企业能够拒绝用户请求的情形时慎之又慎,且内容多为例外性规定,并要求及时告知用户拒绝原因,提醒用户补充材料,接受相关机构的调查。因此,拒绝可携权请求的理由迥异于拒绝访问权、删除权等一般权利请求所需理由,我国监管部门可能会对拒绝可携权请求的理由作具体规定,即只有在满足相应条件基础上,才能拒绝用户请求。如果拒绝数据移转请求,也必须尽快通知用户拒绝的决定及其原因。

《个人信息安全规范》第 8.7 条第 e 款规定了 8 种可以不响应个人信息主体基于标准第 8.1 条至第 8.6 条所列的权利(查询权、删除权等权利)提出的请求的情形。[86] 《个人信息保护法》中,查阅权的例外情形包括法律、行政法规规定应当保密或者不需要告知的,国家机关为履行法定职责处理个人信息,按照法律、行政法规应当保密或不需要告知的,或者告知将妨碍国家机关履行法定职责的。[87] 拒绝删除权请求需要满足法律、行政法规规定的保存期限未届满,或删除个人信息从技术上难以实现的要求等。不难发现,目前法律法规对企业可援引的拒绝理由限制较少。

但比较法上对拒绝可携权理由的规定与以上要求大不相同。如欧盟GDPR第 12 条第 2 款规定,原则上数据控制者不得拒绝数据主体行使数据可携权。拒绝请求需要同时满足两个条件:一是处理某些个人数据的目的需要对数据主体进行身份验证,二是有证据表明无法对数据主体进行身份验证。此外,虽然企业可以以违反其第 20 条第 3 款、第 4 款的限制条款为由,拒绝部分数据的移转,但限制条款本身不能作为拒绝回应数据可携权请求的理由。[88] 再如,新加

---

〔86〕《个人信息安全规范》(GB/T 35273 - 2020)第 8.7 条:"对响应个人信息主体请求的个人信息控制者有以下要求:e)以下情形可不响应个人信息主体基于 8.1 ~ 8.6 提出的请求,包括:1)与个人信息控制者履行法律法规规定的义务相关的;2)与国家安全、国防安全直接相关的;3)与公共安全、公共卫生、重大公共利益直接相关的;4)与刑事侦查、起诉、审判和执行判决等直接相关的;5)个人信息控制者有充分证据表明个人信息主体存在主观恶意或滥用权利的;6)出于维护个人信息主体或其他个人的生命、财产等重大合法权益但又很难得到本人授权同意的;7)响应个人信息主体的请求将导致个人信息主体或其他个人、组织的合法权益受到严重损害的;8)涉及商业秘密的。"

〔87〕参见《中华人民共和国个人信息保护法》第 18 条第 1 款、第 35 条。

〔88〕See Article 29 WP, Guidelines on the right to data portability, 16 / EN, WP 2042, rev01, as last revised and adopted on 5 April 2017, p. 13.

坡个人数据保护委员会规定，拒绝理由包括数据处理者未保存用户请求的全部或部分数据或出现例外情况。[89] 如果个人或数据接收者不同意支付有关数据可携权的费用，移转者也可拒绝数据可携权的请求。不难发现，新加坡立法对于拒绝可携权的理由较 GDPR 范围更为宽泛。

综上所述，建议企业关注网信部门允许其拒绝可携权情形的规定。监管部门可能倾向于将主体身份不明或者未保存用户请求的全部或部分数据作为可携权的拒绝理由，但即使满足拒绝数据移转请求的要求，企业也必须尽快通知用户拒绝的决定及其原因。如果因对数据主体身份产生合理怀疑而拒绝请求，应要求数据主体提供补充信息，若补充信息能够证明数据主体的身份，数据处理者不得拒绝数据主体行使可携权的请求。

2. 企业应当在规定时间内按要求作出回应

各国对数据可携权请求作出回应的时间规定不一，企业应关注网信部门对回应内容及其时间的规定。

回应内容和时间需要注意监管部门规定。一般认为，回应是指将有关消息发送至用户，使其知晓。回应的内容可能为企业同意移转请求或相关数据已经移转完成，因此后续出台的细则可能对两种回应内容和回应时间作分别规定或统一规定。分别规定指对两种回应内容设置不同的时间限制，但是由于两种回应内容有时间顺序上的先后关系，仅限定后者的时间也能保证企业的处理效率。新加坡个人数据保护委员会就倾向于作统一规定，其要求企业应在 7 个工作日内或业务守则规定的任何其他期限内提交用户申请的数据，并建议相关法规将从数据主体要求移送数据的时间至相关数据被移送的时间计入该回应时间内。[90] 虽然我国《个人信息保护法》未对回应内容及时间作规定，但我国最新《个人信息安全规范》将两种回应内容的时间作了统一规定。对第 8.6 条、第 8.7 条条文分析可知，企业告知用户同意移转请求或完成相关数据的移转的时间，都应在 30 天或法律法规规定的期限内。如果拒绝移转请求，则需要在前述

---

〔89〕 参见《2019 年新加坡 PDPC 数据可携与创新条款建议案》第 2.37 条第 f 款。

〔90〕 参见《2019 年新加坡 PDPC 数据可携与创新条款建议案》第 2.37 条第 d 款第 ii 项。

时间内提供合理解释，并告知个人信息主体外部纠纷解决途径。因此，在网信部门出台相关规定前，企业应遵守《个人信息安全规范》对回应可携权的时间限制。

监管部门相关规定也可能对延长回应、不回应的救济方式提出相应要求。欧盟 GDPR 第 12 条第 3 款规定，除了要求数据控制者的首次告知必须在收到请求后的 1 个月内，还规定如果情况复杂，需要延长回应期限的，数据控制者应当在收到数据主体首次数据可携权请求后的一个月内告知其延迟原因，最多可以延长至 3 个月；第 12 条第 4 款进一步规定，若数据控制者不采取行动回应数据可携权请求，即便其已告知数据主体，个人依然有权向上级监管机构提出投诉或者寻求司法救济。

3. 企业在核实数据前不得擅自移转数据

企业应当注意网信部门是否对数据主体核实移转数据有要求，如果有数据核实环节，在用户完成数据核实前，企业不能擅自移转数据。核实的内容一般包括查看与删除有关数据。

为了让数据主体始终能够清楚地知道其出于特定目的下载什么数据或向其他数据控制者传输什么数据，在移转数据之前，数据处理者应允许个人在将数据发送给接收组织之前查看将移转的数据或个人已请求移转的数据样本。《数据指南》就要求数据控制者应当“用清晰且通俗易懂的语言，以简洁、透明、易于理解的形式”向数据主体提供相关数据。[91] 此外，在核实内容方面，用户的核实应包括查看与删除。其中，删除是指提出请求的个人可以删除其不希望移转的数据，如第三方不必要的个人数据。[92]

依据我国最新《个人信息安全规范》第 8.7 条，数据处理者对合理的请求原则上不收取费用，但对一定时期内多次重复的请求，可视情收取一定成本费用。由此可知，我国允许企业对重复性的可携权请求收取一定费用。但是怎样认定构成“重复性请求”，企业是否存在其他收取费用的情形，收取费用的合理范围

---

〔91〕 SeE Article 29 WP, Guidelines on the right to data portability, 16 / EN, WP 2042, rev01, as last revised and adopted on 5 April 2017, p. 19.

〔92〕《2019 年新加坡 PDPC 数据可携与创新条款建议案》第 2.37 条第 c 款。

为何都需要参考监管部门的具体规定。

关于重复性请求的认定。欧盟、新加坡均缺乏对“多次重复”的硬性规定。只有美国加州《消费者隐私法》第3节第4条规定，“企业可以随时向消费者提供个人信息，但不应被要求在12个月期间内向消费者提供两次以上个人信息”。对该条文分析，12个月期间内提供两次以上应该视为该法规认定的请求频率的最高阈值。此外，GDPR第12条对构成费用收取条件的规定比较严苛，数据控制者只有在能证明数据可携权请求没有合理依据或者是过分要求，特别是数据可携权请求具有重复特征的情况下才被允许收费。但是在此基础上，《数据指南》又增加了要求，数据控制者尤其是专业自动处理个人数据的社会信息服务机构，要尽可能采取自动化方式处理数据主体的请求，如应用程序接口（API）等自动化系统。自动化处理能够有效降低因数据主体重复提出请求而产生的潜在负担，因而数据可携权请求难以构成“过分要求”而被拒绝或要求收费。因此，企业需要依照有关部门规定遵守重复性请求的认定要求。[93]

关于企业收取费用的其他情形。新加坡个人数据保护委员会对费用收取的规定比较宽松，在验证请求和个人确认移转的数据后，数据处理者可以向请求数据移转的个人或接受组织收取合理的费用。[94] 如果费用由接收者承担，则数据处理者无需向个人提供有关费用的信息。但我国规定“数据处理者对合理的请求原则上不收取费用”，因此在可携权收费方面增加其他情形的可能性较小。

关于收取费用的范围。欧盟《数据指南》认为“过分要求”的界定与创建响应数据可携权请求的总成本无关。整个系统执行成本既不应当用作拒绝响应数据可携权请求的理由，也不应当成为向数据主体收取费用的理由。[95] “整个系统执行成本”包括响应用户请求、采取安全措施等。新加坡个人数据保护委员会的规定更宽松，其以为收回转移所请求的数据而提供服务的成本为限。为

---

〔93〕 See Article 29 WP, Guidelines on the right to data portability, 16 / EN, WP 2042, rev01, as last revised and adopted on 5 April 2017, p. 15.

〔94〕 《2019年新加坡PDPC数据可携与创新条款建议案》第2.37条第d款第i项。

〔95〕 See Article 29 WP, Guidelines on the right to data portability, 16 / EN, WP 2042, rev01, as last revised and adopted on 5 April 2017, p. 15.

防止企业滥收费用，还规定个人可要求 PDPC 审查数据处理者收取的费用。[96] 由于我国规定“原则上不收取费用”，因此具体细则可能会对费用范围的限制更严格，而不会以提供数据可携权服务的成本为限。

4. 在收到撤回请求后，企业应当停止数据移转

我国 2020 年《个人信息安全规范》第 8.4 条提到，个人信息控制者应向个人信息主体提供撤回授权同意的方法。撤回授权同意后，个人信息控制者后续不应再处理相应的个人信息。但是，撤回同意不影响撤回前基于同意的个人信息处理。数据可携权包括副本取得与副本移转的权利，在被申请数据全部移转时，数据处理者才应该被视为完成义务。因此，如无特殊规定，用户申请撤回数据可携权后，数据处理者应立即停止处理相应的个人信息；若数据已经进行部分移转，企业则无需处理已移转部分，但应立即停止移转未移转部分。新加坡个人数据保护委员会也认为应当为消费者提供冷静期，让消费者有时间改变主意并撤回移植请求。[97] 数据处理者在收到用户的撤回请求后，必须采取合理步骤停止，并督促其数据中介或代理停止传送资料。[98] 但如果网信部门对数据可携权的撤回申请时间有限定，如限定时间为已经移转数据前，则数据一旦开始移转，用户不得撤回数据可携权请求。

（四）企业在数据安全保障方面义务

1. 企业应当评估数据传输安全风险

数据在被移转的过程中，会离开原先安全的数据存储处，使其被窃取和攻击的风险将大大增加，因此数据传输过程中的安全风险评估对保障数据传输安全具有重要作用。企业只有充分了解数据传输过程中的风险，才能够更有针对性地制定风险防控方案，并采取适当的安全保障措施规避风险。在对数据传输安全风险评估不足前提下，企业往往难以制订科学合理的风险防控方案，进而造成资源和成本的浪费；同时这种方案也无法有效应对安全风险，还可能会加

---

〔96〕 参见《2019 年新加坡 PDPC 数据可携与创新条款建议案》第 2.37 条第 d 款第 i 项。

〔97〕 参见 2020 年《PDPC 回应公众就建议的数据可携性及数据创新条文咨询的意见》第 6.5 条第（d）款。

〔98〕 参见《2019 年新加坡 PDPC 数据可携与创新条款建议案》第 2.37 条第 h 款。

大用户数据泄露的风险。

我国《个人信息保护法》第55条规定了需要事前进行个人信息保护影响评估的情形，其中与数据可携权关系最密切的应当是"委托处理个人信息、向其他个人信息处理者提供个人信息、公开个人信息"的情形，因此在数据移转前进行数据传输的安全风险评估或个人信息保护影响评估应当是企业的法定义务之一。除了第55条的规定，《个人信息保护法》第62条还授权了国家网信部门统筹协调有关部门依据本法推进个人信息保护评估、认证服务，因此监管部门也有可能就数据传输的特殊性质向义务主体提出一些"数据传输安全风险评估"的要求，如风险评估的内容等。《互联网平台落实主体责任指南（征求意见稿）》更是为超大型平台经营者设定了一年一次风险评估的下限，并具体罗列了评估内容和注意要求，〔99〕同时还要求超大型平台经营者依照风险评估的内容做好风险防控措施。〔100〕

在合规方面，大型企业可以综合多种可能会影响隐私和数据安全的因素，评估数据传输安全风险，并依据评估情况构建有效的风险防控系统。如美国《统一个人数据保护法》规定，企业在进行风险评估时应当考虑的因素可能包括数据传输格式和数据内容，其从事商业活动的规模、范围与类型等。〔101〕企业通过这些具体因素进一步确定正在被保存或处理的个人数据的保密性和完整性，以及风险对数据传输安全的潜在影响等。〔102〕但是构建风险防控系统对于部分中小型企业是一项巨大的成本，基于经济可行性的考量，企业也可以选择寻求第三方风险评估机构的帮助。

2. 企业应当采取数据传输安全保障措施

数据传输过程的风险主要集中在两点：一是传输过程中数据的泄露风险。传输过程中的数据泄露往往是由黑客入侵引起的，如果传输系统防护不足、数据加密工作不到位，不仅可能导致用户数据的丢失、毁损、破坏，还将严重威胁

〔99〕 参见《互联网平台落实主体责任指南（征求意见稿）》第6条。

〔100〕 参见《互联网平台落实主体责任指南（征求意见稿）》第7条。

〔101〕 参见美国《统一个人数据保护法》第10条第a款第3项。

〔102〕 参见美国《统一个人数据保护法》第10条第a款第1项。

到数据主体的个人信息和隐私安全。二是数据传输至错误的数据接收者后可能带来的风险。如果发生数据接收者身份诈骗而使数据主体的数据落入了错误的接收者处,将导致数据主体的数据安全陷入不可控的境地。数据处理者虽然没有全面审查数据接收者的责任,但至少应当保证数据传输至正确的数据接收者。

为了增强数据处理者处理活动的安全性,我国《个人信息保护法》第 51 条对数据处理者的处理活动有以下要求:制定内部管理制度和操作规程;对个人信息实行分类管理;采取相应的加密、去标识化等安全技术措施;合理确定个人信息处理的操作权限,并定期对从业人员进行安全教育和培训;制订并组织实施个人信息安全事件应急预案以及法律法规规定的其他情形。监管部门的规定则可能是在此基础上更详细地列举一些加密数据或防止系统被攻击的办法,并明确数据处理者应当履行对数据接收者最基本的审查义务,即核实事实上的数据接收者与数据主体指定的接收者一致。

在合规方面,企业不仅应当采取适当的传输安全保障措施以降低传输过程中的安全风险,还有必要采取一定措施确保个人数据被传输到正确的数据接收者,如通过数据加密或身份认证方式等。参考 GDPR 第 32 条有关数据处理者如何保障数据传输安全的规定,企业应当综合考虑最先进的技术、实施成本、处理的性质、范围和目的以及自然人权利和自由风险的各种可能性和严重性,采取适当的技术和组织措施保证安全性与风险性一致,包括个人数据的假名化和加密等。对于非直接移转的数据传输过程,数据主体应当在能力范围内协助数据主体安全保存暂存数据,如向数据主体推荐一些适当的传输格式、加密措施或其他安全措施,以协助数据主体实现保护个人数据的目的,为数据传输安全提供多重保障。[103]

3. 跨境传输情形下企业负有额外的注意义务

当数据接收者为非境内企业时,数据处理者需要格外注意数据跨境传输的

---

〔103〕 参见付新华:《数据可携权的欧美法律实践及本土化制度设计》,载《河北法学》2019 年第 8 期。

安全风险。对于一些大型互联网平台,其所拥有的主体个人数据的高速流动和海量聚合会生成新的数据元和数据集,这种聚合而成的数据集不仅能产生整合型隐私,〔104〕而且能在一定程度上还原一个族群、一个社会和一个国家的社会、经济和政治面貌与实际样态,〔105〕如果这些数据能够在国家之间毫无限制地进行流通,将会对国家安全造成重大威胁。

我国有一系列针对跨境数据流动的规定,其中大部分都是关于金融数据和人口健康信息数据。《个人信息保护法》第3章专门规定了一系列"个人信息跨境提供的规则",对数据处理者向境外移转信息的情形作了一系列的限定,包括提供个人信息的条件、程序、安全评估事宜、个人信息保护认证和订立合同等。〔106〕在大体内容上《个人信息保护法》对跨境数据传输的规定已经比较完善,因此监管部门的规定可能起补充有关细节的作用,如"达到多少数量时应当将个人信息存储在境内""个人信息保护认证程序"等。

在合规方面,面对数据主体提出的跨国数据可携权请求,企业应负有额外的注意义务。首先,企业先应当严格遵循《个人信息保护法》第38条的内容,按照国家网信部门的要求完成安全评估、保护认证和与境外接收方订立合同等工作。其次,企业对境外数据接收者负有更严格的审查义务。企业应当更为详细地告知数据主体境外接收方的名称或者姓名、联系方式、处理目的、处理方式、个人信息的种类以及个人向境外接收方行使本法规定权利的方式和程序等事项,并取得个人的单独同意。最后,企业应当确保其传输行为不会影响国家安全或公共利益。

4. 企业应在合理期间内保存移转数据的副本

《个人信息保护法》第19条规定,除非法律、行政法规对个人信息的保存期限另有规定,个人信息的保存期限应当为实现处理目的所必要的最短时间。涉及可携权时,为了移转数据的后续审查工作,同时方便用户在企业所依据的拒

---

〔104〕 参见陈堂发:《互联网与大数据环境下隐私保护困境与规则探讨》,载《暨南学报(哲学社会科学版)》2015年第10期。

〔105〕 参见卢家银:《论隐私自治:数据迁移权的起源、挑战与利益平衡》,载《新闻与传播研究》2019年第8期。

〔106〕 参见《中华人民共和国个人信息保护法》第38条。

绝理由情形消失后再次提出可携权申请,监管部门可能会对"最短时间"作出具体的规定。

《数据指南》建议在数据主体关闭其所有可能账户之前,数据控制者应当始终保存数据可携权的相关信息,便于用户评估信息、移转信息。[107] 新加坡个人数据保护委员会规定了对已经移转数据的储存时间要求。即使数据移转者拒绝有关要求,也必须在一段合理期间继续保存所要求数据的副本——最少在拒绝要求后 30 个工作日内。若在 30 个工作日内,个人向 PDPC 提交审查申请且数据处理者收到 PDPC 审查通知,则"合理时间"是指从数据移转者拒绝有关要求到 PDPC 的审查结束,个人申请复议和上诉的任何权利用尽为止。[108] 因我国暂未设立审查可携权行使情况的机构,网信部门对移转数据副本的保存期限可能与个人维权时限相关联,要求企业在移转数据后的法定时间内保存移转数据的副本。综上所述,企业应当注意监管部门对被申请移转数据的保存期限的规定。

(五)第三方企业接收数据时的义务

企业成为数据接收者则意味着其需要对数据被接收后的风险承担一定责任。企业作为数据接收者的风险主要有企业错误接收数据和问题反馈不及时。所谓"企业错误接收数据"即企业并没有按照事先与数据主体的约定接收数据。一般来说,数据处理者不会对传输的数据作精细的筛选,此时就需要数据接收者在正式接收数据前明确自己将会存储或利用的数据范围,以保证其接受和保留的数据应该仅是数据接收者提供服务所必需的和相关的数据。如果企业没有告知数据主体其处理数据的真实目的甚至超出目的收集数据,那么当数据安全问题发生时,数据接收者将不可避免地承担相关责任。同样,在数据交接时,如果数据接收者没有及时反馈数据存在的问题,则可能导致数据处理者和数据接收者因责任界限不明而互相推诿。

《个人信息保护法》并没有对数据接收者的义务提出具体要求。美国《统一

---

[107] See Article 29 WP, Guidelines on the right to data portability, 16 / EN, WP 2042, rev01, as last revised and adopted on 5 April 2017, p. 14.

[108] 参见 2020 年《PDPC 回应公众就建议的数据可携性及数据创新条文咨询的意见》第 4.12 条。

个人数据保护法》第5条第b款规定在必要情形下,第三方控制者或处理者应尽力协助数据处理者,以实现用户数据的安全移转。其中,第三方控制者或处理者是本文中所提到的数据接收者。综上可以推断监管部门的规定会主要落脚在数据接收者的告知义务和配合义务上,并为数据接收者设立一系列收集原则。至于在配合数据处理者数据"交接"方面,监管部门可能会制定鼓励性政策,要求数据接收者在能力范围内积极反馈问题并与处理者一同应对问题。

在合规方面,参考《数据指南》的有关规定,企业应当秉持着合法性、公平性、透明性、目的限制、数据最小化、准确性、完整性和机密性、存储限制和责任的数据接收原则,在接收数据时及时向数据主体和数据接收者告知目的和反馈问题。[109] 一方面,参考新加坡个人数据保护委员会的观点,企业应当在正式接收数据前告知数据主体其收集和利用数据的目的,验证数据处理者传输数据格式和标准的完整性和一致性。如果传输至数据接收者处的数据与其向个人提供的产品或服务无关或超过服务范围,该信息不应被保存或处理。[110] 另一方面,如果数据接收者在访问被移转数据时遇到数据不完整或损坏等问题,应立即联系数据处理者,尽可能地对问题进行补救。数据接收者的这一义务类似于货物交易过程中的"验货"环节,这一环节往往是商事交易中风险转移的关键点。同理,在数据移转过程中,接收数据的环节也常常是数据处理者和数据接收者责任范围的划分线。

---

〔109〕 See Article 29 WP, Guidelines on the right to data portability, 16 / EN, WP 2042, rev01, as last revised and adopted on 5 April 2017, p. 8.

〔110〕 参见《2019年新加坡PDPC数据可携与创新条款建议案》第2.39条。

表3 企业数据可携权合规方案

合规要点	合规细则	具体合规内容	法条依据
企业应告知如何行使可携带权	企业应当告知数据主体其享有的权利内容	告知的时间应当为个人数据收集前或收集时;告知的内容除知情权所要求的内容外,还需要告知可移转数据的权利与范围	《个人信息保护法》第17条规定;GDPR第14条第3款;《数据指南》第13页;美国加州《消费者隐私法》第1798.130条第(a)款第2项
	企业应当为个人提供提交数据可携权请求的途径	应按照网信部门的规定为个人提供数据可携权专门的请求途径、内容模板等	新加坡《建议案》第2.37条第(a)款
企业在移转数据前的审查义务	企业应当核实数据主体身份	(1)构建有层次的数据主体身份验证程序;(2)在用户账号登录的前提下设置第一层基础验证程序,如保密问题、电子邮箱;(3)在高风险情况下适用特殊的身份验证程序,如共享密匙、一次性密码;(4)如用户账号存在泄露风险,应当对用户数据采取一定的冻结措施	GDPR第11条第2款和第12条第6款;《欧盟第29条工作小组关于数据可携权的指南》第19条
	企业应当审查被请求移转的数据内容	应当注重审查与第三方相关的数据,如果数据移转对第三方利益确有损害的,可以采取"去除个人数据中的第三方相关信息"或"设立第三方同意机制"等措施	《个人信息安全规范》第8.6条
	企业应当确保数据移转"经个人同意"或"基于合同"	应当审查个人行使可携权的权利基础,即"同意"和"合同"是否合法有效区分同意和合同的不同适用情形	GDPR第20条第1款第a、b项

续表

合规要点	合规细则	具体合规内容	法条依据
企业在回应用户请求时的义务	企业不能随意拒绝数据可携权请求	监管部门可能会将主体身份不明或者企业未保存用户请求的全部或部分数据作为可携权的拒绝理由	《个人信息保护法》第18条第1款、第35条;《个人信息安全规范》第8.7条第e款;欧盟GDPR第12条第2款;《数据指南》第13页;新加坡《建议案》第2.37条第(f)款
	企业应当在规定时间内按要求作出回应	在网信部门出台相关规定前,应遵守《个人信息安全规范》第8.7条的规定,在30天内作出答复及合理解释,并告知个人信息主体外部纠纷解决途径;监管部门的相关规定也可能对延长回应、不回应的救济方式提出相应要求	《个人信息安全规范》第8.6条、第8.7条;欧盟GDPR第12条第3款、第4款;新加坡《建议案》第2.37条第d款第ii项
	用户完成数据核实前,企业不能擅自移转数据	应当注意监管部门是否对数据主体核实移转数据有要求,如果有数据核实环节,在用户完成数据核实前,不能擅自移转数据核实的内容一般包括查看与删除有关数据	《欧盟第29条工作小组关于数据可携权的指南》第19条
	企业可就数据主体的重复性请求收取一定费用	怎样认定构成重复性请求,企业是否存在其他收取费用的情形,收取费用的合理范围为何都需要参考监管部门的具体规定	《个人信息安全规范》第8.7条;GDPR第12条;《数据指南》第15条;美国加州《消费者隐私法》第3节第4条;新加坡《建议案》第2.37条第(d)款第(i)项
	在收到撤回请求后,企业应当停止数据移转	一般而言,若在用户数据全部移转之前收到用户的撤回请求,企业必须采取合理步骤停止移转数据,以保证用户撤回请求的权利;若网信部门对可提出撤回请求的时间另有规定,则就其规定	《个人信息安全规范》第8.4条;新加坡《PDPC回应公众就建议的数据可携性及数据创新条文咨询的意见》第6.5条第(d)款

续表

合规要点	合规细则	具体合规内容	法条依据
企业在数据安全保障方面的义务	企业应当评估数据传输安全风险	综合多种可能会影响隐私和数据安全的因素，构建风险防控系统以评估数据传输安全风险；部分中小型企业可以选择寻求第三方风险评估机构的帮助	《个人信息保护法》第55条和第62条；美国《统一个人数据保护法》第10条第a款第3项
	企业应当采取一定数据传输安全保障措施	(1)应当采取适当的传输安全保障措施以降低传输过程中的安全风险，如加密技术等；(2)应当采取一定措施确保个人数据被传输到正确的数据接收者，如通过数据加密或身份认证方式等	《个人信息保护法》第51条；GDPR第32条
	跨境传输情形下企业负有额外的注意义务	(1)按照国家网信部门的要求完成安全评估、保护认证和与境外接收方订立合同等工作；(2)企业对境外数据接收者负有更严格的审查义务；(3)应当确保其传输行为不会影响国家安全或公共利益	《个人信息保护法》第38条
	企业应在合理期间内保存移转数据的副本	因我国暂未设立审查可携权行使情况的机构，网信部门对移转数据副本的保存期限可能与个人维权时限相关联，要求企业在移转数据后的法定时间内保存移转数据的副本	《个人信息保护法》第19条；《数据指南》第14条；新加坡《PDPC回应公众就建议的数据可携性及数据创新条文咨询的意见》第4.12条
企业在接收数据时的义务	企业应在接收数据时告知目的和反馈问题	(1)数据接收者应当秉持着合法性、公平性、透明性、目的限制、数据最小化、准确性、完整性和机密性、存储限制和责任的数据接收原则；(2)应当在正式接收数据前告知数据主体其收集和利用数据的目的；(3)如在访问被移转数据时遇到数据不完整或损坏等问题，应立即向数据处理者反馈	《欧盟第29条工作小组关于数据可携权的指南》第8条；美国《统一个人数据保护法》第5条第b款；新加坡《PDPC回应公众就建议的数据可携性及数据创新条文咨询的意见》第4.9条、第4.10条

外卖平台劳动用工的个人信息处理合规指引*

高富平

一、外卖平台个人信息处理合规

平台经济迅速发展，创造了大量就业机会，依托互联网平台就业的网约配送员、网约车驾驶员、货车司机、互联网营销师等新就业形态劳动者数量大幅增加，维护劳动者劳动保障权益面临新情况、新问题。骑手是平台的一种新用工体系下的劳动者，关于骑手的个人信息首先属于个人信息，同时因其特殊的劳动者身份，受到特别法的调整。因此，骑手个人信息处理应当适用个人信息保护的一般原则和规则，同时也要遵循涉及劳动用工制度的其他法律。

根据《个人信息保护法》第4条的规定，个人信息的处理包括个人信息的收集、存储、使用、加工、传输、提供、公开、删除等。为便于研究，笔者从对个人权益影响的角度，对《个人信息保护法》的处理行为作了归类概括。为此，骑手个人信息的处理分为：其一，骑手个人信息收集；其二，个人信息加工处理分析；其三，骑手个人信息删除与归档；其四，骑手个人信息公开披露；其五，骑手个人信息交互分享。

（一）骑手个人信息处理的基本原则

《个人信息保护法》第5~9条规定了个人信息处理的基本原则，包括合法、正当、必要和诚信原则；目的限定原则；公开、透明原则；信息质量原则；责任和安全保障原则。

---

* 华东政法大学数据法律研究中心、上海市华诚律师事务所联合研究成果。

1. 合法原则与正当性原则

“合法、正当、必要原则”为个人信息处理的基本原则。其中,“合法原则”属于形式合法性范畴,该原则要求个人信息处理应符合法律的明确规定;“正当、必要原则”属于实质合法性范畴,是对个人信息处理目的与手段的合理性评价。[1]

(1)合法原则

个人信息保护法中的合法性原则包括,目的合法、处理具有合法性基础和处理行为合法三项原则。

· 骑手个人信息处理目的合法

个人信息收集目的合法,即个人信息收集使用目的应当为法律所允许,利用个人信息从事法律所禁止或违法行为,该个人信息的收集行为即为违法。

· 个人信息处理应当具有合法性基础

个人信息处理者须具备合法性基础方可处理个人信息。依据《个人信息保护法》第 13 条的规定,如不存在该条第 1 款第 2 ~ 7 项规定的情形,个人信息处理者处理个人信息应当取得个人的同意。《个人信息保护法》第 27 条对敏感个人信息的处理的合法性基础提出了更为严格的要求,即个人信息处理者只有在取得个人单独同意时方可处理。

除《个人信息保护法》外,以下规范也为个人信息处理者处理个人信息提供了合法性基础:《民法典》《网络安全法》《数据安全法》的相关规定。

· 个人信息处理行为合法

处理行为合法要求:第一,在个人信息的处理过程中,个人信息处理者应依据《个人信息保护法》的规定履行相应的义务,如告知义务、评估义务、安全保障义务等。[2] 第二,个人信息处理者不得采用误导、胁迫、欺诈等方式处理个人信息。前者是要履行整个《个人信息保护法》施加给信息处理者的所有积极义务,后者是基于法律的基本原则和民事行为的基本理念加以判断,具有较大的伸

---

〔1〕 参见刘权:《论个人信息处理的合法、正当、必要原则》,载《法学家》2021 年第 5 期。

〔2〕 参见江必新、李占国主编:《中华人民共和国个人信息保护法条文解读与法律适用》,中国法制出版社 2021 年版,第 18 页。

缩性。

(2)正当原则:补漏合法性原则

个人信息处理中的正当原则是对合法原则的补充,在法律没有明确规定的情形下,用来判断具体的个人信息处理行为是否可为法律所接受。正当性可以从两个方面理解:第一,目的正当性。何为“目的正当”? 一般认为,个人信息处理者处理个人信息的目的在于增进个人利益或者社会公共利益,而非损害他人权益、破坏公共秩序。[3] 符合这一实质目的的应判断为“目的正当”。第二,处理方式正当,也即手段正当。手段正当要求个人信息处理者处理个人信息所采用的方式、方法应当符合社会公众的一般期待以及公序良俗的要求。[4] 例如,平台经营者为了实现其经济利益的最大化进行大数据杀熟,其采用的手段破坏了市场交易的公平公正,属于不正当手段。

(3)骑手个人信息处理中合法和正当原则

· 目的合法是平台处理骑手个人信息的前提

平台须具备合法性基础方可处理个人信息。依据《个人信息保护法》第 13 条的规定,平台处理骑手个人信息的合法性基础有两类:第一类,骑手个人同意。骑手个人同意又可分为一般同意与单独同意,在平台处理骑手敏感个人信息时,须获得骑手的单独同意。第二类,不需要经过骑手同意,即具备《个人信息保护法》第 13 条第 1 款第 2 ~7 项规定的情形。

· 平台的处理行为须合法

首先,平台应当积极履行《个人信息保护法》规定的各项义务,如告知义务、评估义务、安全保障义务等。其次,平台不得采用误导、胁迫、欺诈等方式处理骑手个人信息。平台应以增进骑手个人利益、平台利益、社会公共利益为宗旨处理骑手的个人信息,以确保处理目的具备正当性。在处理手段上,平台应当采用符合社会公众一般期待的方式。

---

〔3〕 参见张新宝:《个人信息处理的基本原则》,载《中国法律评论》2021 年第 5 期。

〔4〕 参见张新宝:《个人信息处理的基本原则》,载《中国法律评论》2021 年第 5 期。

2. 目的限定原则与必要原则

《个人信息保护法》第 6 条第 1 款规定:“处理个人信息应当具有明确、合理的目的,并应当与处理目的直接相关,采取对个人权益影响最小的方式。”依据该条款,个人信息处理的前提是须有明确的目的,该目的须是合法,个人信息处理者的处理行为须与该目的直接相关。目的限定原则派生出最小化原则,最小化原则在目的限定原则的基础上进一步要求个人信息的处理行为应当采用对信息主体权益影响最小的方式,在实现处理目的的最小范围内进行个人信息的处理,个人信息的保存期限为实现处理目的的最短时间(《个人信息保护法》第 19 条)。

个人信息的处理应当以目的作为限定个人信息处理范围的标准。个人信息收集的目的应当在收集时确定,随后的使用限制在实现该目的的必要范围内,或者用于实现其他与该目的不冲突的目的和每次更改时确定的目的。

收集个人信息,应当限于实现处理目的的最小范围,不得过度收集个人信息。

合规要点一:目的明确、合理的要求

个人信息处理者处理个人信息应当具有明确、合理的目的。其中,明确的目的是指个人信息处理者对于自身处理个人信息的目的是清晰且有限定范围的。这就要求个人信息处理者不论是出于公共利益目的还是商业利益目的处理个人信息,都不能是含混不清或漫无目的地笼统表达,如“用于一切本公司发展业务之需要”等。合理的目的是指个人信息处理者处理个人信息需要在目的合法的前提下,充分衡量自身业务、技术和场景对于个人信息的处理需求及必要性。无论是基本服务目的还是扩展服务目的,都需要实现个人信息权益保护与个人信息合理利用之间的利益平衡。

合规要点二:“与处理目的直接相关”的要求

个人信息处理行为必须符合初始的个人信息处理目的,不得进行与处理目的无关或者超越初始处理目的范围的个人信息处理行为。“直接相关”要求个人信息处理者开展的所有处理行为都应当在初始的处理目的范围之内,或者具有密切的关联性。此处的关联性应当从严解释,不得任意捆绑或者嫁接相关的业务、功能，并以此为由主张满足“直接相关”的要求。因此，当个人信息处理目的发生变更，应当重新获得个人的同意。即使是出于公共利益目的处理个人信息的，也必须严格将处理行为限制在相关法定目的范围之内，不得用于其他用途。

合规要点三：“对个人权益影响最小”的要求

在差异化的技术条件与业务模式之下，处理个人信息往往存在多种方式与途径，其中个人信息处理者应当选择对于个人信息权益影响最小的方式，以开展相关的个人信息处理活动。具体看来，“对个人权益影响最小”可以体现在处理个人信息的数量、频率、时间、可识别性、敏感度等方面，个人信息处理者需要在前述可能产生处理风险和权益侵害的关键指标上，尽可能地降低处理需求，从而使对个人权益的侵害风险降至最低，同时又可以实现对于个人信息的合理利用。

合规要点四：收集范围最小化的要求

收集范围最小化的原则是目的限制原则在个人信息收集环节的派生原则。这里的收集范围最小化系指为保障、维持个人信息处理者开展相关活动或者提供相关服务所必需的个人信息，若缺少这些信息，前述活动、服务就无法开展，相关 App 的基本、核心功能就无法实现。因此，收集范围最小化的原则也是必要性原则在收集阶段的具体化呈现。在个人信息收集环节中，有些情形通常被认定为不符合收集范围最小化要求：如收集的个人信息类型或打开的可收集个人信息权限与现有业务功能无关；因用户不同意收集非必要个人信息或打开非必要权限，拒绝提供业务功能；仅以改善服务质量、提升用户体验、定向推送信息、研发新产品等为由，强制要求用户同意收集个人信息；要求用户一次性同意打开多个可收集个人信息的权限，用户不同意则无法使用等。

合规要点五：必要原则的理解与具体规则方面的贯彻

必要原则又称最小化原则，《个人信息保护法》全文共计 10 处使用“必要”，7 处使用“必需”，2 处使用“最小”。该原则主要规定于《个人信息保护法》第 6 条第 1 款后半段与第 2 款，同时《个人信息保护法》第 5 条、第 19 条亦有所体现。必要原则要求收集与正当目的相关联的最少够用的个人信息、在授权目的范围内合理使用个人信息、在合理期限内存储个人信息,禁止过度损害与保障不足。常见的违反必要原则的情形包括但不限于:收集的个人信息类型或打开的可收集个人信息权限与现有业务功能无关;因用户不同意收集非必要个人信息或打开非必要权限,拒绝提供业务功能;App 新增业务功能申请收集的个人信息超出用户原有同意范围,若用户不同意,则拒绝提供原有业务功能,新增业务功能取代原有业务功能的除外;收集个人信息的频度等超出业务功能实际需要;仅以改善服务质量、提升用户体验、定向推送信息、研发新产品等为由,强制要求用户同意收集个人信息;要求用户一次性同意打开多个可收集个人信息的权限,用户不同意则无法使用。

必要性的判断标准:

·限于实现处理个人信息目的的最小范围、最短周期、最低频次,并采取对个人权益影响最小的方式。

·使用基本产品和服务的最小范围,而非功能。具体可参考《常见类型移动互联网应用程序必要个人信息范围规定》(国信办秘字〔2021〕14 号),该规定明确了 39 类常见类型移动互联网应用程序的基本功能服务和必要个人信息范围。

3. 骑手个人信息处理中的目的限定原则

《个人信息保护法》第 6 条明确规定了"目的限定原则"〔5〕,如何理解和适用目的限定原则并没有深入讨论和共识。大多数将目的限定原则视为必要性原则的基础,以约定和法定目的作为判断必要性的准绳。为了更准确地理解目的限定原则,这里提出以下几个观点。

观点一:同意的有效性是同意中所列明目的有效的判断依据

目的限定有两种方式。一种是同意中列明的目的;另一种是法定事由中必要性原则。在处理者采用同意作为合法性基础的情形下,执法者应当重点审查

〔5〕《个人信息保护法》第 6 条规定:处理个人信息应当具有明确、合理的目的,并应当与处理目的直接相关,采取对个人权益影响最小的方式。收集个人信息,应当限于实现处理目的的最小范围,不得过度收集个人信息。

同意有效性,而不是审查必要性。只有在法定事由的情形下,才应当审查必要性。不过在现阶段,执法者(尤其是行政执法检查)多不区分二者,在有同意的情形下,不看同意条款,而直接审查同意适用的情形(服务或交易)本身所需要的个人信息内容。造成这种现状的主要原因是个人的同意被滥用,同意内容太泛,同意与服务提供捆绑等,同意成为处理"揽权"的手段。在同意被滥用的情形下,监管部门审查其同意范围就成了监管部门实施"家父式"保护的正当理由。在这样的背景下,个别企业的努力显然不足以改善现有的执法环境。不过,努力使自己企业同意符合《个人信息保护法》的要求,以有效的同意前提来"对抗"不当的审查,仍然不失为一种策略。

观点二:目的更新的合规

我国《个人信息保护法》严格遵循目的限定原则,没有规定目的相容原则,给予处理者宽松的个人信息处理环境。依据《个人信息保护法》第 14 条,个人信息的处理目的、处理方式和处理的个人信息种类发生变更的即应当重新取得个人同意(《个人信息保护法》第 14 条第 2 款)。原则上,我国《个人信息保护法》不禁止相同目的的重复使用,但是欧盟 GDPR 亦通过对目的限定原则作了较为缓和的规定,允许目的兼容的处理。[6] 目的相容原则有两个作用,一是更新目的如在目的兼容范围内,仍然可以援用原来的合法性基础,而不需要重新获得同意。这一原则亦为一些国家所采取,譬如日本《个人信息保护法》第 15 条第 2 款规定:"个人信息处理者变更利用目的的,不得超出一定合理的范围,变更后的目的应与变更前的目的具有相当关联性。"[7]二是可在一定程度上实

〔6〕 GDPR 第 5 条 1(b)明确规定:基于具体、明确、合法的目的收集信息主体数据,且随后不得以与该目的相违背的方式进行处理;第 89 条第 1 款中为实现公共利益存档目的、科学研究或历史研究目的、统计目的而进行的进一步数据处理不视为与最初目的相违背(目的限制);Recitals(50)of the GDPR 对此作了详细解释:以信息主体数据收集初始目的以外的目的进行的数据处理,只有在该处理与收集初始目的相兼容时才被允许。在这种情况下,不再要求其他允许收集信息主体数据的法律基础。如果处理为基于公共利益或赋予数据控制者的公共职权的行使而执行的任务所必要,欧盟法律或成员国法律可以决定和具体规定前述任务以及能够使得进一步处理被视为可兼容和合法的目的……

〔7〕 张红:《大数据时代日本个人信息保护法探究》,载《财经法学》2020 年第 3 期。

现对外提供目的。[8] 根据GDPR的目的限定原则,以初始目的以外的其他目的进行的数据处理与初始目的相兼容的情况下,仍然符合目的限定原则,且无须再获得新的合法性基础。在这个意义上,GDPR给数据控制者在初始目的范围内对外提供数据的有限权利,只是通过告知义务将信息的数据控制者与数据主体联系起来,让数据主体可以行使权利。目的兼容并没有实质性给予数据控制者流通利用权。

合规要点一:有效同意

详见"骑手个人信息收集同意合规"部分,第125页。

合规要点二:目的更新

由于我国没有采纳目的相容原则,也没有目的更新的相应条款,因此,平台在收集骑手个人信息时,对于特定目的的描述尽可能具有一定包容性和涵摄性,使今后对骑手的个人信息处理具有一定弹性。对于合理、正当、具有相当关联性的同意目的的多次数据使用,尽可能通过"一次同意"取得合法性使用基础。

合规要点三:骑手个人信息的处理须满足必要原则

平台的以下行为可被认定为"违反必要原则":

·收集的个人信息类型或打开的可收集个人信息权限与现有业务功能无关;

·因用户不同意收集非必要个人信息或打开非必要权限,拒绝提供业务功能;

·App新增业务功能申请收集的个人信息超出用户原有同意范围,若用户不同意,则拒绝提供原有业务功能,新增业务功能取代原有业务功能的除外;

·收集个人信息的频度等超出业务功能实际需要;

·仅以改善服务质量、提升用户体验、定向推送信息、研发新产品等为由,强制要求用户同意收集个人信息;要求用户一次性同意打开多个可收集个人信

---

〔8〕 GDPR第4条对数据处理的定义非常宽泛,包括"通过传播、分发方式进行披露或者其他使信息主体数据可被他人获得"。这意味着在目的兼容范围内,数据控制者可以不经信息主体同意对外提供数据,产生数据流通利用的可能性。

息的权限,用户不同意则无法使用。

4. 透明原则

《个人信息保护法》第 7 条规定了个人信息处理的透明原则:处理个人信息应当遵循公开、透明原则,公开个人信息处理规则,明示处理的目的、方式和范围。

个人信息处理的透明原则依据处理者的两项义务来保障和实现:一是处理者的告知义务(第 17 条);二是解释义务(第 48 条)。这两项义务维护个人的知情权(第 44 条),同时可以派生出解释权。

(1)个人信息处理规则"公开"的含义

保护个人对其个人信息以公平、公正的方式被处理的合理信赖,处理者应当对有关个人信息处理与利用的一般政策、事项等予以公开,个人也有权知悉本人个人信息处理的一般情况。

只有让信息主体充分知悉和了解处理个人信息的规则、目的、方式和范围,了解个人信息被处理的后果和可能的影响,才可以保护信息主体对个人信息作出决定的自主性、真实性和合理性。如果个人信息处理者不以公开、透明的方式处理个人信息,而是采取隐秘的、暗箱操作的方式,那么该处理行为就侵害了个人信息权益,包括自然人对其个人信息享有的知情权和决定权,此种处理行为是非法的。不论个人信息处理是否基于个人同意,公开透明原则都是个人行使其权利的必要保障。

处理者对个人信息处理活动相关的重要事项予以全面披露,并贯穿于处理活动的各个环节,促进个人对个人信息处理活动相关事项的知情与理解。公开的时间应在处理个人信息前向信息主体告知,且应当以显著方式、清晰易懂的语言进行告知,具体要求:

· 个人信息处理者应当以个人容易辨识且易于获取的方式使个人了解到处理者告知的内容,而不能将其隐藏在一大堆包含各种内容的所谓的"隐私政策"当中,或者以极小的字号、难以辨识的字体等其他不显著的方式,让个人无法容易辨识或获取处理者所告知的内容。

· 处理者应当以普通人能理解的语言表述进行告知,从而使任何不具备个人信息处理专业知识的个人能够知道处理者所告知的内容。不得用极其抽象或相当晦涩的语言来描述隐私政策中对个人信息收集和使用的目的。

(2)骑手个人信息处理的透明合规

公开透明规则基于各个主体的单独特性而要求构建不同层级的透明度要求,以监管要安全、公众能知情、商户需诚信、用户受尊重为构建目标与原则。这里就面向骑手的透明/告知义务合规作一些论述。

面对全体骑手的透明规则,在隐私协议的基础之上,落实普遍告知、单独解释、人工沟通等形式的适用。具体可体现在:

第一,普遍告知。对于非涉及骑手重大切身利益的信息、非具有直接识别符号的信息、敏感信息,可以通过概括性的一般告知,使骑手知晓信息处理风险即可。具体而言,包括就算法的设计原理、决定事项、运行机制、主要缺陷和审核保障,向所有骑手进行普遍告知。

第二,单独解释。随着算法对骑手权益影响的增加,向单个骑手提供更为个性化的解释,就算法对该骑手权益的影响进行具体说明,如在线时长、劳动定额、安全因素、绩效考核等信息,同时,单独通知要求平台协助骑手根据需要提高注意能力。

第三,人工沟通。对骑手权益产生重大影响的信息,包括影响骑手或他人生命健康或造成重大财产损失的,人工应及时参与进行沟通。人工沟通由于其成本过高,可由骑手进行申请获得,同时设置明确的影响骑手切身利益的界限,以实现高效的人工沟通。

5. 诚信原则

《个人信息保护法》第 5 条规定,“处理个人信息应当遵循合法、正当、必要和诚信原则,不得通过误导、欺诈、胁迫等方式处理个人信息”。依据诚信原则,个人信息处理者应当如实向信息主体告知处理规则(处理个人信息的种类、目的、方式、范围等),并按照告知的处理规则处理个人信息,不得以误导、欺诈、胁迫的方式处理个人信息。

合规要点:违反诚信原则的处理行为

· 不得通过利用用户错误认知的虚假手段跳转链接、点击弹窗广告等行为；

·不得以改善服务质量、提升用户体验、研发新产品等为由，强迫个人同意处理其个人信息；

·不得通过捆绑不同类型服务、批量申请同意等方式诱导、强迫个人进行批量个人信息同意；

·不得在个人明确表示不同意后，频繁征求同意、干扰正常使用服务。

（二）骑手个人信息收集

如果将个人信息处理分为收集、汇集分析和应用三个环节的话，收集是个人信息处理行为的开端。在这一阶段，最重要的是把握个人信息收集的合法性基础。

1. 个人信息收集合法性基础

个人信息收集涉及以下法律：

·《民法典》第1035条

·《个人信息保护法》第4第2款、第5条、第13条、第16条

·《App违法违规收集使用个人信息行为认定方法》

·《常见类型移动互联网应用程序必要个人信息范围规定》

·《劳动合同法》第8条

合法性基础是个人信息处理的法律依据。根据《个人信息保护法》第13条，任何人处理个人信息必须具备法律基础或法律依据。这些法律基础大致分为两类：一是意志基础——同意；二是法定基础——法定事由。

同意和法律规定的事由的法律效果是，处理者取得处理个人信息的资格，同时明确了个人信息处理目的和用途、处理信息的范围和各类、处理的方式。

《民法典》对于个人信息合法基础采取的是：以同意为原则，以法定事由为例外。但是《个人信息保护法》第13条第2款建立了平行的合法性基础，明确“处理个人信息应当取得个人同意，但是有前款第二项至第七项规定情形的，不需取得个人同意”。这样，同意与法定事由就是平行的可选择的合法性基础。

（1）意定事由：同意

同意是个人对个人信息控制的意志体现，但是，同意并不是个人信息处理

中的一项权利，而是处理的合法性基础。同意不仅是收集的合法性基础，而且也是之后处理的合法性依据。不过，同意必须在处理前或收集时（处理前）给出。

在处理中，个人的意志体现为决定权（限制和拒绝处理的权利），同意并不等于授权，同意并没有给予处理者在特定时间处理个人信息的自由，个人信息处理者的处理行为仍须恪守《个人信息保护法》设置的规范，否则仍须承担法律责任。这意味着未经同意不一定侵权，经过同意不一定不侵权，同意只是允许依法合理使用个人信息。

（2）法定事由：法定事由

《个人信息保护法》第 13 条第 1 款第 2 ~ 7 项是信息处理者可以不经同意，直接依据法律而处理个人信息的情形：

①为订立、履行个人作为一方当事人的合同所必需，或者按照依法制定的劳动规章制度和依法签订的集体合同实施人力资源管理所必需；

②为履行法定职责或者法定义务所必需；

③为应对突发公共卫生事件，或者紧急情况下为保护自然人的生命健康和财产安全所必需；

④为公共利益实施新闻报道、舆论监督等行为，在合理的范围内处理个人信息；

⑤依照本法规定在合理的范围内处理个人自行公开或者其他已经合法公开的个人信息；

⑥法律、行政法规规定的其他情形。

合规要点：个人信息处理受到法定目的或业务必要的限制

在这种情形下，合规需要把握两点：

· 仅为实现法定目的或事由的使用，而不长期存储

基于法定事由处理个人信息时，应受到目的限定原则的限制。例如，基于公共卫生事件，个人信息处理者获得处理个人信息的合法性基础，个人信息处理者不得将此类个人信息用于其他目的。个人信息存储期限应为实现个人信息主体授权使用的目的所必需的最短时间，法律法规另有规定或者个人信息主

体另行授权同意的除外。

· 存储不分析，可以有客户名单，不作分析使用，更不提供他人使用

基于法定事由收集而来的个人信息，非经信息主体同意不得提供、传输给第三方。超过储存期限的个人信息应当及时删除。根据目的限定原则，非基于信息主体同意收集而来的个人信息不得基于其他目的进行分析。

2. 骑手个人信息收集同意合规

（1）同意的有效要件

目前，学界对于个人信息处理中信息主体的“同意”之性质认识存在差异。[9]《民法典》第1036条将信息主体的同意作为免责事由，因此成为免责事由之一的“同意”的构成需要：有明确具体的内容、信息主体须具有同意能力、同意必须真实自愿、个人信息处理者必须尽到充分的告知说明义务。[10] 依据《个人信息保护法》第14条的规定，有效“同意”的构成要件包括：信息主体充分知情；信息主体自愿作出同意；信息主体明确作出同意。其中，告知的核心是个人信息的处理目的、方式和种类。

· 信息主体充分知情

同意的前提是信息主体知情，而信息主体知情则需要信息处理者对个人信息的处理规则、处理目的、处理方式等进行充分的告知。因此，个人信息处理者必须尽到充分的告知、说明义务，向信息主体提供的相关事项信息必须清晰、易懂、准确且全面。[11]

· 信息主体自愿作出“同意”

信息主体在决定是否“同意”过程中，应免受欺诈、胁迫等情况影响。若信息主体没有真正的选择权，被迫同意或者面临不同意将承受不利后果的情况，或者将同意作为不可协商条款的一部分，便可推断该“同意”不是基于自由意志

〔9〕 参见万方：《个人信息处理中的“同意”与“同意撤回”》，载《中国法学》2021年第1期。

〔10〕 参见万方：《个人信息处理中的“同意”与“同意撤回”》，载《中国法学》2021年第1期。

〔11〕 参见江必新、李占国主编：《中华人民共和国个人信息保护法条文解读与法律适用》，中国法制出版社2021年版，第51页。

作出的,这样的"同意"是无效的。[12]

·信息主体明确作出"同意"

这一要件包含两层含义:第一,个人信息主体的同意应该符合明确不含糊或无歧义的要求,同意需要个人信息主体以声明或者肯定性行为的方式进行;第二,个人信息主体作出的同意必须针对某种特定的行为或某种特定的后果,对处理个人信息的目的和范围有明确的认识。[13]

(2)同意的撤回

依据《个人信息保护法》第15条的规定,作出同意的信息主体可以随时撤回同意。

平台应当:①允许自由撤回同意,不得设置额外条件;②提供撤回通道或方式,便捷程度与同意的便捷性相同。如同意点击,撤回也用点击。

同意撤回法律后果:①不影响撤回前基于个人同意已进行的个人信息处理活动的效力;②撤回同意后,处理者应当删除个人信息,个人有权请求删除(《个人信息保护法》第47条)。

同意撤回后,个人信息处理者不得拒绝必要服务(没有个人信息无法提供例外)。

(3)哪些情形下需要同意或不需要同意?

在实践中最为困惑的问题是,何时需要同意,在何种情形下又不需要同意。这个问题并没有一成不变的答案。对于企业来讲,比较保险的做法是,凡是与个人交互时或行为时,均索要信息主体的同意。这是因为,即使为了订立合同或提供服务,但是,同意可以为处理者使用数据提供更多的空间,消除法律不确定性。

3."人力资源管理所必要"作为合法性基础的正当性

新型劳动关系是否可以援用"实现人力资源管理所必需"作为骑手信息处

〔12〕 参见江必新、李占国主编:《中华人民共和国个人信息保护法条文解读与法律适用》,中国法制出版社2021年版,第51页。

〔13〕 参见江必新、李占国主编:《中华人民共和国个人信息保护法条文解读与法律适用》,中国法制出版社2021年版,第51-52页。

理的合法性基础，是值得研究的问题。

（1）骑手用工是否可以适用“人力资源管理所必要”法定事由

《个人信息保护法》第 13 条第 1 款第 2 项规定，“为订立、履行个人作为一方当事人的合同所必需，或者按照依法制定的劳动规章制度和依法签订的集体合同实施人力资源管理所必需”。如果骑手个人信息处理能够适用“依法签订的集体合同实施人力资源管理所必需”，那么在有些情形下，可以填补同意约定不足或难以约定的情形。解决这一问题的关键是将骑手与平台之间的劳动用工关系解释为准劳动关系或特殊劳动关系。

新经济形态下，特殊用工的性质已经有长久的讨论。“蜂鸟众包”平台提供的众包骑手是否符合确立劳动关系情形，司法实践中尚存在争议，但近年来，各地法院更趋向于从严把握劳动关系认定标准，多以“平台仅是在骑手和顾客之间提供信息撮合服务，与骑手之间不具有人身依附性”〔14〕“不存在紧密的人身和经济从属性，缺乏长期、持续、稳定的职业性特征”〔15〕而否认劳动关系的存续。简言之，司法实践中常以骑手能够自主决定是否抢单、抢单的时间、抢单的数量而否认传统意义上劳动关系的存在。但学界有学者指出，平台用工的人身从属不仅没有消失，反而更加严重，平台对劳动者表面的松散管理实际上内在的严格控制，劳动者形式上的独立自主但实质上的人格从属平台，故对于一般的平台劳动者，从理论上和现实中，都应该回归他们的雇佣劳动者身份。〔16〕 在支持和规范发展新就业形态、切实维护新就业形态劳动者劳动保障权益、促进平台经济规范健康持续发展的背景之下，指导企业与劳动者订立书面协议，合理确定企业与劳动者的权利义务，充分告知“直接涉及劳动者权益的制度规则和平台算法”“提供必要的信息和资料”〔17〕是平台在个人信息处理的应有之义。

---

〔14〕 周某、上海拉扎斯信息科技有限公司劳动争议案，湖北省武汉市中级人民法院（2020）鄂 01 民终 1206 号民事判决书。

〔15〕 上海拉扎斯信息科技有限公司与周某力劳动合同纠纷案，上海市第二中院人民法院（2019）沪 02 民终 3226 号民事判决书。

〔16〕 参见常凯：《平台企业用工关系的性质特点及其法律规制》，载《中国法律》2021 年第 4 期。

〔17〕 人力资源和社会保障部等八部门《关于维护新就业形态劳动者劳动保障权益的指导意见》（人社部发〔2021〕56 号）第 10 条。

有鉴于此，笔者认为，即使不完全符合确立劳动关系，但骑手个人信息处理中可以援用第13条第1款第2项作为合法依据。其理由如下：

其一，众包骑手与众包平台签订了长期的、稳定的、不可避免的对于蜂鸟众包平台存在一定程度的人身依附性和从属性的合同。在人力资源和社会保障部等八部门《关于维护新就业形态劳动者劳动保障权益的指导意见》中提到：不完全符合确立劳动关系情形但企业对劳动者进行劳动管理的，指导企业与劳动者订立书面协议，合理确定企业与劳动者的权利义务。由此可见，即使不存在《劳动法》意义上的劳动关系，也不应该否认劳动者的身份。

其二，蜂鸟众包平台同样通过企业规章制度，以"行业计件单价、订单分配、抽成比例、劳动定额、报酬支付办法、进入退出平台规则、工作时间、休息休假、劳动保护、奖惩制度"等方式对于骑手进行人力资源管理。

其三，"健全最低工资和支付保障制度，推动将不完全符合确立劳动关系情形的新就业形态劳动者纳入制度保障范围""督促企业依法参加社会保险，企业要引导和支持不完全符合确立劳动关系情形的新就业形态劳动者根据自身情况参加相应的社会保险"已成为大势所趋。由此可见，传统意义上的只有在劳动关系下适用的法律制度与劳动者权益与如今新就业形态下不完全劳动关系的界限逐渐模糊，同样在个人信息处理上不能以《劳动法》意义上劳动关系的存续决定劳动者的界定与其处理模式。"落实网络餐饮平台主体责任和社会责任，保障外卖送餐员合法权益"[18]是当前新就业形态下的大势所趋，完全劳动关系不应当成为众包骑手作为劳动者与签约平台之间享有的劳动者个人信息权益的必要条件。对此，对于我国《个人信息保护法》第13条第2项中的"劳动规章制度"作出扩大解释，不应将其仅认定为传统劳动法意义上的劳动关系里的规章制度，即使众包骑手属于无法被认定为传统意义上劳动关系的新就业形态劳动者，其个人信息处理应同样适用于该项合法性基础。

对此，需要探讨的问题包括：其一，骑手个人信息处理援用劳动规章制度的

〔18〕《关于落实网络餐饮平台责任　切实维护外卖送餐员权益的指导意见》，载中国政府网，http://www.gov.cn/xinwen/2021-07/26/content_5627462.htm。

条件需以劳动关系存续期间为限。针对个人信息处理的不断阶段,可分为求职期间、劳动关系存续期间、劳动关系终止后,实施人力资源管理应以劳动关系存续期间为限,在实现雇佣目的所必需的限度范围内处理劳动者个人信息。其二,外卖平台制定的可以视为劳动规章制度的管理规定,主要包括骑手在登录注册之时与平台签订的隐私权政策与用户协议,以蜂鸟众包为例,主要包括《蜂鸟众包隐私权政策》〔19〕与《蜂鸟众包用户协议》,其规定了平台处理个人信息的范围、合法性基础与限制等。其三,利用劳动规章制度,平台对个人信息可进行收集、存储、使用、披露、保护、对外提供等处理,同时赋予骑手查阅、更正、补充、删除、概念授权同意范围、注销等权利。

(2)骑手用户的全周期合规管理

不同运行阶段分析:求职期间、合同关系存续期间、合同关系终止后。

平台对于骑手个人信息的收集,基于必要性原则,在不同阶段对于骑手个人信息的需求不同,根据欧盟《一般数据保护条例》第 88 条职场数据处理第 1 款的规定:成员国可以通过法律或集体协议规定更具体的规则,以确保对雇员工作方面的个人数据处理过程中的权利和自由的保护,特别是:其一,招聘的目的;其二,雇佣合同的履行,包括免除由法律或集体协议规定的义务,工作的管理、计划和组织,工作场所中的平等和多样性,工作中的健康和安全,雇主或客户的产权保护,锻炼和享受的目的,在个人或集体的基础上,与雇佣相关的权利和福利;其三,终止雇佣关系的目的。〔20〕 据此,饿了么以及蜂鸟众包平台对于骑手个人信息的收集可分为求职期间、合同关系存续期间、合同关系终止后三个阶段,根据每个阶段的风险场景进行差别化分析制定不同的信息采集规则。

其一,在求职招聘期间。当合同一方当事人为劳动者时,属于劳动关系磋商订立阶段,在此期间企业与劳动者尚未形成一定的人身依附关系,企业尚无权对求职者基于人力资源管理需求进行管理,故此时应适用本项前半段"为订

---

〔19〕《蜂鸟众包隐私权政策》,载 https://terms.alicdn.com/legal-agreement/terms/suit_bu1_other/suit_bu1_other201906061426_71208.html。

〔20〕 参见国家金融 IC 卡安全检测中心信息安全实验室、北京交通大学金融信息安全研究所、上海交通大学网络空间安全学院译制工作组:《欧盟 GDPR〈一般数据保护条例〉》,第 63 页。

立、履行个人作为一方当事人的合同所必需”为其个人信息处理合法性基础。求职招聘期间，通过对求职骑手个人信息的收集，平台根据自身需求作出是否雇用之决定，我国《劳动合同法》第 8 条第 2 款指出“用人单位有权了解劳动者与劳动合同直接相关的基本情况”。《个人信息保护法》第 13 条第 1 款第 2 项第 1 句规定：“为订立、履行个人作为一方当事人的合同所必需。”但由于不同职业、不同岗位对求职者的要求不同，用人单位所需要采集的“与劳动合同直接相关的基本情况”也有所差异，所以在立法上很难清晰地列举雇主有权收集的范围。我国 2018 年修订的《就业服务与就业管理规定》第 7 条规定了“劳动者求职时，应当如实向公共就业服务机构或职业中介机构、用人单位提供个人基本情况以及与应聘岗位直接相关的知识技能、工作经历、就业现状等情况，并出示相关证明”，据此只能提炼出相关原则。

通过蜂鸟众包 App 在注册申请骑手时，需要用户直接填写的资料包括：姓名、联系电话、身份证、健康证、银行卡信息，并勾选同意《蜂鸟众包隐私政策》（以下简称《隐私政策》）与《蜂鸟众包用户协议》（以下简称《用户协议》）。《用户协议》中对于骑手资格的要求，包括“具有相适应的民事行为能力与民事责任能力；同时规定物流配送服务的特殊性，对于安全要求较高，需要骑手：（1）无犯罪记录（2）具有真实有效的健康证（3）实际服务提供者为用户本人”。其中，犯罪记录与健康证明一般被认为是个人的敏感信息或特殊类型的个人信息，应给予特殊保护。企业在满足与招聘职位所需能力直接相关的最小限度之内，根据不同场景处理个人信息，避免收集与招聘岗位无关的敏感信息、附带歧视性标签之信息，在此基础之上对求职者个人信息进行收集、筛选、处理，根据自身需求作出是否雇用之决定。但由于骑手行业的特殊性，其工作内容往往会涉及食品安全领域，是法律法规严加规制的对象，且骑手的工作内容会直接面向平台广大用户，与第三者产生直接的、近距离的接触，故对于有前科骑手的限制以及骑手健康信息收集的范围应在公民就业权与用人单位知情权之间保持平衡，这不仅仅是平台利益与骑手隐私之间的博弈，体现的更是法益衡量尺度下对社会公共利益之保护，而直接以就业歧视之名否认平台规则构建显然不妥。

其二，在合同关系存续期间。一般来说，确认劳动关系后，雇佣人可以基于职业发展、工作内容、自身利益的需要对劳动者的个人信息进行二度收集。但在骑手招聘中,门槛的设置已在注册时释明,对于骑手个人信息基于自动化处理进行二次采集与规制主要集中于信息的更新与维护。根据《用户协议》第4条的规定,用户应当及时更新提供的信息,在法律有明确规定要求蜂鸟众包作为平台服务提供者必须对部分用户的信息进行核实的情况下,蜂鸟众包将依法不时地对用户的信息进行检查核实,用户应当配合提供最新、真实、完整、有效的信息。个人信息处理是一个持续的过程,骑手的个人信息譬如健康状况、地理位置等个人信息都处于不断变化中,平台有权不断地更新其处理的个人信息并淘汰无用的个人信息同时在比例原则下采集骑手最新的个人信息,以实现个人信息的利用、维持平台经营运转、维护社会公共利益。平台对于骑手个人信息的收集,同时需要满足公开透明原则,个人对个人信息处理活动相关事项知情的利益应当与实现此等利益的成本以及公共利益相平衡,骑手有权删除、更改授权的个人信息。

其三,在合同关系终止后。在合同关系终止后,删除个人信息、注销骑手账户成为核心问题。详见"骑手个人信息删除义务合规"部分,第149页。

4. 骑手敏感信息处理的合法性基础

《个人信息保护法》第28条、第29条、第30条、第31条、第32条确立了敏感个人信息可处理原则。

(1)敏感个人信息处理的条件

· 特定的目的,充分的必要性

"特定目的"是指在明确、合理的基础上,根据具体敏感个人信息的处理场景进行权衡,结合实践经验和一般理性人的标准来判断其是否具有特定性。[21]"充分的必要性"是指处理特定敏感个人信息已经成为相关事件或行为的必需流程,即如果不处理特定敏感个人信息,则无法继续执行相关活动。[22]

---

〔21〕 参见江必新、李占国主编:《中华人民共和国个人信息保护法条文解读与法律适用》,中国法制出版社2021年版,第103页。

〔22〕 参见江必新、李占国主编:《中华人民共和国个人信息保护法条文解读与法律适用》,中国法制出版社2021年版,第103页。

· 严格保护措施

为了加强对敏感个人信息处理活动中的信息的保护力度，提高敏感个人信息处理者的处理门槛。与《个人信息保护法》第 9 条中的“采取必要措施”相比，处理敏感个人信息中所需的“必要措施”更为严格。例如，在传输和存储个人生物识别信息时，需要采取加密等安全措施，并将个人生物识别信息与个人身份信息分开储存，原则上不应储存原始样本或图像等。可采取的措施包括但不限于：仅存储相关的摘要信息；在采集终端中，直接使用个人生物识别信息实现身份识别、认证等功能；在使用面部识别特征、指纹、掌纹、虹膜等实现识别身份、认证等功能后，删除可提取个人生物识别信息的原始图像。《信息安全技术个人信息安全规范》（国家市场监督管理总局、国家标准化管理委员会发布，GB/T 35273—2020，以下简称《个人信息安全规范》）中的相关规定，可作参照。[23]

· 告知义务

除一般告知（个人信息处理者的名称或者姓名和联系方式；个人信息的处理目的、处理方式，处理的个人信息种类、保存期限；个人行使本法规定权利的方式和程序；法律、行政法规规定应当告知的其他事项）外，个人信息处理者还需要对信息主体告知处理敏感个人信息的必要性以及对个人权益的影响。

· 个人单独同意（或书面同意）

“敏感个人信息”是一种事先作出的定性或分类，其依据是信息本身对个人隐私和安全的危害程度。此种分类源于信息安全管理实践中的惯例，其目的在于根据泄露之后可能对个人带来的危害而采取较高或最高的安全保障措施。[24]因此，敏感个人信息是与个人尊严和自由紧密相关的信息，在处理此类信息时须征得信息主体的单独同意（甚至是书面同意），并且对此类信息的处理者施加更重的义务。“单独同意”是对《个人信息保护法》第 14 条“同意应当由个人在充分知情的前提下自愿、明确作出”的强化。“单独同意”旨在应对当下敏感个

〔23〕 参见江必新、李占国主编：《中华人民共和国个人信息保护法条文解读与法律适用》，中国法制出版社 2021 年版，第 103 页。

〔24〕 参见高富平：《大数据知识图谱：数据经济的基础概念和制度》，法律出版社 2020 年版，第 50 页。

人信息处理活动中的一揽子收集、服务捆绑式收集,无感知收集,以及不同意则拒绝服务等收集和使用方式乱象。增强敏感个人信息的保护,让信息主体可以有效地参与到其个人信息处理的决策中,以此实现《个人信息保护法》第44条规定的信息主体"享有知情权、决定权,有权限制或者拒绝他人对其个人信息进行处理"的相关权利。〔25〕

· 其他限制

例如,《个人信息安全规范》第6.3条对"个人敏感信息的传输和存储"作出特殊的限定。〔26〕

(2)骑手敏感个人信息处理的特殊考量

相较于一般的个人信息,敏感信息有着高度人身依赖性、高度私密性、高风险性、高价值性等特征,实践中可以通过其特征判定是否属于敏感信息:第一,某些信息一旦泄露将导致信息主体和信息处理者丧失对该信息的控制能力,造成信息扩散范围和用途的不可控。例如,身份证复印件被他人用于手机号实名登记、银行账户开户办卡等。第二,某些信息在信息主体授权同意范围外扩散可能给信息主体权益带来重大风险,如银行存款信息、传染病史等。第三,某些信息在被超出授权使用(如变更处理目的、扩大处理范围等)时,可能给信息主体权益带来重大风险,如健康信息在非授权情形下用于保险公司营销和确定个

---

〔25〕 参见江必新、李占国主编:《中华人民共和国个人信息保护法条文解读与法律适用》,中国法制出版社2021年版,第103页。

〔26〕 《个人信息安全规范》第6.3条规定:个人敏感信息的传输和存储对个人信息控制者的要求包括:

a)传输和存储个人敏感信息时,应采用加密等安全措施;

注:采用密码技术时宜遵循密码管理相关国家标准。

b)个人生物识别信息应与个人身份信息分开存储;

c)原则上不应存储原始个人生物识别信息(如样本、图像等),可采取的措施包括但不限于:

1)仅存储个人生物识别信息的摘要信息;

2)在采集终端中直接使用个人生物识别信息实现身份识别、认证等功能;

3)在使用面部识别特征、指纹、掌纹、虹膜等实现识别身份、认证等功能后删除可提取个人生物识别信息的原始图像。

注1:摘要信息通常具有不可逆特点,无法回溯到原始信息。

注2:个人信息控制者履行法律法规规定的义务相关的情形除外。

体保费高低。[27]

雇佣劳动者个人信息保护的特殊性在于，雇佣平台（雇主）不同于一般的个人信息处理者，其为追求法律上的正当利益，对于劳动者享有指挥、命令、考核、监督、评估之权利。据此，如何构建雇佣平台与劳动者个人信息保护之间的平衡成为个人信息处理基本规则的核心问题。雇佣平台作为强势方常使用"提供更便捷、更优质、个性化的产品及/或服务""提升您的体验"[28]等过于宽泛、抽象的目的表述，以格式条款的形式获取对个人信息的"概括同意"，对骑手个人信息构成了极大的侵害风险。

对于敏感信息的保护，我国有学者提出了"两头强化"的信息处理理论，即"强化个人敏感信息的保护"和"强化个人一般信息的利用"，以期最大限度地调和个人信息保护与企业利用之间的矛盾。[29] 也有学者指出，对于敏感信息的处理，首先，应该以禁止处理敏感个人信息作为一般性原则，特别是基于纯粹的商业目的处理个人敏感信息；其次，应当在法律层面具体列举敏感个人信息例外处理的情形与条件，避免部门立法对信息主体权益的不合理减损，同时设置较高的信息处理义务——风险评估、充分告知、书面同意、严格责任等，并以维护公共利益、重大个人利益和市场需要为核心标准；最后，《征信业管理条例》对敏感信息的二次分类具有参考意义，区分不同的信息处理目的、信息处理主体和被处理信息的性质，以行为主义规制的模式，对不同的风险场景进行差别化对待，避免"一刀切"的单一做法。[30] 据此，骑手敏感信息的收集，可以以此为蓝本，尽可能选择较低敏感程度和较少数量的信息去实现信息处理目的，区分于用户在注册时对于隐私政策、用户需知的勾选里告知的确认，对不同的风险场景进行差别化对待，落实涉及敏感信息的单独确认，同时充分告知风险评估

---

〔27〕 参见江必新、李占国主编：《中华人民共和国个人信息保护法条文解读与法律适用》，中国法制出版社2021年版，第102页。

〔28〕 《蜂鸟众包隐私权政策》，载 https://terms. alicdn. com/legal - agreement/terms/suit_bu1_other/suit_bu1_other201906061426_71208. html。

〔29〕 参见张新宝：《我国个人信息保护法立法主要矛盾研讨》，载《吉林大学社会科学学报》2018年第5期。

〔30〕 参见刘忠炫：《个人信息处理的合理限度——基于必要性原则的场景化分析》，载《上海政法学院学报（法治论丛）》2021年第5期。

结果。例如,在传输和存储个人生物识别信息时,需要采取加密等安全措施,并将个人生物识别信息与个人身份信息分开储存,原则上不应储存原始样本或图像等。可采取的措施包括但不限于:仅存储相关的摘要信息;在采集终端中,直接使用个人生物识别信息实现身份识别、认证等功能;在使用面部识别特征、指纹、掌纹、虹膜等实现识别身份、认证等功能后,删除可提取个人生物识别信息的原始图像。《个人信息安全规范》中的相关规定,可作参照。〔31〕 在此原则之下,具体可参考《常见类型移动互联网应用程序必要个人信息范围规定》规定的39类具体业务场景下处理个人信息必要范围和类型。〔32〕

(三)骑手个人信息处理行为合法

骑手个人信息处理合法是骑手个人信息合法的重要环节。广义上,整个《个人信息保护法》除了合法性基础规范外,都是对个人信息处理行为合法性的规范。但是,从合规管理的角度,需要重点把握三个方面的内容:一是个人信息的安全管理;二是个人在个人信息处理中权利的维护;三是遵守所有涉个人信息处理的规范。

1. 个人信息处理的安全保障义务

个人信息处理的安全问题是一切个人信息合规的基石,其他合规做得再好一旦出现泄露等安全事件,近乎是一票否决。

(1)个人信息安全保障义务的一般规则

依据《个人信息保护法》第51条,个人信息处理者应当根据个人信息的处理目的、处理方式、个人信息的种类以及对个人权益的影响、可能存在的安全风险等采取措施确保个人信息处理活动符合法律、行政法规的规定,并防止未经授权的访问以及个人信息泄露、篡改、丢失,措施包括:制定内部管理制度和操作规程;对个人信息实行分类管理;采取相应的加密、去标识化等安全技术措施;合理确定个人信息处理的操作权限,并定期对从业人员进行安全教育和培训;制订并组织实施个人信息安全事件应急预案;法律、行政法规规定的其他

---

〔31〕 参见江必新、李占国主编:《中华人民共和国个人信息保护法条文解读与法律适用》,中国法制出版社2021年版,第103页。

〔32〕 参见《常见类型移动互联网应用程序必要个人信息范围规定》(国信办秘字〔2021〕14号)。

措施。

个人信息处理者具备以下三种情况之一的,应当设立专职的个人信息保护负责人和个人信息保护工作机构:第一,主要业务涉及个人信息处理,且从业人员规模大于200人;第二,处理超过100万人的个人信息,或预计在12个月内处理超过100万人的个人信息;第三,处理超过10万人的个人敏感信息的。

个人信息处理者应当选任合格的负责人。个人信息保护负责人应由具有相关管理工作经历和个人信息保护专业知识的人员担任,参与有关个人信息处理活动的重要决策,直接向组织主要负责人报告工作。

个人信息保护负责人和个人信息保护工作机构的职责应包括但不限于:第一,全面统筹实施组织内部的个人信息安全工作,对个人信息安全负直接责任;第二,组织制订个人信息保护工作计划并督促落实;第三,制定、签发、实施、定期更新个人信息保护政策和相关规程;第四,建立、维护和更新组织所持有的个人信息清单(包括个人信息的类型、数量、来源、接收方等)和授权访问策略;第五,开展个人信息安全影响评估,提出个人信息保护的对策建议,督促整改安全隐患;第六,组织开展个人信息安全培训;第七,在产品或服务上线发布前进行检测,避免未知的个人信息收集、使用、共享等处理行为;第八,公布投诉、举报方式等信息并及时受理投诉举报;第九,进行安全审计;第十,与监督、管理部门保持沟通,通报或报告个人信息保护和事件处置等情况。

个人信息控制者有义务采取技术措施和其他必要措施,确保其收集的个人信息安全,防止其泄露、毁损、丢失。首先,个人信息的保存时间应与使用目的保持程度上的一致,应满足一定的必要性,在超过保存期限后,即应对信息作出删除或匿名化处理。其次,对收集到的个人信息去标识化处理,去除识别性特征,并避免该数据二次复原重新识别。最后,个人信息处理者应当妥善地保管收集到的各类个人信息。另外,对于敏感个人信息,个人信息处理者应采取加密的安全措施。

个人信息处理者应为个人信息安全工作提供人力、财力、物力保障等,为员工培训提供支持。个人信息处理者应定期(至少每年一次)组织内部相关人员进行培训(包括应急响应培训和应急演练)、安全教育等,使其掌握岗位职责和应急处置策略和规程。具体而言,个人信息处理者应与从事个人信息处理岗位上的相关人员签署保密协议,对大量接触个人敏感信息的人员进行背景审查,以了解其犯罪记录、诚信状况等;应明确内部涉及个人信息处理不同岗位的安全职责,建立发生安全事件的处罚机制;应要求个人信息处理岗位上的相关人员在调离岗位或终止劳动合同时,继续履行保密义务;应明确可能访问个人信息的外部服务人员应遵守的个人信息安全要求,与其签署保密协议,并进行监督;应建立相应的内部制度和政策对员工提出个人信息保护的指引和要求;应定期(至少每年一次)或在个人信息保护政策发生重大变化时,对个人信息处理岗位上的相关人员开展个人信息安全专业化培训和考核,确保相关人员熟练掌握个人信息保护政策和相关规程。

个人信息处理者应当定期对其处理个人信息遵守法律、行政法规的情况进行合规审计。审计的内容包括:对个人信息保护政策、相关规程和安全措施的有效性进行审计;及时处理审计过程中发现的个人信息违规使用、滥用等情况;审计记录和留存时间是否符合法律法规的要求。在审计的过程中,个人信息处理者应建立自动化审计系统,监测记录个人信息处理活动。审计过程形成的记录应能对安全事件的处置、应急响应和事后调查提供支撑。同时,个人信息处理者应当防止非授权访问、篡改或删除审计记录。

对于提供重要互联网平台服务、用户数量巨大、业务类型复杂的个人信息处理者,应建立健全个人信息保护合规制度体系,成立主要由外部成员组成的独立机构对个人信息保护情况进行监督。个人信息处理者应当公开个人信息保护负责人的联系方式,便于外部监督。个人信息处理者须定期发布个人信息保护社会责任报告,接受社会监督。

(2)骑手用工个人信息安全制度体系

平台应当建立骑手用工个人信息安全制度体系。该体系应当包括:数据保护管理规定(日常管理及操作流程;外包服务机构与外部合作机构管理制度;内部检查及监督机制;应急处理流程和预案);组织架构岗位设置、建立个保组织架构(各层级内设部门和岗位职责);明确个人信息保护负责人、境内代表(《个人信息保护法》第52~53条);人员管理。

(3)个人信息安全措施和防范手段

·访问控制(内外访问控制管理)

个人信息分类分级是通过对个人信息微数据进行分类分级和达标,基于个人信息在不同应用场景的需求,对分类分级的数据采取不同的安全保护措施(如授权、脱敏、加密等),以实现对个人信息微数据的精细化管理和保护,确保个人信息在数据治理、数据开发、数据共享等应用场景中的数据使用和数据保护之间的平衡,防止个人信息的泄露、滥用等个人信息安全风险的出现。[33]

有观点认为,立足于信息生命周期与其在不同周期阶段呈现的利益形态,个人信息可被划分为三类:个人私密信息、个人事实信息(以个人真实状态为描述对象,能够关联到特定主体身份的个人信息,包括个人联络信息、数字足迹信息、社会交往信息等)、个人预测信息。[34] 另有观点认为,按照识别个人信息主体的难易程度,数据受到泄露或篡改后对个人信息主体造成影响程度可将个人信息分为五级(见表1),我们认为,后一种分类观点更为合理、更具有可操作性。

表1 个人信息分级

敏感度分级	级别标识	级别说明
S5	极敏感	涉及个人隐私,一旦泄露可直接导致个人财产、个人名誉、身心健康受到损害或歧视待遇等个人信息
S4	敏感	可单独识别个人信息主体的字段信息、儿童信息
S3	较敏感	在特定环境下可以单独识别个人信息主体,以及结合其他较少的属性可唯一识别个人信息主体的字段
S2	低敏感	可定位特定群体,但群体数量相对较大,结合其他同级别及以下属性较难识别个人信息主体的字段
S1	非敏感	可完全公开,字段泄露对个人基本无影响,与其他S1级的信息组合几乎不可能定位到个人信息主体

---

〔33〕 参见何维群:《基于分类分级的个人信息保护》,载《信息安全与通信保密》2021年第10期。

〔34〕 参见袁泉、王思庆:《个人信息分类保护制度及其体系研究》,载《江西社会科学》2020年第7期。

按照这种级别分类，可以对访问机制进行一定设置，如表2所示：

表2 分类分级与安全措施对应

岗位人员	数据权限	数据展现效果
数据安全管理员	S5级数据权限	全部展现
内部数据管理员	S4及以下权限	S4级以上脱敏展现
数据开放管理员	S4及以下权限	S4级以上脱敏展现
普通数据开放人员	S2及以下权限	S2级以上脱敏展现＋按需授权访问S3或S4

·安全预警和评估

①安全预警机制

个人信息处理者应当构建完善的个人信息安全事件预警预案，可按照安全事件的级别制订不同的安全事件预警预案。具体可参照工业和信息化部于2017年发布的《公共互联网网络安全突发事件应急预案》（工信部网安〔2017〕281号）。

②安全风险评估

个人信息处理者的处理行为对信息主体的个人权益有重大影响时须进行事前安全评估，具体情形包括但不限于：处理敏感个人信息；利用个人信息进行自动化决策；委托处理个人信息；向其他个人信息处理者提供个人信息；公开个人信息；向境外提供个人信息。事前安全评估的实质内容包括：个人信息的处理目的、处理方式等是否合法、正当、必要；对个人权益的影响及安全风险；所采取的保护措施是否合法、有效并与风险程度相适应。个人信息处理者应当将安全评估报告妥善保存，个人信息保护影响评估报告应当至少保存3年。

·安全事件处置

安全事件分为四类：特别重大安全事件、重大安全事件、较大安全事件、一般安全事件。平台可参照四类安全事件分别制订应急预案。平台应定期（至少每年一次）组织内部相关人员进行应急响应培训和应急演练，使其掌握岗位职责和应急处置策略和规程。安全事件发生后,个人信息处理者应当及时展开报告、记录、评估工作。记录包括但不限于:发现事件的人员、时间、地点,涉及的个人信息及人数,发生事件的系统名称,对其他互联系统的影响,是否已联系执法机关或有关部门,评估安全事件可能造成的影响,并采取必要措施控制事态,消除隐患。及时上报,上报内容包括但不限于:涉及个人信息主体的类型、数量、内容、性质等总体情况,事件可能造成的影响,已采取或将要采取的处置措施,事件处置相关人员的联系方式。

安全事件发生后,个人信息处理者应当立即采取补救措施,并通知履行个人信息保护职责的部门和信息主体。通知的内容包括:发生或者可能发生个人信息泄露、篡改、丢失的信息种类、原因和可能造成的危害;个人信息处理者采取的补救措施和个人可以采取的减轻危害的措施;个人信息处理者的联系方式。若个人信息处理者采取措施能够有效避免信息泄露、篡改、丢失造成危害的,则可以不通知信息主体。在对信息主体的告知方式上,原则上个人信息处理者应当逐一告知信息主体,个人信息处理者难以逐一告知时,应及时将事件相关情况以邮件、信函、电话、推送通知等方式告知受影响的个人信息主体。

平台应建立关于个人信息安全的投诉平台,骑手在遇见信息安全问题时及时向平台反馈,根据相应级别启动预案。

2. 骑手个人信息处理中维护个人权利义务合规

(1)个人信息处理中的个人权利

《个人信息保护法》第 4 章规定了信息主体的 8 种权利,如图 1 所示。

个人在个人信息处理中的权利是维护“个人信息主体权益”的手段,而非个人信息主体权益本身。信息主体的原权利是个人信息主体权益,个人信息主体权利是基本权利或原权利,而个人在个人信息处理活动中的权利是请求权或救济权,是为保护原权利的手段性权利。

侵害个人在个人信息处理活动中的权利即有侵害个人信息权益之虞,有可能导致损害。

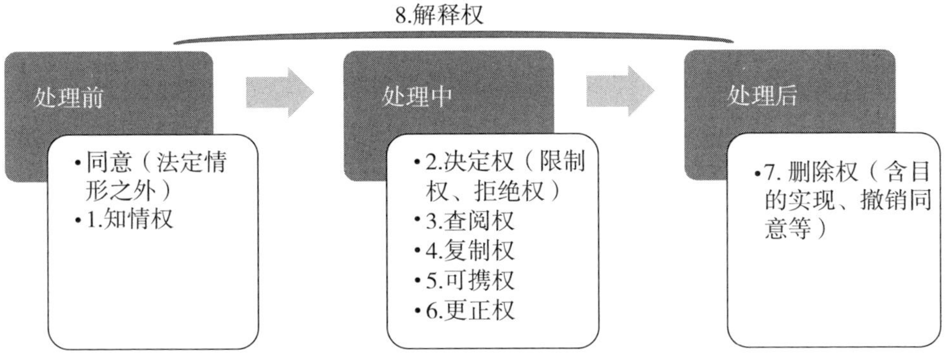

图 1　个人在个人信息处理活动中的权利

(2)外卖平台对骑手个人权利的维护

《个人信息保护法》第 50 条第 1 款规定:“个人信息处理者应当建立便捷的个人行使权利的申请受理和处理机制。拒绝个人行使权利的请求的,应当说明理由。”该条第 2 款规定:“个人信息处理者拒绝个人行使权利的请求的,个人可以依法向人民法院提起诉讼。”

依据该条规定,个人信息处理者具有受理和处理个人维权的义务,如果此种救济途径受阻,可以依法向法院提起诉讼。但这并不能够解释为个人提出维权诉讼的前置条件。

(3)外卖平台对维护骑手在个人信息处理中权利的建议

《民法典》第 1037 条基于保护信息主体人格利益的角度,规定了信息主体享有查阅权、复制权、更正权、删除权。在此基础上,《个人信息保护法》进一步扩张了信息主体所享有的权利。《个人信息保护法》第 4 章对信息主体在个人信息处理活动中的享有的权利作出规定,依据《个人信息保护法》第 44 条、第 45 条、第 46 条、第 47 条,信息主体享有:知情权、决定权、查阅权、复制权、移转权、更正权、删除权、解释权。

· 知情权

知情权是《个人信息保护法》第 7 条公开、透明原则的具体体现。知情权贯穿个人信息处理的全过程。骑手知情权的具体内容需要依据具体情况进行判断,如在个人信息的收集阶段骑手有权知悉平台收集个人信息的目的、范围等;

在利用骑手个人信息进行自动化决策时，骑手有权知悉自动化决策对骑手产生的影响，骑手享有拒绝自动化决策的权利。信息主体的知情权与查询权、复制权、解释权等其他信息主体权利有密切关系，知情权是后续信息主体权利的基础。

· 决定权

个人信息决定权贯穿于个人信息处理的全过程。决定权是个人在个人信息处理活动中享有的一般性、概括性权利。信息主体决定的内容需要依据具体情况进行判断。如在个人信息的收集阶段决定权体现为“同意”，在自动化决策中决定权体现为信息主体有权拒绝自动化决策。在信息主体的个人信息出现错误时，有权要求信息处理者予以更正。在合法性基础不存在时，决定权体现为信息主体有权要求信息处理者删除其个人信息。

· 查阅权

查阅权是行使知情权的保障和延续，也是后续行使转移权、更正权、删除权的前提。骑手享有查阅权，只得查阅与自己相关的个人信息。骑手不可查阅的个人信息：已经匿名化处理的个人信息；有法律、行政法规规定应当保密的个人信息；妨碍国家机关履行法定职责的个人信息。除此之外均属于骑手可查阅的范围。骑手可随时向平台提出查阅其个人信息的请求，平台应当在验证骑手身份后 30 日内作出反馈。原则上不收取费用，但对于一定时期内多次、恶意请求查阅的，平台可视情况收取一定成本费用。平台应采用便捷的方式向骑手提供查阅，对于直接实现骑手查阅请求存在显著困难的，平台应向骑手提供替代方式。

· 复制权

骑手享有复制权，只得复制与自己相关的个人信息。骑手不可复制的个人信息包括：有法律、行政法规规定应当保密的个人信息；妨碍国家机关履行法定职责的个人信息。该范围之外的个人信息均可复制。骑手可随时向平台提出复制其个人信息的请求，平台应当在验证骑手身份后 30 日内作出反馈。原则上不收取费用，但对于实现骑手复制权成本较高的，平台可视情况收取一定成本费用。平台向骑手提供的个人信息副本至少需要机器可读。平台宜采取便捷的交互式页面提供个人信息副本，副本的提供存在显著困难的，平台应向骑手提供其他替代性复制方式。

· 可携权

骑手享有可携权，只得移转与自身有关的个人信息。骑手需要提供接收方（新的个人信息处理者）。个人信息已移转的，平台基于此前合法实施的处理行为，仍然有效；合法性基础丧失的，平台应当删除骑手的个人信息。可转移的个人信息必须是在可查阅、复制的个人信息范围内；转移的个人信息必须是自动化处理的，人工处理的信息不包含在内；转移的个人信息必须具备技术可行性。平台须对骑手的移转请求进行审查，骑手提出将其个人信息转移至其新的个人信息处理者时，平台应在 30 日内对骑手的请求作出实质性审查，符合国家网信部门规定条件的，平台应当提供转移。

· 更正权

骑手有权要求平台进行更正、补充，但须以个人信息确有错误、遗漏为前提。个人信息处理者应设置便捷的信息更正申请通道。骑手应向平台提供个人信息有误的证据，平台须在 30 日内审核，向骑手告知处理结果，若确实存在错误、遗漏的情况，平台应当予以更正、补充。

· 删除权

详见“骑手个人信息删除义务合规”部分，第 149 页。

· 解释权

解释权是公开、透明原则的具体体现。解释的对象包含处理目的、方式、种类、范围、保存期限、对外提供、自动化决策等（不完全列举）。存在法律、行政法规规定应当保密或不需要告知，告知将妨害国家机关履行法定职责的情形。既然平台负有处理规则告知义务，当然也负有对处理规则进行解释说明的义务。骑手可随时向平台作出解释的请求，平台应当在 30 日内作出反馈。平台宜采用交互式页面的方式提出答复，必要时也可采用书面形式和电子形式进行解释说明。鉴于口头解释说明更容易沟通和理解，当骑手主动要求口头进行解释说明时，也应当尊重骑手个人意愿。

3. 骑手个人信息处理的合法性要求

规范个人信息的法律不仅仅是《个人信息保护法》，还有很多法律和行政法规都对个人信息处理作出了规范，都是个人信息处理者应当遵循，也是骑手个人信息合规管理必须依据的基本准则。

（1）涉个人信息规范的法律不完全清单

对个人信息符合法律、行政法规中关于个人信息保护的要求，具体如《个人信息保护法》《电子商务法》《消费者权益保护法》《反不正当竞争法》《网络监督管理办法》等中与个人信息保护相关的原则和具体行为要求。

（2）骑手个人信息处理行为合法性合规建议

· 收集个人信息的合法性

平台不应以欺诈、诱骗、误导的方式收集骑手的个人信息；不应隐瞒服务所具有的收集个人信息的功能；不应从非法渠道获取骑手的个人信息；不应收集法律法规明令禁止收集的个人信息。

· 收集个人信息的最小、必要

平台收集的个人信息的类型应与实现配送服务的业务功能有直接关联；自动采集个人信息的频率应是实现服务核心业务功能所必需的最低频率；间接获取个人信息的数量应是实现产品或服务的业务功能所必需的最少数量。

· 不强迫骑手接受多项业务功能

平台不应违背骑手的自主意愿，强迫骑手接受服务所提供的业务功能及相应的个人信息收集请求，不应通过捆绑服务各项业务功能的方式，要求骑手一次性接受并授权同意各项业务功能收集个人信息的请求。平台应把骑手自主选择行为，如主动点击、勾选、填写等，作为服务的特定业务功能的开启条件；关闭或退出业务功能的途径或方式应与骑手选择使用业务功能的途径或方式同样方便；骑手选择关闭或退出特定业务功能后，平台应停止该业务功能的个人信息收集活动；骑手不授权同意使用、关闭或退出特定业务功能的，不应频繁征求骑手的授权同意，不应暂停骑手自主选择使用的其他业务功能，或降低其他业务功能的服务质量。

· 收集个人信息时的授权同意

平台收集个人信息，应向骑手告知收集、使用个人信息的目的、方式和范围，并获得骑手的授权同意；平台在收集个人敏感信息前，应征得骑手的明示同意,并应确保骑手的明示同意是其在完全知情的基础上自主给出的、具体的、清晰明确的意愿表示。

·骑手个人信息保存时间最小化

骑手个人信息保存期限应为实现骑手授权使用的目的所必需的最短时间,法律法规另有规定或者骑手另行授权同意的除外;超出上述个人信息保存期限后,应对个人信息进行删除或匿名化处理。

(四)骑手个人信息对外提供合规

1. 外卖平台对外提供(分享)个人信息合规

(1)处理者对外提供(分享)个人信息一般规则

《个人信息保护法》第23条规定:"个人信息处理者向其他个人信息处理者提供其处理的个人信息的,应当向个人告知接收方的名称或者姓名、联系方式、处理目的、处理方式和个人信息的种类,并取得个人的单独同意。接收方应当在上述处理目的、处理方式和个人信息的种类等范围内处理个人信息。接收方变更原先的处理目的、处理方式的,应当依照本法规定重新取得个人同意。"

处理者对外提供是处理者分享个人信息的行为,因处理者的分享,接收者从前处理者处获得了个人信息。不过,处理者对外提供(分享)必须征得信息主体的同意,个人同意是分享的前提。前置个人同意要件使接收人(新处理者)与个人之间建立个人信息处理关系,处理者向该信息主体尽相应的义务,个人可以直接向新的处理者行使权利。因此,虽然不能自主对外提供(分享),但在征得信息主体同意的情形下,处理者可以将其控制的个人信息提供第三人使用。在实践中,仍然可以援用这一规定,实现一些对外分享。只是需要注意对外提供时的合规风险。

(2)外卖平台分享骑手的情形

骑手在配送过程中需要通过导航系统辅助完成配送业务,平台将骑手的个人信息提供给"高德地图"以规划送餐路线时。又如,外卖平台与平台上的签约商家,双方之间涉及对骑手个人信息的分享。

2. 骑手信息对外提供(分享)个人信息的合规

(1)单独同意的要件

"单独同意",即个人信息处理者应当采取"一对一"方式取得个人同意。

单独同意更容易引起自然人警惕和重视，可以强化其个人信息保护意识，让其在作出是否“同意”的选择时更加谨慎、理性。“单独同意”制度是我国《个人信息保护法》的首创制度，其在国外并没有完全相同的制度，其强调获得同意的明确性、充分保障个人知情权和程序权。[35]

·满足一般同意的构成要件

包括：信息主体充分知情；信息主体自愿作出同意；信息主体明确作出同意。

·形式要件

明示的方式作出（书面或口头作出），采取“一对一”方式作出。沉默或者概括性同意均不能构成有效的单独同意。在实践中宜采取“单独弹窗”“单独协议”方式告知，骑手可以通过在线勾选、点击确认等方式表示同意。

（2）对外提供范围

平台对方提供个人信息的范围，不得超出已征得骑手“同意”的范围。

（3）接受方使用的控制

按照法律规定，对外提供是现处理者而不是接受者获得信息主体的单独同意。同意的核心内容是接受方对个人信息使用目的和用途。实操中面临的问题是，提供者是否需要监督接受方使用，防范其滥用和变更目的的使用。从现有法律规范来看，法律并没有规定处理者具有这样的义务，只是在对外提供时，需要防范接收方滥用个人信息的风险。因为接收人滥用个人信息风险，也会牵连到提供者，至少会产生对提供者对外提供个人信息的合法性进行审查的后果。

（4）接受方重新同意义务

依据法律规定，接收方在单独同意的范围内使用，若变更目的和方式，需重新取得同意，但符合《个人信息保护法》第 13 条第 1 款第 2 项至第 7 项及第 2 款之规定的，不需取得个人同意。虽然法律给了接收方取得个人重新同意的义

〔35〕 参见赫然：《个人信息跨境提供的规范分析与理论反思——以〈个人信息保护法〉第 38、39 条为视角》，载《兰州学刊》2022 年第 3 期。

务,而且应当是接受方独立承担义务违法的责任。但是,由于上述原因,约束接受不擅自变更,并提示变更应当获得单独同意,也是处理者对外提供个人信息应当注意的事情。

(5)要不要签署对外提供(分享)协议?

依据法律规定,对外提供并不需要提供者与接受人签署分享利用协议。但是从合规和安全的角度,外卖平台对外提供应当在两个组织之间具有合作协议对个人信息提供有相应规范,或者签署独立的数据分享协议并将骑手的同意作为该协议的条件。

3. 外卖平台自主对外提供(分享)个人信息的合规

(1)《个人信息保护法》关于个人信息分享利用的规定

在《个人信息保护法》之前,《网络安全法》第42条第1款的但书条款规定,经处理不能识别特定信息主体且不能复原的个人信息,可以不经信息主体同意而向他人提供。《民法典》第1038条第1款也有类似规定。[36] 这曾经被解释为个人信息非经信息主体同意不得流通的法律依据。《个人信息保护法》开始启用“匿名化”一词,且将匿名化定义为“个人信息经过处理无法识别特定自然人且不能复原的过程”,但是将匿名化的个人信息排除在了个人信息范畴之外。[37] 这样,匿名化处理后的信息流通就不再属于“个人信息”的流通利用,即匿名化不能作为个人信息流通利用的法律依据。

《个人信息保护法》在规定匿名化的同时,还引入了去标识化制度,并将去标识化视为个人信息处理的安全措施(《个人信息保护法》第51条第3项),[38]但未明确去标识化个人信息是否可以非经信息主体同意而流通利用。由此,《个人信息保护法》并未在同意之外建立个人信息流通利用的规则。

---

〔36〕《民法典》第1038条第1款规定:信息处理者不得泄露或者篡改其收集、存储的个人信息;未经自然人同意,不得向他人非法提供其个人信息,但是经过加工无法识别特定个人且不能复原的除外。

〔37〕《中华人民共和国个人信息保护法(草案)》第4条明确规定个人信息“不包括匿名化处理后的信息”。这一定性一直未更改过,正式出台的《个人信息保护法》第4条仍然有此内容。

〔38〕根据《个人信息保护法》的规定,“采取相应的加密、去标识化等安全技术措施”是确保个人信息处理行为合规和信息安全的措施(第51条第3项);去标识化被定义为“个人信息经过处理,使其在不借助额外信息的情况下无法识别特定自然人的过程”(第73条第3项)。

上述法律规定与实践操作存在差距。一方面，业界普遍认为，匿名化的信息可以对外提供，而且可以作为个人信息流通利用甚或交易的形式；另一方面，推荐性国家标准《信息安全技术　个人信息安全规范》认可经去标识化处理且确保数据接收方无法重新识别或者关联信息主体的个人信息，可以不经信息主体同意进行共享、转让（第 9.2b 条）。[39] 《个人信息保护法》出台之后，如何利用匿名化和去标识化来实现个人信息对外提供成为《个人信息保护法》实施的难点。

（2）外卖平台对外提供骑手个人信息合规建议

由于匿名化具有不可验证性，而且在去除或处理哪些直接标识符方面没有一致标准，所以单纯经匿名化即对外提供个人信息仍然面临是否合法的判断问题。

我们认为，无论是匿名化还是去标识化，二者的核心技术都是去除或对直接标识符［信息本身直接与特定个人关联或直接识别出特定个人身份（是谁），如身份证号码、手机号等］进行哈希处理，只是处理的程度及其相应的保障措施不尽相同。但是，单纯的技术都无法保障接受该数据集的主体不能识别或不再识别到个人。于是，匿名化或去标识化都应当理解为一种降低识别风险、减少对信息主体隐私侵害和安全风险的制度措施。在缺失针对"基于识别分析的识别性产生的风险"的措施情况下，《个人信息保护法》的匿名化和去标识化规范均不能支撑个人信息流通利用。因此，外卖平台在利用这两种制度时，均应当配合相应的管理措施，防范接受匿名化或去标识信息的处理者重识别或再识

---

〔39〕《信息安全技术　个人信息安全规范》对去标识化信息的可处理行为作了明确规定，认为去标识化个人信息可以用于两类场景：一是通过界面展示个人信息宜采取去标识化处理等措施，降低个人信息在展示环节的泄露风险（第 7.2 条）；二是经去标识化处理且确保数据接收方无法重新识别或者关联信息主体的个人信息，可以不经信息主体同意进行共享、转让（第 9.2b 条）。依规范规定的这两类处理场景，均建立在去标识化的信息仍是个人信息，可以用于识别分析个性特征的前提上。也正因此，该规范在第 3.15 条将去标识化定义为"通过对个人信息的技术处理，使其在不借助额外信息的情况下，无法识别或者关联个人信息主体的过程"，并以注释方式明确"去标识化建立在个体基础之上，保留了个体颗粒度，采用假名、加密、哈希函数等技术手段替代对个人信息的标识"。同样，《个人金融信息保护技术规范》（JR/T 0171—2020）在第 3.2.4 条注 1 也明确："去标识化仍建立在个体基础之上，保留了个体颗粒度，采用假名、加密、加盐的哈希函数等技术手段替代对个人金融信息的标识。"

别。在这方面,可以遵循“去直接标识符 + 识别控制”的受控去标识化制度,防控个人信息识别风险,实施骑手个人信息分享利用。

4. 骑手个人信息的公开

(1)个人信息公开处理规范

“公开”是《个人信息保护法》第4条定义的一种处理形式。只是个人信息公开处理的规范相对简单,仅在第25条作了一个禁止性规定:“个人信息处理者不得公开其处理的个人信息,取得个人单独同意的除外。”这也就意味着,只有在征得信息主体同意的前提下才能对外公开个人信息。

“公开”一词有着广泛的含义。个人信息处理中的公开应当指处理者自主决定,向他人披露。公开不包括非基于处理者主观意思或意愿的公开,因为安全管理措施不当引发的泄露,也在结果上导致公开,显然不属于这里的公开含义。

从公开对象上,公开又可以分为两种:一种是向特定主体公开,用于特定目的,称为披露(基于处理者利益或业务考量的披露与对外提供具有相同的含义,参见对外提供);另一种是向不特定主体公开,也称对外发布或传播。通常来讲,信息处理者不会擅自实施这两种公开行为,因为这对处理者无益,且有相应的法律责任。但是,在实践中,存在个人信息处理者依据法律规定或依行政或司法机构的要求而披露个人信息的情形,在这方面亦存在合规问题。

(2)平台配合执法中需要公开骑手个人信息的情形

与国家安全、国防安全直接相关的;与公共安全、公共卫生、重大公共利益直接相关的;与犯罪侦查、起诉、审判和判决执行等直接相关的;出于维护个人信息主体或其他个人的生命、财产等重大合法权益但又很难得到本人同意的。

(3)骑手个人信息向执法机构披露的合规

平台在向执法机构披露前开展个人信息安全影响评估,并依评估结果采取有效的保护骑手的措施;准确记录和保存个人信息的公开披露的情况,包括公开披露的日期、规模、目的、公开范围等。

(五)骑手个人信息删除义务合规

1. 个人信息删除法律规范要点

个人信息删除涉及以下法律:

·《个人信息保护法》第 47 条

·《民法典》第 1028 条、第 1029 条

·《电子商务法》第 24 条第 2 款、第 31 条

·《网络安全法》第 21 条第 3 款、第 4 款

·《个人信息安全规范》第 8.3 条、第 8.5 条

这些法规规范对个人信息删除作出如下规范：

个人信息之删除，我国采取的是“个人信息处理者主动删除”前置、“个人申请删除”兜底的方式；在删除方式上，以物理删除为原则，物理删除不能时以逻辑删除为兜底，法律另有规定的，从其规定。

一般来讲，数据删除是从设备中删除个人信息，且不能使用该信息。不过，从技术的角度，区分两种删除：一种是从存储设备中删除数据，如将项目删除到回收站、对硬盘驱动器执行“快速格式化”或对设备执行出厂重置。对于普通人，这种删除即可以达到不能再调用信息，难以恢复数据的结果，但数据恢复专家可以恢复这些数据。另一种是数据清除或销毁，指数据从设备中删除，并且永远无法恢复，即使是专业的数据恢复专家。数据销毁包括数据存储的物理销毁、安全数据删除软件销毁。

《个人信息保护法》并没有对删除方式作出明确规定，应当解释为通常意义上的删除，而不是数据销毁。相应地，“从技术上难以实现”应理解释为，无法从设备中移除，导致该信息还可调用。此时，替代删除的方式不再是存储并采取必要的安全保护措施。这里的安全保护措施应当是指《个人信息保护法》第 51 条第 1 款第 3 项所规定的“采取相应的加密、去标识化等安全技术措施”。因为这可以达到不再识别个人的目的，同时，即使发生个人信息泄露，给个人和社会带来危害风险也相对较小。这样的解释，尚待执法监督机构或司法机构确认和认同。

2. 外卖平台依据法律规定删除骑手个人信息合规

(1)外卖平台骑手个人信息依法删除情形

· 目的已实现/无法实现或者不再必要

事先约定的处理目的已实现或者无法实现，个人信息处理者继续存储、使

用、加工、传输、提供、公开个人信息的处理行为不再具有必要性，应当及时删除个人信息，个人也有权要求删除。处理目的已实现情形下的个人信息删除，属于常见的信息删除情形。

· 停止提供产品/服务或保存期限已届满

个人信息处理者停止提供产品或服务，包括服务完成或者服务期限届满，合同目的实现以及履行合同过程中违约，信息主体可以要求个人信息处理者删除个人信息（除法律、法规对保存期限有规定或双方对信息存储期限另有约定的除外）。

· 撤回同意

个人信息处理者因信息主体“同意”享有信息处理权，同时因个人撤回“同意”而失去信息处理权。个人撤回“同意”后，可以要求删除个人信息，体现的是个人对信息享有的决定权。《个人信息保护法》第 13 条第 1 款第 2 项至第 7 项情形下处理个人信息不需要取得个人同意，对于个人信息处理者处理的上述信息，个人不能以“撤回同意”为由，要求个人信息处理者予以删除。需要注意的是，“个人撤回同意”后，个人信息处理者应当主动删除个人信息，但“个人撤回同意”并不等同于个人已经请求删除信息，撤回同意是请求删除的一种情形。撤回同意系个人对信息处理者信息处理权的撤回，在个人撤回同意前，信息处理者的处理行为具有因“同意”而产生的合法正当基础，撤回同意并不具有溯及既往的效力。

· 违法违约处理

“违反约定处理个人信息”，是指个人信息处理者超出事先约定范围处理个人信息，如违反关于处理方式、处理目的、处理范围等的约定。该规定沿用了《民法典》第 1037 条第 2 款以及《网络安全法》第 43 条规定的情形。“违反法律、行政法规”处理个人信息，如法律、行政法规对处理敏感个人信息规定应当取得行政许可，但个人信息处理者未取得行政许可的；又如，个人信息处理者虽然有权处理个人信息，但处理行为本身违反法律、行政法规的规定。

· 法定其他情形

法律、行政法规关于个人请求删除信息的情形另有规定的，适用其规定。

如《电子商务法》第 24 条第 2 款规定"用户注销的,电子商务经营者应当立即删除该用户的信息"。

(2)依法删除义务和依法保存义务的冲突的解决

《个人信息保护法》第 47 条第 2 款规定:"法律、行政法规规定的保存期限未届满,个人信息处理者应当停止除存储和采取必要的安全保护措施之外的处理。"

在我国,许多法律对涉个人或交易的记录保存期限作出明确规定,如电子商务平台经营者应保留商品、服务信息、交易信息自交易完成之日起不少于 3 年(《电子商务法》第 31 条),而通常一些企业也会将账号实名认证和基本交易信息保留至注销后 3 年以便满足诉讼时效内发生用户权益纠纷时举证之需(《民法典》第 188 条)。同时,大量行业垂直监管法规、部门规章和其他规范性文件中也有各种纷繁复杂的数据存储周期要求,例如,征信机构对个人不良信息的保存期限为自不良行为或者事件终止之日起 5 年(《征信业管理条例》第 16 条),互联网信息服务提供者和互联网接入服务提供者的记录备份保存 60 日(《互联网信息服务管理办法》第 14 条);用户账号下用作会计档案原始凭证中的数据应保留至从会计年度终了后的第一天算起 10 年或 30 年(《会计档案管理办法》第 14 条),健康体检信息留存应自受检者最后一次就诊之日起不少于 15 年(《健康体检管理暂行规定》第 22 条、《医疗机构病历管理规定》第 29 条);互联网文化单位对所提供的文化产品内容及其时间、互联网地址或者域名的记录备份应当保存 60 日(《互联网文化管理暂行规定》第 20 条)等。

法定保存期限未届满或者删除从技术上难以实现的,处理者应当采取必要的安全保护措施存储,停止其他处理。

(3)删除行为

现如今针对数据库的删除,常见的两种方式分别是物理删除与逻辑删除。相较于物理删除中对数据不可恢复的删除,逻辑删除是指并没有实际地删除数据,只是将数据标记删除。原则上,针对个人数据的删除应当以物理删除为原则,在无法实现物理删除时才可以进行逻辑删除。但事实上,为了更好地利用数据库的价值,防止用户借助注销账号的归档除名漏洞规避责任或者获取新手奖励等不正当利益，大多数互联网平台对于账户的注销采取以区块链的形式匿名化数据并加以封存，以承诺不再二次利用以实现逻辑删除。当然，也有学者指出，个人信息的修改或删除旨在确保信息的准确性，防止错误或过时信息影响信息主体的权利行使。如果能够实现相同的效果，在新技术背景下就应当认为是合理的修改或删除方式。[40]

我国《个人信息保护法》严格遵循目的限定原则，个人信息的存储仅限于“为实现处理目的所必要的最短时间”（《个人信息保护法》第 19 条）；且根据第 47 条第 1 款在“处理目的已实现、无法实现或者为实现处理目的不再必要”和“个人信息处理者停止提供产品或者服务，或者保存期限已届满”的两种情形下，个人有权请求删除个人信息。因此，个人信息保存期限的基本原则是目的实现所必要的期限。这同时也就意味着，个人撤回同意或者账号注销情形下，处理者亦应当删除个人信息或者依请求而删除个人信息。

3. 应骑手请求的个人信息删除合规

· 个人信息删除的范围

个人信息删除，原则上应以可删除的最大范围为限，在技术水平范围内删除非必要与丧失处理的合法性基础的个人信息。

· 个人信息删除的方式

数据销毁包括数据存储的物理销毁、安全数据删除软件销毁。《个人信息保护法》并没有对删除方式作出明确规定，应当解释通常意义上的删除，而不是数据销毁。

· 履行法定保存义务和删除义务冲突的处理

当个人信息删除义务与法定保存期限发生冲突时，可以采取替代删除的方式，即不再存储并采取必要的安全保护措施。

· 个人信息处理记录的保存合规

个人信息处理情况记录应当至少保存 3 年。

---

〔40〕 参见王从光：《区块链技术应用于个人信息保护的法理解读与治理》，载《西北民族大学学报（哲学社会科学版）》2021 年第 6 期。

二、外卖平台个人信息处理中算法应用合规

(一)外卖平台中的算法类型

随着平台经济的发展,源源不断的青壮年进入行业的同时,也进入了运行“最严算法”的外卖系统中。[41] 若以骑手及其配送业务为核心,外卖平台的算法主要涉及三类,即预测算法、调度算法和配送算法。系统首先通过优化设定配送费以及预计送达时间来调整订单结构(预测算法);接收订单后,考虑骑手位置、在途订单情况、骑手能力、商家出餐、交付难度、天气、地理路况、未来单量等因素,在正确的时间将订单分配给最合适的骑手,并在骑手执行过程中随时预判订单超时情况并动态触发改派操作,实现订单和骑手的动态最优匹配(调度算法);系统派单后,为骑手提示商家预计出餐时间和合理配送线路,并通过语音和骑手实现高效交互(配送算法);骑手送完订单后,系统根据订单需求预测和运力分布情况,告知骑手不同商圈的运力需求情况,实现闲时的运力调度(调度算法)。具体而言,各算法的运行过程如下:

· 预测算法

预测算法主要是预估时长问题,即利用机器学习工具,利用骑手历史到店等取餐数据,充分考虑天气等外部因素的影响,建立全面反映出餐能力的预测模型,并通过实时维度的特征进行修正,得到准确的出餐/交付时间估计。[42]

· 调度算法

调度算法主要是实现订单与骑手的最优匹配问题,即有一定数量的骑手,每名骑手身上有若干配送订单,在过去一段时间(如1分钟)内产生了一批新订单,已知骑手的行驶速度、任意两点间的行驶距离、每个订单的出餐时间和交付时间(骑手到达用户所在地之后将订单交付至用户所需的时间),那么如何将这

---

〔41〕 参见郑丹:《互联网平台劳保新规落地:“最严算法”不再作为考核办法》,载《中国经营报》2021年8月9日,第A02版。

〔42〕 参见井华:《从架构到算法,详解美团外卖订单分配内部机制》,载机器之心网专栏,https://www.jiqizhixin.com/articles/2017-10-26-4。

批新订单在正确的时间分配至正确的骑手,使用户体验得到保证的同时,骑手的配送效率最高。[43]

· 配送算法

配送算法主要是确定骑手的最佳配送线路的问题,即外卖平台每接一单就会产生一个取点和送点,从一个单开始初始化,骑手/取点/送点只有一种情况,当插入第二单,就会产生6种情况,算法通过公式和数据计算符合优化目标的最优解,限制条件是骑手同时携带的订单数和取点必须在送点之前,同时,根据地点邻近情况和超时严重程度进行插入订单数的控制,每插入一个订单就会产生新的最优解,完成了所有的订单插入就会产生最优的路径。[44]

(二)外卖平台算法合规适用的法律

算法是广泛应用于个人信息处理之中,利用算法处理个人信息得遵循《个人信息保护法》及其相关的法律。同时,由于算法的特殊性,也出现了专门针对算法的一些规范。以下是涉及算法的专条或专门文件清单:

·《个人信息保护法》第7条、第24条、第44条、第45条,第55条、第56条

·《民法典》第1035条第1款第3项

·《电子商务法》第18条、第31条

·《网络安全法》第43条

·《数据安全法》第21条、第38条

·《全国总工会关于维护新就业形态劳动者劳动保障权益的指导意见》(人社部发〔2021〕56号)第10条

·《关于平台经济领域的反垄断指南》第17条

· 上海市人力资源和社会保障局等八部门《关于维护新就业形态劳动者劳动保障权益的实施意见》第十部分

·《新一代人工智能治理原则——发展负责任的人工智能》第六部分

---

〔43〕 See A Huanyu Zheng, Shengyao Wang, Ying Cha, Feng Guo, Jinghua Hao, Renqing He, Zhizhao Sun: *Two – Stage Fast Heuristic for Food Delivery Route Planning Problem*, 2019 INFORMS Annual Meeting Seattle, WA, October 20 – 23, 2019.

〔44〕 参见吴腾宇、张景露、佘海燕:《非对称网络下的在线取送货路径优化问题》,载《中国管理科学》,2021年11月18日中国知网独家网络首发,第1 – 14页。

·《新一代人工智能发展规划的通知》第四部分

·《个人信息安全规范》第 7.4 条、第 7.5 条、第 7.7 条

·《网络数据安全管理条例(征求意见稿)》第 12 条、第 19 条、第 32 条

·《互联网信息服务算法推荐管理规定(征求意见稿)》第 14 条、第 15 条、第 17 条、第 23 条、第 25 条、第 26 条

另有《信息安全技术　机器学习算法安全评估规范(征求意见稿)》《七部门关于落实网络餐饮平台责任切实维护外卖送餐员权益的指导意见》《国务院办公厅关于促进平台经济规范健康发展的指导意见》(国办发〔2019〕38 号)。

上述规范性文件,对算法作出了四个方面的特殊要求。

·算法透明

上述规范对算法的透明度和可解释性提出三项要求:

其一,面向公众的透明和解释。具体要求为:(1)事前公示;(2)排序规则透明;(3)生态页人工干预。

其二,面向用户的透明和解释。具体要求为:(1)向用户进行说明;(2)进行改进或补救;(3)允许用户退出;(4)向用户提供有效反馈。

其三,面向监管的透明和解释。具体要求为:(1)算法备案;(2)最佳实践、不良实践;(3)违法信息处置报告。

·算法应用

对于算法应用,有两项要求:

其一,算法应当向上向善。具体要求为:(1)合法、安全;尊重公德和伦理;(2)遵守商业和职业道德;(3)遵循公平公正、公开透明、科学合理和诚实信用原则;(4)向上向善。

其二,算法决策应当准确、安全可靠。具体要求为:(1)符合用户预期;(2)基于人机组合的准确性要求;(3)对错误和偏离的识别;(4)主动识别安全风险,背单量设置、预估配送时长考核标准设置不得产生安全风险;(5)审慎部署;(6)持续改进,通过多方协同、共治,优化配送算法,降低风险。

·算法产出

上述规范对算法产出提出三项要求:

其一，产出内容真实合法。包括：(1)内容真实性；(2)内容合法性；(3)违法内容处置。

其二，产出结果公平一致。包括：(1)用户标签管理，不得违法设置性别、民族、年龄等算法标签；(2)禁止杀熟，骑手接单价格差别对待不得不合理，影响到手金额的奖励、补贴、红包等机制应简单、明确并清楚告知；(3)提高技术识别能力；(4)对于公平性设置和训练结果的说明。

其三，特殊人群保护。包括：(1)未成年人保护，但在配送端不涉及；(2)建立反沉迷机制，但在配送端亦不涉及；(3)劳动者保护，在上章已提及。

·算法审核及监管

上述规范对算法的审核及监管提出五项要求：

其一，审核内容。具体要求为：算法机制 + 安全处置 + 个信审计。

其二，审核机制。具体要求为：定期全面审核。

其三，安全评估检测。具体要求为：(1)舆论属性、社会动员力算法定期评估；(2)安全事故识别；(3)违法活动预防。

其四，算法留痕。具体要求为：(1)备案要求；(2)算法更新记录；(3)对用户的存证。

其五，外部审核监督。具体要求为：(1)执法配合；(2)社会监督。

(三)外卖平台中的算法合规

外卖平台的算法能够提高配送效率、降低平台成本、优化用户体验和提高骑手薪资；但技术的“有形之手”背后隐藏着一只“无形之手”，即算法系统所含的建立在“效率、成本和体验”三大向平台利益倾斜的支点上的价值体系，[45]其并非中立技术工具，而是具有“隐形偏差”的价值剥削机制，[46]需要受到规制。2017 年《新一代人工智能发展规划》即表明应“建立人工智能安全监管和评估体系”；2021 年 7 月 16 日，七部门联合印发《关于落实网络餐饮平台责任切实维

---

〔45〕 参见蔡润芳：《技术之上的“价值之手”：对算法“物质性”的媒介政治经济学追问——以美团外卖平台“超脑”系统为例》，载《新闻界》2021 年第 11 期。

〔46〕 参见曾响铃：《始于“超脑”终于“骑手”，美团外卖“折叠时间”错了吗》，载凤凰新闻网，https://ishare.ifeng.com/c/s/7zgGflwZ8bv。

护外卖送餐员权益的指导意见》，对受外卖平台算法约束的骑手权益保障提出全方位要求。随后，《数据安全法》《个人信息保护法》等新法实施，给外卖平台的算法提出了更多专业性和技术性的要求，包括算法目标设定的向上向善要求、透明度和可解释性要求、算法产出的合法公平要求、算法决策的准确安全可靠要求、数据的合法准确要求、算法审核及监管的要求等。

外卖平台的算法合规涉及算法运行的全程：信息收集与整合—判断与决策—执行—反馈，各阶段中预测算法、调度算法、配送算法交织运行。

1. 信息收集与整合阶段的算法合规

合规要点一：骑手个人信息获取

算法的有效性需要大数据的训练喂养，可能存在如何获取骑手信息（获取的渠道、获取的方式、是否需要告知等）、获取后如何处理的问题（重大影响的单独同意、敏感信息保密和脱敏处理、错误数据的排除、误差数据的修正）。由于该部分主要涉及骑手个人信息问题，在第一部分已提及，故不再重复论述。

合规要点二：骑手个人信息整合

《个人信息保护法》第 24 条规定："个人信息处理者利用个人信息进行自动化决策，应当保证决策的透明度和结果公平、公正，不得对个人在交易价格等交易条件上实行不合理的差别待遇。"《电子商务法》第 24 条规定："电子商务经营者应当明示用户信息查询、更正、删除以及用户注销的方式、程序，不得对用户信息查询、更正、删除以及用户注销设置不合理条件。电子商务经营者收到用户信息查询或者更正、删除的申请的，应当在核实身份后及时提供查询或者更正、删除用户信息。用户注销的，电子商务经营者应当立即删除该用户的信息；依照法律、行政法规的规定或者双方约定保存的，依照其规定。"

该部分的主要问题在于如何应对骑手的标签规则中可能存在的算法歧视的问题。骑手的标签规则作为生活服务算法所必需的部分，必须满足公平性要求，那么依照劳动能力模型建立的二次标签是否合法、等级能力标签如何向骑手透出、骑手能否"选择、修改、删除"均需满足规范要求。由于主要涉及骑手画像问题，有专章对此进行论述，故不在此赘述。

合规要点三:信息的多主体共享

《个人信息保护法》第23条规定:"个人信息处理者向其他个人信息处理者提供其处理的个人信息的,应当向个人告知接收方的名称或者姓名、联系方式、处理目的、处理方式和个人信息的种类,并取得个人的单独同意。接收方应当在上述处理目的、处理方式和个人信息的种类等范围内处理个人信息。接收方变更原先的处理目的、处理方式的,应当依照本法规定重新取得个人同意。"

该条规定了个人信息处理者对外提供个人信息时,提供方需履行告知义务和取得同意的义务,综观我国《个人信息保护法》,并无"共享"之概念,"信息的多主体共享"问题,实质上就是"信息的对外提供,从而多主体共同享有"的问题,那么涉及的合规问题就是,提供方需履行告知义务和取得同意的义务。

因提供方,如"美团""饿了么"将骑手的个人信息提供给"高德地图"以规划送餐路线时,需履行告知义务和取得同意义务,由此衍生出的合规问题就是,是否骑手的每一次送餐,外卖平台均需履行告知义务和取得同意义务,才能将骑手个人信息提供给"高德地图"等App以规划送餐路线。显然每一次均履行告知义务和取得同意义务对于骑手和外卖平台而言是不经济的,但鉴于是否"每一次对外提供个人信息,均需告知和取得同意",法条并未规定,学术亦存在争议,故建议外卖平台在对外提供之前,设置一个弹窗,告知骑手并询问骑手是否同意平台的对外提供,再设置一个"此后均保持同一选项"的选择供骑手自由选择,这样即可规避未履行告知义务和取得同意义务的风险。

2. 判断与决策阶段的算法合规

该部分主要是预测算法的合规问题,涉及预测算法的两类导出结果:一是送达时间;二是骑手绩效。《个人信息保护法》第24条第1款规定:"个人信息处理者利用个人信息进行自动化决策,应当保证决策的透明度和结果公平、公正,不得对个人在交易价格等交易条件上实行不合理的差别待遇。"《互联网信息服务算法推荐管理规定(征求意见稿)》第17条规定:"算法推荐服务提供者向劳动者提供工作调度服务的,应当建立完善平台订单分配、报酬构成及支付、工作时间、奖惩等相关算法,履行劳动者权益保障义务。"包括《新一代人工智能治理原则——发展负责任的人工智能》、《电子商务法》第18条、《关于平台经济领域的反垄断指南》第 17 条、《信息安全技术　个人信息安全规范》等均提出了算法“向上、向善”的要求、“禁止杀熟”的要求，是对预测算法，尤其是预测算法导出的结果，即预测送达时间和骑手绩效的直接约束。

合规要点一：预测送达时间

《互联网信息服务算法推荐管理规定（征求意见稿）》第 17 条规定：“算法推荐服务提供者向劳动者提供工作调度服务的，应当建立完善平台订单分配、报酬构成及支付、工作时间、奖惩等相关算法，履行劳动者权益保障义务。”

“送达时间”这一“客观指标”的不断优化将导致骑手的过量劳动以及对不同劳动的差别歧视：外卖平台送达时间算法是基于骑手的平均送达时间而作出的预估，但考虑到骑手群体更多是男性劳动者，基于男性劳动者的时间预估可能不利于女性劳动者，同时骑手群体的年龄层次也存在不同，基于青壮年劳动者的时间预估可能不利于中年劳动者，由此产生差别歧视的违法风险。〔47〕

在计算预计送达时间时，骑手的年龄、性别以及身高数据很重要，因为平台系统可以据此测算出骑手的速度和承载能力；订单重量和体积数据也很重要，因为会影响骑手配送速度和时间，譬如大件物品（米、面、油、水）以及超大件订单（一份订单包含十几个人的外卖）不仅增加负重而且会延迟配送时间；餐厅所在的楼层、平均出餐时长以及订单积压状况的数据也都会影响骑手配送时间；商圈的时段（是否为就餐高峰期）、路段（是否为上下班高峰期）、天气（雨雪天气订单量大容易出现订单积压）等实时数据也对骑手配送时间有影响；此外，由于每个顾客对于超时都有不同程度的容忍限度，所以根据顾客以往的差评和投诉记录，平台系统可以计算出顾客对预计送达时间的敏感度。〔48〕

第一，应将骑手个人的数据纳入算法测量中，注意这部分并非直接作为算法测算的因子，而是作为辅助性校正因素，对算法所测算出的平均值时间进行校正，以避免差别歧视现象的产生。第二，应将骑手的速度和承载能力（装备）纳入测算因子，对搭载大件物品或装备不足的骑手在预计送达时间上予以宽

〔47〕 参见贾开：《算法可以中立吗？——“零工经济”的新可能》，载《文化纵横》2021 年第 4 期。

〔48〕 参见陈龙：《游戏、权力分配与技术：平台企业管理策略研究——以某外卖平台的骑手管理为例》，载《中国人力资源开发》2020 年第 4 期。

限。第三,应对实时数据加入异常测算程序,如恶劣天气下应当按照异常环境的要求对骑手送达时间进行测算。第四,应当在最终的算法结果上给予骑手适当宽限时间,因为算法在商家出餐的速度,过红绿灯、等电梯的时间,打电话联系顾客,顾客出现与取餐的速度以及配合的程度等[49]是无法计算的,该部分时间既然不能通过算法解决,就应当为骑手留出空余。

合规要点二:骑手绩效计算

《个人信息保护法》第24条第1款规定:"个人信息处理者利用个人信息进行自动化决策,应当保证决策的透明度和结果公平、公正,不得对个人在交易价格等交易条件上实行不合理的差别待遇。"在骑手绩效方面提出了禁止杀熟的规范性要求。

禁止不合理差别待遇,在配送端上主要体现为同工同酬。在配送环节上,为激励骑手提高效率,平台对骑手绩效薪资的管理通常根据骑手表现为其制定等级,并根据等级对其薪资进行划分,呈现差序式格局[50](如表3所示),即产生了根据骑手能力区分薪酬的"算数型工人"[51]现象是否违反禁止杀熟规则的问题。

表3 平台C对外卖员的等级评定标准

骑士等级	每单补贴	所需积分
神骑士	1.5	6000
圣骑士	1.2	4100
钻石骑士	1.0	2800
黑金骑士	0.8	1800

[49] 参见何勇海:《不以"最严算法"考核外卖员》,载《人民邮电》2021年8月13日,第3版。

[50] See Van Doorn, N: *Platform Labor: On the Gendered and Racialized Exploitation of Low - income Service Work in the "On - demand" Economy*, Information, Communication & Society, Vol. 20, No. 6, 2017, p. 898 - 914.

[51] See Gillespie, Theresa, *The Relevance of Algorithms*, InGillespie, Theresa, Boczkowski, Pablo J, & Foot, Kirsten A, eds., *Media Technologies: Essays on Communication, Materiality, and Society*, 2014, Cambridge, MA: MIT Press, p. 167 - 194.

续表

骑士等级	每单补贴	所需积分
黄金骑士	0.5	900
白银骑士	0.3	400
普通骑士	0.1	NA

禁止杀熟规则规制的是不合理的差别待遇，但合理的差别待遇并不被法律禁止。就原因而言，一般宜认为需要规制的差别对待的形成是自动化决策，也即算法产出的结果；〔52〕就效率而言，合理的差别待遇在增进产出时因为能够增进福利通常被视为合理。〔53〕同理，配送端上根据骑手累计出单情况进行绩效评定“使得原有的组织机构管制变得更加细致入微，劳动者的劳动过程被划分为更加细密和可供计算的操作形态”〔54〕，存在正当性，一般不认为其属于不合理的差别待遇。但需要注意的是，根据《个人信息保护法》的要求，需要对绩效规则以及升级规则进行告知和释明，必须保证骑手对评定规则了解和知情。同时，在制定规则时需保证该规则本身在静态上和在算法运行的动态全过程中均表现为公平合理无歧视的规则。

3. 执行阶段的算法合规

执行阶段的算法合规主要是配送算法和调度算法的运行问题。《互联网信息服务算法推荐管理规定（征求意见稿）》第 17 条规定：“算法推荐服务提供者向劳动者提供工作调度服务的，应当建立完善平台订单分配、报酬构成及支付、工作时间、奖惩等相关算法，履行劳动者权益保障义务。”

平台系统规划配送餐路线，依赖众多特征维度和历史数据，如骑手的订单量数据（由于骑手不可能每次只配送一个订单，所以配送在空间分布上就会涉

〔52〕 参见江必新、李占国主编：《中华人民共和国个人信息保护法条文解读与法律适用》，中国法制出版社 2021 年版，第 87 页。

〔53〕 See Alison Jones and Brenda Sufrin, *EC Competition Law, Text, Cases, and Materials, Third Edition*, Oxford University Press, p. 441.

〔54〕 孙萍：《“算法逻辑”下的数字劳动：一项对平台经济下外卖送餐员的研究》，载《思想战线》2019 年第 6 期。

及多个地址)、骑手状态(是否在商家附近、已有订单的送餐方向、订单是否已全部取完)、商家的位置和楼层、商圈的道路交通拥堵情况、时段(是否在高峰期、交通是否管制)以及顾客的位置和楼层等数据,因此可行的配送路线往往有成百上千种组合。由于涉及的特征维度成百上千,历史数据往往以 TB(万亿字节)为单位,所以对平台系统的运算能力提出极高要求。外卖配送平台着重解决复杂配送环境下的规划难题,但算法能否实现上述目标仍然取决于"线上数字空间"对于"线下劳动场景"的精准映射程度,但"线上数字空间"只能是"线下劳动场景"简化模型的客观现实,因此可能导致算法决策错误而影响对骑手劳动过程的管控。

合规要点一:错误数据免责

例如,外卖配送平台难以获得楼宇内部电梯的数据,不能够为骑手规划最高效的送上楼方案,因此应当对错误数据免责,不能将该部分耗时纳入配送算法的计算,同时鼓励骑手提供优化的路径和方案。

合规要点二:违法排除规则

例如,平台无法测量骑手在通过该路段时是否存在违章,因此不能以骑手违法数据作为行为测算样本,不能以该部分数据对骑手进行业绩考核,平台应将骑手交通安全作为骑手奖惩的重要因素,对交通违章骑手造成严重事故的,可采取暂停配送资格等处罚,对遵守交通安全的骑手则可进行等级上调、零交通事故奖金等奖励。[55]

4. 反馈阶段的算法合规

合规要点一:自主决定权与算法退出

《个人信息保护法》第 16 条规定:"个人信息处理者不得以个人不同意处理其个人信息或者撤回同意为由,拒绝提供产品或者服务;处理个人信息属于提供产品或者服务所必需的除外。"《互联网信息服务算法推荐管理规定(征求意见稿)》第 15 条规定:"算法推荐服务提供者应当向用户提供不针对其个人特征

---

〔55〕 参见吕慧、郑雪、郭利:《外卖"骑手"的安全风险分析及对策建议》,载《现代职业安全》2021 年第 10 期。

的选项,或者向用户提供便捷的关闭算法推荐服务的选项。用户选择关闭算法推荐服务的,算法推荐服务提供者应当立即停止提供相关服务。算法推荐服务提供者应当向用户提供选择、修改或者删除用于算法推荐服务的用户标签的功能。用户认为算法推荐服务提供者应用算法对其权益造成重大影响的,有权要求算法推荐服务提供者予以说明并采取相应改进或者补救措施。"

该部分的主要问题有二:一是退出算法自主决定的要求在配送端如何贯彻的问题;二是骑手自主决定的范畴问题。关于在配送端贯彻自主决定权的要求问题,应当在退出上明确骑手退出与消费者退出的差异。外卖平台的特性决定了若骑手彻底退出算法则无法工作,因此,应向骑手明示若选择彻底退出算法则意味着选择退出工作;若不选择彻底退出算法,则涉及为骑手自主决定权划定范畴的问题,即应当将退出限定在自主决定"背单量"的范畴,也即允许骑手在不触及失控风险的前提下,更大限度地将"背单量"掌握在自主的范畴内。

合规要点二:透明度要求与算法公开

《个人信息保护法》第7条规定,处理个人信息应当遵循公开、透明原则,公开个人信息处理规则,明示处理的目的、方式和范围。透明度要求对算法提出了透出什么(能透什么不能透什么)、如何透出、什么时候透出以及透出对象不同影响问题的不同处理规则,这里主要分成两类进行讨论,即面向全体骑手的透明规则和面向个体骑手的透明规则。

· 面向全体骑手的透明规则

上海市人力资源和社会保障局等八部门《关于维护新就业形态劳动者劳动保障权益的实施意见》第十部分指出:"督促企业制定修订平台进入退出、订单分配、计件单价、抽成比例、报酬构成及支付、工作时间、奖惩等直接涉及劳动者权益的制度规则和平台算法,充分听取工会或劳动者代表的意见建议,将结果公示并告知劳动者。工会或劳动者代表提出协商要求的,企业应当积极响应,并提供必要的信息和资料。指导企业建立健全劳动者申诉机制,保障劳动者的申诉得到及时回应和客观公正处理。"因此,应做到三点:一是事前公示征求意见。平台在制订修改直接涉及骑手切身利益的规则制度和平台算法时,要充分听取工会或骑手代表意见,透出的范围为涉及切身利益重大事项的公示。二是排序透明规则。主要是排序规则(优先级的排序)的排序指标应当向骑手透出。三是生态页人工干预。对于公众信息的披露精度要求较低,采用概括性的方法脱敏,使骑手知晓运行情况和风险即可。

· 面向单个骑手的个体解释

《个人信息保护法》第 48 条规定:“个人有权要求个人信息处理者对其个人信息处理规则进行解释说明。”因此,在普遍告知的前提下,针对特殊骑手(如接单状况异常、进行反馈投诉的骑手等)进行单独解释,以人工沟通的方式对其权益的影响作出单独解释。

合规要点三:应对监管的算法

完成算法备案和安全评估监测工作,并做好算法留痕。法律侧要求算法留痕服务日志 6 个月,而《个人信息保护法》的要求是 3 年,这就面临如何向用户解释留存时限的问题、内容上留什么的问题以及如何面向监管侧的高精度审核的问题。

《个人信息保护法》所要求的是影响评估报告和处理情况记录应当至少保存 3 年[56];《网络安全法》要求的是留存监测、记录网络运行状态、网络安全事件相关的网络日志不少于 6 个月 + 每年至少 1 次安全风险评估[57];《电子商务法》要求商品和服务信息、交易信息保留 3 年;《网络数据安全管理条例(征求意见稿)》中要求留存个人同意记录及提供个人信息的日志记录,共享、交易、委托处理重要数据的审批记录、日志记录至少 5 年 + 每年至少 1 次安全风险评估,评估报告保留 3 年;《互联网信息服务算法推荐管理规定(征求意见稿)》中要求对算法推荐服务日志等信息的留存不少于 6 个月;《信息安全技术个人信息安全规范》仅作了每年 1 次安全风险评估的要求。由此可见,留存时间的不同是由于要求留存的对象不同。

---

〔56〕《个人信息保护法》第 56 条第 2 款规定:“个人信息保护影响评估报告和处理情况记录应当至少保存三年。”

〔57〕《网络安全法》第 21 条第 3 项规定:“国家实行网络安全等级保护制度。网络运营者应当按照网络安全等级保护制度的要求,履行下列安全保护义务,保障网络免受干扰、破坏或者未经授权的访问,防止网络数据泄露或者被窃取、篡改:(三)采取监测、记录网络运行状态、网络安全事件的技术措施,并按照规定留存相关的网络日志不少于六个月;”

对此,应将涉及算法部分的信息分类储存。首先是面向监管侧:一是个人信息同意记录及涉及信息转移的记录应保留 5 年,该部分主要为应对监管侧的备案需求;二是影响和安全风险评估报告应该每年进行 1 次并保留 3 年,该部分主要为应对监管侧的日常审核;三是对算法推荐服务日志以及记录网络运行状态的关键日志应保留不少于 6 个月,该部分留存的目的为面向监管侧的自证无过错。其次是面向用户侧:该部分主要为解释问题,需要向用户解释所留存信息的目的是用于国家数据安全的监管,同时将涉及个人同意等对用户个人有重大影响的留存内容向用户透出。

三、外卖平台骑手画像应用合规

(一)外卖平台中的骑手画像

1. 画像和自动化决策

(1)骑手画像的简述

用户画像(User Profile 或 profiling),是指单个信息主体所有信息标签的集合,即通过收集与分析信息主体的人口属性、社会交往、行为偏好等主要信息,将信息主体所有的标签综合起来,勾勒出该信息主体的整体特征与轮廓。[58]《个人信息安全规范》第 3.8 条将用户画像(user profiling)定义为:"通过收集、汇聚、分析个人信息,对某特定自然人个人特征,如职业、经济、健康、教育、个人喜好、信用、行为等方面作出分析或预测,形成其个人特征模型的过程。"因此,用户画像过程即是对个人进行识别分析的过程,识别出该个人的某个方面的特征。用户画像和识别分析是同义词。

骑手"画像"应属于"用户画像"的具体应用。最早提出用户画像(Persona)概念的是交互设计师鼻祖 Alan Cooper,他认为 Persona 侧重于探索用户的动机,是描述目标用户的用户原型而非真实存在的用户。国内的用户画像理论研

〔58〕 参见袁培入:《论电商平台用户画像行为立法之应有规制》,载《桂海论丛》2021 年第 1 期。

究中，常把 Persona 和 User Profile 视为相同的概念。[59] 目前，国内学者（特别是法学领域的学者）对用户画像的专门研究仍属于起步阶段（为行文方便，以下将用户画像简称为画像）。一般来说，画像指的是两个过程：第一，推断出关于个人或群体的一系列特征（创建画像的过程）；第二，根据这些特征（区分）对待该人或群体（或其他人/群体）（应用画像的过程）。[60]

（2）画像与自动化决策的厘定

识别分析（画像）是分析个人某个方面以对该个人进行预测，如果公司或组织评估了某人的特征（如年龄、性别、身高）或将某人归入一个类别（这意味着某人正在被分析），将该结论或预测应用于某人，那么就对某人产生了影响，如给向某人推送预测“你喜欢的商品”或信息内容，影响贷款或贷款额度。因此，分析与应用可以看作两个阶段或两个行为。一般来讲，只有分析结果应用于个人才构成完整针对个人的“决定”。

识别分析（画像）可以是运用智能软件自动进行。当自动进行时可以称为自动识别分析或自动画像。也就是说，当满足三个要素时就会出现自动识别分析：一种自动化的处理形式；针对个人信息进行；目标是评估自然人的个人方面。[61] 然而，自动的识别分析（画像）并不一定要根据其评估的信息采取行动（决策）。

自动化决策是指在没有人工干预的情况下通过技术手段作出决策。虽然自动化决策在作出决策时可以依赖识别分析，但不是必要条件。例如，如果算法被配置为直接根据个人在网络表单上提供的信息（如他们的出生日期或年

---

〔59〕 尽管 Persona 和 User Profile 都是对用户的描述和分析，但两者是有一定区别的。Persona 是利用研究人员主观经验或用户调研数据抽象出来的虚拟的典型用户，是对目标用户需求的定性描述，实践中构建的 Persona 并不一定能代表真实的目标用户群体，且难以对用户需求进行量化分析。User Profile 则是基于具体的场景结合产品积累的用户数据提炼出的描述真实用户属性及行为的标签集合。这些标签通常是抽象的、高度提炼的用户特征标识，各个维度的标签之间相互联系，从而完整地描述真实用户。参见林曦、郭苏建：《算法不正义与大数据伦理》，载《社会科学》2020 年第 8 期。

〔60〕 See Christopher Kuner, Lee A. Bygrave, Christopher Docksey, *The EU General Data Protection Regulation (GDPR) A Commentary*, Oxford University Press, 2020, p. 130.

〔61〕 See, e. g., WP 251, Guidelines on Automated individual decision – making and Profiling for the purposes of Regulation 2016/679, adopted on 3 October 2017. Cf Va. Code 59. 1 – 571 (2021); C. R. S. 6 – 1 – 1303(20) (2021).

龄)构成"自动决策",此时产生的"自动决策"不包含识别分析,因为作出决定的过程并未评估该人的任何个人方面(没有分析过程作出了决策,即不具备上文提及的"画像"三要素之一,"评估自然人的个人方面")。如果算法被配置为通过他们的在线行为推断一个人的年龄,并根据推断作出关于个人参与计划的资格的决定,该计划仅对18岁以上的个人开放,则该活动将构成两种分析(使用自动化手段来评估或推断一个人的年龄)以及自动化决策(根据分析作出关于资格的决定)。

为了更清晰表述,我们可以将自动决策区分为基于识别分析的自动决策和非基于识别分析的自动决策。单就识别分析(画像)而言,其自动化程度可能不同,有些识别分析(画像)完全是自动化,而大多数据情形下,识别分析(画像)是在人的干预或参与下进行的。即使我们承认识别分析(画像)通常是自动化的,它与自动决策也是两回事。

2. 骑手画像中涉及的具体问题

《个人信息保护法》中未涉及画像的定义。明确提出画像定义的规范是《个人信息技术规范》第3.8条用户画像,该定义将画像分为直接画像与间接画像。前者即直接使用特定自然人的个人信息,形成该自然人的特征模型;后者指使用来源于特定自然人以外的个人信息,如其所在群体的数据,形成该自然人的特征模型。据此,我国的画像仅指创建画像的过程,而不包括应用画像的过程。画像可表述为"从海量数据中抽象提炼出的用户信息标签集合,即以标签作为用户的特征标识,通过标签化的信息描述用户全貌"〔62〕。

(1)提取标签

在提取标签时,预设带有歧视性或者偏见性的标签。实证研究表明,在新就业环境(平台用工)之下,传统就业环境中的"歧视"现象仍旧存在,且更具有隐蔽性、损害不易察觉性。〔63〕 例如,将性别设定为标签,使性别成为骑手之间产

〔62〕 刘学太、李阳、巴志超、李纲:《数据驱动环境下数据画像若干问题探析》,载《情报理论与实践》2022年第4期。

〔63〕 参见张凌寒:《共享经济平台用工中的性别不平等及其法律应对》,载《苏州大学学报(哲学社会科学版)》2021年第1期。

生差别化对待的一个因素。另外,带有歧视性或偏见性的标签,也会削弱平台用工匿名化的优势(无差别之下的就业平等)。

为提取标签,过度收集骑手的个人信息。个人信息的处理应当遵循"合法、正当、必要",而"不得过度处理个人信息"正是对"合法、正当、必要"原则的补充和强化,是我国宪法保障的个人自由、尊严、幸福权利以及加强人格利益关怀的体现。[64] 然而,精准画像的形成须建立在收集大量个人信息的基础之上,个人信息的类型越丰富、数量越庞大,所勾勒出的画像越贴近于骑手。[65] 如此,便产生不得过度收集个人信息与精准画像之间的矛盾。

(2)形成画像

画像对骑手的个人隐私产生侵害。画像将轻易揭示出极为隐秘的信息,形成个人的数字形象,对个人进行持续的追踪和监视,构成了一座"超级全景监狱"[66]。即便对个人信息进行匿名化处理,平台仍可通过算法突破匿名的限制。[67] 看似不具有关联的信息碎片,仍有可能经连接、组合、比对而再次成为可识别的个人信息,非个人信息也可能因具有可识别性而被归入个人信息的范畴。[68] 平台在算法的帮助下,利用个人信息可推测出个人隐私。通过多维度的个人信息产生的画像,对个人隐私的侵害具有非直接性,即不需要通过传统的方式,诸如刺探、泄露等。[69]

画像所描绘出的骑手是不是真实的?如果存在错误,则这种错误画像是否会给骑手造成不利影响?由于得出、推断或预测的"形象"可能不准确或有系统

---

〔64〕 参见李想:《〈民法典〉"不得过度处理"个人信息规定实现路径探析》,载《时代法学》2021 年第 3 期。

〔65〕 参见汪倩、徐勇、张心蕊、李晓宇:《用户画像研究进展综述》,载《现代计算机》2020 年第 24 期。

〔66〕 韩旭至:《刷脸的法律治理:由身份识别到识别分析》,载《东方法学》2021 年第 5 期。

〔67〕 参见张凌寒:《共享经济平台用工中的性别不平等及其法律应对》,载《苏州大学学报(哲学社会科学版)》2021 年第 1 期。

〔68〕 参见冉克平:《论〈民法典〉视野下个人隐私信息的保护与利用》,载《社会科学辑刊》2021 年第 5 期。

〔69〕 参见彭诚信:《论个人信息的双重法律属性》,载《清华法学》2021 年第 6 期。

的偏见，画像也可能导致个人被错误地识别、错误地分类或错误地判断。[70] 基于错误的画像而推送的信息，不仅会为平台增加一定成本，也将增加骑手的人身及财产安全风险；另外，错误的推送也会对平台名誉等方面造成一定的影响。[71]

（3）画像以及自动化决策

为骑手提供与派单有关的信息推送的前提是对骑手进行画像，即对骑手相关的个人信息进行深度整合，分析的过程。只有这些具有个体指向性的信息，才真正具有挖掘、分析价值。[72] 平台借助自动处理软件和算法规则在短时间里分析、处理和使用这些个人信息，并在此基础上形成规则化的决策流程。[73] 骑手受算法支配，引发担忧：骑手是否沦为受算法"剥削"的对象？这种担忧的根源是算法的保密性、技术盲点、算法自身的复杂性以及算法使用者的刻意隐瞒，使绝大多数人无法理解算法的工作原理，导致算法使用者处于事实上的支配地位，形成"算法霸权"，严重危及算法相对人的合法权益。为避免"算法暴政"，诸多学者主张提高算法透明度以解决算法黑箱的问题。[74]

骑手在进入平台之前，通常会对平台提供的"隐私政策"勾选"同意"。然而，该"隐私政策"中的许多描述并不准确，很多关于个人信息方面的描述运用大量专业术语以及概括性语言，没有相关知识背景的一般骑手无法理解其具体含义以及可能造成的后果；同时，骑手的这类同意是概括同意，不能就个别条款与互联网平台进行磋商，互联网平台很容易利用自身的强势地位，设置关于个

---

〔70〕 See Frederike Kaltheuner, Elettra Bietti, *Data is power: Towards additional guidance on profiling and automated decision - making in the GDPR*, https://www.researchgate.net/publication/322620145_Data_is_power_Towards_additional_guidance_on_profiling_and_automated_decision - making_in_the_GDPR, last visited Dec. 28, 2021.

〔71〕 参见胡峻峰：《用户画像机制下信息定向推送的权利保护与法律规制》，载《西安电子科技大学学报（社会科学版）》2018 年第 4 期。

〔72〕 参见顾理平：《智能生物识别技术：从身份识别到身体操控——公民隐私保护的视角》，载《上海师范大学学报（哲学社会科学版）》2021 年第 5 期。

〔73〕 参见方燕、隆云滔：《数据变革、数据理论与数据治理：一个简要述评》，载《东北财经大学学报》2021 年第 3 期。

〔74〕 参见魏远山：《算法透明的迷失与回归：功能定位与实现路径》，载《北方法学》2021 年第 1 期。

人信息方面的格式免责条款，使骑手丧失选择的空间。[75]

（二）外卖平台中骑手画像合规适用的法律

画像广泛应用于个人信息处理之中，画像也遵循个人信息保护法及其相关的法律。以下是涉及画像的专条或专门文件清单：

·《民法典》第7条、第1033条、第1035条、第1037条

《个人信息保护法》第5条、第6条、第17条、第18条、第24条、第28条、第35条、第44条、第45条、第46条、第47条、第48条、第58条、第73条

·《网络安全法》第41条

·《劳动法》第12条

·《就业促进法》第26条

·《个人信息安全规范》第3.8条、第7.4条、第8.7条

（三）外卖平台中骑手画像合规

目前，画像与自动化决策的关系仍存在争议。争论点在于：画像是一种自动处理形式，还是一种决策形式？从域外立法考察，GDPR上下文之间存在冲突。第22条第1款的措辞表明，画像不同于决策，是一种自动处理形式；第13条第2款f项、第14条第2款g项以及第15条第1款h项的措辞"自动决策，包括画像"表明，画像本身是一种决策形式。[76] GDPR第29条工作组（WP29），也将画像解释为一种决策形式。WP29认为，就GDPR第4条第4款而言，"基于已知特征（如年龄、性别和身高）对个人的简单分类不一定导致画像"，除非这种分类发展到对个人作出预测或得出结论。[77] 我国《个人信息保护法》第73条第2项仅对自动化决策作出定义，即"自动化决策是指通过计算

---

〔75〕 参见胡峻峰：《用户画像机制下信息定向推送的权利保护与法律规制》，载《西安电子科技大学学报（社会科学版）》2018年第4期。

〔76〕 See Frederike Kaltheuner, Elettra Bietti, *Data is power: Towards additional guidance on profiling and automated decision - making in the GDPR*, https://www.researchgate.net/publication/322620145_Data_is_power_Towards_additional_guidance_on_profiling_and_automated_decision - making_in_the_GDPR, last visited Dec. 28, 2021.

〔77〕 See CHRISTOPHER KUNER, LEE A. BYGRAVE, CHRISTOPHER DOCKSEY, *THE EU GENERAL DATA PROTECTION REGULATION (GDPR) A Commentary*, OXFORD University Press, 2020, p. 130.

机程序自动分析、评估个人的行为习惯、兴趣爱好或者经济、健康、信用状况等,并进行决策的活动”。未涉及画像的定义。因此,从《个人信息保护法》层面无法准确界定二者的关系。我国现行规范之中对“画像”作出明确定义的是《个人信息技术规范》第 3.8 条:“用户画像(user profiling)通过收集、汇聚、分析个人信息,对某特定自然人个人特征,如职业、经济、健康、教育、个人喜好、信用、行为等方面作出分析或预测,形成其个人特征模型的过程。”对自动化决策与画像的定义进行比较,本文认为,画像是一种自动处理形式,画像不一定作出对个人有重大影响的决策。画像作为一种自动处理形式,应注意 5 点合规事项。

合规要点一:画像标签的中性和公正性要求

现行法律对画像的基本要求是画像不得设定带有歧视性或者偏见性的标签。

由于在新就业环境(平台用工)之下,“歧视”具有隐蔽性以及损害不易察觉性。[78] 因此,为保障就业的平等性,平台在提取标签时不得预设带有歧视性或者偏见性的标签。平台通过“画像”对骑手进行管理、监督的目的之一便是降低试错的成本。平台作为劳动力供需匹配的中介,主要关注零工工作者的知识技能与需求者任务的匹配情况,更加考虑零工工作者在当前职位的可用性。[79] 例如,某平台在招聘过程中,会通过平台管家对骑手进行人工智能面试,捕捉染发情况、指甲卫生、普通话流利程度和交流态度等细节,借助智能化算法模型进行人物画像,再与其通过大数据技术梳理的高绩效骑手的属性标签进行对比和匹配,得出最合适的筛选结果。[80] 因此,在提取标签之前,平台往往基于一定目的预设标签,此种标签往往带有偏见性(或歧视性),而这样的标签带来的后果是产生不公平、歧视性或有偏见的结果,这样的结果也使那些已经被歧视和边

---

〔78〕 参见张凌寒:《共享经济平台用工中的性别不平等及其法律应对》,载《苏州大学学报(哲学社会科学版)》2021 年第 1 期。

〔79〕 参见龙立荣、梁佳佳、董婧霓:《平台零工工作者的人力资源管理:挑战与对策》,载《中国人力资源开发》2021 年第 10 期。

〔80〕 参见龙立荣、梁佳佳、董婧霓:《平台零工工作者的人力资源管理:挑战与对策》,载《中国人力资源开发》2021 年第 10 期。

缘化的人进一步受到歧视或被边缘化。[81]

首先,预设带有偏见性(或歧视性)的标签,违反了个人信息处理中的正当性原则。依据《个人信息保护法》第5条、第24条,对骑手个人信息处理应当遵循正当原则。所谓正当原则,即任何个人信息处理行为都应当具备正当性。显然预设带有偏见性或歧视性的标签,不具有正当性,违反了个人信息处理应遵循的原则。

其次,从保障骑手就业的角度考察,预设带有偏见性(或歧视性)的标签,违反了就业平等。依据《劳动法》第12条和《就业促进法》第26条,劳动者享有平等、公平的就业条件,不因民族、种族、性别等不同而受歧视。

合规要点二:画像对骑手的个人隐私产生侵害

· 画像在骑手用工中的应用及危害

相对于一般自然人的个人隐私权,劳动者的隐私权具有特殊性,即空间的特殊性(或称职场空间),该空间介于公共空间与私人空间之间。[82] 由于骑手与一般劳动者之间在劳动时间、劳动空间上存在一定的差异,使骑手隐私的保护更加复杂。在骑手不知或不完全理解的情况下,画像可能产生对骑手隐私权的侵犯。正如西亚·温达·吉斯等人认为,人们对于隐私的担忧影响着人们对画像的接受程度,人们担心自己的个人信息(数据)被商业化地分享,进而被商业机构追踪。[83]

在画像机制中,平台需要对骑手的个人信息进行标签化处理,而这种标签化容易被外界得知,且基于骑手个人特性的标签带有强烈的价值判断,通过标签外界会推测出关于骑手的私密信息。这样就把骑手某些不想为外界得知的信息对外传播,甚至是将某些错误的信息对外传播,对骑手的隐私权甚至名誉

---

〔81〕 See Frederike Kaltheuner, Elettra Bietti, *Data is power: Towards additional guidance on profiling and automated decision - making in the GDPR*, https://www.researchgate.net/publication/322620145_Data_is_power_Towards_additional_guidance_on_profiling_and_automated_decision - making_in_the_GDPR, last visited Dec. 28, 2021.

〔82〕 参见田思路:《智能化劳动管理与劳动者隐私权的法律保护》,载《湖湘论坛》2019年第2期。

〔83〕 See Thea van der Geest, *New Media: Big business, Big Brother: User profiling on the Internet*, Information Design Journal, Vol. 13, p. 151 - 154(2005).

权、健康权等人格权造成损害。[84] 如劳拉·加西亚·瓦加斯认为,在构建画像的过程中,单项技术或设备收集来的个人信息或许并不会对隐私造成侵害,但是通过大数据整合后的"画像"却可能对用户隐私造成侵害。[85]

另外,为确保画像的准确性,平台倾向于获取更多、更全面的个人信息,然而,无限制地收集骑手个人信息,滥用甚至泄露骑手的个人信息不仅违反了个人信息处理的基本原则,更会对骑手的隐私权造成威胁。因此,平衡信息利用和隐私保护之间的矛盾对"画像"的进一步发展和实践应用具有重要的意义。[86]

· 画像对骑手隐私侵害的防范

如何利用画像更好地管理骑手的工作而避免给骑手个体造成损害,是所有外卖平台应当关注的问题。我们提出以下三点建议:

第一,对骑手进行告知。依据《民法典》第 1033 条的规定,在骑手画像中平台的隐私侵权行为主要有:非经骑手同意公开、窥视、窃听骑手的私密活动;非经骑手同意处理他人的私密信息。因此,是否获得骑手本人的同意便成为侵权与否的关键。获取骑手同意的前提是对骑手进行告知,在骑手了解、知悉画像的基础上作出同意。告知的具体内容既包括画像的存在,也包括"画像"的基本逻辑以及画像对骑手的重要性和预期后果。[87]

第二,骑手有权要求平台作出解释。依据《个人信息保护法》第 48 条的规定,骑手有权要求平台对其个人信息处理规则进行解释说明。骑手享有解释权的效果是,骑手可主动、清楚地了解其个人信息是怎样被处理、使用的,在一定

---

〔84〕 参见胡峻峰:《用户画像机制下信息定向推送的权利保护与法律规制》,载《西安电子科技大学学报(社会科学版)》2018 年第 4 期。

〔85〕 See Laura Garcia Vargas, *Do They Want to Regulate Online Profiling*?, Canadian Journal of Law and Technology, Vol. 69, p. 70 – 84(2017).

〔86〕 参见赵雅慧、刘芳霖、罗琳:《大数据背景下的用户画像研究综述:知识体系与研究展望》,载《图书馆学研究》2019 年第 24 期。

〔87〕 See Frederike Kaltheuner, Elettra Bietti, *Data is power: Towards additional guidance on profiling and automated decision – making in the GDPR*, https://www.researchgate.net/publication/322620145_Data_is_power_Towards_additional_guidance_on_profiling_and_automated_decision – making_in_the_GDPR, last visited Dec. 28, 2021.

意义上这是对骑手个人信息处分和控制权利的保护,也是对隐私权的加强。[88] 若骑手对画像的基本逻辑、画像对信息主体的重要性、预期后果存在疑问时可要求平台作出解释。

第三,谨慎处理骑手的敏感个人信息。平台在处理骑手的敏感个人信息时应特别注意。《个人信息保护法》将个人信息分为一般个人信息与敏感个人信息。敏感个人信息密切关联人的隐私权,涉及人格尊严,是人的最基本的权利,应优先予以保护。我国《个人信息保护法》并未禁止对敏感个人信息的处理,依据《个人信息保护法》第 28 条,平台在处理敏感个人信息时,需要有特定的目的、充分的必要性以及采取严格的保护措施。

合规要点三:形成的画像的"准确性"

个人信息的质量是大数据技术的基础,确保了个人信息的质量就是确保了个人信息的可用性。个人信息质量难以保证,将会造成个人信息整合加工的困境。[89] 个人信息的可用性也是确保"画像"准确的关键。个人信息不准确的情况有二:其一,可能表现为个人信息不正确;其二,表现为个人信息已过时。个人信息不正确是指收集个人信息时个人信息就有错误。[90] 个人信息存在错误的情况下可能对骑手的合法权益造成不利影响。个人信息已过时是个人信息不准确的另外一种表现。个人信息已过时是指过去的个人信息已经不符合个人信息主体当前的情况,但是又没有新的个人信息产生予以更替。

对于如何确保画像的准确性,我们提出以下建议。

· 对于不正确的画像,平台应当及时纠正;在平台怠于纠正时,骑手本人有权要求平台予以更正

平台发现骑手画像存在不正确时,应当及时进行更正。但平台的人力、技术有限,并不一定能够及时发现画像有误。因此,骑手有权在发现其"画像"错误时要求平台及时更正。骑手才是自身权利的最佳守护者。依据《个人信息保

---

〔88〕 参见王聪:《"共同善"维度下的算法规制》,载《法学》2019 年第 12 期。

〔89〕 参见李建中、刘显敏:《大数据的一个重要方面:数据可用性》,载《计算机研究与发展》2013 年第 6 期。

〔90〕 江必新、李占国主编:《中华人民共和国个人信息保护法条文解读与法律适用》,中国法制出版社 2021 年版,第 30 页。

护法》第 24 条、第 44 条、第 45 条、第 46 条、第 47 条、第 48 条,《民法典》第 1037 条的规定,骑手享有拒绝权、知情权、查阅权、复制权、更正权、删除权等一系列权利。

骑手有权查阅其本人的画像,以便骑手了解其画像是否正确。若画像存在错误,骑手有权请求平台对其画像进行更正、补充。平台应及时予以核实,若存在相关错误,应当及时[91]予以更正、补充。骑手提出更正、补充其个人信息的请求后,平台并非应立即更正补充,而是应先行予以核实,经过核实才能更正、补充。若骑手主要其平台账号,不再从事配送业务时,平台应当及时删除该骑手的画像。

· 平台应根据骑手最新的个人信息进行画像

为了避免因骑手个人信息不准确、不完整对骑手的个人权益造成影响,平台应当保证个人信息的质量。对不正确、不完整的个人信息及时修正,对不具有时效性的个人信息及时更新。

· 允许一定的“容错率”

允许一定的容错率,即个人信息中存在的错误如果没有对骑手的合法权益造成不利影响的风险,那么即便个人信息存在一定的错误,也应当被允许,不必苛求平台对其处理的任何个人信息都要保证丝毫不差。[92]

合规要点四:画像决策的透明度

有关“算法透明度”的研究早在 2005 年便已出现,随后的十余年,因算法发展受限,“算法透明度”的研究也陷入“沉寂期”,直至 2014 年,与算法相关的事件频发,使“算法透明度”的研究再次成为热点。[93] “算法透明度”包括:第一,公开(狭义算法透明),即公开算法代码、数据和决策树等信息;第二,公开 + 解释(广义算法透明),即不仅要公开算法代码等相关信息,还需要对算法决策作

---

[91] 何为“及时”?《个人信息安全规范》相关规定具有可参考性。根据该规范第 8.7 条的规定,在验证骑手身份后,平台应及时响应骑手提出的请求,应在 30 天内或法律法规规定的期限内作出答复及合理解释。参见江必新、李占国主编:《中华人民共和国个人信息保护法条文解读与法律适用》,中国法制出版社 2021 年版,第 29 – 32 页。

[92] 参见江必新、李占国主编:《中华人民共和国个人信息保护法条文解读与法律适用》,中国法制出版社 2021 年版,第 30 页。

[93] 参见魏远山:《算法透明的迷失与回归:功能定位与实现路径》,载《北方法学》2021 年第 1 期。

出解释。[94]《个人信息保护法》采用了广义的算法透明，即平台不仅要公开算法代码等相关信息，还需要对算法决策作出解释。

"知情权"是指个人有权知晓其个人信息被处理的情况，是一项贯穿全程、保证后续个人信息处理行为和活动具有正当性的基础权利。[95] 知情权是信息主体享有的一般性、概括性权利，同时也是"公开透明原则"的具体体现。在网络环境下，侵害人格权的损害后果具有不可逆性，损害一旦发生，就难以恢复原状，所以给予信息主体以知情权，使信息主体在事前充分知悉自动化决策工具的潜在风险、好处以及这种预测方式的局限性，从而慎重作出自己的"同意"。知情权通常伴随着平台的说明义务，即通过自动化决策方式作出对个人权益有重大影响决定的个人信息处理者，需要向信息主体进行说明与解释。[96]

另外，"透明"在一定程度上体现为平台的个人信息处理行为受到监督，此种监督不仅来自骑手，也来自社会层面与国家管理层面的监督。《个人信息保护法》第17条、第48条、第58条都是公开透明原则的具体体现。

对于外卖平台如何实现画像决策的透明，确保算法使用的合规，我们提出以下建议。

· 全面履行告知义务

骑手有权知悉下列事项：

A. 画像的基本情况：哪些个人信息将被用作画像；平台打算通过画像得出或预测哪些的信息；用于画像的个人信息是否定期更新的，以及更新的周期；其他数据是否影响骑手的画像，如骑手配送后客户是否给予好评、骑手是否存在违反道路安全规范的情况等。

B. 画像（以及基于画像进行的自动化决策）所涉及的逻辑；

C. 告知骑手，自动化决策在多大程度上依赖画像。

D. 在骑手同意的基础上，平台可利用其个人信息产生关于骑手的直接画

---

〔94〕 参见魏远山：《算法透明的迷失与回归：功能定位与实现路径》，载《北方法学》2021年第1期。

〔95〕 参见江必新、李占国主编：《中华人民共和国个人信息保护法条文解读与法律适用》，中国法制出版社2021年版，第144页。

〔96〕 参见杨立新、赵鑫：《利用个人信息自动化决策的知情同意规则及保障——以个性化广告为视角解读〈个人信息保护法〉第24条规定》，载《法律适用》2021年第10期。

像，否则平台只能利用来源于特定骑手以外的个人信息形成间接画像。

· 对画像决策作出具体解释

骑手有权要求平台对画像进行解释说明

①一般性解释：

· 解释范围：对骑手进行画像的目的；画像的主要用途；骑手画像是如何生成的（画像算法的逻辑思路）；生成骑手画像所依据的个人信息；基于画像作出决策对信息主体将产生何种影响等。

· 解释程度：平台只需要向骑手解释到画像算法的逻辑思路层面即可，而不需要向其解释具体的运算方法。[97]

· 解释方式：平台需要以通俗易懂的方式向骑手作出解释。平台应当依据骑手的理解力采用差异化的解释，以便骑手正确理解画像。

②对特定决策进行解释：

平台基于画像进行的自动化决策对骑手权益有“重大影响”[98]决定时，骑手有权要求平台对该决策予以说明。

平台的解释说明存在例外情形。《个人信息保护法》第 18 条、第 35 条规定个人信息处理者不负告知义务的特殊情形，即存在法律、行政法规规定应当保密或不需要告知，告知将妨害国家机关履行法定职责的情形。因此，在上述情形下，平台有权拒绝骑手要求解释说明信息处理规则的请求。[99]

合规要点五：骑手拒绝自动化决策的权利

自动化决策的独特之处在于：处理个人信息活动采取计算机算法自动作出，而不是通过人工方法处理个人信息。跟经过人工处理个人信息的方法相

---

〔97〕 参见吕炳斌：《论个人信息处理者的算法说明义务》，载《现代法学》2021 年第 4 期。

〔98〕 何为“重大影响”，我国《个人信息保护法》并未对此给予说明。欧盟 WP29 给出的判断标准是：该决定必须有可能对有关个人的情况、行为或选择产生重大影响。在最极端的情况下，该决定可能导致对个人的排斥或歧视。See Frederike Kaltheuner, Elettra Bietti, *Data is power: Towards additional guidance on profiling and automated decision - making in the GDPR*, https://www.researchgate.net/publication/322620145_Data_is_power_Towards_additional_guidance_on_profiling_and_automated_decision - making_in_the_GDPR, last visited Dec. 28, 2021.

〔99〕 参见江必新、李占国主编：《中华人民共和国个人信息保护法条文解读与法律适用》，中国法制出版社 2021 年版，第 160 页。

比，缺少个人信息处理者处理个人信息的个人意志的决定要素。[100] 自动化决策具有以下法律特征：首先，自动化决策的主体为个人信息处理者；其次，经计算机程序自动形成决策；再次，自动化决策是基于个人信息作出的；最后，决策将对信息主体产生影响，甚至是对信息主体的人权产生侵害。[101]

自动化决策包括基于识别分析自动化决策和非基于识别分析的自动化决。就《个人信息保护法》第 73 条第 2 项自动化决策的定义（是指通过计算机程序自动分析、评估个人的行为习惯、兴趣爱好或者经济、健康、信用状况等，并进行决策的活动）来看，其并未对基于识别分析自动化决策和非基于识别分析的自动化决策作出明确的区分。依据《个人信息保护法》第 24 条的规定，骑手对自动化决策享有拒绝权，骑手可以拒绝的事项有二：第一，对通过自动化决策方式向个人进行信息推送、商业营销的拒绝；第二，对自动化处理结果的拒绝。在拒绝的时点上，通常为事后拒绝。这是因为个人信息处理者在实施自动化决策之前，个人信息的处理是基于算法"自动"进行，因而无法事前行使拒绝权。[102]

自动化决策中的拒绝权的产生与隐私权紧密相关，在欧洲隐私治理传统中，以完全自动化方式评估或者预测个体，以算法调配和呈现个体生活被认为是以去人性化的方式对个体尊严的数字化贬损。[103] 拒绝权可以在源头就扼制骑手个人信息被过度收集以及进一步使用的可能。为保护信息主体的权益，我国《个人信息保护法》赋予了以拒绝处理为内容的权利，比如，撤回同意、限制处理权、拒绝处理权等。因此，我国《个人信息保护法》存在广泛的"一般性信息处理拒绝权"，信息主体一旦拒绝，就可以彻底退出信息处理过程，完全拒绝信息

---

〔100〕 参见杨立新、赵鑫：《利用个人信息自动化决策的知情同意规则及保障——以个性化广告为视角解读〈个人信息保护法〉第 24 条规定》，载《法律适用》2021 年第 10 期。

〔101〕 参见杨立新、赵鑫：《利用个人信息自动化决策的知情同意规则及保障——以个性化广告为视角解读〈个人信息保护法〉第 24 条规定》，载《法律适用》2021 年第 10 期。

〔102〕 参见杨立新、赵鑫：《利用个人信息自动化决策的知情同意规则及保障——以个性化广告为视角解读〈个人信息保护法〉第 24 条规定》，载《法律适用》2021 年第 10 期。

〔103〕 参见张欣：《免受自动化决策约束权的制度逻辑与本土构建》，载《华东政法大学学报》2021 年第 5 期。

处理者处理其个人信息。[104]

单就画像决策的拒绝权，其内涵是“拒绝个人信息处理者仅通过自动化决策的方式作出决定”。如前文所述，自动化决策有两种，基于画像的自动决策只是其中一种。这种自动化决策产生的个性特征结果（画像）应用于特定个体构成完整的决策。骑手行使拒绝权，就意味着外卖平台不能将该结果应用于其本人。骑手拒绝权的行使在某种程度上会干扰外卖平台的正常运行和经营秩序，因此，在运用画像决策时，就应当有应对个体骑手行使拒绝权的准备。同时为防范骑手滥用拒绝权，亦可以明确拒绝权行使的合理条件，引导骑手理性行使权利。

· 拒绝权行使的条件可以设置为：

第一，通过自动化决策的方式向骑手进行信息推送，骑手勾选“拒绝”选项时；

第二，通过自动化决策方式作出对骑手权益有重大影响的决定时。

---

〔104〕 参见杨立新、赵鑫：《利用个人信息自动化决策的知情同意规则及保障——以个性化广告为视角解读〈个人信息保护法〉第 24 条规定》，载《法律适用》2021 年第 10 期。

涉电商平台食品安全法律问题研究

王桦宇*

习近平总书记在党的十九大报告中提出全新论断,我国社会主要矛盾已经转化为人民日益增长的美好生活需要和不平衡不充分的发展之间的矛盾。其中的美好生活当然包括衣食住行等各个方面。随着互联网技术的广泛运用,电商平台强势崛起,网络平台派送促进了网络食品交易的便捷性,使外卖订餐行业备受消费者喜爱。与传统餐饮相比,网络餐饮的传输链条更长,给食品安全管理带来了严峻的考验,也让网络订餐平台常常处于舆论与监管的风口。食品安全关系民生福祉,为加强对网络餐饮服务食品安全的监管,从2015年《食品安全法》开始,国家相继出台了一系列与网络食品安全相关的法律法规,明确网络餐饮第三方平台以及平台内餐饮商户在保障食品安全方面的法律责任。

食品安全关系到国家和社会的稳定发展,关系到民众的生命健康权利。为保证食品安全,保障公众身体健康和生命安全,国家一直很重视食品安全立法,1965年8月制定发布《食品卫生管理试行条例》,1979年8月发布并实施《食品卫生管理条例》,1995年10月食品安全领域的第一部法律《食品卫生法》发布并实施,2009年6月《食品卫生法》随着《食品安全法》的实施而废止,至此,我国食品安全立法体例正式形成。《食品安全法》经2015年、2018年、2021年三次修改,后两次均是修正,目前该法的体例以2015年修订为主。

---

* 王桦宇,法学博士,上海交通大学凯原法学院副教授。

一、电商平台的地位和作用

“电商”一词起源于 IBM 公司，该公司于 1996 年创造了 Electronic Commerce 这一概念。澳大利亚学者戈登·鲍易斯对电子商务的范围进行了界定：“狭义的电子商务指专门借助于互联网进行电子交易的经营主体，广义的电子商务指围绕网上交易而汇聚起来的一条完整的产业链条。”〔1〕从世界范围来看，电子商务的发展主要经历了两个阶段：第一个阶段为 20 世纪 60－90 年代，这个阶段是电子商务的雏形期，当时互联网尚未普及，各贸易商为了增强交易信息传递的效度，专门组建了基于贸易伙伴之间的局域性数据信息交互网络，简称 EDI（Electronic Data Interchange）；第二个阶段为 20 世纪 90 年代之后，此时，美国率先推出“信息高速公路计划”，它是由通信网络、计算机、数据库以及日用电子产品组成的完备网络体系，能给用户随时提供大量信息。自此，国际信息网络大范围铺开，为网络贸易的发展赢得了难得的契机。〔2〕

（一）电商经济的崛起和发展

作为电子商务发展进程中的重要角色，电子商务平台在中国网络零售市场中也表现突出。《2020 年（上）中国网络零售市场数据监测报告》显示：2019 年中国网络零售市场交易规模达 10.32 万亿元，占 2019 年中国社会消费品零售总额的 25.07%；2020 年上半年社会消费品零售占比达到 31.1%，首度超过三成。其中，社会消费品零售占比从超一成到两成花了 4 年，从两成到超三成只花了 2 年，时间上缩短一半。2020 年上半年，国内网络零售市场交易规模达 5.36万亿元，其中，拼多多网站成交金额为 6482 亿元，苏宁易购为 1347.96 亿元，唯品会为 673 亿元，云集为 148 亿元，蘑菇街为 55.4 亿元。预计 2020 年全年网络零售达 12.33 万亿元，同比增长 19.45%。受到新冠肺炎疫情的影响，2020 年上半年零售电商开局业绩受到较大冲击。在此影响下，“直播带货”新

---

〔1〕［澳］戈登·鲍易斯：《现代商务发展史》，王惠译，中国社会科学出版社 2004 年版，第 64－74 页。

〔2〕参见黄鑫、周永刚：《从阿里巴巴上市看中国电子商务的历史、现状与发展》，载《商业研究》2015 年第 12 期。

业态迅速崛起，各大电商平台均开始发力，把“直播带货”推向“全民带货”时代。放眼近5年，从2015年到2020年，网络零售交易规模持续增长。2015－2017年，增速保持在超30%，此后保持在20%左右。[3] 在这样的一个形势之下，电子商务平台理所当然地成为我国《电子商务法》的主要调整对象。

（二）电商平台的类型和角色

从经济学的角度来理解互联网平台的话，平台是一种基于外部生产者和消费者之间的价值来提供支持、整合信息、创造互动的商业模式，它为各客户群体之间的互动赋予了开放的参与式架构，并为此设定了相应的治理规则。[4] 电子商务平台是随着电子商务行业发展新出现的一类主体，既不同于传统的消费法律关系中的直接经营者，又不同于传统的网络服务提供商，具有一定的特殊性，为了与之相适应，《电子商务法》单独设置“电子商务平台经营者”这一主体类型。《电子商务法》第9条规定：“本法所称电子商务经营者，是指通过互联网等信息网络从事销售商品或者提供服务的经营活动的自然人、法人和非法人组织，包括电子商务平台经营者、平台内经营者以及通过自建网站、其他网络服务销售商品或者提供服务的电子商务经营者。本法所称电子商务平台经营者，是指在电子商务中为交易双方或者多方提供网络经营场所、交易撮合、信息发布等服务，供交易双方或者多方独立开展交易活动的法人或者非法人组织。本法所称平台内经营者，是指通过电子商务平台销售商品或者提供服务的电子商务经营者。”将平台经营者和平台内经营者作出区分并分类管理。

有学者认为平台企业可以归纳为三类：第一类是设立、掌控、运营平台的平台设立企业，与我国《电子商务法》规定中所指的平台经营企业相似；第二类是承包平台内项目模块及从事区域代理合作的企业，我们称为平台要素企业；第三类是在平台中从事具体的商品及服务交易的平台内经营者，与我国《电子商务法》规定中所指平台内经营企业相似。平台要素企业不同于其他两者，企业

---

〔3〕 参见《2020年（上）中国网络零售市场数据监测报告》，载网经社网2020年12月21日，http://www.100ec.cn/zt/2020slsdsbg/。

〔4〕 ［美］杰奥夫雷·G.帕克（Geoffrey G. Parker）、［美］马歇尔·W.范·埃尔斯泰恩（Marshall W. Van Alstyne）、［美］桑基特·保罗·邱达利（Sangeet Paul Choudary）：《平台革命：改变世界的商业模式》，志鹏译，机械工业出版社2017年版，第3页。

人格独立，是平台不可缺少的辅助者，主要为平台提供服务，但不是平台中交易标的，即具体的商品或服务的提供者。[5]

（三）电商平台应承担的义务

回顾《电子商务法》的立法过程，该法从提出到表决通过，前后历时整整 5 年，其间历经四次全国人民代表大会常务委员会审议。在该法的第三次审议过程中，草案曾规定："电子商务平台经营者知道或者应当知道平台内经营者销售的商品或者服务不符合保障人身、财产安全的要求，或者有其他侵害消费者合法权益行为，未采取必要措施的，依法与该平台经营者承担连带责任。"该规定引起平台经营者的强烈反对。平台经营者认为，连带责任对于平台经营者来说过于严苛，将大大增加平台经营者的经营成本。随后，在该法的第四次草案审议稿中，立法机关将平台经营者连带责任改成了补充责任，这又引发消费者的强烈不满。中国消费者协会于 2018 年 9 月发表的观点声明，平台经营者作为风险引入者、受益者和控制者，不应视为与平台内经营者无关的法律意义上的"第三人"，不应与 2009 年《侵权责任法》第 37 条第 2 款，即现行《民法典》（侵权责任编）第 1198 条第 2 款的规定作相同处理，使之承担"补充责任"。[6] 两方利益难以协调，该法条最终稿依然没有对平台经营者的责任作出明确规定，[7] 只是用了相应责任的表述，留由具体司法实践。

以网络订餐服务平台经营者责任为例，2021 年 1 月 1 日实施的《最高人民法院关于审理食品安全民事纠纷案件适用法律若干问题的解释（一）》（以下简称《食品安全纠纷案件解释一》）中提出了"首负责任制"的概念。"首负责任制"是指接到消费者赔偿要求的生产经营者，应当实行首负责任制，先行赔付，

---

〔5〕 参见李骏、宋嘉玲：《互联网平台用工方式及责任的解构与重构——以生产要素的集成方式为视角》，载《中国应用法学》2021 年第 4 期。

〔6〕 参见《中消协观点：贯彻落实〈电子商务法〉切实保护消费者合法权益》，载中国消费者协会网 2018 年 9 月 25 日，http://www.cca.org.cn/zxsd/detail/28217.html。

〔7〕 参见《电子商务法》第 38 条规定："电子商务平台经营者知道或者应当知道平台内经营者销售的商品或者提供的服务不符合保障人身、财产安全的要求，或者有其他侵害消费者合法权益行为，未采取必要措施的，依法与该平台内经营者承担连带责任。对关系消费者生命健康的商品或者服务，电子商务平台经营者对平台内经营者的资质资格未尽到审核义务，或者对消费者未尽到安全保障义务，造成消费者损害的，依法承担相应的责任。"

不得推诿;属于生产者责任的,经营者赔偿后有权向生产者追偿;属于经营者责任的,生产者赔偿后有权向经营者追偿。"首负责任制"以对消费者的赔偿责任作为出发点,对有关责任的承担方式作了进一步规定。

从法律经济学的物品性质角度分析,个人食品安全具有"限用性和争用性"的性质,属于私用品。[8] 但涉及包含公共信息的网络食品安全有"限用性"而不具备"争用性",属于集体共享品,关乎社会公共安全。产生食品安全问题后的公共安全影响、舆情影响、产业发展影响等外部性的出现,使资源效率使用难以顺利实现。[9] 正是由于网络订餐的食品安全问题,按法律经济学的物品属性分析,具有"集体共享"性质,商户在网络订餐服务中作为完全的私主体,不宜承担主要食品安全责任,而具有"集体"属性的第三方平台承担主要责任更为适合。我国最高人民法院发布的《食品安全纠纷案件解释一》确定第三方平台"首负责任制",既印证了在食品安全问题上第三方平台应承担主要责任,也符合社会经济发展规律,有利于增进社会总体福利。易发生滥用优势地位行为的平台,不仅应以行为主体具有优势地位为审查要件,还需要判断"交易相对方对交易方的依赖性,交易方的市场地位及足够的、可预期的转向可能性"。[10] 从防止滥用优势地位的角度,第三方平台也负有更多的责任与义务。[11]

(四)电商平台与其他主体的关系

网络平台经营者与其他主体的关系可以划分为对内和对外两部分。对内的法律关系主要存在平台设立企业、平台要素企业与平台内经营者之间,对外的法律关系主要存在与消费者和从业者之间。[12] 针对平台经营者对外的法律关系,具体分析如下。

---

〔8〕 参见冯博、王玥:《以法律经济学的视角看食品安全领域法律实施方式及其适用范围》,载《法律适用》2016 年第 6 期。

〔9〕 参见魏建:《法经济学:分析基础与分析范式》,人民出版社 2007 年版,第 50 - 62 页。

〔10〕 王玉辉:《滥用优势地位行为的违法性判定与规制路径》,载《当代法学》2021 年第 1 期。

〔11〕 参见陈灿平、韩薇薇:《网络订餐第三方平台食品安全责任的法律经济学分析》,载《当代法学》2021 年第 4 期。

〔12〕 参见李骏、宋嘉玲:《互联网平台用工方式及责任的解构与重构——以生产要素的集成方式为视角》,载《中国应用法学》2021 年第 4 期。

1. 平台经营者与消费者之间的法律关系

消费者通过平台下单商品或服务，其与平台内商品经营者或服务提供者是直接交易关系，而平台设立企业一般与消费者仅形成服务合同关系。但是也需要根据相关行业或经营模式的特殊性来具体确定，如《网络预约出租汽车经营服务管理暂行办法》第 16 条规定了“网约车平台公司承担承运人责任，应当保证运营安全，保障乘客合法权益”。在此，平台设立企业与网约车乘客之间形成运输合同的法律关系。

2. 平台经营者与平台从业者之间的法律关系

平台设立企业用工策略的变化影响了其与从业者之间的法律关系。在平台发展初期，平台设立企业为了形成稳定的劳务服务群体，会与从业者签订劳动合同，从业者基于劳动关系享受相应的劳动保障和福利待遇。当市场规模扩大后，由于平台业务开展的需要，平台设立企业无法承载大量的劳动密集型员工，为了减轻人力成本和降低法律风险，平台设立企业先与平台要素企业进行合作，再由其招募、管理从业者，一般情况下平台要素企业与从业者之间形成劳动关系，适用劳动法的相关规定。

以外卖骑手为例，外卖骑手主要分为专送骑手和众包骑手。专送骑手与平台设立企业之间不存在劳动关系〔13〕，专送骑手与配送商之间的关系更加紧密且通常有相关协议加以约束。故法院通过考察配送商与外卖骑手之间是否有缔结劳动合同的意愿、配送商对外卖骑手是否进行日常管理、外卖骑手劳动报酬的发放来源等因素来综合认定配送商与外卖骑手之间是否存在劳动关系。但上述因素受个案影响很大，有的法院将双方认定为劳动关系或事实劳动关系，〔14〕有的法院则认定为劳务关系或承揽关系。〔15〕 近年来，平台设立企业为了吸纳更多的劳动力，推行自由度更高的“众包模式”，即众包骑手，又称自雇骑手。任何人只要有闲暇时间都可以进行配送，没有接单数量要求，自由度更大，只在注册信息审核、配送费结算支付及举报投诉处理等方面受该地区配送商的

〔13〕 参见上海市第二中级人民法院民事判决书，(2019)沪 02 民终 3226 号。

〔14〕 参见北京市西城区人民法院民事判决书，(2018)京 0102 民初 43957 号。

〔15〕 参见河南省郑州市中级人民法院民事判决书，(2019)豫 01 民终 21145 号。

管理。[16] 由于自雇从业者与平台设立企业之间没有相应的劳动或劳务协议，难以认定其劳动者身份，在司法实务中一般是认定此类从业者与平台设立企业不存在劳动关系。[17]

笔者以“电子商务法”为关键词，以“全文”为限制条件，在北大法宝网站检索到相关裁判文书2378篇，以“裁判依据”为限制条件，检索到相关文书1206篇。[18] 在检索到的一千多起案件中，有大量被告相同的案件。笔者择两起典型案例分析如下：

案例一：平台内经营者销售假冒食品，平台经营者应否承担连带责任

1. 基本案情：某百货店于某在电子商务平台开设了网络店铺“某名酒折扣店”。店铺“服务保障”页面显示“假一赔十”，即若收到商品是假冒品牌，可获得十倍现金券赔偿。2020年6月23日，消费者在上述店铺购买涉案食品，支付价款490元。消费者收到涉案食品后，认为并非正品，遂于2020年6月26日联系百货店的客服，客服先是否认假货，后在消费者一再追问下，客服又表示“都是我们的错”，希望消费者体谅一下“小本生意”。同月27日，消费者电话与电商平台公司的工作人员联系。电商平台公司的工作人员表示，如果涉案食品确认为假货，将给予十倍“团优惠券”的补偿。同年7月9日，消费者联系百货店的客服主张十倍赔偿，客服不予认可。在消费者指出百货店负有十倍赔偿的法律责任时，客服人员表示消费者“购买的时候不应该贪小便宜”。同日，消费者收到退款490元。涉案食品现已下架停止销售。

2. 裁判结论：消费者、百货店就涉案食品订立的网络购物合同系双方当事人真实意思表示，且不违反法律、行政法规的效力性、强制性规定，应为合法有效，对双方当事人均有约束力。百货店作为食品销售者，对食品的安全性负有基本的审核义务，并应当提供证据证明所售食品符合食品安全标准。根据查明的事实，百货店销售的涉案食品应推定为不安全食品。百货店向消费者销售不

---

〔16〕 参见李骏、宋嘉玲：《互联网平台用工方式及责任的解构与重构——以生产要素的集成方式为视角》，载《中国应用法学》2021年第4期。

〔17〕 参见谢增毅：《互联网平台用工劳动关系认定》，载《中外法学》2018年第6期。

〔18〕 参见北大法宝网，https://www.pkulaw.com。

安全食品的行为可能对我国的食品安全以及消费者合法权益造成危害。消费者有权依据《食品安全法》第148条的规定主张相当于购买价款十倍的赔偿责任。关于消费者要求电商平台公司就百货店的十倍赔偿责任承担连带清偿责任的诉请,法院认为,电商平台公司作为网络平台经营者,已经尽到了对百货店相应经营资质的审核义务,也能提供百货店的联系方式,涉案食品亦已下架停止销售,不存在《电子商务法》第38条规定的应当承担连带责任的情形。据此,消费者诉请判令电商平台公司就百货店的十倍赔偿责任承担连带清偿责任,缺乏事实及法律依据,法院不予支持。[19]

案例二:骑手送餐过程中侵害他人权益,平台经营者应否承担连带责任

1. 基本案情:2019年9月24日9时许,骑手B驾驶二轮电动驱车派送外卖订单行驶到A公司门口时,擦碰A公司停放在其门口的汽车,造成车辆部分损坏的交通事故。发生事故后,骑手B驾驶二轮电动驱车驶离现场。2019年10月10日,某县公安局交通警察大队作出道路交通事故认定书,认定骑手B负此次事故的全部责任。2019年8月9日,北京某平台经营者与海安某信息技术服务公司签订《外卖合作协议》,协议约定"海安某信息技术服务公司应按照法律规定雇佣/聘用人员或其他服务人员,并自行解决因其用工产生的一切争议或纠纷,负责配送服务期间发生的所有用工风险或给任何第三方造成的人身伤害和损失,并保证北京某平台经营者免责"。2019年12月4日,海安某信息技术服务公司发出情况说明,认可骑手B系其员工,从事外卖配送业务,承诺会将骑手B与A公司机动车交通事故纠纷妥善处理。

2. 裁判结论:关于北京某平台经营者应否承担连带赔偿责任的问题。首先,根据一审庭审查明的事实,骑手B与北京某平台经营者不存在劳动关系或劳务关系;其次,根据各方陈述及《外卖合作协议》,该北京公司仅系网络平台经营者,为商户和用户提供交易平台;最后,本案所涉配送人员骑手B系海安公司员工,与北京公司无关,北京某平台经营者对配送行为没有监管职责。[20]

---

〔19〕 参见上海市长宁区人民法院民事判决书,(2020)沪0105民初22999号。

〔20〕 参见河南省周口市中级人民法院民事判决书,(2020)豫16民终1112号。

二、现行平台食品安全执法规范梳理

关于平台对食品负有安全义务和责任的法律规定，目前集中在《食品安全法》《食品安全法实施条例》《网络餐饮服务食品安全监督管理办法》《网络食品安全违法行为查处办法》《食品安全纠纷案件解释一》等法律、行政法规、部门规章、司法解释的规定中。

（一）平台提供者的法定义务

在上述规定中，平台方区分为网络食品交易第三方平台提供者以及自建网站交易的食品生产经营者。经梳理，平台方主要负有以下义务。

1. 接受管理、监督的义务

（1）接受政府职能部门管理

主要内容：批准建立、主动备案。平台提供者的建立应当取得通信主管部门批准，并应当在获批的30个工作日内向所在地省级市场监督管理部门（网络食品交易第三方平台提供者）或市、县级市场监督管理部门（自建网站交易的食品生产经营者）备案，取得备案号。备案信息包括域名、IP地址、电信业务经营许可证、企业名称、法定代表人或者负责人姓名、备案号等。

法律依据：《网络食品安全违法行为查处办法》第8条、《网络餐饮服务食品安全监督管理办法》第5条。

违反后果：责令改正，给予警告。拒不改正的，处以5000元以上3万元以下罚款。

（2）配合违法查处

主要内容：平台提供者和通过自建网站交易食品的生产经营者应当记录、保存食品交易信息，保存时间不得少于产品保质期满后6个月；没有明确保质期的，保存时间不得少于2年。

一旦出现食品安全或违法问题，第三方平台提供者和食品生产经营者应当配合市场监督管理部门对网络食品安全违法行为的查处，按照市场监督管理部门的要求提供网络食品交易相关数据和信息。

法律依据：《食品安全法实施条例》第32条，《网络餐饮服务食品安全监督管理办法》第 15 条,《网络食品安全违法行为查处办法》第 5 条、第 13 条。

违反后果:责令改正,给予警告。拒不改正的,处以 5000 元以上 3 万元以下罚款。

(3)接受消费者监督

主要内容:平台提供者应当建立投诉举报处理制度,公开投诉举报方式,对涉及消费者食品安全的投诉举报及时进行处理。

法律依据:《网络餐饮服务食品安全监督管理办法》第 17 条、《网络食品安全违法行为查处办法》第 10 条。

2. 对食品经营者的管理义务

(1)审查义务

主要内容:审核食品经营者的主体资格。平台提供者应当对入网食品经营者进行实名登记,明确其食品安全管理责任;依法应当取得许可证的,还应当对许可证进行审查,登记入网餐饮服务提供者的名称、地址、法定代表人或者负责人及联系方式等信息,保证入网餐饮服务提供者的食品经营许可证载明的经营场所等许可信息真实。

法律依据:《食品安全法》第 62 条、《食品安全纠纷案件解释一》第 3 条、《网络餐饮服务食品安全监督管理办法》第 8 条、《网络食品安全违法行为查处办法》第 11 条。

违反后果:依《食品安全法》第 131 条规定处罚:责令改正,没收违法所得,并处 5 万元以上 20 万元以下罚款;造成严重后果的,责令停业,直至原发证部门吊销许可证;使消费者的合法权益受到损害的,应当与食品经营者承担连带责任。

(2)抽查、检测义务

主要内容:平台提供者应当设置专门的网络食品安全管理机构或者指定专职食品安全管理人员,对平台上的食品经营行为及信息进行抽查和监测。确保食品经营行为持续合规,确保线上线下餐食服务同标同质,不得存在委托代加工等行为。如发现入网餐饮服务提供者存在违法行为的,应当及时制止并立即报告餐饮服务提供者所在地县级市场监督管理部门;发现严重违法行为的,应当立即停止提供网络交易平台服务。

法律依据:《食品安全法》第62条、《网络餐饮服务食品安全监督管理办法》第16条、《网络食品安全违法行为查处办法》第14条。

违反后果:未对入网餐饮服务提供者的经营行为进行抽查和监测的:责令改正,给予警告。拒不改正的,处以5000元以上3万元以下罚款。未及时制止并立即报告,或未立即停止服务,依《食品安全法》第131条规定处罚:责令改正,没收违法所得,并处5万元以上20万元以下罚款;造成严重后果的,责令停业,直至原发证部门吊销许可证;使消费者的合法权益受到损害的,应当与食品经营者承担连带责任。

3. 流通保障义务

(1)送餐人员审核培训

主要内容:第三方平台提供者和入网餐饮服务提供者应当加强对送餐人员的食品安全培训和管理。委托送餐单位送餐的,送餐单位应当加强对送餐人员的食品安全培训和管理。平台应当保障送餐人员个人卫生,保证送餐人员不会出现发热、腹泻等有碍食品安全的病症。同时,平台还应当关心送餐人员的身心健康,保障其合法权益。

法律依据:《食品安全法》第45条、《网络餐饮服务食品安全监督管理办法》第13条。

违反后果:责令改正,给予警告。拒不改正的,处以5000元以上3万元以下罚款。

(2)保障配送质量

主要内容:第三方平台提供者提供食品容器、餐具和包装材料的,所提供的食品容器、餐具和包装材料应当无毒、清洁。鼓励使用可降解的食品容器、餐具和包装材料。不具备冷链配送条件的,不应当配送冷菜、生食。配送熟食的应当标注食品的制作时间和安全食用期限。

法律依据:《网络餐饮服务食品安全监督管理办法》第12条。

违反后果:根据《食品安全法》第132条的规定处罚,责令改正,给予警告;拒不改正的,责令停产停业,并处1万元以上5万元以下的罚款;情节严重的,吊销许可证。

4. 平台自身建设义务

(1)建章立制

主要内容:第三方平台提供者应当建立并执行入网餐饮服务提供者审查登记、食品安全违法行为制止及报告、严重违法行为平台服务停止、食品安全事故处置等制度,并在网络平台上公开相关制度。第三方平台提供者应当设置专门的食品安全管理机构,配备专职食品安全管理人员,每年对食品安全管理人员进行培训和考核。培训和考核记录保存期限不得少于 2 年。经考核不具备食品安全管理能力的,不得上岗。

法律依据:《网络餐饮服务食品安全监督管理办法》第 6 条、第 7 条,《网络食品安全违法行为查处办法》第 10 条。

违反后果:责令改正,给予警告。拒不改正的,处以 5000 元以上 3 万元以下罚款。

(2)信息公示

主要内容:第三方平台提供者和入网餐饮服务提供者应当在网上公示餐饮服务提供者的名称、地址、量化分级信息,公示的信息应当真实。如果有变更,应当及时更新。

法律依据:《网络餐饮服务食品安全监督管理办法》第 10 条。

违反后果:责令改正,给予警告。拒不改正的,处以 5000 元以上 3 万元以下罚款。

(二)平台义务的履行

1. 对平台内食品经营者实名登记义务。在网络餐饮服务中,消费者借助平台在线上自由选择并订餐,后有快递员进行配送,因其模式的特殊性,加工制作的食品,并非如预包装食品一样对食品相关信息进行标注,消费者对食品的具体信息无法全面了解,部分入网餐饮服务的提供者还存在“阴阳地址”“多店一证”等情形。因此,平台提供者在此种情况下通过其对入网食品经营者具有的一定把控能力,在技术上对入网食品经营者的身份进行核实,可以抵消因网络餐饮服务特点而造成的消费者对食品的具体信息无法全面了解的负面作用。

2. 审查平台内食品经营者许可证义务。行政许可是指行政机关根据公民、法人或其他组织的申请,经依法审查,准予其从事特定活动的行为。《食品安全法》第35条第1款规定:“国家对食品生产经营实行许可制度。从事食品生产、食品销售、餐饮服务,应当依法取得许可。但是,销售食用农产品和仅销售预包装食品的,不需要取得许可。仅销售预包装食品的,应当报所在地县级以上地方人民政府食品安全监督管理部门备案。”故从类别上看,食品领域平台内的经营者需取得食品生产许可、食品经营许可、食品流通许可、餐饮服务许可等。平台应定期审查,及时要求不符合规定的相关经营者停止食品经营活动。

3.发现违法行为及时制止并履行报告义务。该义务在广义上应属于平台提供者采取必要措施的义务。对违法行为的发现既可以是平台提供者在主动监管过程中发现,也可以是接到消费者投诉后发现。及时制止针对的是某一特定违法行为,该违法行为属于一般违法,且危害性不大,通过制止即能避免潜在消费者受到损害。平台提供者及时制止违法行为的法定义务与《民法典》第1195条规定的网络服务提供者采取删除、屏蔽、断开链接等必要措施的义务具有一致性。

4.停止提供网络交易平台服务义务。针对平台内食品经营者的严重违法行为,因其危害性较大,出于对消费者身体健康和生命安全考虑,首先对该经营主体停止提供网络交易平台服务,以防止损失进一步扩大。及时制止义务针对的是某一特定违法行为,停止提供网络交易平台服务则针对实施严重违法行为的特定主体。该义务与《食品安全法》规定的网络交易平台提供者未采取必要措施应承担连带责任相互呼应。

案例三:上海某科技有限公司济南分公司未履行平台责任案

1.基本案情:2020年6月,山东省济南市市场监督管理局通过互联网和大数据对网络订餐第三方平台进行监控和异常数据抓取时发现,“某”订餐平台上的两家入网餐饮业户曹某(济南槐荫欣怡快餐店)、王某(济南市长清区香当当快餐店)涉嫌存在未取得食品经营许可证、未公示相关信息等违法行为。执法人员立即对“某”经营主体上海某科技有限公司济南分公司进行现场检查,但在“某”平台上未发现两店铺相关信息。执法人员现场展示了济南市市场监督管理局抓取的两段视频,视频显示在“某”平台上“济南槐荫欣怡快餐店”“济南市长清区香当当快餐店”展示有营业执照，未见食品经营许可证以及量化分级信息，上海某科技有限公司济南分公司负责人员对视频予以认可。

2020年6月11日，执法人员对曹某（济南槐荫欣怡快餐店）、王某（济南市长清区香当当快餐店）进行调查，并对上海某科技有限公司济南分公司立案调查。经查，曹某（济南槐荫欣怡快餐店）未取得食品经营许可证，王某（济南市长清区香当当快餐店）2016年10月16日取得食品经营许可证，量化分级为B级；上海某科技有限公司济南分公司未严格履行平台责任，未对曹某（济南槐荫欣怡快餐店）的食品经营许可证进行审查，未公示王某（济南市长清区香当当快餐店）食品经营许可证以及量化分级信息。

2. 裁判结论：上海某科技有限公司济南分公司未对入网餐饮服务提供者的食品经营许可证进行审查的行为，违反了《食品安全法》第62条、《网络餐饮服务食品安全监督管理办法》第8条的规定，济南市市场监督管理局依据《食品安全法》第131条、《网络餐饮服务食品安全监督管理办法》第31条规定，对该单位处以20万元罚款；未公示入网餐饮服务提供者的食品经营许可证、量化分级信息的违法行为违反了《网络餐饮服务食品安全监督管理办法》第9条、第10条的规定，鉴于市场监管部门已就该单位未按要求进行信息公示和更新的违法行为给予过警告的行政处罚，依据《网络餐饮服务食品安全监督管理办法》第32条的规定，济南市市场监督管理局给予该单位3万元罚款。经综合裁量，对上海某科技有限公司济南分公司处以罚款23万元的行政处罚。

（三）平台违反食品安全义务的责任

平台需要承担食品安全责任的情形，主要分为以下两种：一是平台为其本身自营业务，作为食品经营者承担责任；二是平台因未落实对食品经营者的管理义务，给消费者造成损害而承担的连带赔偿责任。

1. 平台提供者作为食品经营者承担责任的情形

根据《食品安全纠纷案件解释一》第2条的规定，平台提供者以标记自营业务方式所销售的食品或者虽未标记自营但实际开展自营业务所销售的食品不符合食品安全标准，消费者依据《食品安全法》第148条规定主张平台提供者承担作为食品经营者的赔偿责任的，人民法院应予支持。平台提供者虽非实际开展自营业务,但其所作标识等足以误导消费者让消费者相信系平台提供者自营,消费者依据《食品安全法》第 148 条规定主张平台提供者承担作为食品经营者的赔偿责任的,人民法院应予支持。

该条文是对平台提供者自营业务应承担的民事责任的规定,包括:(1)平台提供者以自营方式向消费者销售食品的情形,又分为标记自营和实际自营;(2)平台提供者给消费者造成自营误导的情形。针对上述情形,消费者均有权向平台提供者主张承担食品经营者责任。

平台提供者未以显著方式区分标记自营业务和平台内经营者开展的业务,一般体现为以下两种情形:一是平台提供者未以显著方式标记自营但实际开展自营业务的。例如,平台内所售商品均系自营,但平台提供者未作标识;平台内所售商品包括自营和平台内经营者开展的业务,但平台提供者未予以标识区分,等等。二是平台提供者虽未实际开展自营业务但其所作标识足以给消费者造成自营误导的。这里的"所作标识"系指平台提供者所作标识,不包括实际的平台内经营者作出自营标识而平台未尽审核、查验、纠正等义务的情形,后者应适用《食品安全纠纷案件解释一》第 3 条的规定处理。此处的第二种情形也包括销售主体模糊的情况,如平台提供者标记自营,实际上系子公司或关联公司销售,消费者在购买时对实际的经营者缺乏清晰认识,只能通过购买后的申请开具发票或申请维权等行为才能知晓实际的经营者。

对第一种情形,从法律关系的角度分析,交易双方系平台提供者与消费者,故一并纳入平台提供者开展自营业务承担经营者责任的范畴,即适用《食品安全纠纷案件解释一》第 2 条第 1 款。因此,该条第 2 款的自营误导仅针对第二种情形下的自营误导,下文的"自营误导"亦仅指第二种情形下的自营误导。

对第二种情形,从合同关系的角度分析,交易双方系实际的平台内经营者与消费者,平台提供者系为交易双方或者多方提供网络经营场所、交易撮合、信息发布等服务的第三方。因此,消费者有权要求平台提供者提供销售者的真实名称、地址和有效联系方式,并根据《食品安全法》第 148 条的规定,向实际的平台内经营者主张经营者责任。此时平台提供者所作的足以给消费造成自营误导的标识,无论是与实际的平台内经营者有利益关联,还是擅自标注,抑或误标等,均不影响平台提供者知道或应当知道其不当标记行为会对消费者造成平台提供者系交易相对方的误导。由于消费者基于对平台提供者口碑、商誉及售后等方面的信赖作出交易选择,因此,该自营误导应视为平台提供者对消费者作出的承担经营者责任的承诺。相较于实际的平台内经营者的经营者责任,该承诺更有利于消费者。根据《消费者权益保护法》第 44 条第 1 款的规定,网络交易平台提供者作出更有利于消费者的承诺的,应当履行承诺,因此,消费者也有权要求平台提供者承担经营者责任。还有观点认为,平台提供者自营误导的,可以适用《消费者权益保护法》第 45 条第 2 款,广告经营者、发布者设计、制作、发布关系消费者生命健康商品或者服务的虚假广告,造成消费者损害的,应当与提供该商品或者服务的经营者承担连带责任,即将平台提供者界定为广告发布者的角色。但我们认为,广告发布者的责任系建立在明知或者应知广告虚假仍为实际的平台内经营者发布的基础上,而平台提供者对消费者的自营误导情形,如前文所述,或是与实际的平台内经营者有利益关联,或是擅自标注,或是误标等,且非局限于广告发布者角色,外延范围更大。

《食品安全纠纷案件解释一》第 2 条制定的法律依据系《食品安全法》第 148 条,该条包括了经营者的首负责任和惩罚性赔偿责任。因此,平台提供者开展自营业务或者给消费者造成自营误导的,所承担的经营者责任包括首负责任和惩罚性赔偿责任。具体的责任承担上,首负责任应结合《食品安全纠纷案件解释一》第 1 条认定,惩罚性赔偿责任应结合《食品安全纠纷案件解释一》第 6 条认定。

平台提供者向消费者承担经营责任后,是否有权向生产者或实际的平台内经营者追偿的问题,应当根据法律规定或者合同约定确定,如平台提供者承担经营者首负责任的法定追偿权,平台提供者与生产者、实际经营者约定的追偿权等。实践中,平台提供者也可能在自营误导情形下不享有对实际的平台内经营者的追偿权,如平台提供者与平台内经营者约定免除追偿权等。对于平台提供者为了自身利益擅自标注自营或者误标自营,能否向实际的平台内经营者追偿的问题,一般认为,该种情况下平台提供者的自营误导虽未经实际的平台内经营者同意或与实际的平台内经营者存在共意,即实际的平台内经营者对平台提供者的自营误导不存在过错,但因所售食品系来源于实际的平台内经营者,除自营误导以外的销售内容系实际的平台内经营者提供、制作、发布等,实际的平台内经营者也因该自营误导而获得销售利益,故不能免除实际的平台内经营者的经营者责任,平台提供者有权向实际的平台内经营者追偿,双方另有约定或法律另有规定的除外。

2. 平台承担连带责任的情形

根据《食品安全纠纷案件解释一》第3条的规定,平台违反《食品安全法》第62条和第131条的规定,未对入网食品经营者进行实名登记、审查许可证,或者未履行报告、停止提供网络交易平台服务等义务,使消费者的合法权益受到损害的,应当与食品经营者承担连带责任。

关于食品领域第三方平台责任的法律规定,《民法典》《电子商务法》《消费者权益保护法》《食品安全法》均有涉及。其中,对于连带责任形态,《民法典》规定了网络服务提供者接到通知后,未根据具体情况采取必要措施对损失扩大部分所应承担的连带责任;《食品安全法》中规定了网络食品交易第三方平台提供者未履行法定义务使消费者合法权益受到损害情形下的连带责任;《消费者权益保护法》和《电子商务法》均规定了网络交易平台提供者、平台提供者未采取必要措施情形下侵害消费者权益的连带责任;《电子商务法》还规定了未尽审核义务和安全保障义务情形下造成消费者损害的相应责任。由此可见,连带责任存在于众多侵害消费者合法权益的情形之中。

连带责任是在法律规定或当事人约定范围内基于某种特定法律关系的多个民事主体中任何一主体应对全部法律后果承担责任的情形。《食品安全纠纷案件解释一》第3条将食品安全领域平台提供者违反特定义务造成消费者权益受损的责任规定为连带责任,系出于对食品安全领域消费者权益最大保护的原则考量。根据本条规定,承担连带责任的情形主要有以下两种:

一是未尽实名登记及审查许可证等审核义务,使消费者合法权益受到损害的,消费者有权要求平台提供者和平台内食品经营者承担连带责任。未尽实名登记义务,说明平台提供者未对平台内食品经营者的主体信息进行核实并登记。消费者在信息不对称的网络环境中将无法识别平台内食品经营者的真实信息,无法在主体选择上进行充分判断。同时,在平台提供者未尽许可证审查义务时,消费者对平台内食品经营者相关资质可能产生错误认知,并基于该认知购买食品。上述情形中,平台提供者未能履行相应审核义务,使消费者合法权益受到损害的,消费者有权要求平台提供者承担连带责任。平台提供者承担连带责任的,可根据其与平台内食品经营者就造成消费者合法权益受到损害的原因或依据相关约定,对双方内部责任承担进行划分。

二是未及时制止平台内食品经营者的违法行为或未停止提供网络交易平台服务等对侵害消费者合法权益的行为未采取必要措施情形下的连带责任。此种情形下,平台提供者未履行法定义务,使平台内食品经营者侵害消费者合法权益的行为持续进行或损失扩大,亦应与平台内经营者承担连带责任。

案例四:徐某某诉敬某某、浙江某网络有限公司网络购物合同纠纷案

1. 基本案情:徐某某在敬某某经营的某网络交易平台网店中购买了俄罗斯进口奶粉。根据《进出口食品安全管理办法》的规定,对向我国境内出口的境外食品生产企业实施注册制度。经查询我国国家认证认可监督管理委员会发布的《进口食品境外生产企业注册专栏》,在"进口乳品境外生产企业注册名单"中未查见"俄罗斯",敬某某也无法提供进口食品应具备的全部检验检疫等资料。徐某某认为敬某某销售的前述食品系未经检验检疫的食品,同时,某公司作为网络服务提供者未对进入其平台销售的商品进行审核,对交易服务平台的监管存在过错,故诉至法院,要求敬某某退还货款5,043.50元,赔偿50,435元,浙江某网络有限公司对敬某某的上述赔偿承担连带责任。

2. 裁判结论:上海铁路运输法院于2017年9月11日作出(2017)沪7101民初318号民事判决,判令被告敬某某退还原告徐某某货款5,043.50元及赔偿50,435元等。一审判决后,双方当事人均未上诉,该判决现已生效。

该案例系网购纠纷中平台提供者不需要承担责任的典型案例。因敬某某销售明知不符合食品安全标准的食品,徐某某要求退还货款并支付价款十倍的赔偿金,于法有据。至于徐某某要求某公司作为平台提供者承担连带赔偿责任,该案中某公司已经充分履行其对入网食品经营者的监督、管理以及信息公示义务。在目前条件之下,网络交易平台提供者没有足够的能力(包括人力、物力等)穷尽所有途径对众多的网络经营者是否具备食品生产许可进行实质性的审查,也不可能对所有平台商品的具体交易情况进行逐一、全面的检查,故不宜苛求平台提供者对所有该类许可证的内容真实性及所有商品经营的具体情况进行实质审查。现无证据证明平台提供者对食品经营者的行为属于明知或应知,如要求平台提供者对其入网经营者每一件商品的质量问题承担责任,显然畸重。不仅不符合《食品安全法》的规定,亦会造成平台提供者权利义务的不对等,故依法不应予以支持。

(四)平台提供者违反义务的责任类型

1. 民事责任

根据《食品安全法》第147条的规定,违反本法规定,造成人身、财产或者其他损害的,依法承担赔偿责任。生产经营者财产不足以同时承担民事赔偿责任和缴纳罚款、罚金时,先承担民事赔偿责任。第148条规定,消费者因不符合食品安全标准的食品受到损害的,可以向经营者要求赔偿损失,也可以向生产者要求赔偿损失。接到消费者赔偿要求的生产经营者,应当实行首负责任制,先行赔付,不得推诿;属于生产者责任的,经营者赔偿后有权向生产者追偿;属于经营者责任的,生产者赔偿后有权向经营者追偿。结合《食品安全纠纷案件解释一》第2条、第3条的规定,平台提供者违反上述法律法规的规定,亦适用首负责任制(平台自营或误导消费者认知为自营)和惩罚性赔偿制度(未履行监督管理职责)。食品安全领域中对平台提供者设置的民事责任,侧重于对消费者的经济补偿,并通过惩罚性赔偿对经营者进行惩戒。

2. 行政责任

《食品安全法》第122条至第141条规定了平台提供者以及食品经营者违反规定的行政处罚,涉及的行政处罚种类有警告,如平台提供者未履行相应备案义务、不能保障网络食品交易数据和资料的可靠性与安全性等;罚款,一般作为警告后仍拒不改正的加重处罚;没收违法所得、责令停产停业以及吊销营业执照。行政责任与民事责任是相互联系的,不能因行政处罚而免除民事赔偿或因已进行民事赔偿而免予行政处罚。比如,对于没有建立可追溯记录制度的情况,如果经营者未如实记录食品的名称、规格、数量、生产日期或者生产批号、保质期、进货日期以及供货者名称、地址、联系方式等内容，一般会导致承担行政责任。但是，在民事责任中，在经营者能够证明已经查验了供货者的许可证和食品合格证明文件，并且能够提供合法的进货来源的情况下，则要结合具体案件情况予以认定，不宜仅以未建立查验记录而一律科以惩罚性赔偿责任。具体还要结合经营者主体类型、经营者是否已尽到查验证照的义务，以及是否因之导致构成《食品安全纠纷案件解释一》第 6 条第 2 项无法提供合法进货来源等具体案件情况予以认定，但是如果因为没有依法建立可追溯的查验记录，导致无法查明食品来源，则经营者符合《食品安全纠纷案件解释一》第 6 条第 2 项规定的“未能提供所售食品的合法进货来源的”情形，也应当推定为经营者明知。区分行政责任和民事责任，是在整个司法解释的适用中都要注意的问题。

3. 刑事责任

涉食品安全领域的刑事犯罪，常见的有生产、销售不符合安全标准的食品罪，生产、销售有毒、有害食品罪，生产、销售伪劣产品罪，非法经营罪。涉及食品安全渎职类犯罪，如虚假广告罪。其中平台提供者作为自营食品的经营者，若所涉犯罪行为符合上述罪名的构成要件，则除承担民事及行政责任外，还应依法承担刑事责任。依据《食品安全法》第 121 条的规定，县级以上人民政府食品安全监督管理等部门发现涉嫌食品安全犯罪的，应当按照有关规定及时将案件移送公安机关。对移送的案件，公安机关应当及时审查；认为有犯罪事实需要追究刑事责任的，应当立案侦查。公安机关在食品安全犯罪案件侦查过程中认为没有犯罪事实，或者犯罪事实显著轻微，不需要追究刑事责任，但依法应当追究行政责任的，应当及时将案件移送食品安全监督管理等部门和监察机关，有关部门应当依法处理。刑事责任，则与行政责任相分离，不因相关行为已经接受行政处罚而免除其刑事处罚。上述规定要求执法人员对食品安全违法行为进行性质上的判断，以确定是否应当移送公安部门进一步侦查并追究刑事责任，保证了行政执法与刑事处罚的无缝衔接，依法从严惩治食品安全犯罪，避免出现“以罚代刑”的避重就轻的处理方式。

案例五：韩某某、洪某某生产、销售有毒、有害食品、余某某非法经营案

1. 基本案情：2018 年 7 月至 2019 年 3 月，被告人韩某某、洪某某共同雇用他人,先后在河南省周口市、商丘市生产添加有西布曲明的“馈世瘦身咖啡”,同时制作销售网站、虚假防伪二维码等,并通过网络渠道销售至上海等地。其间,韩某某负责购买西布曲明、咖啡粉等生产原料,监督减肥咖啡的生产。洪某某负责销售和资金管理。韩、洪二人销售金额达833万余元。经检验,被查扣的咖啡中检出西布曲明成分。另查明,2018年1月起,被告人余某某明知国家禁止在境内生产、销售和使用西布曲明,仍多次从他人处购进后向韩某某出售,非法经营数额达210余万元。

2. 裁判结论:2019年11月28日,上海铁路运输检察院以被告人韩某某、洪某某犯生产、销售有毒、有害食品罪,被告人余某某犯非法经营罪提起公诉。2020年9月28日,上海铁路运输法院经审理后认定,被告人韩某某、洪某某雇用他人,生产、销售掺有国家禁止在食品生产、销售中添加的西布曲明的减肥咖啡,二人系共同犯罪。以韩某某、洪某某犯生产、销售有毒、有害食品罪,判处韩某某有期徒刑15年,剥夺政治权利3年,罚金1000万元;判处洪某某有期徒刑12年,剥夺政治权利1年,罚金700万元。以被告人余某某犯非法经营罪,判处有期徒刑3年,并处罚金。被告人韩某某不服一审判决,提出上诉。2020年11月6日,上海市第三中级人民法院裁定驳回上诉,维持原判。

该案例系食品经营者自建销售平台对食品进行网络销售的典型案例。韩某某等人同时作为平台提供者及其自营食品的经营者,依法对所售食品的安全问题承担责任。本案中,韩某某等人生产、销售的咖啡中含有国家禁止的有害物质,已经触犯《刑法》构成生产、销售有毒、有害食品罪。韩某某等人不仅需要对消费者进行民事赔偿,还应依法刑事责任。

三、电商平台对食品负有安全责任的限度

(一)平台对经营者身份和证照信息的审核义务边界

实践中,电子商务平台主要通过两种方式进行经营,一种是为第三方交易提供平台服务,另一种是自己直接作为当事人一方进行交易,即为自营模式。

两种交易模式存在根本的差别,因此法律上设置的权利义务也存在差别。[21]

1. 平台作为自营商家

《食品安全纠纷案件解释一》第 2 条规定:"电子商务平台经营者以标记自营业务方式所销售的食品或者虽未标记自营但实际开展自营业务所销售的食品不符合食品安全标准,消费者依据食品安全法第一百四十八条规定主张电子商务平台经营者承担作为食品经营者的赔偿责任的,人民法院应予支持。电子商务平台经营者虽非实际开展自营业务,但其所作标识等足以误导消费者让消费者相信系电子商务平台经营者自营,消费者依据食品安全法第一百四十八条规定主张电子商务平台经营者承担作为食品经营者的赔偿责任的,人民法院应予支持。"因此,当平台本身系自营商家或其所作标识等足以误导消费者让消费者相信系电子商务平台经营者自营,平台应承担和食品经营者一样的法律责任,应当全面、真实、准确、及时地披露商品或者服务信息,对食品经营者的名称、地址、联系方式和食品经营许可证载明的经营场所等许可信息的真实性应当负有核实义务,并承担相应的法律责任。

2. 平台仅为第三方交易提供网络平台服务

《食品安全法》第 62 条规定了网络食品交易第三方平台负有对入网食品经营者进行实名登记、审查许可证,以及对违法行为履行报告、停止提供网络交易平台服务的义务,第 131 条第 1 款规定,网络食品交易第三方平台提供者违反上述义务,使消费者的合法权益受到损害的,应当与食品经营者承担连带责任。《电子商务法》第 38 条第 2 款也规定,对关系消费者生命健康的商品或者服务,电子商务平台经营者对平台内经营者的资质、资格未尽到审核义务,或者对消费者未尽到安全保障义务,造成消费者损害的,依法承担相应的责任。

《人民司法》2021 年第 13 期所载《食品安全司法解释(一)的理解与适用》中关于《食品安全法》第 131 条与《电子商务法》第 38 条的适用关系问题的观点是:食品安全关涉消费者生命健康,应当予以特别保护。《食品安全纠纷案件解

---

〔21〕 参见赵鹏:《超越平台责任:网络食品交易规制模式之反思》,载《华东政法大学学报》2017 年第 1 期。

释一》第3条规定，电子商务平台经营者违反《食品安全法》第62条和第131条规定，未对平台内食品经营者进行实名登记、审查许可证，或者未履行报告、停止提供网络交易平台服务等义务，使消费者的合法权益受到损害，消费者主张电子商务平台经营者与平台内食品经营者承担连带责任的，人民法院应予支持。

《食品安全法》第62条使用了"实名"登记、"审查"许可证等用语，这意味着平台除了要求经营者提供相应的信息并进行登记外，还需要承担一定的审核义务。但是法律并未明确平台信息审核义务的边界，平台是只需尽到一般的谨慎审查义务对经营者的证照信息进行形式审查，还是需要对入网经营者证照信息进行实质审查并对信息的真实性承担法律责任？如果是实质审查，平台对入网经营者的证照信息的审查要实质到何种程度？

对于这一问题有以下三种可能的解释：(1)平台不对信息的真实性负责，按照一般的谨慎审查义务的标准进行形式审查即可；(2)平台需对信息的真实性负责，确保经营者提供的信息与行政机关可对比数据库的一致性，但不需要确保线上线下的一致性；(3)平台需对信息的真实性负责，并且要确保线上线下的一致性。

《网络食品安全违法行为查处办法》第4条规定网络食品交易第三方平台提供者要对网络食品安全信息的真实性负责，《网络餐饮服务食品安全监督管理办法》第8条、第16条规定网络餐饮服务第三方平台有保证入网餐饮服务提供者食品经营许可证载明的经营场所等许可信息真实的义务，并且还负有义务对入网餐饮服务提供者的经营行为进行抽查和监测。上述两部规章虽然规定了平台要对网络食品安全信息的真实性负责，但并未明确这一责任的边界，平台对相关信息的真实性审查是要达到线上与行政机关可对比数据库信息一致即可，还是要确保线上线下信息的一致性？平台要尽到何种程度的审查、核验与监测义务才能免除责任？如果经营者提供的信息存在造假，平台是否以及在何种范围内需要承担责任？这些问题都有待进一步明确。

从现有法律规定来看，网络食品交易第三方平台提供者的信息审查义务存在实质化的倾向，这与食品安全作为特殊安全领域的重要性是相呼应的。从法律经济学的角度看，一方面第三方交易平台在市场中处于优势地位，另一方面平台拥有先进的技术支持和信息收集处理系统，由其承担一定的审核义务符合“社会防范成本最小”的目标。因此，法律要求网络食品交易第三方平台提供者承担实质审查义务具有合理性，但平台提供者对入网食品经营者的审查能力终归是有限的，不应让平台提供者承担过重的信息审查义务。一方面，对海量的入网经营者一家家进行线下核查需要耗费大量的人力物力；另一方面，网络订餐第三方平台面临着提升市场占有率、扩充客源的竞争压力，如果法律对第三方平台施以过于严苛的实质审查义务和惩处机制，可能打压新兴业态发展的积极性，甚至可能导致权力寻租等负外部性效果。

因此，笔者认为，关于网络食品交易第三方平台提供者对网络食品安全信息审查义务的边界问题应当采取“折中说”回答，即平台提供者需对信息的真实性负责，确保经营者提供的信息与行政机关可对比数据库的一致性，但不需要确保线上线下的一致性。不过目前我国食品监管部门的数据格式尚未统一、数据时效性较差，且尚未建立统一的食品经营证照信息查询库。各地审批制度不一致，亦无全国性统一操作标准与规范，导致网络平台第三方提供者难以甚至无法比对食品监管部门数据，平台在履行事前监管义务时往往心有余而力不足。

案例六：丁某与北京某电子商务有限公司网络购物合同纠纷案〔22〕

1. 基本案情：2019 年 2 月 24 日，丁某在某商城上的“瑶艺喜乐拼购店”购买了 10 份“山本汉方日本进口糖流茶养生茶流走糖分控制体重 10g 某 24 袋”、10 份“川贝枇杷花老冰糖柠檬膏缓咳润喉养生茶纯手工熬炖自制无添加 500g”。“瑶艺喜乐拼购店”在某商城的店铺详情处公示的证照信息显示“经某个人身份认证”。丁某提交的与某客服聊天记录截图，显示某客服已告知其涉案商品并非某自营的，同时告知其经营者的姓名。本案审理过程中，某公司出示“瑶艺喜乐拼购店”经营者姓名、联系方式、身份证号等信息。丁某不认可该信息，坚持认为某公司为销售者。

〔22〕 参见北京市第四中级人民法院民事判决书，(2020) 京 04 民终 65 号。

2. 裁判结论：一审法院认为，丁某提交的证据能够证明其在某商城店铺“瑶艺喜乐拼购店”处购买了涉案商品，故丁某系与“瑶艺喜乐拼购店”经营者之间建立了网络购物合同关系。而某公司作为网络平台经营者，并非涉案合同的相对方，与丁某不存在网络购物合同关系。依据《食品安全法》第 131 条第 2 款的规定，消费者通过网络食品交易第三方平台购买食品，其合法权益受到损害的，可以向入网食品经营者或者食品生产者要求赔偿。网络食品交易第三方平台提供者不能提供入网食品经营者的真实名称、地址和有效联系方式的，由网络食品交易第三方平台提供者赔偿。本案中，某公司作为电子商务平台经营者，已向丁某提供涉案商品经营者的姓名、地址与有效联系方式，故对丁某要求某公司承担责任的诉讼请求，一审法院不予支持。依据《电子商务法》第 38 条的规定，电子商务平台经营者知道或者应当知道平台内经营者销售的商品或者提供的服务不符合保障人身、财产安全的要求，或者有其他侵害消费者合法权益行为，未采取必要措施的，依法与该平台内经营者承担连带责任。对关系消费者生命健康的商品或者服务，电子商务平台经营者对平台内经营者的资质资格未尽到审核义务，或者对消费者未尽到安全保障义务，造成消费者损害的，依法承担相应的责任。本案中，涉案商品系平台内经营者“瑶艺喜乐拼购店”经营，丁某未举证证明某公司作为电子商务平台经营者知道或者应该知道涉案商品的相关情况，故对丁某要求某公司承担相应责任的诉讼请求，一审法院不予支持。

二审法院认为，《食品安全法》第 131 条对网络食品交易第三方平台应当承担责任的情形进行了规定，其中第 1 款规定网络食品交易第三方平台提供者未对入网食品经营者进行实名登记、审查许可证，或者未履行报告、停止提供网络交易平台服务等义务的，使消费者的合法权益受到损害的，应当与食品经营者承担连带责任；第 2 款规定，网络食品交易第三方平台提供者不能提供入网食品经营者的真实名称、地址和有效联系方式的，由网络食品交易第三方平台提供者赔偿；网络食品交易第三方平台提供者作出更有利于消费者承诺的，应当履行其承诺。由此可见，网络食品交易第三方平台无论承担何种责任，均应当符合法律的明确规定。具体到本案，首先是某公司对入网食品经营者是否履行了审核义务。根据《食品经营许可管理办法》第 9 条的规定，申请食品经营许可的合法主体为企业法人、合伙企业、个人独资企业、个体工商户等，以营业执照载明的主体作为申请人。涉案经营者为个人，不属于可以申领食品经营许可证的范围。且涉案商品在涉案店铺"家居日用—生活日用—净化除味—其他品牌"项下，也就是说，销售者开展网络食品交易销售涉案商品并非在某公司审核的该经营者的经营范围内，因此丁某主张某公司未履行网络食品交易平台对网络食品交易的审核查验义务缺乏事实和法律依据。关于披露义务，在涉案纠纷发生后，某公司在一审诉讼期间提交了销售者的真实名称、地址和有效联系方式，符合法律规定，丁某并未提交相反的证据证明某公司披露的信息不真实或虚假，因此丁某关于某公司未提供销售者真实名称、地址和有效联系方式应当承担连带责任的主张缺乏事实与法律依据。同时法院需要指出的是，关于网络食品交易第三方平台的平台责任的法律适用问题，《食品安全法》和《电子商务法》均有规定，但是《食品安全法》是关于食品安全的特别规定，在法律位阶相同的情况下，应当优先适用《食品安全法》的规定，因此一审法院适用《电子商务法》第 38 条的规定属于适用法律错误，法院予以纠正。

（二）平台审查的标准

网络餐饮第三方平台提供者是否需要对食品安全信息进行持续性审查。网络餐饮平台依法履行"实名登记""审查许可证"义务的范围是仅需对入网经营者初次进驻平台所提供的证照信息予以登记即可，还是需在入网经营者后续经营过程中也要对信息内容的真实性负责？如果经营过程中相关信息发生变化，平台可以建立制度要求经营者向平台报告相关事项，但是，如果出现经营者不报告或者不如实报告的情况，平台是否需要承担责任？[23]

根据 2016 年 3 月 15 日颁布的《网络食品安全违法行为查处办法》第 11 条的规定，平台不仅要对相关许可证照、经营者身份、住址和联系方式"如实记录"，还要对相关信息进行"及时更新"。也就是说，《网络食品安全违法行为查处办法》要求平台对相关信息的审查核实义务并非限于经营者准入阶段，还需

---

〔23〕 参见赵鹏：《超越平台责任：网络食品交易规制模式之反思》，载《华东政法大学学报》2017 年第 1 期。

要在平台运营过程中动态地跟踪相关信息的变化。但是，什么是“及时”以及平台需要以多大的频率进行更新审核等内容并没有明确的规定与解释。2018 年 8 月 31 日颁布的《电子商务法》也只规定了网络交易平台有定期核验更新的义务，而 2021 年 3 月 15 日颁布的《网络交易监督管理办法》第 24 条则进一步规定网络交易平台至少每 6 个月要核验更新一次平台销售商品或者提供服务经营者的身份、地址、联系方式、行政许可等信息。从上述规定可以看出监管机关在解释和适用法律规范时存在强化平台责任的明显倾向。

但是赋予平台如此严格的审核义务并不具备当然的合理性，“谁经营谁负责、谁办网谁负责”也不是天然正当的理由。如果将平台在准入阶段对经营者信息的审查与行政机关对行政许可申请资料的审查进行对比，《行政许可法》第 31 条要求申请人自己对申请材料的真实性负责，如果申请人提供虚假材料骗取行政许可而对他人产生侵害时，如果行政机关“已经按照法定程序履行审慎合理的审查职责”，亦不需要承担责任。〔24〕 而且，行政机关的审查可以通过线下面对面进行，且拥有法定职权制裁提供虚假材料的申请人，对比之下要求平台对入网经营者提供的信息承担比行政机关自身更严格的真实性担保明显不符合情理。〔25〕 同样的道理，《行政许可法》第 49 条要求被许可人自行向作出行政许可决定的行政机关提出变更行政许可事项的申请，符合法定条件、标准的，行政机关应当依法办理变更手续。平台也可以要求入网经营者自行申请变更相关信息，但如果入网经营者发生信息变化却不主动申请变更，平台也无从查知真实情况，既然行政机关都只是履行对变更申请进行审查的责任，平台也不该承担超出这个限度的责任。因此，平台对相关信息进行“及时更新”的持续性审查义务应当解释为对入网经营者信息变更申请的审查义务，而不应当解释为平台有义务保证入网经营者线上线下信息的持续性一致。只要平台设置了合理的信息变更申请制度和申请审查制度，就是履行了《网络食品安全违法行为查处办法》要求的“及时更新”的义务。

---

〔24〕 参见《最高人民法院关于审理行政许可案件若干问题的规定》（法释〔2009〕20 号）第 13 条。

〔25〕 参见赵鹏：《超越平台责任：网络食品交易规制模式之反思》，载《华东政法大学学报》2017 年第 1 期。

案例七:北京某电子商务有限公司、张某网络购物合同纠纷案[26]

1. 基本案情:张某于2019年7月18日使用某账号,在"沭阳温乐尔商贸有限公司"开设的某店铺:温乐尔滋补养生专营店购买"三七片"总价款2022元,某订单编号:×××。该涉案"三七片"商品标签宣传涉及疾病预防,治疗功能。该产品无生产厂家、无生产地址、无联系电话、无生产许可证、无执行标准。张某以购买的涉案"三七片"产品是不符合食品安全标准的产品为由,请求法院依法判令。(1)某商贸公司退还货款2022元;(2)请求法院依法判令某商贸公司赔偿张某20220元;(3)请求法院判令某商务公司承担给付22,242元款的连带赔偿责任等诉讼请求。

2. 裁判结论:一审法院认为,某商务公司对某商贸公司销售的商品应进行全面、全程注意和监督,保障某商贸公司销售的商品符合安全标准,以保护消费者合法权益,某商务公司对某商贸公司销售案涉"三七片"注意和监督措施不力,致使不符合食品安全标准的案涉"三七"片进行销售,某商务公司在本案中存在过错,应承担相应的民事责任。

二审法院认为,《食品安全法》第131条第2款规定:"消费者通过网络食品交易第三方平台购买食品,其合法权益受到损害的,可以向入网食品经营者或者食品生产者要求赔偿。网络食品交易第三方平台提供者不能提供入网食品经营者的真实名称、地址和有效联系方式的,由网络食品交易第三方平台提供者赔偿……";《最高人民法院关于审理食品药品纠纷案件适用法律若干问题的规定》第9条第1款规定:"消费者通过网络交易平台购买食品、药品遭受损害,网络交易平台提供者不能提供食品、药品的生产者或者销售者的真实名称、地址与有效联系方式,消费者请求网络交易平台提供者承担责任的,人民法院应予支持";《电子商务法》第38条第1款规定:"电子商务平台经营者知道或者应当知道平台内经营者销售的商品或者提供的服务不符合保证人身、财产安全的要求,或者有其他侵害消费者合法权益的行为,未采取必要措施的,依法与该平台内经营者承担连带责任。"本案中,某商务公司作为网络交易平台的提供者能

〔26〕 参见安徽省亳州市中级人民法院民事判决书,(2020)皖16民终2574号。

够提供销售者的真实名称、地址和有效联系方式,一审在卷证据能够证明某商务公司在某商贸公司入驻网络交易平台时对该公司相关资质尽到了合理审查和注意义务,不符合承担赔偿责任或者连带赔偿责任的有关规定;现有证据不能证明某商务公司在案发前对某商贸公司销售不符合食品安全标准商品的行为知晓,且一审证据显示,某商务公司在案发后已采取了必要措施,对案涉产品进行了下架处理,故张某要求某商务公司就本案承担连带责任没有事实和法律依据,二审法院不予支持。

(三)平台对经营者违法行为进行主动监控的义务

根据《食品安全法》第62条之规定,平台发现入网食品经营者有违反食品安全法相关规定的行为的,需要及时制止并报告监管部门,如果发现严重违法的,还应当立即停止平台服务。在案例七中,原告张某主张平台应当对通过平台销售商品或者提供服务的经营者及其发布的商品和服务信息建立检查监控制度,发现有违反工商行政管理法律、法规、规章的行为的,应当向平台经营者所在地工商行政管理部门报告。并及时采取措施制止,必要时可以停止对其提供第三方交易的服务。由此可以看出,原告张某对“发现”的理解是平台应当设置监控制度并进行主动监管。但是法院认为被告北京某电子商务有限公司提供了涉案产品的销售者的真实姓名、地址和有效的联系方式,因此不用承担连带责任,虽然法院的说理没有切中问题的要害,但至少可以看出法院对于原告张某主张平台需要承担主动监控责任的观点并不认同。

关于平台是否承担主动监控义务的问题,源头在于《食品安全法》第62条中的“发现”可以有不同的理解方式。

1. 被动发现。被监管部门告知存在相应违法行为→平台应当推定相关产品或者服务违法而立即采取相应措施;消费者或者其他主体向平台举报存在违法行为→可能需要举报信息达到一定的标准,方能使平台对相关行为的违法性具有初步的认知,从而有义务采取措施。

2. 主动监控。平台需要主动采取技术或者人工手段对平台上的交易进行一定程度的监控,如果没有建立这种监控制度或者虽有监控但未达到监管部门或法院设定的标准,则可以认定平台应当发现却未发现,而要求其承担责任。

如果按照此种解释，则监管部门和法院需要结合整个行业的技术和管理现实，为平台设定相应监管标准。

根据《网络食品安全违法行为查处办法》，平台对平台上的违法行为需要建立食品安全自查和食品安全投诉举报处理等制度，强调建立自查制度，意味着平台需要建立主动监控体系。《网络食品安全违法行为查处办法》进一步要求，这种主动监控体系需要设置专门的机构或者指定专职人员，对平台上的食品经营行为及信息进行检查。如果平台未建立相关自查制度，或未设置专门机构或专职人员进行主动检查，即可导致相关行政处罚。但是，建立的相关自查制度或者设置的专门机构或专职人员需要按照何种标准对平台上的食品交易行为进行监控，《网络食品安全违法行为查处办法》并未明确。平台往往拥有海量的经营者和经营活动，且其无法接触实物商品或实际服务，即使建立主动监控，平台也难以保证所有经营者均合法经营。《网络食品安全违法行为查处办法》强调，如果平台"未履行相关义务"，导致发生较大级别以上食品安全事故、发生较为严重的食源性疾病等情况的，将由相关部门责令平台停业。在此情况下，主动监控义务的具体内涵与标准不明确，导致平台何时需要承担责任、何时可以免除责任，缺乏可预见性。〔27〕

案例八：朱某诉上海某有限公司、北京某有限公司网络购物合同纠纷案〔28〕

1. 基本案情：原告朱某在被告北京某有限公司经营的某商城网购综合富酶营养片。2015年5月29日购买5瓶，单价251元一瓶，共计1255元。2015年6月9日购买5瓶，单价251元一瓶，共计1255元。2015年6月17日购买10瓶，单价251元一瓶，共计2510元。2015年6月24日购买1瓶，单价251元一瓶，共计251元。2015年7月23日购买2瓶，单价251元一瓶，共计502元。以上共计5773元。通过网银支付，2015年5月29日支出1204元，2015年6月9日支出1204元，2015年6月17日支出2459元，2015年6月24日支出251元，2015年7月23日支出451元，以上共通过网银支出5569元。原告在2015年5

---

〔27〕 参见赵鹏：《超越平台责任：网络食品交易规制模式之反思》，载《华东政法大学学报》2017年第1期。

〔28〕 参见河南省项城市人民法院民事判决书，(2015)项民初字第02081号。

月29日第一次购买5瓶综合富酶营养片开封食用一瓶后，一直持续购买。在此期间原告未向某商城投诉，未向工商部门举报该产品有质量问题。原告以涉案产品添加“胰酶、蛋白酶”，不符合我国食品安全标准为由向河南省项城市人民法院起诉。原告诉称，被告北京某电子商务有限公司作为第三方交易平台，理应根据《网络交易管理办法》第26条之规定：第三方交易平台经营者应当对通过平台销售商品或者提供服务的经营者及其发布的商品和服务信息建立检查监控制度，发现有违反工商行政管理法律、法规、规章的行为的，应当向平台经营者所在地工商行政管理部门报告。并及时采取措施制止，必要时可以停止对其提供第三方交易的服务。被告并未履行法定义务，致使没有经营主体资格商家将不符合食品安全的食品销售给消费者。根据《消费者权益保护法》第44条第2款的规定应当承担连带责任。

2. 裁判结论：法院认为，原告朱某购买了涉案商品后开封食用，并未对其身体造成损害，并以涉案商品不符合安全食品标准为由要求退还货款及十倍赔偿。原告向某商城购买涉案产品，并支付相应对价，双方即形成合法有效的买卖合同关系。原告朱某现在要求退货，即单方要求解除双方的买卖合同关系，并要求十倍赔偿。因此原告应当提供证据证明被告北京某有限公司存在侵权行为，且该侵权行为造成其人身或财产的损失。原告主张被告北京某有限公司侵权行为是涉案商品添加了“胰酶、蛋白酶”不符合我国食品安全国家标准。原告没有提供证据证明涉案商品损害了消费者的人身或其经济利益。根据原告提供的涉案商品外包装标识，该外包装标注的内容有：爱司盟“综合富酶营养片”，美国原装进口，生产国：美国（符合美国cGMP标准）等。此外，该包装上还标注了食品的原产地以及境内代理商的名称、地址、联系方式等中文标签。涉案商品为进口食品，根据《食品安全法》第62条规定：“进口的食品、食品添加剂以及食品相关产品应当符合我国食品安全国家标准。进口的食品应当经出入境检验检疫机构检验合格后，海关凭出入境检验检疫机构签发的通关证明放行。”被告北京某有限公司提供了涉案食品的中华人民共和国海关进口货物报关单、中华人民共和国出入境检验检疫卫生证书，证明涉案食品已经有关部门检验检疫合格。原告朱某主张涉案产品不符合食品安全标准证据不足，法院不予支持。被告提供了涉案产品的销售者的真实姓名、地址与有效的联系方式,原告朱某要求被告北京某有限公司承担责任,法院不予支持。被告北京某有限公司经营的某商城网络交易平台对该涉案产品以海关进口货物报关单、中华人民共和国出入境检验检疫卫生证书为依据并没有侵害消费者合法权益,原告要求其承担连带责任的请求不予支持。原告朱某主张十倍赔偿的依据为《食品安全法》第96条的相关规定,《食品安全法》规定的十倍赔偿是具有惩罚性的赔偿性质。根据《侵权责任法》第47条的规定,惩罚性赔偿须以缺陷产品造成他人死亡或者健康严重损害为条件。原告朱某购买综合富酶营养片开封食用后并未造成原告严重人身损害后果,原告未向某商城投诉,未向工商部门举报,而且原告在食用后一直持续购买,故原告朱某要求十倍赔偿无事实和法律依据,本院不予支持。

四、落实平台食品安全义务的对策建议

民以食为天,食以安为先。党的十九大提出健康中国战略和食品安全战略。电商平台作为参与销售或派送食品的一个重要环节,需要守牢食品安全的底线,严格落实《食品安全法》和最高人民法院在过去和当前出台的相关司法解释和特殊政策。其加强与行政监管执法部门、社会各方力量的合作,参与食品安全治理,保障人民群众的食品安全。涉食品安全案件管辖的审查必须贯彻诚实信用原则;对进口食品安全的审查存在形式安全标准和实质安全标准的问题,要运用证据规则等司法技术,合理配置举证责任,在食品安全民事案件审判上把好食品安全关。在新冠肺炎疫情的背景下,应对进口生物制品、添加剂成分等保持敏感性,给予更多的关注,对可能造成潜在食品安全影响的要加强管制。

(一)明确平台责任的限度和范围

虽然行政监管机关通过颁布相应部门规章对法律规范进行解释,借此强化平台的监管责任,但要求平台承担严格的审查责任并不具备当然的正当性。而且行政机关在要求平台承担更严格责任的同时,并未对平台责任的限度和范围加以明确,应当结合平台在交易中承担的具体角色、平台对违法行为的知晓程

度和控制能力等具体因素,权衡第三方承担的义务和责任范围。总体来说,平台承担的义务和责任应当与其经营行为的性质、履行义务的能力和成本相匹配。

司法实践中,消费者在起诉经营者的同时往往要求平台承担连带责任。尽管平台可通过证明其已经履行对经营者的相关监管义务,以避免承担连带责任,但越来越多的维权甚至诉讼亦成为平台自身运营的负担与风险。笔者认为,涉及食品安全的索赔,应当允许平台建立先行赔付基金,即平台通过与经营者签订协议的方式,在经营者入网销售食品的同时向其预收一定数额的先行赔付专用基金并存入专用账户中予以冻结。当消费者遭遇食品安全问题而向平台主张索赔时,平台可从先行赔付专用账号中预支相应赔偿金,再根据具体情形向作为侵权者的经营者追偿。

(二)“以网管网”“社会共治”

平台对入网食品经营者的相关食品安全信息真实性的审核以确保经营者提供的信息与行政机关可对比数据库一致为限度,平台能否切实有效履行这一义务很大程度上取决于监管部门数据库的信息是否完善、有效且可获取。因此,建立健全食品监管部门的基础数据库以及统一食品数据标准,并运用大数据技术实现联动治理是食品安全监管的长久之计。

第一,平台和监管部门应当公开经营者的许可信息。其充分公开食品的规格、含量、成分、生产者、保质期、产品标准、添加剂、生产许可证等信息,另外,有关入网经营者经营食品的抽检情况、经营者的信用记录等官方信息也应公开,由第三方平台在网页的固定位置嵌入显示,防止经营者掩盖不良记录。

第二,平台与监管部门应当推出相关奖惩机制,鼓励经营者在其经营场所,尤其是仓储及后厨区域安装视频监控。有条件的经营者应当通过互联网向消费者公开实时监控画面,实现“互联网+明厨亮灶”,以便监管部门、平台、社会公众、网络餐饮消费者能够通过平台查看经营者对食品的储存、预加工、烹饪、分装打包等行为是否符合食品安全规范。平台一方面应当做好技术上的对接,包括但不限于在平台网站或客户端的显目位置放置经营者提供的视频直播链接,并在硬件上保障视频记录的完整性及视频播放的流畅性。另一方面,应当建立对经营者视频监控的监管机制，安排专人通过检查视频中的经营者有无存在违反食品安全义务的行为，并受理消费者及社会公众对视频直播中所发现问题的举报与投诉。

第三，各种信息的主管部门应通过数据接口共享相关信息。营业执照、生产经营许可证、日常抽检结果、违法行为查处、信用评级等由市场监管部门提供；商品信息、合格证信息、批号等由食品生产厂家提供；安全风险预警由食品风险监测机构提供；商品使用评价信息由消费者提供；食品生产标准由国家标准局提供。[29] 同时通过论坛贴吧、微博微信、门户网站等，提供消费者表达诉求的渠道，扩大网购食品安全信息披露的内容，包括食品抽检、召回，公众教育和参与，重大事故调查处理结果等信息，弱化信息不对称。

第四，充分发挥网购消费者、行业协会、第三方检测机构、新闻媒体等多方力量协同监管，实行多方共治。因此，应合理界定多元监督主体边界，其中网购消费者的边界是举报、监督、参与决策和表达诉求；行业协会的边界是制定行业标准，签订自律公约；第三方检测机构的边界是产品质量认证、质量检测、信用评估和风险评估等；新闻媒体的边界是曝光违法行为，舆论引导企业自律并对公众和企业宣传教育等。[30]

（三）强化消费者维权意识

消费者作为网络餐饮服务的购买者以及可能存在的食品安全问题的风险承受者，是落实平台食品安全义务的重要一环。然而，基于网络购买餐饮服务通常金额较小的交易特性以及交易中经营者与消费者掌握的信息严重不对等的现状，使消费者在面临非重大食品安全问题的时候，往往基于举证难度及维权成本的考量而放弃维权。这一方面不利于政府部门、平台对于违法经营者的日常监管，另一方面让违法经营者更加有恃无恐，导致更严重的食品安全风险。

平台及政府部门应当引导、教育消费者在通过网络购买餐饮服务的同时，留意留存有利于自己的各项证据。比如，保管好各类外卖小票、就餐凭证，网上

---

〔29〕 参见王梅文：《网购食品安全监管策略》，载《管理观察》2016 年第 31 期。

〔30〕 参见纪杰：《“互联网 +”食品模式、安全监管困境与策略研究》，载《中国卫生政策研究》2018 年第 5 期。

订餐出现问题保留好与经营者的聊天记录等。一方面,应通过各种渠道向消费者普及关乎食品安全、网络购物的法律基础知识,使消费者熟知维护自身权益的渠道;另一方面,则应积极受理消费者的投诉,对消费者维权取证所遇到的困难予以必要指导与帮助。

(四)明确审查标准,增强可操作性

行政监管部门要想充分发挥平台在食品安全领域的监管功能,必须明确平台的审查标准:一是保证所登记入网信息的完整性与所审查证照资质的齐全性;二是要与行政监管部门的开放数据进行充分比对一致以达到真实性与有效性标准;三是汇总入网食品经营者“实名登记”所有信息并上报监管部门;四是入网经营者更新经营信息的,必须在 3 个工作日内向平台报送变更情况,平台再将更新信息上报监管部门。[31]

监管部门应当对涉餐饮服务的互联网平台自身建设以更高规格的合规标准监管,做到事前合规、事中审查、事后处置的全程监管。例如,平台自身建立的保障食品安全的相关制度,应交监管部门审核;平台设置的从事网络食品安全管理的人员,由监管部门牵头进行定期培训与考核。

综上所述,监管部门不应片面强调网络食品交易第三方平台提供者的责任,而应当以提升自身监管能力为基础,探索出与平台合作治理的新型规制模式。例如,监管部门可以通过数据共享的方式与平台协作惩罚经营者的信息造假;以网管网,利用大数据抓取相关信息进行定期抽查;根据平台或者平台用户的信息反馈,更加精准地惩治违法经营行为,等等。最重要的是,监管部门对新兴行业带来的各项问题既要严格予以监管,又要保持足够的热情与耐心。监管部门不应只考虑短期效果而不管长期发展,只强调管理的便捷性而不思考政策的合理性和正当性。其对于平台存在的不合规行为,不能仅仅单纯地处罚了事,而应进行引导与规制。监管部门必须肩负起自身应当承担的责任与义务,平台只是食品安全监管工作的辅助力量,政府部门才是确保食品安全的最终责任承担者。

---

〔31〕 参见《网络交易监督管理办法》第 25 条、第 26 条。

网络食品交易第三方平台责任的法律规制

——以食品安全问题为视角

陈洁蕾　王莉莉　徐铭悦*

摘要：相比传统交易模式，网络平台上的食品交易给食品安全管理带来了新的问题与挑战。在这种交易模式下，第三方平台具有平台的所有人、平台服务合同当事人、网络食品交易中第三方的三重身份。我国现行法律法规主要从事先审查和事中监督两个方面对平台义务进行了规定，且要求其在一定程度上承担监督管理以及纠纷解决等职责。平台责任的规范基础为“危险控制理论”“信赖保护原则”“获利报偿理论”“成本最优分析”“利益平衡原则”，责任形式主要为行政责任和民事责任。平台责任法律结构存在“第三方平台对经营者证照信息审查程度不明确”“第三方平台事中监管义务与安全保障义务的界限”“第三方平台治理权限边界不明确”等问题，应当通过“联动政府和消费者，建立多元的监管信息共享机制”“结合线上数据库，建立高效的线下监管机制”“参考平台规模，建立精确的分级分类平台监管机制”“尊重市场规律，建立更加积极的平台自纠机制”等方式进行完善。

* 陈洁蕾，同济大学法学院助理教授，意大利罗马第二大学法学博士，同济大学意大利研究中心研究员，中意司法研究中心执行主任，主要研究民法、罗马法及意大利司法制度。王莉莉，同济大学法学院硕士研究生。徐铭悦，同济大学法学院硕士研究生。

一、问题的提出

《中共中央关于制定国民经济和社会发展第十四个五年规划和二〇三五年远景目标的建议》中明确提出,[1]“十四五”期间要提升食品药品等关系人民健康和服务的安全保障水平,这对新时期食品安全监管提出了新要求。提升监管能力和水平,建立食品安全全程追溯体系,全面强化食品全链条质量安全保障水平,确保食品来源可溯、去向可追,已成为当前食品安全工作的一项首要任务。[2]

在实践中,依托互联网信息技术的发展,电子商务得以广泛应用,网络食品交易逐渐渗透到当代人的日常生活,成为深受消费者喜爱的新型食品交易模式。但相比传统交易模式,网络食品交易具有远程性、虚拟性等固有的特点,商家与消费者之间食品交易的顺利完成,还需要第三方网络餐饮服务平台和配送服务方的介入。交易环节的增加扩大了整个食品交易中的不确定性、扩大了食品交易中的信息不对称,同时也给食品安全管理带来了新的问题与挑战。

为了应对网络食品交易中涉及食品安全的新问题,2015 年《食品安全法》修订后,对网络食品交易第三方平台责任进行了特别规制。《食品安全法实施条例》《网络食品安全违法行为查处办法》等规范性文件也在《食品安全法》的基础上规定了食品交易第三方平台对入驻平台的食品经营者进行准入的审查义务、日常经营过程中的监管义务等。然而,在实践中,食品安全的问题依然堪忧,在实践中网络食品经营者线上线下情况不符,线下门店出现无证经营、食品安全卫生问题严重的现象,甚至还有入网商家在通过平台资质审核后,选择关闭线下店铺等实现降低经营成本、逃避监管的目的。

显然,前述法律法规中规定的网络食品交易第三方平台在商家准入时的审查义务并未得到全面的落实。那么如何理解上述法律法规所设计的第三方平

---

〔1〕 参见中国共产党第十九届中央委员会第五次全体会议:《中共中央关于制定国民经济和社会发展第十四个五年规划和二〇三五年远景目标的建议》,载中国政府网,http://www.gov.cn/zhengce/2020-11-03/content_5556991.htm。

〔2〕 参见段云星:《完善十四五期间食品安全追溯体系建设的几点建议》,载《中国市场监管报》2021 年 12 月 2 日,第 A7 版。

台在网络食品交易中法律责任的制度框架，摆脱理论与实践之间在衔接上的困境，应当值得我们反思。

在网络食品交易过程中，除了作为食品交易的第三方平台这一主体之外，还存在相关行政主管部门，在网络食品交易中保护食品安全的问题上，两者之间监管责任如何分配，如何有效实现政府监管与平台治理有效共治等问题，均是有待进一步回应的实际问题。因此，本文试图结合上述问题对网络食品交易第三方平台在食品安全问题上法定义务的规范构造进行探讨，并在此基础上对于网络食品安全的保障提出一定的完善意见。

二、网络食品交易第三方平台的法律地位与责任基础

（一）第三方平台在网络食品交易中的法律地位

关于"网络食品交易第三方平台"在法律层面的主体地位应当如何定义，实际上并非全无疑问。《食品安全法》虽然使用了"网络食品交易第三方平台"这一概念，但是并未对此进行定义。《网络食品安全违法行为查处办法》在沿用这一概念的同时，同样未给予明确的解释。然而，网络食品交易第三方平台的法律地位直接关系到对其民事责任以及承担民事责任的方式的认定。

从性质上来说，网络交易平台提供者，是指设立、运营网络交易平台，为网络交易的消费者、服务者与消费者进行网络交易提供平台服务的网络企业法人。〔3〕 杨立新教授曾在先前的研究中，结合法理与现实中网络交易平台提供者的特点，排除"卖方说""柜台出租说"〔4〕"居间人说"〔5〕等关于第三方平台法律地位的主张，认为网络交易平台提供者是一种新型的交易中介，其法律地位与《民法典》第 1194 条中规定的网络侵权责任中的网络服务提供者的法律地位类似。〔6〕 尽管网络交易行为与网络侵权行为不同，但是网络平台在其中所起的

---

〔3〕 参见杨立新：《网络交易平台提供者民法地位之展开》，载《山东大学学报（哲学社会科学版）》2016 年第 1 期。

〔4〕 吴仙桂：《网络交易平台的法律定位》，载《重庆邮电大学学报（社会科学版）》2008 年第 6 期。

〔5〕 杨立新：《网络交易法律关系构造》，载《中国社会科学》2016 年第 2 期。

〔6〕 参见杨立新：《网络平台提供者的附条件不真正连带责任与部分连带责任》，载《法律科学（西北政法大学学报）》2015 年第 1 期。

作用相似，两者的法律地位基本相同。从网络服务平台提供者的本质与外卖业务的特点相结合的角度，网络食品交易第三方平台的法律地位可以确定为以下三种。

1. 作为网络食品交易第三方平台的所有权人

网络食品交易第三方平台作为第三方网络平台，是为外卖商家与消费者之间进行网络服务交易提供平台专业技术支持的网络企业法人，具有完全的民事权利能力和民事行为能力，依法独立享受民事权利承担民事义务的组织，并通过对外卖商家的后台算法竞价排序、广告投放以及外卖成单数返点获取利润。作为独立的民事主体，在进行日常的生产经营活动时，就必须要遵守法律、行政法规和公司章程的规定，对其民事权利能力和民事行为能力进行约束。一旦发生违反法定义务与约定义务的情形，就必须承担相应的民事责任，包括违约责任和侵权责任。

2. 作为网络食品交易第三方平台服务合同的当事人

(1)作为与消费者签订服务合同的当事人

在网络平台服务提供者与消费者之间的服务合同中，消费者拥有选择权，即是否使用此网络食品交易第三方平台。一般情形下的服务合同，多数表现为进入网络食品交易第三方平台注册页面的同意事项勾选形式，若消费者勾选并成功注册为该网络食品交易第三方平台用户，默认已经同意服务合同的所有条款事项。在之后的所有外卖交易过程中，网络食品交易第三方平台就应当按照合同的约定和诚实信用原则为消费者提供安全、便利的网络平台电子服务。《消费者权益保护法》第 44 条中规定：网络交易平台提供者作出更有利于消费者的承诺的，应当履行承诺。例如，先行赔付、损害赔偿条款等。

(2)作为与入网经营者签订服务合同的当事人

在网络平台服务提供者与入网经营者之间的服务合同中，除了第三方网络食品交易第三方平台要为外卖经营者提供安全、便利的网络平台电子服务之外，还有两者之间协议的后台算法竞价排序、广告投放以及外卖单数返点获取利润等条款。同时，外卖经营者的入网标准，也是网络食品交易第三方平台需要重视的方面。例如，《电子商务法》第 27 条规定，电子商务平台经营者应当要求申请进入平台销售商品或者提供服务的经营者提交其身份、地址、联系方式、行政许可等真实信息，进行核验、登记，建立登记档案，并定期核验更新。

3. 作为网络食品交易的第三方

商务部《第三方电子商务交易平台服务规范》[7]将第三方电子商务交易平台定义为“在电子商务活动中为交易双方或多方提供交易撮合及相关服务的信息网络系统总和”。换言之，第三方的属性，决定了“平台”并不直接参与网络食品交易活动，而只是在此种类型交易中提供网络交易的平台技术服务，使入网的食品经营者与消费者之间可以更加方便地进行交易。

《食品安全法》中所指的平台，应当理解为“通过互联网技术连接商品或服务的供应侧和需求侧、协调交易活动的经营者，其特征是并不直接销售商品或服务，而是扮演信息汇聚和交易撮合的角色”。[8] 在这一意义上，网络食品交易第三方平台可以理解为一种新型的交易中介，担任提供交易平台和交易辅助的服务。

(二) 网络食品交易第三方平台的法定义务与规范基础

网络食品交易第三方平台属于网络服务提供者的一种，其提供的服务主要内容是发布、管理、公开信息、维护平台内交易秩序、保证交易环境安全等。然而，在网络食品交易的问题上：一方面，其涉及食品安全这一重大的基本民生问题，关系到每一位消费者的健康甚至生命；另一方面，网络食品交易具有远程性的特点，需要第三方在消费者和经营者之间构建交易平台。网络食品交易第三方平台作为消费者与商家的虚拟交易空间，平台对交易发生和进行所依赖的信息有管理和控制的权限，因此平台主要义务在于对信息的管理与公开和对交易的维持与监管。也正是这种交易模式的特点以及互联网信息技术的发展，使第三方平台在一定程度上能够通过技术对于入网经营者的行为进行监督与管理。

---

〔7〕 参见《第三方电子商务交易平台服务规范》，载商务部网，http://www.mofcom.gov.cn/aarticle/b/c/201104/20110407516456.html。

〔8〕 赵鹏：《超越平台责任：网络食品交易规制模式之反思》，载《华东政法大学学报》2017 年第 1 期。

1. 网络食品交易第三方平台的法定义务

从2014年起,我国陆续颁布了一系列有关互联网与平台经济规制相关的法律法规,例如,《网络交易管理办法》(已废止)、《电子商务法》、《网络餐饮服务食品安全监督管理办法》、《网络食品安全违法行为查处办法》、《食品安全法》《网络交易监督管理办法》、《互联网平台落实主体责任指南(征求意见稿)》等。上述法律法规的规定,大多指向了网络食品交易第三方平台应承担的实名登记、审查许可证、违法制止与报告、停止服务等义务。

根据现行法律法规的规定,平台具体义务梳理见表1:

表1 交易平台具体义务梳理

分类	内容	法律规范
信息查验	对入网餐饮服务提供者的食品经营许可证进行审查,登记入网餐饮服务提供者的名称、地址、法定代表人或者负责人及联系方式等信息	《食品安全法》第62条 《网络餐饮服务食品安全监督管理办法》第8条 《电子商务法》第27条 《网络食品安全违法行为查处办法》第11条 《最高人民法院关于审理食品安全民事纠纷案件适用法律若干问题的解释(一)》第3条 《网络交易监督管理办法》第24条
信息公开	网络餐饮服务第三方平台提供者和入网餐饮服务提供者应当在网上公示餐饮服务提供者的食品经营许可证、餐饮服务提供者的名称、地址、量化分级信息,公示的信息应当真实	《网络餐饮服务食品安全监督管理办法》第9条、第10条 《网络食品安全违法行为查处办法》第10条
信息记录与保存	履行记录义务,如实记录网络订餐的订单信息,包括食品的名称、下单时间、送餐人员、送达时间以及收货地址 (网络交易平台经营者修改平台服务协议和交易规则的,应当完整保存修改后的版本生效之日前三年的全部历史版本,并保证经营者和消费者能够便利、完整地阅览和下载)	《网络餐饮服务食品安全监督管理办法》第15条 《电子商务法》第31条 《网络食品安全违法行为查处办法》第13条 《网络交易监督管理办法》第28条

续表

分类	内容	法律规范
信息提供与协助	按照规定向市场监督管理部门报送平台内经营者的身份信息,提示未办理市场主体登记的经营者依法办理登记,并配合市场监督管理部门,针对电子商务的特点,为应当办理市场主体登记的经营者办理登记提供便利	《电子商务法》第 28 条
信息安全	收集、使用其用户的个人信息,应当遵守法律、行政法规有关个人信息保护的规定 采取技术措施和其他必要措施保证其网络安全、稳定运行,防范网络违法犯罪活动,有效应对网络安全事件,保障电子商务交易安全	《电子商务法》第 23 条、第 79 条 《电子商务法》第 30 条
信息提示	自行终止从事电子商务的,应当提前 30 日在首页显著位置持续告知信息 修改平台服务协议和交易规则,应当在首页显著位置公开征求意见,以确保经营者和消费者都可以便利、完整地阅览和下载	《电子商务法》第 16 条 《网络交易监督管理办法》第 23 条 《电子商务法》第 34 条 《网络交易监督管理办法》第 28 条
保护消费者权利	向消费者公示投诉举报方式,在消费购买页面显示搭售行为和广告,建立健全信用评价制度和消费争议解决机制	《网络食品安全监督管理办法》第 17 条 《电子商务法》第 19 条、第 39 条、第 40 条、第 61 条、第 63 条 《网络交易监督管理办法》第 17 条
食品安全管理	设置专门的食品安全管理机构,配备专职食品安全管理人员等	《网络餐饮服务食品安全监督管理办法》第 13 条 《网络食品安全违法行为查处办法》第 14 条
监管与预警	网络餐饮服务第三方平台提供者应当对入网餐饮服务提供者的经营行为进行抽查和监测	《网络餐饮服务食品安全监督管理办法》第 16 条
违法行为处置	食品安全违法行为的制止、报告、停止服务,食品安全事故处置、处理举报	《网络餐饮服务食品安全监督管理办法》第 6 条、第 17 条 《电子商务法》第 30 条 《食品安全法》第 62 条 《网络食品安全违法行为查处办法》第 15 条、第 31 条

结合以上规范的梳理可以发现,在食品安全的问题上,以《食品安全法》为代表的一系列法律法规,主要从食品经营者入驻平台前的事先审查义务和食品经营者日常经营过程中的事中监督义务两个方面确定第三方平台的法定义务。

平台事先审查义务的内容主要是针对入网食品经营者的信息登记、资质审查,即对入网餐饮服务提供者的食品经营许可证进行审查,登记入网餐饮服务提供者的名称、地址、法定代表人或者负责人及联系方式等信息。平台做好审查工作可以把不符合规定的经营者排除在网络食品交易之外,减少潜在的食品安全事件发生,因此资质审查可谓经营者准入的第一道门槛。

《食品安全法》第 62 条规定,网络食品交易第三方平台提供者应当对入网食品经营者进行实名登记,明确其食品安全管理责任;依法应当取得许可证的,还应当审查其许可证。《网络食品安全监督管理办法》第 8 条进一步规定,网络餐饮服务第三方平台提供者应当对入网餐饮服务提供者的食品经营许可证进行审查,登记入网餐饮服务提供者的名称、地址、法定代表人或者负责人及联系方式等信息,保证入网餐饮服务提供者食品经营许可证载明的经营场所等许可信息真实。网络餐饮服务第三方平台提供者应当与入网餐饮服务提供者签订食品安全协议,明确食品安全责任。对比这两条规定,可以发现,《网络食品安全监督管理办法》第 8 条的规定,实际上在《食品安全法》的基础上,进一步要求第三方平台在商家入驻进行审查时,应当保证入网餐饮服务提供者食品经营许可证载明的经营场所等许可信息真实。

食品经营者日常经营过程中的事中监督义务主要包括以下几个方面:

第一,针对入网餐饮服务提供者的信息公开义务。例如,根据《网络餐饮服务食品安全监督管理办法》第 9 条的规定,网络餐饮服务第三方平台提供者和入网餐饮服务提供者应当在餐饮服务经营活动主页面公示餐饮服务提供者的食品经营许可证。食品经营许可等信息发生变更的,应当及时更新。该办法第 10 条规定,网络餐饮服务第三方平台提供者和入网餐饮服务提供者应当在网上公示餐饮服务提供者的名称、地址、量化分级信息,公示的信息应当真实。

第二,对交易的监督和管理义务,包括履行记录义务,如实记录网络订餐的订单信息等。例如根据《网络餐饮服务食品安全监督管理办法》第 15 条的规定，网络餐饮服务第三方平台提供者和自建网站餐饮服务提供者应当履行记录义务，如实记录网络订餐的订单信息，包括食品的名称、下单时间、送餐人员、送达时间以及收货地址，信息保存时间不得少于6个月。

第三，建立健全信用评价制度和消费争议解决机制、向消费者公示投诉举报方式。例如，《网络餐饮服务食品安全监督管理办法》第17条要求网络餐饮服务第三方平台提供者应当建立投诉举报处理制度，公开投诉举报方式，对涉及消费者食品安全的投诉举报及时进行处理。

第四，设置专门的食品安全管理机构，配备专职食品安全管理人员，对入网餐饮服务提供者的经营行为进行抽查和监测；食品安全违法行为制止及报告、严重违法行为平台服务停止、食品安全事故处置等治理义务。例如，《食品安全法》第62条第2款规定，网络食品交易第三方平台提供者发现入网食品经营者有违反本法规定行为的，应当及时制止并立即报告所在地县级人民政府食品安全监督管理部门；发现严重违法行为的，应当立即停止提供网络交易平台服务。《网络餐饮服务食品安全监督管理办法》第16条规定，网络餐饮服务第三方平台提供者应当对入网餐饮服务提供者的经营行为进行抽查和监测。网络餐饮服务第三方平台提供者发现入网餐饮服务提供者存在违法行为的，应当及时制止并立即报告入网餐饮服务提供者所在地县级市场监督管理部门；发现严重违法行为的，应当立即停止提供网络交易平台服务。

从上述规定中可以发现，立法者希望网络食品交易中的第三方平台不仅是促成交易、提供服务的"中介"，而且要求其在一定程度上承担监督管理以及纠纷解决等职责，实际上扩大了平台作为一般市场经营主体的法定义务范围。

2. 网络食品交易第三方平台责任的规范基础

互联网技术的支持使平台经济深入生活的方方面面，食品交易领域就是其中一个区域。科技的发展对法治提出了新的要求。从2015年《食品安全法》开始到2021年3月15日发布的《网络交易监督管理办法》，立法机关和行政机关越来越意识到网络平台第三方对于食品安全问题的重要影响，进而要求平台承担一系列的合规监管义务以保障食品安全。不仅如此，2021年10月，国家市场监督管理总局发布《互联网平台分类分级指南（征求意见稿）》和《互联网平台落实主体责任指南(征求意见稿)》两个相互联系的指南,以分类分级监管的思路建立和完善更为精确合理的平台治理责任体系,强调平台责任落实上的比例原则以及合目的性。

但需要指出的是,无论是在立法还是执法方面,在加强平台责任的同时不能忽略其法理基础,要做到责任与能力相适应。法律对网络第三方平台课以食品安全保障义务的法理基础来源于德国法传统上的交往安全义务,主要约束交易开启者、事物支配者、危险职业者。交往安全义务是说因社会交往活动而开启危险之人,对该危险应尽合理注意义务,并采取必要措施避免或者消除危险,危险发生后为避免损害扩大,应该采取救助等措施。〔9〕 网络食品交易第三方平台本质上属于利用网络信息提供服务的经营者,《电子商务法》规定了平台的安全保障义务。至于安全保障义务的法理基础,我国学界以及司法实务界对此均有研究。结合相关学者的观点,〔10〕本文认为,作为经营者的第三方平台负担安全保障义务的正当性在于以下五个基础:

(1)危险控制理论

互联网时代,在平台经济中具有核心地位的是电子商务平台。网络平台搭建起一个商户和消费者互联互通的信息空间,没有平台的出现就不会实现如此频繁、广泛的网络交易往来。并且与交易有关的所有信息资料以及交易的动态从技术上来讲均由平台控制着。因此平台不仅开启了新的交易方式,提供了大量的交易机会,还开启了技术和交易风险,并且可以采取技术手段在一定程度上防范危险发生,增加技术防范风险的事例。

(2)信赖保护原则

网络交易的过程中,网络平台对海量信息的掌控能力远远超过消费者。当消费者选择在网络平台上购买食品,意味着消费者对平台所呈现信息的信任。事实上,消费者也只能通过平台方了解到交易另一端的商品提供者,这就形成

〔9〕 参见王泽鉴:《侵权行为》,北京大学出版社 2016 年版,第 318 页;周友军:《交往安全义务理论》,中国人民大学出版社 2008 年版,第 94 页。

〔10〕 参见奚鹏:《电子商务平台经营者违反安全保障义务的侵权责任研究》,上海社会科学院 2019 年硕士学位论文。

了一种依赖关系。为消费者构建一个安全可靠的交易环境，回应消费者的信任和依赖也就成了网络平台存在发展的应有之义。并且平台也完全有能力利用其掌握的信息和技术排除一定的虚假信息。

（3）获利报偿理论

在网络食品交易中，非自营的第三方平台发布商家以及有关商品的信息到平台上供消费者浏览、选择、交易，然后主要通过对商家利润进行抽成等方式获取大量利润。不仅如此，随着交易范围和平台经营范围的扩大，平台也会获得用户流量、广告投放、品牌溢价、市场增值等经济利益。按照收益与风险相一致原理，平台组织了这场具有风险的交易，并从风险处获得利益，就应当承担交易危险发生的义务。平台承担一定责任的原因就在于损害是在其谋求利益过程中造成的，这符合公平正义的社会观念。

（4）成本最优分析

有学者借助科斯定理"最小防范成本"原则等经济学原理进行分析，认为立法者应该把食品安全法律责任尽量配置给能以较低成本保护所有权的一方。电子商务平台拥有强大的数据分析和处理能力，在平台上出现违法情形时，平台也有能力及时做出断开连接、屏蔽信息等救济措施，制止违法行为。例如，经核实，商家提供的餐饮损害消费者健康的，对商家及时作出下线处理，避免更多消费者受损。因此，让平台承担一定的安全保障义务符合节约社会成本的理念。此外，在法律经济学效率优先的思路引导下，尽量不使第三方平台与商户成为对立面，而是树立共同的食品安全责任意识，可在以大数据网络为主导的食品安全智慧监管的今天，实现法律资源产权的低成本优化配置。[11]

（5）利益平衡原则

与现实世界不同，互联网世界中个人利益与公共利益的界限常常较为模糊，这一现象也是互联网的本质所导致的。具体而言，互联网的本质就是信息的共享，无论是社交软件、内容创作平台，还是本文所探讨的互联网食品交易平

---

〔11〕 参见陈灿平、韩薇薇：《网络订餐第三方平台食品安全责任的法律经济学分析》，载《当代法学》2021年第4期。

台，本质上皆是对于信息的即时共享。在信息的共享过程中，每个网络用户的信息既属于用户自己，也为整个平台所用，既关乎个人利益，也关乎公共利益。因此，在构建网络食品交易规范的过程中，应当坚持以个人利益与公共利益相平衡的原则，尽量明晰个人利益与公共利益的界限，使平台企业在努力促进公共利益的同时，也能够重视对个人利益的保护。例如，可以在是否共享自己购买信息等方面给予用户一定的选择权，抑或对于网络平台注册时必须“打勾同意”的条款设置一定的协商余地，而不是将个人信息等仅仅视为平台自己所搜集的数据。基于平台与个人天然的差距，强化平台责任也是个人利益与公共利益相平衡原则的应有之义。

（三）网络食品交易第三方平台违反义务的法律后果

1. 网络食品交易第三方平台的行政责任

为了进一步落实第三方平台的上述法定义务，法律规范进一步规定了平台不履行义务的法律后果，即平台未尽资质审核义务，未尽安全保障义务，未实名登记外卖商户的名称、地址、联系人及方式等信息以及其他未尽义务事项发生时，网络食品交易第三方平台需要承担相应的行政责任。例如，《电子商务法》《食品安全法》《网络餐饮服务食品安全监督管理办法》《网络食品安全违法行为查处办法》等法律法规提到的包括责令改正，没收违法所得，并处罚款，若造成严重后果，责令停业并吊销许可证。从上述规定可以发现，立法者的意图在于通过较高数额的罚金以及强制停业整顿等一系列规定，引起网络食品交易第三方平台服务提供者的重视，使其在审核查验的环节加大监督管理力度，提高审核的自主性，依靠先进的网络技术，主动承担起治理食品安全问题的社会责任，充分发挥网络平台服务提供者的社会治理功能，更好地保护消费者权益。

平台在食品安全纠纷中可能承担的行政责任情形见表2：

表 2 交易平台行政责任规范梳理

内容	行政处罚	法律规范
未将自我声明、营业执照信息、与其经营业务有关的行政许可信息以及链接标识相关进行公示或信息发生变更，没有及时更新公示信息	市场监督管理部门责令限期改正，可以处 2 万元以上 10 万元以下的罚款；情节严重的，处 10 万元以上 50 万元以下的罚款	《电子商务法》第 81 条 《网络交易监督管理办法》第 42 条
未公示商户食品生产经营许可证、名称、地址、量化分级信息	县级以上地方市场监督管理部门责令改正，给予警告；拒不改正的，处 5000 元以上 3 万元以下罚款	《网络餐饮服务食品安全监督管理办法》第 32 条
未公示平台服务协议、交易规则或链接	市场监督管理部门责令限期改正，可以处 2 万元以上 10 万元以下的罚款；情节严重的，处 10 万元以上 50 万元以下的罚款	《电子商务法》第 81 条
未建立执行并公示审查登记、制止报告、停止服务、投诉举报处理等制度	由县级以上地方市场监督管理部门责令改正，给予警告；拒不改正的，处 5000 元以上 3 万元以下罚款	《网络餐饮服务食品安全监督管理办法》第 29 条
未进行信息检验、登记、建档，6 个月未检验更新，对未办理主体登记的商户进行动态监测	有关主管部门责令限期改正；逾期不改正的，处 2 万元以上 10 万元以下的罚款；情节严重的，责令停业整顿，并处 10 万元以上 50 万元以下的罚款	《电子商务法》第 80 条 《网络交易监督管理办法》第 47 条
未尽资质审核义务，未尽安全保障义务	市场监督管理部门责令限期改正，可以处 5 万元以上 50 万元以下的罚款；情节严重的，责令停业整顿，并处 50 万元以上 200 万元以下的罚款	《电子商务法》第 83 条
未实名登记商户的名称、地址、联系人及方式等信息	县级以上人民政府食品安全监督管理部门责令改正，没收违法所得，并处 5 万元以上 20 万元以下罚款；造成严重后果的，责令停业，直至由原发证部门吊销许可证；使消费者的合法权益受到损害的，应当与食品经营者承担连带责任	《食品安全法》第 131 条 《网络餐饮服务食品安全监督管理法》第 31 条 《网络食品安全违法行为查处办法》第 32 条

续表

内容	行政处罚	法律规范
未建档记录商户信息和食品安全管理人员信息	县级以上地方市场监督管理部门责令改正，给予警告；拒不改正的，处 5000 元以上 3 万元以下罚款	《网络食品安全违法行为查处办法》第 33 条
未检验、登记、建档、更新广告等有关信息	市场监督管理部门没收违法所得，并处违法所得一倍以上二倍以下罚款	《广告法》第 61 条 《互联网广告管理暂行办法》第 25 条

聚焦于食品安全的问题上，《食品安全法》第 131 条第 1 款规定，违反本法规定，网络食品交易第三方平台提供者未对入网食品经营者进行实名登记、审查许可证，或者未履行报告、停止提供网络交易平台服务等义务的，由县级以上人民政府食品安全监督管理部门责令改正，没收违法所得，并处 5 万元以上 20 万元以下罚款；造成严重后果的，责令停业，直至由原发证部门吊销许可证；使消费者的合法权益受到损害的，应当与食品经营者承担连带责任。在此基础上，针对网络食品交易第三方平台未尽到具体的事前和事中义务，《网络餐饮服务食品安全监督管理办法》第 28 ~ 32 条、第 33 ~ 34 条、第 36 ~ 38 条进行了详细的规定。2021 年最高人民检察院、国家市场监督管理总局、国家药品监督管理局联合发布 15 起落实食品药品安全"四个最严"要求专项行动典型案例，其中第二案即为一典型案例。在该案中，济南市市场监督管理局以上海拉扎斯信息科技有限公司济南分公司未对入网餐饮服务提供者的食品经营许可证进行审查、未公示入网餐饮服务提供者的食品经营许可证、量化分级信息的违法行为，在调查取证后给予该平台公司 23 万元最高档的处罚，用最严厉的力度处罚了订餐平台不履行信息审查的行为，同时督促了其他网络食品交易第三方平台积极履行审查等合规工作。

2. 网络食品交易第三方平台的民事责任

除了上述行政责任之外，网络食品交易第三方平台作为独立的民事主体，具有完全民事责任能力，因实施不当行为而侵害包括消费者在内的他人合法权益时，应当承担相应侵权责任。经营过程中，网络食品交易第三方平台可能独立实施侵权，如违反个人信息保护的规定，泄露消费者信息；或者对平台内餐饮服务提供者进行“二选一”限制，侵害餐饮服务提供者的经营自主权等。但从《食品安全法》中的网络食品交易平台责任、《民法典》的互联网条款、《电子商务法》第 38 条的安全保障义务等规定来看，涉及食品安全侵权纠纷的情形时，提供餐饮服务的经营者通常是直接责任人，应承担直接侵权责任，而第三方平台由于作为媒介并不直接提供食品，一般承担间接侵权责任，并非终局责任人。结合司法实践的经验，对网络食品交易第三方平台经营者的侵权责任可做如下分类讨论。

第一，未履行经营者证照等资质审查义务导致的民事赔偿责任。《电子商务法》第 27 条规定，电子商务平台经营者应当要求申请进入平台销售商品或者提供服务的经营者提交其身份、地址、联系方式、行政许可等真实信息，进行核验、登记，建立登记档案，并定期核验更新。根据该法第 38 条第 2 款的规定，网络食品交易第三方平台对餐饮经营者的资质资格未尽到审核义务，造成消费者损害的，依法承担相应的责任。《食品安全法》第 131 条第 2 款规定：违反本法规定，“网络食品交易第三方平台提供者未对入网食品经营者进行实名登记、审查许可证……使消费者的合法权益受到损害的，应当与食品经营者承担连带责任”。在(2019)京 0491 民初 26918 号案中，法院依照《食品安全法》第 131 条、第 148 条之规定认为被告理应履行审查入网食品经营者的食品经营许可证的义务，但被告未履行该义务，使原告购买到了无食品经营资质商家制作的食品，原告的合法权益受到损害，被告应与食品经营者承担连带责任。

不仅如此，网络食品交易第三方平台未履行审核义务还可能会侵害其他商家的合法权益。例如，在(2020)沪 73 民终 166 号案中，原告公司的名称、经营地址、法定代表人信息被某平台上 12 家涉案商户冒用，法院认定平台审核商户信息时知道或者应当知道冒用情形，构成帮助侵权，应当承担连带责任。

第二，不能提供商家真实信息承担的民事赔偿责任。例如，在(2017)沪 0107 民初 18802 号与(2017)沪 0107 民初 18804 号等案中，被告网络食品交易第三方平台辩称原告不能提供涉案食品不符合食品安全标准的证据，但法院认为被告未审核餐饮经营者的资质资格，也不能在事后提供商家信息，从而认定涉案食品为不符合食品安全标准的食品，最终判决被告返还购物款并支付相应的赔偿金。在（2019）京 0491 民初 29663 号案中，原告也不能提供涉案食品不符合安全标准的证据，被告同样没有履行资质资格审核义务，但是被告已提供入网食品经营者的真实名称、地址和有效联系方式等信息，法院因而对原告要求被告返还货款并进行赔偿的主张不予支持。结合上述案件的分析，可以发现网络食品交易第三方平台是否履行提供商家真实信息这一义务对诉讼结果的影响是直接的，即在纠纷发生后，如果由于平台的过错导致受损失的消费者无法找到直接提供食品的经营者索赔，法院会根据《食品安全法》第 131 条等规定认定有关平台作为被告承担相应赔偿责任。如果平台及时提供入网食品经营者的真实名称、地址和有效联系方式等信息，使消费者从食品经营者处获赔，那么负有连带责任的平台也就无需赔偿。由此可见，平台及时履行提供信息的义务既有利于促进诉讼进行、消费者维权又能够使自身免于败诉。

第三，网络食品交易第三方平台明知或应知在网商家存在侵权而应承担的连带赔偿责任。在网络食品交易过程中，发生食品安全问题纠纷时直接侵害消费者合法权益的通常是平台内餐饮服务提供者，即商家。第三方平台在明知或应知侵权的情况下可能承担连带责任。《食品安全法》第 62 条规定：发现严重违法行为的，应当立即停止提供网络交易平台服务。该法第 131 条规定，网络食品交易第三方平台提供者未履行报告、停止提供网络交易平台服务，使消费者的合法权益受到损害的，应当与食品经营者承担连带责任。《民法典》第 1197 条规定："网络服务提供者知道或者应当知道网络用户利用其网络服务侵害他人民事权益，未采取必要措施的，与该网络用户承担连带责任。"从前述三个条文的表述看，涉及第三方平台帮助侵权的责任承担问题——网络商品交易第三方平台作为网络服务提供者知道或者应当知道平台内餐饮服务提供者侵权，未采取必要措施的（包括但不限于停止服务），应当承担连带责任。从"知道或者应当知道"可以得知第三方平台系基于过错责任的归责原则来承担责任。因此根据法律规定，网络食品交易第三方平台的连带责任成立需要满足以下条件：①相关商户存在侵权行为，给消费者造成了权益侵害；②网络食品交易第三方平台未采取相应措施的行为，需要被认为存在过错。但是对于提供网络技术服务的平台来说，海量网络信息的客观现实，使网络服务平台不能对所有的内容都能及时审查。我们不能仅因为未及时采取措施就认定平台有过错，需要考虑客观情况给网络平台履行注意义务带来的阻碍，谨慎作出过错判定。司法实践中的典型情况是，如果网络食品交易第三方平台发现侵权后仍对商家未采取下线处理，造成消费者合法权益受损的，应被认定为连带侵权。这也提醒了网络食品交易第三方平台要及时检查和更换商家，以免陷入不必要的纠纷。

第四，未尽到安全保障义务应承担相应的责任。《电子商务法》第 38 条第 2 款规定，平台经营者违反安全保障义务，损害消费者权益的，应承担相应的责任。这一条款为电子商务平台加上了一个安全保障义务人的身份。《电子商务法》的这一规定，对应《消费者权益保护法》第 18 条以及《民法典》第 1198 条关于安全保障义务的规定，但就平台安全保障义务的内容以及“相应的责任”形态，则尚且存在进一步讨论的空间。

除了上述侵权责任之外，网络食品交易第三方平台分别与消费者和平台内食品经营者存在合同关系，即用户服务协议和商户服务协议。在食品安全的问题上，网络食品交易第三方平台可能承担的责任大多数情况下是与平台内经营者侵权，即平台内经营者提供的餐饮不符合食品安全标准导致消费者权益受损引发的侵权责任“捆绑”在一起的。在这种情况下，消费者既能向商户主张侵权损害赔偿，也能主张违约损害赔偿，并非不无疑问。值得注意的是，《食品安全法》第 131 条第 2 款规定：“消费者通过网络食品交易第三方平台购买食品，其合法权益受到损害的……网络食品交易第三方平台提供者作出更有利于消费者承诺的，应当履行其承诺。”《消费者权益保护法》也有规定，网络交易平台提供者作出更有利于消费者的承诺的，应当履行承诺。网络交易平台提供者赔偿后，有权向销售者或者服务者追偿。因此，在食品安全的问题上，用户能否向第三方平台主张违约责任则取决于平台与用户的具体约定。

在实践中，网络交易平台往往会从吸引消费者的角度作出特别承诺。这种承诺更加可以激励平台对商户实施监督管理，保障消费者权益。这里的承诺包括极速退款、先行赔付、折扣促销、平台满减等。极速退款、先行赔付是消费者与商家关于订单发生纠纷时，双方就交易问题无法协商一致或者协商一致退款，一旦消费者发起退款申请，平台审核后就会尽快将款项退回消费者，无需经过商家操作，可以使消费者的退赔请求快速得到满足。例如，《××网络订餐食品安全管理办法》第 31 条规定，“消费者接受××网络订餐服务，餐品里发现有异物或出现用户因菜品质量就医等问题，用户提交相关证明材料等信息后，有权获得先行赔付”。另一网络餐饮服务平台的《网上订餐平台服务协议》中也有类似条款：“……如平台基于前述情况向消费者先行赔付的，平台有权向商户追偿。”该平台《消费者权益保障规则》第 9 条也有无理由退单的保障措施；类似平台《××外卖服务保障》中的极速退款也有同样的替代性赔付效果。根据承诺的内容，平台为商家的行为“买单”，不要求有过错或者违约行为。当然，通过先行赔付也体现出网络食品交易第三方平台发挥着食品安全保障的重要角色功能。这些承诺构成第三方平台在食品安全纠纷时应承担的责任，如果拒不履行，应当承担单方违约的后果。

综上所述，平台在食品安全纠纷中可能承担的民事责任情形见表 3：

表 3　交易平台民事责任规范梳理

<table>
<tr><th></th><th>内容</th><th>形态</th><th>法律规范</th></tr>
<tr><td rowspan="6">侵权责任</td><td rowspan="2">未履行资质等信息审查义务，消费者受到损害</td><td>连带责任</td><td>《食品安全纠纷案件解释一》第 3 条、
《食品安全法》第 131 条</td></tr>
<tr><td>相应的责任</td><td>《电子商务法》第 38 条</td></tr>
<tr><td>未履行报告、停止提供网络交易平台服务等义务的</td><td rowspan="2">连带责任</td><td>《食品安全法》第 131 条
《食品安全纠纷案件解释一》第 3 条</td></tr>
<tr><td>知道或者应当知道侵权，未采取必要措施的</td><td>《电子商务法》第 38 条
《消费者权益保护法》第 44 条</td></tr>
<tr><td>不能提供入网食品经营者的真实名称、地址和有效联系方式的</td><td>不真正连带责任</td><td>《消费者权益保护法》第 44 条
《食品安全法》第 131 条</td></tr>
<tr><td>未尽到安全保障义务</td><td>相应的责任</td><td>《电子商务法》第 38 条</td></tr>
<tr><td>违约责任</td><td>违反更有利于消费者的承诺</td><td>替代责任</td><td>《消费者权益保护法》第 44 条
《食品安全法》第 131 条</td></tr>
</table>

三、网络食品第三方平台责任法律结构之反思

基于以上分析，应当说现行法律法规已经为网络食品交易中的第三方平台确定了详细的法律义务框架以及不履行义务的法律后果。然而，实际上网络食品安全的问题并未能够如立法者所想得以妥善解决，一些线下食品安全的固有问题，甚至在网络环节中得到放大，网络平台监管义务并未真正落实。

此外，网络食品在配送过程中可能存在安全隐患。配送服务为网络食品交易区别于传统食品交易的特殊环节。外卖在送达消费者之前，需要经过一段时间的配送，外卖人员的身体健康状况以及配送箱是否达标也将直接影响食品的安全问题。虽然《网络餐饮服务食品安全监督管理办法》第 14 条规定，送餐人员应当保持个人卫生，使用安全、无害的配送容器，保持容器清洁，并定期进行清洗消毒。送餐人员应当核对配送食品，保证配送过程食品不受污染。但是实际上配送人员，即“外卖骑手”的真实处境很难保证其通过自我监督来履行配送安全卫生的义务。从当前司法实践的经验来看，外卖骑手与平台之间的法律关系本身就存在疑问，地方法院在裁判过程中主要通过考察配送商与外卖骑手之间是否有缔结劳动合同的意愿、配送商对外卖骑手是否进行日常管理、外卖骑手劳动报酬的发放来源等因素，来综合认定配送商与外卖骑手之间是否存在劳动关系，因此很难形成统一的裁判规则。[12] 在个案中，有认定平台与骑手之间构成劳动关系的，也有认定为雇佣关系或者承揽关系的。[13] 因此，在网络餐饮平台与配送人员之间的法律关系无法统一的情况下，双方之间的权利义务关系本身存在争议，如何要求网络餐饮平台对配送人员的食品安全义务进行监管，仍然存在解释与适用上的障碍。因此，有必要结合上述规定以及网络食品交易的自身属性，对前述法律框架进行反思。

（一）第三方平台对经营者证照信息审查程度不明确

审查主体对资料的审查审核方式一般可分为两种，即形式审查和实质审

〔12〕 参见李骏、宋嘉玲：《互联网平台用工方式及责任的解构与重构——以生产要素的集成方式为视角》，载《中国应用法学》2021 年第 4 期。

〔13〕 参见江苏省苏州市中级人民法院民事判决书，(2019)苏 05 民终 212 号；河南省郑州市中级人民法院民事判决书，(2019)豫 01 民终 21145 号。

查。网络商品交易第三方平台所承担的审查义务应当采何种审查方式，学界一直存在较大争议。有学者认为，第三方平台作为整个网络交易中的一方市场主体而非行政主管部门，考虑到其义务只是协助监管的性质，赋予第三方平台实质审查之义务根本不可能实现。第三方平台只要尽到一般的谨慎审查义务，就不应对入驻商家因造假骗过审查而承担责任。〔14〕另有学者认为在食品、医药、网络、客运等与消费者生命健康有重大关系的商品或服务行业，要求平台经营者承担实质审查义务不仅现实可行，也不违反法律原则。〔15〕还有学者认为第三方平台的审查应为形式审查，而非实质审查。确定网络食品交易第三方平台对于入网经营者的审查义务采取何种标准，并非一个简单地从形式审查和实质审查择一适用的问题。网络食品交易的特点之一在于入网商家数量庞大，规模与品质参差不齐，平台作为网络交易的主体之一，并不能直接接触到经营者或其提供的商品，〔16〕难以进行实地核验、实时更新以保证信息真实，这是客观事实。

《食品安全法》第62条要求平台对于入网食品经营者进行实名登记，审查其许可证，《网络餐饮服务食品安全监督管理办法》第8条进一步要求平台有义务保证入网餐饮服务提供者食品经营许可证载明的经营场所等许可信息真实，即平台需要对其审查登记信息的真实性负责。该办法第9条要求网络餐饮服务第三方平台提供者和入网餐饮服务提供者应当在餐饮服务经营活动主页面公示餐饮服务提供者的食品经营许可证。食品经营许可等信息发生变更的，应当及时更新。那么，平台承担着及时更新的义务，是否意味着行政主管部门要求平台对于入网经营者的证照信息进行持续性的监督审查。从行政监管的角度来看，相对于直接监管数量庞大的入网经营者，转而要求各个平台承担相应的监管职能，能够提高效率，有其合理性。但是从平台作为民事私主体的性质出发，要求其对网络平台服务的缔约相对人履行监管义务，确实存在法理上进

〔14〕参见刘金瑞：《网络食品交易第三方平台责任的理解适用与制度创新》，载《东方法学》2017年第4期。

〔15〕参见孙晋、袁野：《论平台经营者的民事法律责任——〈电子商务法〉第38条第2款的解释论》，载《财经法学》2020年第1期。

〔16〕参见全国人大常委会法制工作委员会民法室编：《消费者权益保护法立法背景与观点全集》，法律出版社2013年版，第134页。

一步解释的空间。从实践中的客观需求出发,第三方平台审查责任限度还要结合实际情况予以确定,既要考虑食品安全监管的需要,也要考虑平台自身的特点和承受能力,要求平台对线下真实内容进行负责的前提是落实平台监管的现实性与可行性,责任限度不能抛弃对利益的衡量。2021 年《网络交易监督管理办法》第 24 条规定,网络交易平台经营者应当要求申请进入平台销售商品或者提供服务的经营者提交其身份、地址、联系方式、行政许可等真实信息,进行核验、登记,建立登记档案,并至少每 6 个月核验更新一次。该法第 25 条进一步要求网络交易平台经营者应当分别于每年 1 月和 7 月向住所地省级市场监督管理部门报送平台内经营者的基本信息,并鼓励网络交易平台经营者与市场监督管理部门建立开放数据接口等形式的自动化信息报送机制。这样的市场监督信息共享机制,纵然可以有利于网络第三方平台对经营者主体资质的真实性核查义务的落实,但是这一规定同样也没有对第三方平台的注意义务标准与监管责任的限度作出明确的界定。

在事前审查的问题上,还有一个需要注意的问题是小微卖家。虽然我国规定一般食品生产经营实行许可制度,但是对众多小微卖家的食品经营制度仍未统一明确。根据《食品安全法》第 36 条的规定,食品生产加工小作坊和食品摊贩等从事食品生产经营活动,应当符合本法规定的与其生产经营规模、条件相适应的食品安全要求,保证所生产经营的食品卫生、无毒、无害,食品安全监督管理部门应当对其加强监督管理。对小微食品生产经营者的监管,一直是监管部门面临的难点问题。内蒙古、陕西、广东、河北、江苏等省份制定了相关的地方性法规,但在具体监管制度设计上也存在不同,有的实行许可制度,有的实行登记备案制度。比如,《陕西省食品小作坊小餐饮及摊贩管理条例》第 9 条规定"食品小作坊、小餐饮实行许可制度管理,食品摊贩实行登记备案制度管理"。[17] 由此可见,法律法规对这些小微卖家是否要取得行政许可证等证照还未统一明确规定,有的规定需要取得证照而有的却不需要,导致了第三方平台

---

〔17〕 刘金瑞:《网络食品交易第三方平台责任的理解适用与制度创新》,载《东方法学》2017 年第 4 期。

审查难的现状。

(二)第三方平台事中监管义务与安全保障义务的界限

关于第三方平台的监管义务,《食品安全法》第 62 条第 2 款可以说是网络食品交易第三方平台的事中监管义务的基本规定,包括“制止违法经营行为并报告行政主管部门”“停止提供网络交易平台服务”等。此时,需要明确的是,平台是需要主动去“发现”入网经营者的违法经营行为,还是在“被告知”存在违法行为才制止或关停服务。具体而言,当网络食品交易第三方平台被监管部门告知存在相应违法行为,固然应当因为相关产品或者服务违法而立即采取相应措施;但如果仅消费者或者其他主体向网络食品交易第三方平台举报存在违法行为,平台根据法律、法规、规章的规定或者平台服务协议和交易规则对平台内经营者违法行为采取相应的包括警示、暂停或者终止服务等处理措施的,那么被采取“处罚”的经营者是否有相应的“申诉”或“质询”的权利?

实际上,食品安全问题的根源在于原材料的品质与制作过程中的操作卫生问题,换言之,入网食品供应商是网络食品安全问题的首要责任人。固然食品制作与餐具卫生的问题并不仅存在于线上食品交易,但由于网络食品交易的远程性,消费者对于食品制作、包装过程无法获得直接的认知,因而要求平台对此进行一定的监管和检查工作也有其现实意义。本文认为,立法者正是基于此种考虑,才在《食品安全法》第 55 条第 1 款中规定,“倡导餐饮服务提供者公开加工过程,公示食品原料及其来源等信息”。但这一倡导性规则并不具有强制约束力。《网络餐饮服务食品安全监督管理办法》第 16 条规定,网络餐饮服务第三方平台提供者应当对入网餐饮服务提供者的经营行为进行抽查和监测,并在此基础上对于违法经营的行为进行制止。该办法的这一规定实际上意味着要求第三方平台主动去“发现”入网经营者的违法经营行为,但是《网络餐饮服务食品安全监督管理办法》对于“抽查和监测”内容的规定存在模糊性,虽然平台掌握大量的线上交易信息与数据,但是如果要开展线下抽查、实地核查等工作,面对海量的散落于各地的线下经营者,即使平台投入大量的成本可能依然收效甚微。作为营利性的市场主体,在缺乏有效规则指引以及地方行政主管部门配合的情况下,平台是否能够切实落实实地抽查监测不无疑问。同样由于网络餐饮服务远程性的特点,以及入网餐饮服务提供者存在数量众多、实际经营场所与登记经营场所不一致等问题,如果只要求线上抽检,平台可能难以及时发现此种现象并作出下架店铺等处理措施,那么这样的“抽查和监测”在实践中究竟应当如何真正落实,仍待进一步研究完善。

(三)平台的安全保障义务与责任样态

《电子商务法》第38条第2款规定了平台的安全保障义务,但平台的安全保障义务的内容与“相应的责任”之形态在解释论上存在争议,需进行解释说明以确定。就这两点问题,首先要解决的是平台安全保障义务是否属于《民法典》第1198条的经营者安全保障义务范畴。《民法典》第1198条第1款对于安全保障义务人责任的规定是:“宾馆、商场、银行、车站、机场、体育场馆、娱乐场所等经营场所、公共场所的经营者、管理者或者群众性活动的组织者,未尽到安全保障义务,造成他人损害的,应当承担侵权责任。”对于这一问题,应当明确的是线上平台的保障义务与《民法典》规定的线下经营场所管理者的安全保障义务内容是不同的,前者是主要保障有关交易的信息安全,而后者则是保障现实的人身安全。不同于线下经营场所、公共场所可能会因为经营者、管理人未尽到安全保障义务,直接导致在场人员人身损害,线上食品交易过程中同样是因为交易的远程性和虚拟性,平台也很难因为未履行安全保障义务而直接致使消费者受到人身损害。涉及网络食品交易过程中消费者的人身损害,主要情形只可能因为平台内具体的经营者在提供食品过程中致消费者损害。在这种情形中,要求平台承担等同于《民法典》中的安全保障义务存在解释上的障碍。因此,虽然电子商务平台的安全保障义务和《民法典》第1198条存在诸多共通性,但因两者保护的利益不同,且责任发生原因、归责事由及理论基础均存在差异,应当优先适用《电子商务法》第38条,同时应当充分发挥《民法典》中规则的基础作用,有目的地扩张或限缩适用至平台责任领域。[18] 关于如何确定平台安全保障义务内容,从网络食品交易整个过程来看,网络平台安全保障义务的核心是消

---

〔18〕 参见魏昀天:《电子商务平台安全保障义务的实证考察与理论进路》,载《法律适用》2021年第3期。

费者合法权益保障,除《电子商务法》外,《网络安全法》《食品安全法》等法律规范均给平台配置了诸多义务,这些规定共同构成了平台安全保障义务的具体内容。根据平台提供的服务内容来看,平台安全保障义务的内容也应当限于平台保障提供服务过程中涉及的各种消费信息安全,如平台内餐饮服务经营者的资质信息,消费者注册的个人信息,食品订单中的地址、联系方式等信息安全。这说明网络服务平台的安全保障义务实际上不同于《民法典》第 1198 条的"安全保障义务",其内容更多的是一种商家资质监管、信息安全等方面的安全保障义务。就《电子商务法》第 38 条第 2 款规定的"相应的责任"之形态问题而言,既然平台的安全保障义务不属于《民法典》的经营者安全保障义务,那么使网络平台根据《民法典》承担安全保障义务人的补充责任也并不合理。从体系解释的角度来看,《电子商务法》第 38 条并没有对于网络食品交易中第三方平台确定新的义务类型,而是使用"相应的"一词来指示《消费者权益保护法》《食品安全法》中的责任形态。因此,这里的安全保障义务应区分不同情形再具体判断,如未履行资质审查义务导致商户信息不安全使消费者受损的,应按照《食品安全法》承担连带责任。

(四)第三方平台治理权限边界

《网络餐饮服务食品安全监督管理办法》对网络食品交易第三方平台规定了全面而详尽的义务。该办法要求第三方平台应当建立食品安全事故处置等制度,设置专门的食品安全管理机构,配备专职食品安全管理人员,对入网餐饮服务提供者的经营行为进行抽查和监测,建立投诉举报处理制度,对涉及消费者食品安全的投诉举报及时进行处理。这些强制性监管义务在一定程度上赋予了第三方平台一种类似市场监督部门等公权力主体的公共管理职能。然而,作为上位法的《食品安全法》对第三方平台所规定的食品安全管理义务和责任范围仅限于实名登记、审查许可证、发现违法行为应当及时制止并立即报告监管部门、发现严重违法行为应当立即停止提供网络交易平台服务等。《食品安全法》如此规定的原因在于,第三方平台对餐饮服务提供者的经营具有一定的管理和控制能力,可以对其进行一定的审查与监管,赋予平台一定的信息审查与其他义务,有利于保障食品安全。需要强调的是,鉴于第三方平台本身并不是食品经营者,只是一个信息提供与撮合平台,故《食品安全法》只是规定了与其信息撮合业务相适应的有限度的信息审查及相关义务,包括实名登记、审查许可证、报告违法行为和停止为严重违法者提供平台服务等,以实现交易的可追溯、责任的可追究、危害的可控制,并没有对第三方平台赋予过重的义务。[19] 换言之,第三方平台始终是市场化的营利的私主体,网络效应[20]和平台效应[21]都会促使网络食品交易第三方平台最大限度地趋利避害,把追求最大利益、扩大用户规模、抢占更多的市场份额作为自身发展的核心要务。[22] 因此,纵使有关法律法规对于第三方平台设置了详细的法定义务体系,但是实际上平台履行义务的内在驱动力并不充分,一旦第三方平台提高了商家入驻的审查标准或者在日常监管过程中采取严格监管和处罚措施,将会使一部分网络食品经营者转向其他平台,进而影响平台自身的收益。同时,《网络餐饮服务食品安全监督管理办法》所规定的第三方平台义务的全面履行还需要平台与政府有关行政主管部门之间建立有效的信息互通、联动工作的机制。在网络食品交易中,第三方平台所收集的经营者信息未能及时有效地反馈到相关的市场监督管理部门,同样,很多地区对于政府监管数据库的开放与互联网第三方平台之间搭建"数据桥梁"依然秉持着审慎的态度。[23] 诚然政府监管数据库不能完全向包括第三方平台在内的市场主体完全开放,但是为了实现有效的平台治理,行政主管部门在一定程度上的合规性指导和信息数据共享仍是迫切需要解决的现实问题。在食品安全的问题上,市场监督管理部门与药品监督管理部门同样也有监管的义务,行政主管部门与第三方平台之间的职责划分与衔接同样也是实现

---

〔19〕 参见刘金瑞:《网络食品交易第三方平台责任的理解适用与制度创新》,载《东方法学》2017 年第 4 期。

〔20〕 网络效应就是指在网络中的某一产品的用户越多,该软件的使用者就能从使用中获得更多的效用,即网络的外部性。

〔21〕 平台效应就是指在双边或者多边市场中,某一方平台的用户获得的效应取决于另一平台用户的数量。

〔22〕 参见吴镱俊:《论网络食品交易第三方平台责任制度构建的困境与出路》,载《长春大学学报》2021 年第 5 期。

〔23〕 参见吴镱俊:《论网络食品交易第三方平台责任制度构建的困境与出路》,载《长春大学学报》2021 年第 5 期。

平台有效监管的保证之一。例如,在《最高人民法院、最高人民检察院发布10起检察公益诉讼典型案例》中第二例——成都市双流区市场监督管理局违法履职案中,双流区人民检察院查明有关个体工商户没有线下实体经营场所但准备从事的网络食品经营,系通过非法途径获得食品经营许可。双流区人民检察院认为这属于双流区市场监督管理局违法履职而发出检察建议,为防范网络食品消费安全风险,双流区市场监督管理局注销了283户工商户的食品经营许可证,并将食品经营许可证撤销、注销情况发送至"美团""饿了么"等第三方平台总部,并将继续对上述食品经营者的后续经营行为进行跟踪监督。[24] 该案体现出政府部门与互联网平台企业在网络食品安全监管方面的信息互通、互相配合的重要性。

四、完善第三方平台法律责任的法律规制的具体路径

(一)联动政府和消费者,建立多元的监管信息共享机制

平台对食品经营者行为审查与监管是食品安全问题的重要预防机制,因此平台应尽到"守门人"责任。要求平台对商家实质审查在理论上可以大幅度减少食品安全问题的发生,但是赋予平台较高水平的审查义务必须考虑客观现实带来的难题,如实质审查成本、政府数据库壁垒、经济效率等问题。平台内经营者数量非常大,涉及的证照、数据很复杂,由于平台的经济实力和技术能力限制,不是所有的平台都能通过先进的技术建立自己的审查系统,组织专门人员负责相关审查监管,并且对平台科以线下实地查验等实质审查义务也不符合成本最优的效率原则,平台也没有实质审查的积极性,为了解决这类问题,最有必要的方式就是建立新型的、多元化的监管信息共享机制,尽量建立完善的食品商户(尤其是小微商户)的信息数据库,具体如下:

其一,将政府掌握的企业相关数据库与平台所掌握的企业数据库相结合。随着互联网以及外卖行业的高速发展,入驻网络食品交易第三方平台的商家数

〔24〕 参见《检察公益诉讼典型案例》,载最高人民检察院网,https://www.spp.gov.cn/spp/zdgz/201803/t20180302_368568.shtml。

量与日俱增,实行严格的监管审查制度,审查平台内经营者的许可证、个人身份信息、工商登记等信息至关重要。若想实现行之有效的资质审核,仅仅凭借平台单方的力量是不够的,最佳的方法为网络第三方平台提高自主性,借助先进的大数据、云计算等互联网技术,主动承担起对外卖商家的审核责任;同时,政府加强与网络交易平台的合作关系,可以向第三方网络交易平台适当地打开数据接口权限,使平台有据可查,减少获取信息成本,高效地获取到外卖经营者的相关证件信息,查证真伪。双方联动共同协作完成入网外卖经营者的信息审核,更好地防范食品安全问题,保障消费者基本权益。目前,在"互联网 + 监管"与创新监管的新趋势下,我们建议政府部门和相关平台等主体依托全国一体化在线政务服务平台、国家"互联网 + 监管"系统、国家数据共享交换平台、全国信用信息共享平台和国家企业信用信息公示系统,进一步归集市场主体基本信息和各类涉企许可信息,建设全国一体化在线政务服务平台电子证照共享服务系统,为平台依法依规核验经营者、其他参与方的资质信息提供服务保障,畅通政企数据双向流通机制。〔25〕 此外,饿了么平台借助阿里强大的互联网技术和数据分析能力,打造"E 政通"智慧监管服务平台,达到防风险、保安全、建机制、提水平的目标,加强与市场监督管理局的配合,助力政府监管部门提升食品安全管理效能,在联动监管上率先迈进步伐。这一措施具体益处如下:首先,若政府相关数据库系统能够对平台开放查询,那么平台实质性审查义务才能成为符合经济效率的要求。如果行政许可信息数据库系统还没有开放,平台由于无法进行核验,那么相应的审核义务就是一种谨慎的注意义务。〔26〕 其次,政府与平台的双重监管更有可能找出诸如无证无照、一证多用、借证注册的乱象,这对于企业的发展与消费者权益的保护均有益处。最后,将两者的数据库结合也在一定程度上解决了双方有时面临的监管人员人手不足的"痛点"。因此,未来在要求平台完善合规审查制度时,我们建议政府监管部门转变观念,结合社会共治理念,将平台视为共治的重要力量,将政府相关数据库系统对平台开放,使平台能更

---

〔25〕 参见《国务院办公厅关于促进平台经济规范健康发展的指导意见》(国办发〔2019〕38 号),载中国政府网,http://www.gov.cn/zhengce/content/2019 - 8 - 8/content_5419761.htm? trs = 1。

〔26〕 参见赵琦:《关于电子商务平台资质审核义务的法律思考》,载《知识—力量》2019 年第 58 期。

好地协助食品安全监管。

其二,将不同平台之间所掌握的相关数据库相结合。一方面,在政府倡导反垄断、禁止“二选一”等现象的背景下,平台之间放下成见,将数据资源共享,消除信息壁垒,避免了平台之间在监管数据上无意义的相互消耗;另一方面,及时的信息共享也极大地避免了“商家在A平台被停业后在B平台再次营业”的乱象,有利于对消费者权益的保护。

其三,将消费者、外卖员的反馈作为审查信息的重要来源。与众多消费者一样,笔者作为一名网络食品交易平台的消费者,也常常遇到商家的店面信息、营业执照明显是假的,评论明显是刷的,却投诉无门的情况,且直面这些商家的外卖员,也出现过主动曝光商家卫生情况的案例。因此,面对小微型食品商家的大量存在,平台的手再长,也比不过消费者和外卖员“雪亮的眼睛”,本文建议,可以进一步重视消费者和外卖员对商家的反馈,加强对商户的监管。

其四,加强技术赋能,推进建立“互联网+食品”监管数据库。《中共中央、国务院关于深化改革加强食品安全工作的意见》中指出互联网技术与食品安全监管结合在一起的思路,加强技术赋能。把大数据分析、云计算、物联网、人工智能等互联网技术运用到食品安全监管领域,实施智慧监管。比如,建立基于大数据分析的食品安全信息平台。因此,“互联网+食品”的模式对网络订餐服务平台切实履行证照审查义务、及时更新平台内经营者信息产生明显督促作用,进而逐步实现食品安全违法犯罪线索网上排查汇聚和案件网上移送、网上受理、网上监督,将监管工作信息化的目标。上文中的上海拉扎斯信息科技有限公司济南分公司未履行平台责任案中,市场监督管理局就是通过互联网和大数据对网络订餐第三方平台进行监控和异常数据抓取发现了违法行为,及时监管食品安全。

(二)结合线上数据库,建立高效的线下监管机制

分析近些年的网络食品交易第三方平台纠纷案例不难发现,大多数争议点集中在外卖商家实际加工地点与平台上备注地点信息不符,说明出现这些违法现象的根源在于实地监管不到位。线下外卖商家不仅数量多,而且经营地点过于分散,第三方网络服务平台若想进行实地考察更是难上加难,因此难免出现

一些不符合管理规定的食品经营者。对于此现象，网络食品交易第三方平台应配合协助政府监管部门，加强对线下外卖商家的治理管控，坚持线上线下监管同步联动。对于线上监管部分，网络食品交易第三方平台应该保证入驻平台内的经营者所有公开信息均合法准确，不得存在无证无照、一证多用等现象；对于线下监管部分，应当注意以下几个方面：

其一，政府有关部门可以分派巡视小组对不同的区域分开施行网格化管理，各个区域的负责人对各自负责区域内的商家进行定期的巡查抽查。一旦发现违法行为，责令其立刻停业整改，并及时通知网络食品交易第三方平台将该商家下线。除了上述定期巡视外，应当根据平台数据和消费者的反馈，增加对商家有目的的巡视，并将巡视信息及时反馈给平台和消费者，让监管更加高效。

其二，对于线下管理困难的问题，除了实地随机抽查之外，网络食品交易第三方平台可以为线上商户开通“明厨亮灶”信号，平台内的经营者可以自愿选择是否在厨房、仓库等地安装摄像头，供行政机关和市场消费者监督。具备实时监控条件的商家，第三方平台可以在店铺网页处给予醒目标注、排名靠前、流量加持等奖励措施，也可将外卖食品制作过程直接嵌入商户页面并实现直播。借助这一办法，希望可以激起外卖商家经营者的忧患意识，加强自身的健康卫生管理，提供给消费者安全健康的外卖食品。对于没有自愿安装摄像头的商家，巡视小组应当加大监管力度，如增加抽查的频次等。此外，还应当注意商家对摄像头动手脚，如替换摄像影像、故意遮挡摄像头等，一经巡视小组或者网络平台发现，均视为违规，进行处罚。

（三）参考平台规模，建立精确的分级分类平台监管机制

其一，注意平台责任的承担限度。在食品安全的问题上，无论如何扩大第三方平台的责任，真正意义上的责任人都是平台内餐饮服务提供者，即平台内商户。商户应当保证其提供的食品是安全的，这是《食品安全法》和《民法典》合同编最基本的要求。因此，立法和司法尤其要注意不要将平台责任摆在第一位，应首先将平台内餐饮服务提供者作为食品安全责任直接的责任人，其次才是平台的责任。平台内的餐饮服务提供者不能因为其在平台的“大树”下就“好乘凉”，即在食品安全问题上，餐饮服务的提供者应当承担其应有的责任，不能因为其在某平台上进行交易就相对于其他商家受到优待,而平台也不能因为其资产相对雄厚就被判定承担不符合法律规定的责任(平台可以出于道义对消费者进行额外的补偿,但不能判定其承担不符合法律规定的、额外的赔偿)。此外,平台这棵"大树"也绝对不能因为商户是其平台的成员而对其进行包庇,甚至从减少负面舆论影响的角度出发,将"大事化小、小事化了"。平台作为第二位责任主体主要包括三种情形:一是第三方平台提供者承担连带责任——当第三方平台没有履行登记审查、违法报告、停止服务等义务而出现消费者合法权益受损时,应当与平台内餐饮服务提供者承担连带责任;二是第三方平台提供者承担不真正连带责任——第三方平台在损害发生后,不能提供平台内餐饮服务提供者的真实名称、地址和有效联系方式,消费者提出请求的,平台应当承担赔偿责任,事后可以向餐饮服务提供者追偿;三是第三方平台作出更有利于消费者承诺的,应当履行其承诺——第三方平台作出先行赔付等事先承诺的,应当按照承诺向消费者承担赔偿责任。

其二,不同网络平台之间的技术能力、人力财力、用户规模、经营范围等差异较大,按照《互联网平台分类分级指南(征求意见稿)》,网络食品交易第三方平台属于网络销售类平台,可分为超级平台、大型平台和中小平台三级。在消费者权益保障上,平台越大、能力越大,因此《互联网平台落实主体责任指南(征求意见稿)》对超大型平台企业提出更高的合规要求。对于超大型网络食品交易第三方平台而言,其要承担更高水平的食品安全风险防控责任,完善内容审核机制、消费者投诉处理机制等,在食品安全保障方面起到行业引领作用;对于大型平台来说,应当承担起与之相应的社会责任,不能一味地为了上市等目的盲目扩张,而应当稳扎稳打,成为交易平台的中坚力量;对于中小型平台而言,政府应当适当照顾其发展,避免市场被大平台垄断,平台自身也要向精细化发展,在生存的同时努力做到"小而美"。正如前文所述,网络食品安全监管不仅是政府部门的责任,互联网网络食品交易第三方平台也要对食品质量安全监管发挥积极作用。面对外卖行业这种数字经济下的特殊业态,国家一方面是要鼓励与支持中小型互联网平台发展,另一方面是要严格规范外卖食品卫生标准,因此立法层面对平台的监管要求很难取到合适的中间值,导致平台监管责任规定并未细化完善。从实务角度看，网络平台越大，其所带来的风险越大，也就意味着应承担的监管责任范围越大。国家市场监管总局发布的《互联网平台分类分级指南（征求意见稿）》和《互联网平台落实主体责任指南（征求意见稿）》明确了网络平台分级分类的监管思路，体现出"权利越大，责任越大"的治理理念，强调分级分类细化管控，将平台需要承担的监管责任落实到细处。该指南中区分了超大型平台与其他平台的不同，针对二者提出了共同但又有区分的监管要求，让超大平台承担的责任网更为细致，使互联网平台的监管举措更有针对性、更加准确，这也可以实现最初在立法时保护并鼓励中小型互联网平台的初心。

将这种共同但又有区分的分级监管思路落实到网络食品交易中，即要求拥有更加成熟的技术和经营能力的超大型网络食品交易第三方平台实行更加严密的平台监管措施，进一步明确他们在外卖交易环节中的重要作用，促使超大型网络食品交易第三方平台主动担当起审查监管的责任，保障网络食品交易第三方平台用户的食品安全。结合上文对食品安全问题的类型化分析，超大型网络食品交易第三方平台应进一步探索和落实食品安全防范与食品问题处理机制，如带头实施"明厨亮灶"，加强实时透明的监督，推广食品安全封签等，加强配送环节食品安全管理；健全用餐评价与投诉举报机制，建立食品安全信用档案，让食品安全贯穿外卖消费全过程。同时，根据《互联网平台落实主体责任指南（征求意见稿）》的规定，超大型平台应当在符合安全以及相关主体权益保障的前提下，推动平台之间服务具有互操作性，所以超级平台和大型平台应建立与食品安全问题有关的数据信息共享与开放机制，以便中小平台借鉴与学习管理经验。因此，分级分类的平台监管体系可以使超大平台带动小平台和新平台发展，在整体上提高外卖行业的食品安全治理效能，促进网络食品交易第三方平台实现健康发展的目的。

（四）尊重市场规律，建立更加积极的平台自纠机制

中国特色社会主义市场经济的本质就是更大程度地发挥市场在资源配置中的决定性作用，增强企业的活力和竞争力。在完善第三方平台法律责任的过程中，应当尊重市场规律，尊重网络平台的商业本质，对于平台的过错，不能一味地处罚，应当看到过错背后的问题所在，帮助平台建立更加积极的自纠机制。

具体措施如下：

其一，鼓励新平台发展，杜绝个别平台垄断网络食品交易市场。一旦平台企业的数量减少，就可能形成垄断效应，对于平台来说，即使不自纠也不会出现大量用户的流失，自然不会去做“吃力不讨好”的事，这也是平台的商业本质所决定的；对于商家来说，市场上平台数量较少，意味着其失去了选择权，甚至被“二选一”；对于消费者来说，一旦出现食品安全等问题，只能够被动接受平台的解决方案，而无法“用脚投票”——因为可选择的平台数量太少。因此，政府需要制定政策，鼓励新的平台企业发展，如减免税收、强制规定市场的平台数量等政策，增加平台之间竞争的积极性，进而敦促平台不断进行自纠。

其二，敦促平台建立公平透明的商户评价机制。如今的网络交易平台，充斥着各种虚假的评论，一方面，部分商家通过刷单、刷评论，获得了与其商品实际品质不相符合的评分，进而欺骗消费者；另一方面，在商家之间不断的内卷下，很多不愿意加入的商家也加入了这场不良竞争，一个典型的例子就是“好评返现”，如今无论是外卖还是网购，商品中几乎会附赠“好评返现”的宣传卡片，似乎已经成为一种商业惯例，甚至有的消费者还会抱怨某些商家不给好评返现的机会，但这种现象完全是病态的。在这个过程中，消费者付出的可能是虚假的评论，商家失去了微薄的利益，没有人是受益者。因此，可以通过制定相关法律，敦促平台建立公正透明的评价机制，敦促商户自查自鉴，通过平台引导商户间的良性竞争，杜绝商户间无谓的内耗。

其三，要加强政府、平台、商户之间的沟通。在理想状态下，商家、平台、政府应当站在统一的立场，即为消费者提供优质、安全的食品交易服务。如果三者相互提防，进入了剑拔弩张的对立状态，无疑会极大地打击商家和平台的积极性。正如城管人员面对街边小贩，直接赶走小贩和建立统一市场将其“收编为正规军”两种处理方式孰优孰劣，自不待言。因此，平台责任的规制，更好的方式是防患于未然，通过积极的沟通、聆听彼此的难处、解决共同的问题，在事故发生前就消除了相关隐患。例如，可以通过定期会议、走访调查的形式，积极听取和采纳平台、商户对政府政策执行情况的反馈意见，提高政策制定水平。

五、结论

我国《食品安全法》《网络食品安全违法行为查处办法》《电子商务法》等法律法规对网络食品交易第三方平台的监管责任作出了规定，基于其第三方的法律地位，明确其具有的辅助监督管理作用和应当承担的行政责任、民事责任。对于网络食品交易中现存的安全问题，我国立法者为保护消费者的食品安全权益，对网络食品交易第三方平台的责任规定越发严格。然而，我们将法律法规中的具体规定涵摄到具体外卖交易事件之中，发现仍会存在一些未决问题，若想从根源上解决食品安全监管问题，仅依靠政府部门或第三方平台自身的力量是较为困难的。食品安全监管最理想的模式应该是政府引导和鼓励网络食品交易第三方平台，平台积极、有效配合，实现两者有效联动，共同探索更加公开、高效的参与型监管模式。这种监管模式不仅不会对第三方平台造成过于沉重的监管负担，还能激发其社会责任心，使平台加强事前审查、事中监管，严格把控入网食品经营者的违法行为，保障消费者“舌尖上的安全”。

互联网外卖平台企业灵活用工模式研究

上海市法学会课题组*

引 言

近年来,以信息技术创新为依托的平台经济飞速发展,对就业市场产生了深刻影响。自2018年开始,我国政府工作报告连续三年强调发展平台经济,可见国家对于平台经济对我国经济社会发展的重要贡献持肯定及重视的态度。依托平台经济发展的灵活就业形态迅速崛起,平台灵活形态从业人员规模发展迅速,形态多样且变化快,劳动力市场发生深刻变革。根据国家信息中心发布的《中国共享经济发展报告(2020)》,2019年平台带动的就业人数已达7800万。新就业形态因就业容量大、进出门槛低、灵活性和兼职性强,成为吸纳就业人员的重要渠道,对提高劳动参与率、增强就业弹性、增加劳动者收入的作用日益凸显。[1] 互联网外卖平台企业的灵活用工模式成为新就业形态的重要类型。由于新就业形态的高度灵活性,在新冠肺炎疫情防控中,其对于保障民生与稳定就业的作用愈加明显。2020年上半年,通过美团获得收入的网约配送员总数达295.2万人,同比增长16.4%。[2] 饿了么目前的网约配送员总数达350万

---

* 课题负责人:上海市法学会秘书长董立武;主执笔人:上海财经大学法学院吴文芳研究员;课题参加人:朱炯、程维、李怡然、蒋闻丹妍、刘洁、陈利红、张钰莹、江婷婷。

〔1〕 参见王一鸣:《为新就业形态创造更大发展空间》,载《人民日报》2020年9月29日,第9版。

〔2〕 参见美团研究院、中国饭店协会外卖专业委员会:《2019年及2020年上半年中国外卖产业发展报告》。

人,每日活跃人数近 100 万。[3] 然而,在外卖平台企业灵活用工规模飞速扩张的同时,保障劳动者权益的法律法规却相对滞后,由此导致网约配送员的权益保障问题、其他社会风险等问题一再引起全社会热议。

习近平总书记强调,针对新就业形态领域劳动者法律保障问题,要"及时跟上研究,把法律短板及时补齐,在变化中不断完善"。[4] 在新就业形态发展挑战与机遇并存的背景下,上海市法学会以互联网外卖平台企业灵活用工模式为研究对象,与该领域内长期研究的学者合作组建本课题组。本课题由上海市法学会全程运作、广泛联络、深度参与、把握动向,由上海财经大学法学院吴文芳教授担任主执笔人。2020 年 11 月至 2021 年 1 月的 3 个月中,课题组赴政府各行政部门、司法机关以及平台企业通过实地访问等方式,对互联网外卖平台灵活用工模式进行了深入调研。在此基础上,课题组结合近年来学术界在该领域的理论研究,多次召开会议集中探讨、精心研判,聚焦互联网外卖平台企业灵活用工模式带来的主要问题与解决思路,形成本研究报告。

一、互联网外卖平台企业灵活用工的现状

共享经济的兴起推动了新就业形态的发展,"网约工"现已成为居民城市生活中不可或缺的重要力量,并且得到了国家层面的职业认可。2020 年 2 月 25 日,人力资源社会保障部、国家市场监管总局和国家统计局联合发文,将提供配送服务的"骑手"统一称为"网约配送员"[5],与其他 15 个新职业一起共同纳入《国家职业大典》,这意味着外卖平台企业灵活用工模式进入新的发展阶段。

---

〔3〕 参见阿里本地生活(上海)更新的最新数据。"饿了么"网站"蜂鸟即配"首页公布的数据为注册骑手总数为 300 万人。

〔4〕 《习近平谈"新就业形态":顺势而为,补齐短板》,载人民网,https://baijiahao.baidu.com/s?id=1667480259620483722&wfr=spider&for=pc。

〔5〕 "网约配送员"职业定义:通过移动互联网平台等,从事接收、验视客户订单,根据订单需求,按照平台智能规划路线,在一定时间内将订单物品递送至指定地点的服务人员。

(一)互联网外卖平台企业及其用工类型

1. 灵活用工的特征及类型

(1)新就业形态下灵活用工的特点

灵活用工与标准劳动关系相较,存在四个方面的不同。其一,灵活用工的劳动者并不局限于与单一雇主建立劳动关系,而标准劳动关系中只承认唯一的劳动关系。其二,在劳动时间和场所上,灵活就业具有较强灵活性。其三,灵活用工呈现出从属性弱化的态势,表现为"去组织化""去劳动关系化"。其四,灵活用工降低了企业的用工成本,转移了企业的用工风险。

较之于传统经济下的灵活用工,新就业形态下灵活用工的显著变化又主要表现在两个方面:第一,劳动者与生产资料的组合方式发生变化。数据(信息)成为新的生产要素,以平台为载体利用信息科技实现生产和运营。第二,用工结构差异性凸显,新三角关系形成。新就业形态下,不论在劳动交换合同类型、劳动形态等表征上,还是在第三方机构功能、劳动受领一侧主体职能分工等核心内容上,均突破了传统的三角用工关系,形成了互联网平台用工的新三角结构。[6] 第三方仍然存在并且更加隐蔽,但灵活就业人员并不直接受第三方控制和指示。

(2)外卖企业的灵活用工模式

外卖企业作为平台经济发展的典型,其用工形态包括"自营模式"、"专送模式"和"众包模式"三种。第一种"自营模式"直接由平台企业与劳动者基于合意形成劳动关系。由于外卖平台为轻资产型企业,此种模式下网约配送员的比重较低。

第二种"专送模式"(如图1所示),是指外卖平台将劳动力外包给代理商,由代理商与外卖平台签订配送协议,负责招募网约配送员并在特定区域内从事配送活动。专送模式下,代理商与网约配送员建立法律关系。所在站点的代理商指导网约配送员按照外卖平台企业的作业标准、服务标准完成配送服务。[7]

---

〔6〕 参见王茜:《平台三角用工的劳动关系认定及责任承担》,载《法学》2020年第12期。

〔7〕 参见涂永前、谢文曦:《平台经济下劳动者职业安全探究——基于对北京X站点外卖骑手的劳动社会学调查》,载《温州大学学报(社会科学版)》2021年第2期。

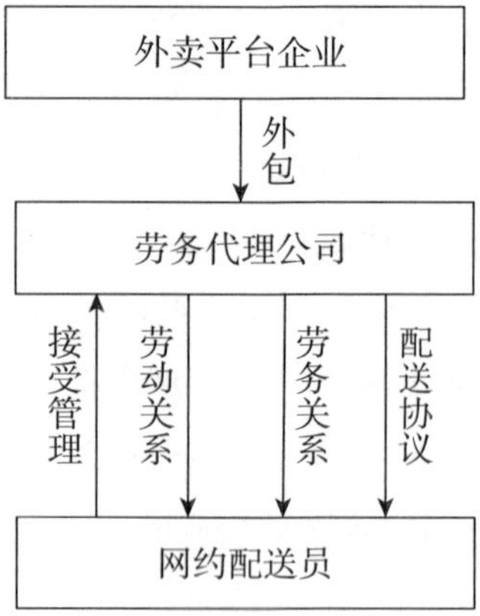

图 1　专送模式

就第三种“众包模式”而言(如图 2 所示),需完成“众包平台注册—身份认证—新手培训”方可成为真正的“网约配送员”。平台在此过程中起撮合作用,人资商[8]会与网约配送员签订《服务合作协议》或《网约配送协议》(美团众包签订该协议),人资商公司的注册或实际运营地一般不在网约配送员的服务地。众包模式下,网约配送员也拥有一定自主权,可以选择跨平台工作、自行抢单等。

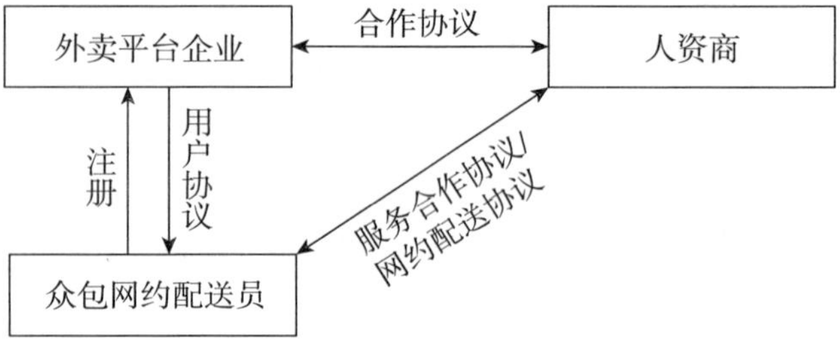

图 2　众包模式

2. 外卖平台企业的性质及组织架构

目前,全国共有 26 家外卖快递企业。从市场份额来看,外卖行业仍是美团

[8] “人资商”是指外卖平台企业采用众包模式下,经由“平台审核—选任—合作入驻”,直接与网约配送员签订协议的主体,平台企业对于众包模式下与骑手签订配送协议或合作协议的第三方公司。这类公司一般注册为人力资源管理公司,因此简称为人资商。

和饿了么“二分天下”,基本已占据一二线城市外卖行业市场份额的九成以上。根据 Trustdata 发布的报告,2020 年 Q1 美团外卖交易额占比为 67.3%,“饿了么”+“饿了么星选”市场份额为 30.9%。在外卖平台用工的规模上,2019 年通过美团获得收入的网约配送员总数达 398.7 万人,比 2018 年增长了 23.3%。〔9〕饿了么目前的网约配送员总数达 350 万人,日活人数近 100 万人。〔10〕

作为阿里巴巴集团企业的上海拉扎斯信息科技有限公司成立于 2010 年 7 月。拉扎斯公司旗下的饿了么平台备受阿里关注。2018 年,阿里巴巴集团、蚂蚁金服集团以 95 亿美元对饿了么完成全资收购,随后帮助饿了么收购百度外卖,饿了么全面汇入阿里巴巴推进的新零售战略,并与口碑合并为阿里巴巴本地生活服务公司。

饿了么平台的组织结构如图 3 所示:

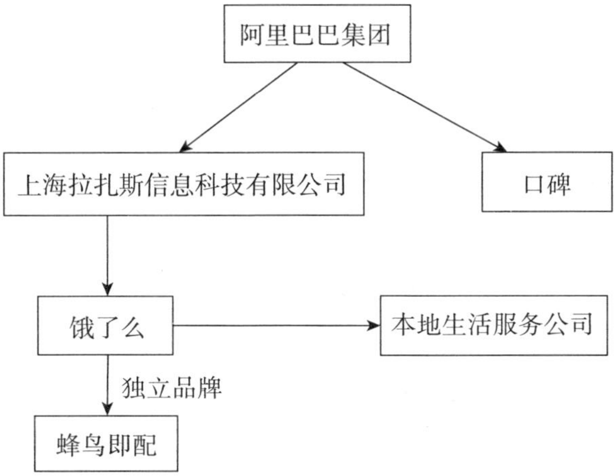

图 3　饿了么组织结构

作为私营企业的北京三快科技有限公司,美团外卖是该公司在外卖行业的项目品牌。北京三快科技有限公司历经四次调整,聚焦“Food + Platform”,目前

〔9〕 参见美团研究院、中国饭店协会外卖专业委员会:《2019 年及 2020 年上半年中国外卖产业发展报告》。

〔10〕 参见阿里本地生活(上海)更新的最新数据。“饿了么”网站“蜂鸟即配”首页公布的数据为注册骑手总数为 300 万人。

形成了两大事业部、两大事业群(到店事业部+到家事业部)、两大平台(美团App、点评+LBS出行事业部)。

美团组织结构如图4所示:

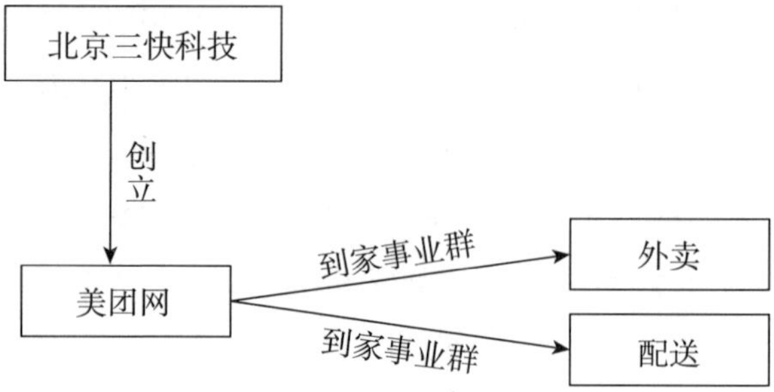

图4 美团组织结构

外卖平台企业是典型的双边市场模式,其运作大致分为五步:(1)商家、消费者、网约配送员完成平台用户注册;(2)外卖平台对商家、代理商、网约配送员资质进行审查并且发布商业广告信息;(3)消费者依托外卖平台搜索、下单;(4)网约配送员根据系统派单/抢单获取派单信息,前往商家处取餐,在规定时间内完成送餐服务;(5)消费者用餐后,可对商家、网约配送员的服务进行评价。平台通常通过收取商家的入驻费用(固定服务费)、增值收费、广告收费等来赚取利润,同时根据用户评价和网约配送员配送任务的达成与否给予适当奖惩。

(二)互联网外卖行业网约配送员画像

2019年,通过美团获得收入的网约配送员总数达到398.7万人。在所有网约配送员中,20~40岁网约配送员的占比超过83.7%。〔11〕根据美团《2018年外卖骑手就业报告》,网约配送员的学历以初中、高中学历为主。三成网约配送员月收入在5000元以上,五成网约配送员是家庭收入的主要来源。〔12〕同时,2019年年底,美团研究院和中国饭店协会外卖专业委员会对网约配送员进行了

〔11〕参见《新职业——网约配送员就业景气现状分析报告》,载中国政府网,http://www.gov.cn/xinwen/2020-8-26/content_5537493.htm。

〔12〕参见《新职业——网约配送员就业景气现状分析报告》,载中国政府网,http://www.gov.cn/xinwen/2020-8-26/content_5537493.htm。

问卷调查,共回收18.9万份,其中有效问卷17.6万。调查结果显示,网约配送员主要来源于河南、广东、安徽等人口大省,配送工作主要集中在北上广等发达地区。

阿里巴巴本地生活旗下蜂鸟配送发布的《2018年外卖骑手群体洞察报告》显示,网约配送员平均年龄约为29岁,其中77%来自农村地区,65%来自中西部地区。基于5.2万份问卷调研,53%的网约配送员拥有高中、职校或中专学历,近20%为大学本科或专科生。

大多数网络配送员之所以选择配送工作,主要是由于工作灵活性较强、收入相对较高等因素,这一职业吸收了大量来自二、三产业从业人员。曾经困于流水线的工人,成为自由穿梭于大街小巷的“骑手”,“自由”成为网约配送员津津乐道的职业特性。根据2018年饿了么的报告可知,60%的网约配送员最看重工作时间的自由,他们只要打开手机平台系统,“刷脸”认证即可上班,下班直接“退出”即可。[13] 美团2019年的调查也显示,64%的骑手对时间灵活最为看重,还有超过50%的骑手认为吸引他们的原因是“收入可预期,多劳多得”。[14] 尽管平台企业并不对配送员完成的单量做出要求,上下班时间、接单量也取决于自己,但大部分配送员的工作时长为每日8~12小时。[15] 在月收入方面,“专送骑手”月收入在4000~8000元,80.11%以上的网约配送员月收入水平高于4000元,8000元以上的占比达到30.97%。[16]

在职业安全方面,目前外卖配送行业的道路交通安全隐患较为严重,很多配送员为了多送餐、快送餐而违反交通规则,如逆行、闯红灯、不避让等行为较为普遍。这不仅给自己的生命安全带来隐患,也可能威胁到道路上其他车辆行人的安全。公开数据显示:2017年,上海平均每2.5天有1名外卖骑手伤亡;

---

〔13〕 参见“饿了么”内部发布的《2018外卖骑手群体洞察报告》。

〔14〕 参见《千万中国外卖骑手:“裸奔”大军还是“新蓝领”》,https://baijiahao.baidu.com/s?id=1701415475506169785&wfr=spider&for=pc。

〔15〕 参见汪敏:《新业态下劳动与社会保险政策的检视与选择》,载《社会保障评论》2021年第3期。

〔16〕 参见《外卖骑手职业报告:超五成外卖骑手对工作满意,期待更多尊重》,http://www.xinhuanet.com/local/2020-11/13/c_1126733605.htm。

2018 年,成都交警 7 个月查处近万次骑手违法事件,平均每天就有 1 名外卖骑手伤亡;2019 年,广州平均每 0.8 天就有 1 名外卖骑手伤亡。[17]《北京地区网约配送员职业伤害调查报告(2020)》也显示,在职业难题的选择中,60.3% 的外卖配送员选择"交通事故风险大"。[18]

网约配送员的社会保险方面。由于对社会保险的认识不足,造成了其对社会保险的需求持不同态度,有的认为"不需要社会保险只需要更高的工资",有的认为"需要社保但缴费过高",有的认为"需要社保但工作地缴费限制较多"。从《骑手生存与发展需求报告》中可知,全部受访者中,仅有 26.53% 的骑手签订劳动合同[19],这意味着只有少部分网约配送员能够享受到社会保险待遇。为了避免平台、网约配送员和第三人遭受风险,外卖平台也积极地通过每日代扣 3 元的方式为网约配送员购买商业保险,但是商业赔付的金额与实际的损害相比只不过是杯水车薪。甚至还有 31.2% 的骑手没有缴纳任何类型的保险,而即便买了保险,理赔流程也十分烦琐,许多骑手最终拿不到赔款。[20] 大部分网约配送员自行购买居民养老保险、医疗保险,但比例不高,且以劳动关系为依托的工伤保险待遇更是网约配送员的权益短板,为此目前国家正在积极地推动灵活就业者职业伤害保障,"探索用工企业购买商业保险、保险公司适当让利、政府加大支持的机制"。

(三)灵活用工模式下的第三方主体

1. 众包模式下的人资商

众包模式下,网约配送员直接与人资商签订协议。人资商注册地并非外卖配送服务地,对网约配送员实施异地管理。外卖平台的人资商数量众多。其中,北京趣活科技有限公司(以下简称趣活公司)是目前国内最大的劳动力运营

---

〔17〕 参见人民网 - 舆情频道:《平台责任最大? 如何改善外卖骑手系统之困》,https://baijiahao.baidu.com/s? id = 1677623130483864062&wfr = spider&for = pc。

〔18〕 参见《工伤赔偿最大难点是劳动关系难确定》,载中国工会新闻网,http://acftu.people.com.cn/n1/2021/114/c67502 - 31999613.html。

〔19〕 参见汪敏:《新业态下劳动与社会保险政策的检视与选择》,载《社会保障评论》2021 年第 3 期。

〔20〕 参见汪敏:《新业态下劳动与社会保险政策的检视与选择》,载《社会保障评论》2021 年第 3 期。

平台且已上市，主要为美团、饿了么等平台提供劳动力。

依托第三方人资商，外卖平台实现了效率提升，形成了“平台—客户—网约配送员”的三者联动。人资商扮演隐形防火墙的角色，外观上由其负责网约配送员的招募与管理，但实际上还是依附于平台的技术和管理。众包模式下，网约配送员只需完成 App 注册等必要的流程即可开始工作，网约配送员不清楚签订协议的另一方主体，甚至不知道协议的存在。在工作的灵活性上，网约配送员以多平台栖息为基本特征，既有兼职从事配送服务的，又有以配送服务为全职工作的。当前，平台与网约配送员之间的法律关系愈加松散，所有配送标准、服务标准、奖惩规则、网约配送员的申诉、等级升级等规则也都通过外卖平台企业的 App 实现，在外观上无法直接看出人资商与网约配送员的关系，也无法将平台和网约配送员之间控制与被控制的关系相剥离。

2. 专送模式下的代理商

(1)代理的两种形态

外卖平台代理分为配送代理和城市代理(如图 5 所示)，即外卖平台将配送业务外包给物流配送代理公司，或者以加盟方式获得城市代理商资格的企业组织配送，平台与代理商之间通过签订代理协议或外包协议建立联系。对于配送代理商而言，需要在平台填写公司名称、地址、注册资金、期望服务城市等信息。城市代理商则只需要在外卖企业平台上填报基本信息、资质信息、法人信息等。

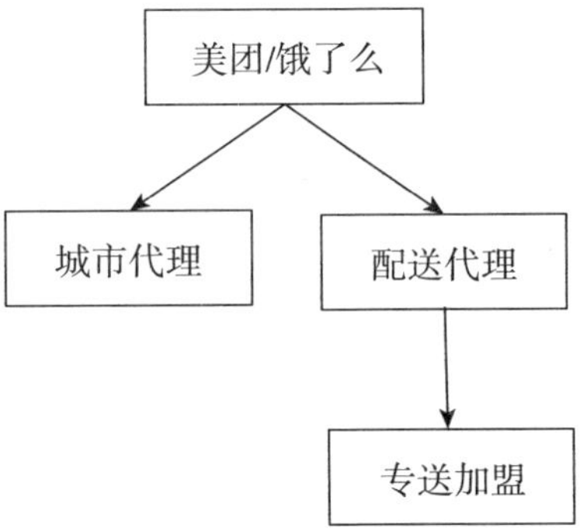

图 5　外卖平台的代理形态

(2)专送模式下代理商与平台的关系

外卖平台的代理商众多,但资质各不相同,外卖平台企业对代理商的选任也设置了一定条件。代理商还存在逐级分包的情形,即大型的代理商将部分代理业务逐级分包至最小代理单元。同时,外卖平台企业对代理商进行管理,如拉扎斯网络科技(上海)有限公司发布《蜂鸟配送代理商网格进出管理制度》第4.1条规定"运营质量差的站点需在规定期限内,落实处理规则,合规发展"。第4.1.1条规定"整改不达标站点:连续两次进入5级站点,则蜂鸟配送有权对站点进行招标(5级站点见站点KPI考核方案)"。第4.2.1条规定"代理商因不可抗力无法继续运营,可主动申请退出"。《KPI考核方案》显示:KPI总分=服务质量×规模系数+老骑手留存得分-扣分项。服务质量考核项包括:异常取消率、坏单率、超时率、好评率。加盟的代理商应通过KPI考核,考核不过关的将会按照代理商保证金的80%进行返还。

(3)代理商对网约配送员的管理与最新发展

一般由代理商、站点或劳务公司负责网约配送员的招募和管理,通常情况下对网约配送员的管理局限在晨会考勤、高峰期机动调单上。网约配送员以外卖平台的名义工作,外卖平台通过系统实现与网约配送员的连接,包括系统派单、网约配送员匹配、配送定价、规划路线、顾客评价、绩效奖惩等。[21] 专送模式的标准形态是代理商与网约配送员签订劳动合同,适用劳动法相关规定。现实情况则是,网约配送员致第三人损害的案件中,需要法院判定代理商与网约配送员之间是否有指挥、管理和发放报酬等行为,进而认定代理商、平台的责任承担。

面对招工难、成本高、风险高等现实难题,由加盟的代理商对网约配送员进行"招募—管理—完成配送活动"的模式出现了新发展。第一种是外卖平台将配送活动外包给劳务公司,第二种是代理商直接与劳务公司进行合作,通过劳务公司完成外卖平台企业的配送业务。两种新发展模式除了主体不同外,共同

〔21〕 参见陈龙:《"数字控制"下的劳动秩序——外卖骑手的劳动控制研究》,载《社会学研究》2020年第6期。

点则是劳务公司将网约配送员打造成创客(个体工商户)在劳务公司平台上接受指令,形成了“企业—劳务公司平台—个体工商户”商事合作方式(如好活模式),劳务公司为多家外卖平台、代理商提供人员招募,薪酬发放,购买保险等服务。

二、互联网外卖平台企业用工面临的突出问题

(一)网约配送员与平台企业及代理商的关系界定不明

课题组在无讼数据库以“外卖”和“劳动关系”为关键词,对 2019 ~ 2020 年北京、上海、广东、浙江四地互联网外卖平台企业灵活用工有关民事判决进行了梳理,并依照相关性筛选出 75 起案例作为研究的司法实践样本。

1. 司法裁判的地区间差异与共性

通过梳理分析发现,四地判决呈现不同的特征,但又具有共通性(如表 1 所示)。具体而言,四地判决在裁判结果及劳动关系认定的回避性上存在差异:第一,地区之间判决结果不一。针对网约配送员与代理商之间的法律关系,上海、广东、浙江三地较多认定为劳务关系、雇佣关系,北京则更偏向于认定为劳动关系。第二,地区之间对劳动关系认定的回避程度不同。针对网约配送员与平台之间的法律关系,相较于北京、广东、浙江三地,上海更倾向于回避讨论两者之间的关系。

与此同时,四地判决在争议对象、劳动关系处理方法以及倾向性上具有共通性:第一,劳动关系争议对象集中于代理商。网约配送员与平台之间的相关劳动关系争议判决较少。第二,存在回避讨论劳动关系的现象。无论是对网约配送员与代理商还是网约配送员与平台之间的关系,四地均有出现回避讨论具体法律关系的现象,而是以“用工关系”或“系履行职务的行为”等描述性语言概括认定两者之间的关系。第三,网约配送员与代理商之间的法律关系判决结果多样。四地均出现了认定为劳动、雇佣或劳务关系以及不构成劳动关系的判决,地区内的判决结果不一。第四,四地均倾向于认定网约配送员与平台不构成劳动、劳务或雇佣关系。

表 1　四地互联网外卖平台灵活用工民事判决有关法律关系裁判结果梳理

地点	案件数量	相关主体	涉及“是否存在劳动关系”认定的案件数量	法律关系认定结果	相关案件数量
北京	28	代理商	24	劳动关系	12
				不构成劳动关系	0
				雇佣关系	1
				劳务关系	9
				回避	2
		平台	8	不构成劳动关系	7
				回避	1
上海	35	代理商	25	劳动关系	7
				不构成劳动关系	1
				雇佣关系	7
				劳务关系	7
				回避	3
		平台	14	不构成劳动关系	8
				回避	6
浙江	8	代理商	8	劳动关系	4
				不构成劳动关系	1
				雇佣关系	1
				劳务关系	1
				回避	1
		平台	1	不构成劳动关系	1
				回避	0

续表

地点	案件数量	相关主体	涉及“是否存在劳动关系”认定的案件数量	法律关系认定结果	相关案件数量
广东	4	代理商	4	劳动关系	1
				不构成劳动关系	0
				雇佣关系	0
				劳务关系	1
				回避	2
		平台	2	不构成劳动关系	2
				回避	0

2. 司法裁判的主要类型与思路

样本中,61 个判决讨论了网约配送员与代理商是否存在劳动关系,25 个判决涉及网约配送员与平台是否存在劳动关系,49 个判决涉及致第三人损害的责任承担问题(如表 2 所示)。

表 2 四地司法判决样本裁判内容及主要判决结果梳理

相关主体	涉及“是否存在劳动关系”认定的案件数量	法律关系认定结果	相关案件数量	认定相关主体承担致第三人损害赔偿责任的案件数量
代理商	61	劳动关系	24	30
		不构成劳动关系	2	
		雇佣关系	9	
		劳务关系	18	
		回避	8	
平台	25	不构成劳动关系	18	8
		回避	7	

续表

<table>
<tr><th>相关主体</th><th>涉及“是否存在劳动关系”认定的案件数量</th><th>法律关系认定结果</th><th>相关案件数量</th><th>认定相关主体承担致第三人损害赔偿责任的案件数量</th></tr>
<tr><td>代理商+平台</td><td colspan="3" rowspan="4">/</td><td>5</td></tr>
<tr><td>网约配送员</td><td>2</td></tr>
<tr><td>代理商+网约配送员</td><td>2</td></tr>
<tr><td>平台+网约配送员</td><td>2</td></tr>
</table>

通过梳理发现，法院就网约配送员与代理商之间的法律关系认定主要形成三类判决，就网约配送员与平台之间法律关系的认定主要形成两类判决。

（1）网约配送员与代理商的法律关系认定

第一类判决认为，网约配送员与代理商之间构成劳动、劳务或雇佣关系。此类判决的裁判思路主要有以下四种：第一，根据既有的合同或协议，认定劳务关系或劳动关系（判决主要集中于专送网约配送员）。[22] 第二，根据劳动和社会保障部《关于确立劳动关系有关事项的通知》（劳社部发〔2005〕12 号）文件要求，考察劳动关系基本特征，据此认定劳动关系。[23] 第三，根据既有协议、外观表征以及劳动关系基本要素，当不具备典型的劳动关系特征时，认定双方所建

〔22〕 参见（2019）浙 0106 民初 6638 号；（2019）京 0108 民初 17207 号；（2019）京 0106 民初 3452 号；（2019）京 0108 民初 15828 号；（2019）京 0102 民初 11417 号；（2017）京 0105 民初 36166 号；（2018）粤 0113 民初 11040 号；（2019）沪 0115 民初 56259 号；（2019）沪 0115 民初 70891 号；（2020）沪 0104 民初 11445 号；（2020）沪 0112 民初 4667 号；（2018）京 0108 民初 63129 号。

〔23〕 参见（2020）京 02 民终 5246 号；（2020）京 02 民终 7001 号；（2020）京 02 民终 4634 号；（2020）沪 02 民终 361 号；（2020）沪 02 民终 300 号；（2020）沪 02 民终 340 号；（2019）京 0108 民初 17207 号；（2019）京 02 民终 11467 号；（2018）京 0102 民初 43961 号；（2018）京 0102 民初 43969 号；（2019）京 03 民终 563 号；（2019）京 03 民终 572 号；（2019）京 03 民终 561 号；（2019）京 03 民终 565 号；（2018）沪 0112 民初 27602 号；（2019）浙 03 民终 1644 号；（2018）浙 0205 民初 5502 号；（2019）浙 0327 民初 5678 号；（2019）粤 01 民终 6206 号。

立的关系实际为劳务关系、雇佣关系。[24] 第四，根据实际履行原则，依据相关协议的具体权利义务并结合实际履约情况等综合判定。[25]

第二类判决认为，网约配送员与代理商之间不构成劳动关系。此类判决较少，其裁判思路主要是根据既有协议判定双方之间无建立劳动关系的合意。具体而言，认定不构成劳动关系的理由主要包括生产工具自备、工作时间具有极大自主性等。[26]

第三类判决回避了网约配送员与代理商之间具体的法律关系。此类判决亦相对较少，判决多以"存在用工关系""是工作人员""系执行工作任务""系履行职务行为"等描述性语言笼统判定双方之间的关系。[27]

（2）网约配送员与平台的法律关系认定

第一类判决认为，网约配送员与平台之间不构成劳动关系。此类判决较多且集中于众包网约配送员与平台之间，主要裁判思路如下：第一，判定网约配送员与代理商之间存在劳务关系、雇佣关系或用工关系，而对判定网约配送员与平台之间不构成劳动关系的理由未具体阐述。[28] 第二，以劳动和社会保障部发布的《关于确立劳动关系有关事项的通知》中的相关要素为考察依据。[29] 此外，在判定网约配送员与平台不构成劳动关系的基础上，个别案例指出平台只是作为信息中介提供居间服务。[30]

---

〔24〕 参见（2020）沪01民终900号；（2019）沪0112民初46986号；（2020）沪0117民初1157号；（2020）沪0104民初2057号；（2020）浙1082民初735号；（2018）京0106民初31258号；（2019）京02民终14967号；（2019）京02民终3782号；（2019）沪0118民初3585号；（2019）浙0103民初1405号。

〔25〕 参见（2020）沪01民终645号；（2018）沪02民终10760号；（2019）沪0109民初2917号；（2019）沪0106民初981号；（2017）京0108民初940号。

〔26〕 参见（2020）沪02民终351号；（2020）浙02民终355号。

〔27〕 参见（2019）粤0303民初20060号；（2019）京0106民初11681号；（2018）京0105民初23167号；（2019）沪0112民初14433号；（2019）沪01民终1090号；（2018）沪0112民初31340号；（2019）浙11民终1462号；（2019）浙0103民初1405号。

〔28〕 参见（2019）粤0303民初20060号；（2019）浙0106民初6638号；（2018）粤0113民初11040号；（2018）沪0104民初23788号；（2019）沪0115民初56259号；（2019）沪0115民初70891号。

〔29〕 参见（2019）京0108民初17207号；（2019）京0108民初34030号；（2019）京0106民初3478号；（2018）沪01民终13606号。

〔30〕 参见（2020）沪0112民初4667号；（2020）沪0104民初1333号；（2020）沪0112民初4291号；（2019）京0108民初15828号；（2019）京0102民初11417号。

第二类判决回避了网约配送员与平台之间具体的法律关系。以网约配送员与代理商为考察对象时不同，判决中缺少“存在用工关系”“是工作人员”等描述，而多以“系执行工作任务”“系履行职务行为”等描述性语言概括，且基本以外观表征为考察因素。[31]

综上所述，课题组总结法院裁判路径大致如下（如图 6 所示）：

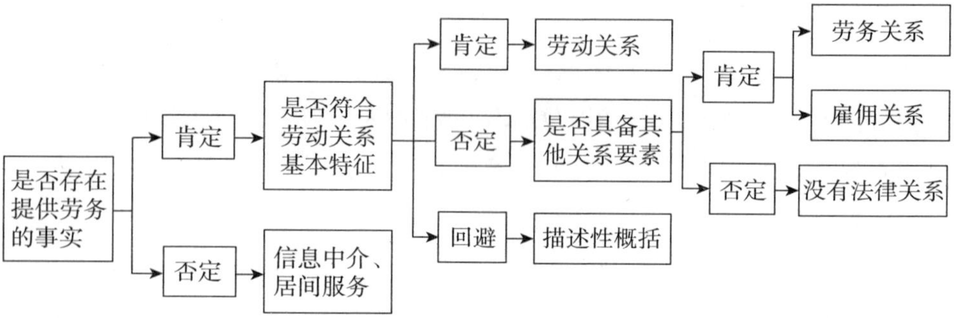

图 6　网约配送员与代理商、平台劳动法律关系认定裁判路径总结

3. 致第三人损害的责任承担主体与裁判思路多元化

外卖行业涉及劳动关系认定的案件，相当一部分系由道路交通事故产生的致第三人损害责任承担问题引起。判决样本中，有 49 个涉及致第三人损害的责任承担问题。经梳理发现，致第三人损害赔偿责任的承担呈现多种形式，主要为代理商、平台或网约配送员单独承担赔偿责任，以及前述三方中的其中两方共同承担赔偿责任等六种（如表 2 所示）。其中，大多数判决认为应由代理商承担致第三人损害赔偿责任，平台次之。

针对致第三人损害责任承担问题，法院的主要裁判思路如下：第一，在认定

[31] 参见（2019）沪 0112 民初 28836 号；（2018）沪 0104 民初 28727 号；（2019）沪 0117 民初 1412 号；（2018）沪 0104 民初 16146 号；（2019）沪 0113 民初 14125 号；（2019）沪 0104 民初 17288 号。

构成劳动、劳务或雇佣关系之后，由用人单位承担赔偿责任。[32] 第二，不对劳动关系进行认定，只确定“存在用工关系”“是工作人员”“系执行工作任务”“系履行职务行为”等事实，依据《侵权责任法》（已失效）第34条第1款“用人单位的工作人员因执行工作任务造成他人损害的，由用人单位承担侵权责任”对相关用人单位进行归责。[33] 第三，依据前两条裁判思路确定由代理商承担赔偿责任的基础上，根据网约配送员外观表征、权利义务相一致原则、实际收益分配等因素，认定平台在配送服务中受益的同时应承担相应责任，判定平台与代理商共同承担赔偿责任。[34] 第四，认定不存在劳动、劳务或雇佣关系时，由网约配送员单独承担赔偿责任。[35] 第五，在认定用人单位承担赔偿责任之后，若网约配送员存在不遵从信号灯、逆向行驶等重大过失行为或其他过错行为，判定网约配送员与用人单位承担连带赔偿责任[36]或者按比例承担赔偿责任。[37]

（二）外卖行业网约配送员的权益保障缺失

1. 网约配送员职业伤害风险保障不健全

目前，网约配送员群体缺少职业伤害保障是毋庸置疑的。饿了么运营商在和加盟商签署的合同协议中明确表示其与加盟商员工不存在任何劳动、劳务或者雇佣关系，主张自己仅提供居间服务。如此一来，一旦网约配送员在工作中

〔32〕 参见（2020）沪01民终900号；（2019）沪0112民初46986号；（2020）沪0117民初1157号；（2020）沪0104民初11445号；（2020）沪0112民初4667号；（2020）沪0112民初4291号；（2019）浙0106民初6638号；（2020）浙1082民初735号；（2019）京0106民初3452号；（2017）京0108民初940号；（2019）京02民终3782号；（2018）京0108民初63129号；（2019）京0108民初15828号；（2018）京0105民初23167号；（2019）京0102民初11417号；（2017）京0105民初36166号；（2018）沪02民终10760号；（2019）沪0109民初2917号；（2019）沪0118民初3585号；（2019）沪02民终6950号；（2019）沪0115民初56259号；（2019）沪0106民初981号；（2019）浙0103民初1405号。

〔33〕 参见（2019）京0106民初11681号；（2018）京0105民初44922号；（2019）沪01民终1090号；（2019）浙11民终1462号；（2019）京03民终15728号；（2019）沪0112民初28836号；（2018）沪0104民初28727号；（2019）沪0117民初1412号；（2018）沪0104民初16146号；（2019）沪0113民初14125号；（2019）沪0104民初17288号；（2018）沪01民终12888号。

〔34〕 参见（2020）沪02民终340号；（2020）沪0104民初2057号；（2019）沪02民终6950号；（2019）沪0112民初14433号；（2018）沪0112民初31340号。

〔35〕 参见（2020）沪0104民初1333号；（2019）京0106民初3478号。

〔36〕 参见（2019）粤0303民初20060号；（2019）京0102民初30974号。

〔37〕 参见（2018）粤0113民初11040号。

遭遇意外事故,很难获得平台赔偿。此外,平台出于降低管理成本和减少劳资纠纷的目的,通过外包、众包等方式转移风险,下游加盟商和人资商也试图通过层层转包,模糊与网约配送员的法律关系,避免和网约配送员签署劳动合同,导致许多网约配送员目前职业保障只有商业险。

经过调研发现,专送网约配送员整体受保障程度强于众包配送员。专送网约配送员可以享受雇主责任险(附加第三者责任险),一般由代理商代缴,每月支付120元左右费用,出险后通常由公司负责和保险公司理赔。雇主责任险施行月险制度,保障责任包括送餐期间(含上下班期间)发生的自身意外事故以及对第三者造成的人身和财产损失,保费相对高,相应保额也更高。

众包网约配送员享受个人意外险(附加第三者责任险),每日3元,由平台强制收取并转给相应人资商,由人资商为网约配送员投保意外保险。该保险规定,网约配送员死亡及伤残赔偿金(含猝死)最高赔偿60万元人民币;医疗费用最高5万元人民币;第三方人身损害最高20万元;第三方财产损失300元免赔,最高5万元。蜂鸟众包App除了提供类似的个人意外险之外,还为满足一定条件的网约配送员提供骑士关爱险。投保此种商业险有一定积极作用,但商业险所能提供的保障依旧极为有限,主要存在以下几个问题。

第一,覆盖范围较窄,保额较低。

①保险的除外责任过多。首先,商业险覆盖范围窄,不包括网约配送员自身财产损失,第三方财产损失也只局限在汽车或栏杆。其次,由于误工费、营养费、康复费、辅助器具费均属于除外责任,网约配送员在工伤期间没有任何收入来源和补贴。最后,部分保险项目中关于第三者责任的赔偿前提是网约配送员需要合法驾驶,而网约配送员在算法控制下经常出现违反交通规则的情形,导致平台提供的商业保险中对第三人损失的补偿成为空中楼阁,并不能起到实际作用。[38]

②保额不足以覆盖风险。关于网约配送员受伤,该保险仅赔付必要的、合

---

〔38〕 参见《工伤赔偿最大难点是劳动关系难确定》,载中国工会新闻网,http://www.xinhuanet.com/fortune/2021-01/14/c_1126979996.htm。

理的在医院治疗的医疗费用，最高赔偿限额5万元以内，且必须是二级及二级以上的公立医院。对第三人造成的损害，最高保额仅为20万元，且由医疗、伤残、死亡三者共享。上海人身损害赔偿标准城乡统一后，根据相关法律法规的标准〔39〕，2020年，致使60周岁以下居民伤亡的，仅死亡赔偿金就高达1388840元〔40〕，还不包括法定的丧葬费、被扶养人生活费以及其他合理费用。若网约配送员导致第三人重伤或死亡时，20万元完全无法覆盖高额的赔偿费用。

第二，理赔困难。

①投保公司责任落实不到位。平台选择的人资商大多注册资本高但实缴资本不到位，且人资商多次转包，导致投保公司与实际服务的公司不一，主体之间互相推诿，无法确定实际雇主，进一步加重了理赔困难。此外，个别网约配送员因事故受伤，需要休养无法工作，却因长时间旷工而被系统封号，无法打开App，找不到投保记录，进而无法向保险公司理赔。〔41〕

②理赔要求高但培训不到位。〔42〕 在首次发生交通事故时，大多数网约配送员会因为突发情况场面混乱一时忘记现场拍照，或者因自身受伤无法拍照留证，又或是未报警缺少警方出具的道路交通事故认定书，阻碍了后续的理赔流程。上海还曾有一判例，网约配送员受伤后仍坚持送达下一单外卖，却被人资商以存在时间差为由抗辩交通事故并非发生在派送过程中，拒绝承担责任，网约配送员不得不通过法律途径来维护自身权益。〔43〕

2. 网约配送员社会保险缺失

目前，只有少数网约配送员缴纳了养老保险，大部分网约配送员享受医疗保险待遇，但其中基本上是新型农村合作医疗保险，该医疗保险报销比例低，无

---

〔39〕 参见《上海市高级人民法院关于开展人身损害赔偿标准城乡统一试点工作的实施意见》。

〔40〕 参见上海统计局统计的政府信息公开告知书。2019年上海市居民人均可支配收入为69442元。

〔41〕 参见《外卖小哥送餐出车祸，受伤严重无法送餐，去了趟医院被公司封号》，https://baijiahao.baidu.com/s? id=1673636730834884912&wfr=spider&for=pc。

〔42〕 参见王月兰、曾晓佳：《美团网约配送员综合险的理赔优化分析》，载《市场论坛》2019年第12期。

〔43〕 参见上海市浦东新区人民法院民事判决书，(2020)沪0115民初14644号。

法解决农村居民的基本医疗需求。[44] 此外，网约配送员对其他社会保险如失业险、工伤险、生育险投保率更低，保障非常不充分。考虑到众包网约配送员的本职工作可能投保了社会保险，但真实投保率可能更低。网约配送员社会保险缺失由多种因素构成，主要包括以下三点。

第一，平台处于高速发展期，追求低成本用工。在初创期，平台与配送人员直接建立劳动关系并为其投保社会保险，如饿了么在2016年自营网约配送员达1200人[45]。但随着业务发展，自营网约配送员无法匹配企业的经营战略和现实需求，因此引入人资商，采用众包模式，但又引致管理问题。随后，平台又引入第三方代理商进行管理，这就使平台与网约配送员的法律关系极为模糊，而网约配送员与代理商之间又很难成立劳动关系。

第二，网约配送员自身缴费意愿不强。网约配送员自身对社会保险不够了解，自身负担能力也极为有限。网约配送员可在户籍地作为自雇人员缴纳社保，但是不得不全部自负养老保险和医疗保险费用，两者合计每月缴纳金额近1000元。考虑到网约配送员职业风险高，收入不稳定，一月近1000元的保险费用对他们而言并不轻松。此外，跨区域统筹社保难。“网约工”工作不稳定，经常更换就业地区和工作岗位，地区之间的社保待遇水平又有所差异，实际上造成了异地参保者财产的损失和社会保险权益的缩水。以上两点共同导致该群体缴纳社会保险积极性不高。

第三，各地社保缴费政策存在壁垒。以上海为例，根据相关规定[46]，灵活就业人员要参加上海城镇职工基本养老、医疗保险必须具有上海户籍或者是上海户籍居民的配偶，才能以个人身份办理社会保险登记参保，自行缴纳养老和医疗保险。但大部分网约配送员系外来务工人员，即使有少量符合条件可以以灵活就业人员身份缴纳养老和医疗保险，也依旧无法享受失业、生育和工伤保险待遇。

---

〔44〕 参见张荣芳：《共享发展理念下社会保险体系的完善》，载《东岳论丛》2019年第2期。

〔45〕 参见汪雁、张丽华：《关于我国共享经济新就业形态的研究》，载《中国劳动关系学院学报》2019年第2期。

〔46〕 参见《上海市人力资源和社会保障局关于灵活就业人员参加本市城镇职工基本养老、医疗保险若干问题的通知》（沪人社养发〔2013〕22号）。

(三)外卖平台企业用工引发的公共交通安全风险

除了上文所述的网约配送员职业保障问题之外,一系列社会风险也会伴随互联网外卖行业的发展而逐渐凸显,典型的社会风险包括公共交通安全风险、食品安全风险、隐私泄露风险等。本课题中,课题组重点关注和阐述外卖行业的交通安全风险问题,这也是目前行业发展所暴露出的最为直接、亟待解决的社会问题。

1. 外卖行业交通事故情况统计

根据上海市公安局交警总队公布的2017年上海市快递外卖行业交通事故情况,2017年上海市共发生涉及快递、外卖行业各类道路交通事故117起,造成9人死亡,134人受伤(见图7)。其中快递、外卖行业与机动车发生交通事故,造成快递、外卖人员死亡5人,受伤22人;快递、外卖人员与非机动车或行人发生交通事故,共导致非机动车或行人4人死亡、82人受伤(见图8)。经统计,发生事故较多的单位为饿了么和美团,其中饿了么发生43起交通事故,造成1名送餐员死亡;美团共发生29起交通事故,造成2名送餐员和1名非机动车骑车人死亡(见图9)。[47] 2017年,上海市快递外卖行业发生交通事故数量占比分别为美团25%、饿了么37%,其他外卖企业38%。(见图10)

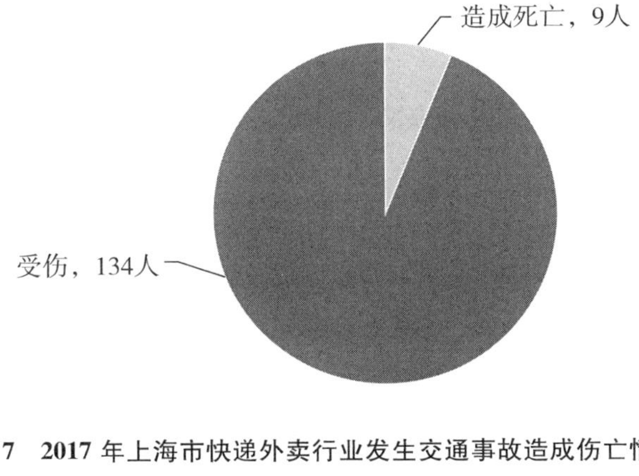

图7 2017年上海市快递外卖行业发生交通事故造成伤亡情况

---

〔47〕 参见《2017年上海市快递外卖行业交通事故情况》,载第四焦点上海交警微发布,https://mp.weixin.qq.com/s/2kOkuTJ5ZZSd6g7xtaSsuw。

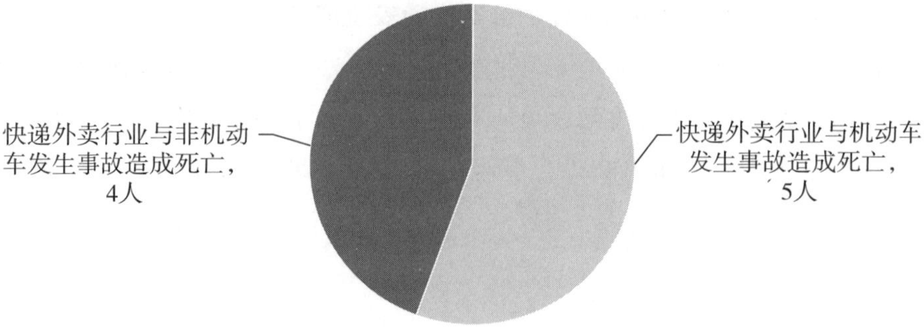

图 8　2017 年上海市快递外卖行业发生交通事故造成死亡情况

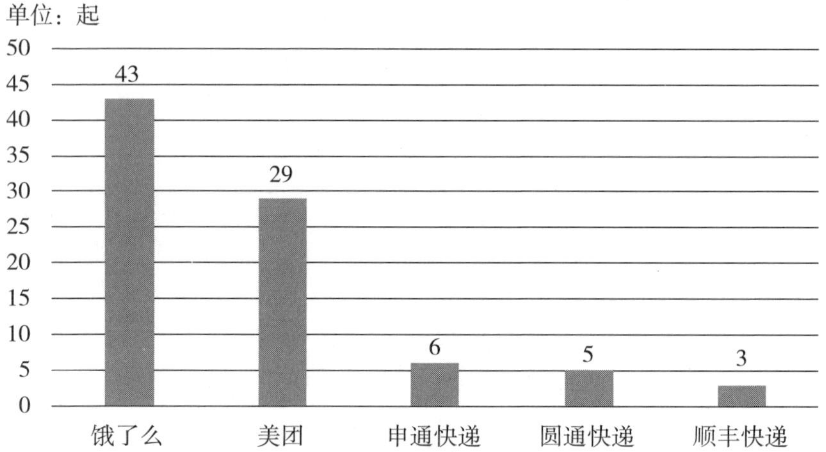

图 9　2017 年上海市快递外卖行业发生事故较多的单位

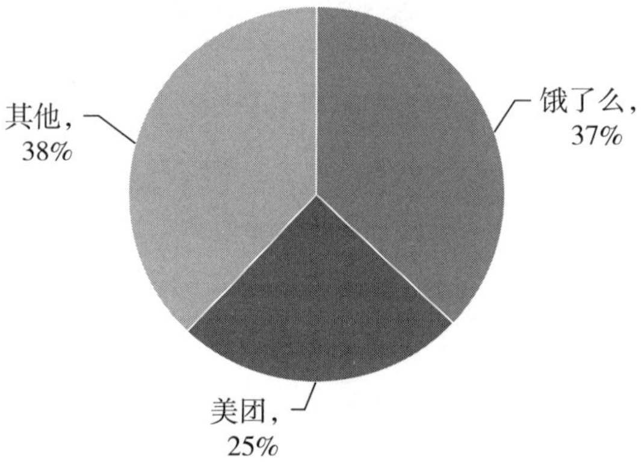

图 10　2017 年上海市快递外卖行业单位发生交通事故数量占比

2019年7月6日上海市人民政府新闻办"上海发布"公开的2019年上半年上海市快递外卖行业交通事故情况显示,2019年上半年,上海市共发生涉及快递、外卖行业各类交通事故325起,造成5人死亡,324人受伤(见图11)。其中快递、外卖行业与机动车发生的交通事故中,致快递、外卖人员死亡的有3人(圆通快递人员1人、饿了么送餐员2人),受伤的有154人;快递、外卖行业人员与非机动车或行人发生的交通事故中,致对方非机动车或行人死亡的有2人,受伤的有114人(见图12)。经统计,发生事故较多的企业是饿了么、美团、盒马、顺丰快递,其中饿了么发生111起事故,造成2名送餐员死亡;美团发生109起事故;盒马发生29起事故;顺丰快递发生11起事故(见图13)。[48] 2019年上半年上海市快递外卖行业发生交通事故数量占比分别为:美团34%、饿了么34%、顺丰3%、盒马9%,其他20%。(见图14)

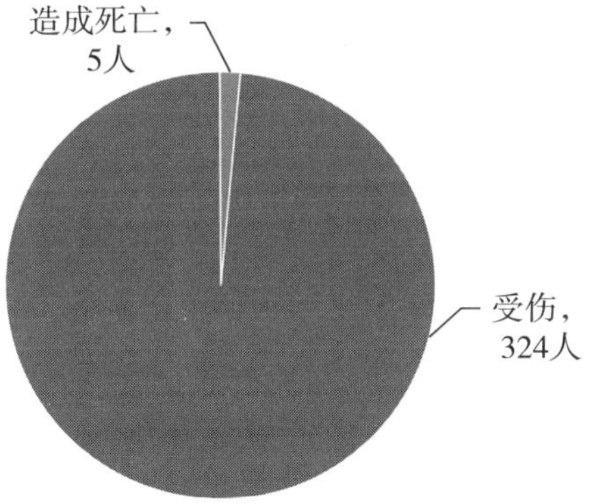

图11 2019年上半年上海市快递外卖行业交通事故伤亡情况

[48] 参见《2019年上半年上海市快递外卖行业交通事故情况公布》,载上海发布,https://mp.weixin.qq.com/s/4TcJdPV9YywfHCoegxySxA,最后访问日期:2021年1月12日。

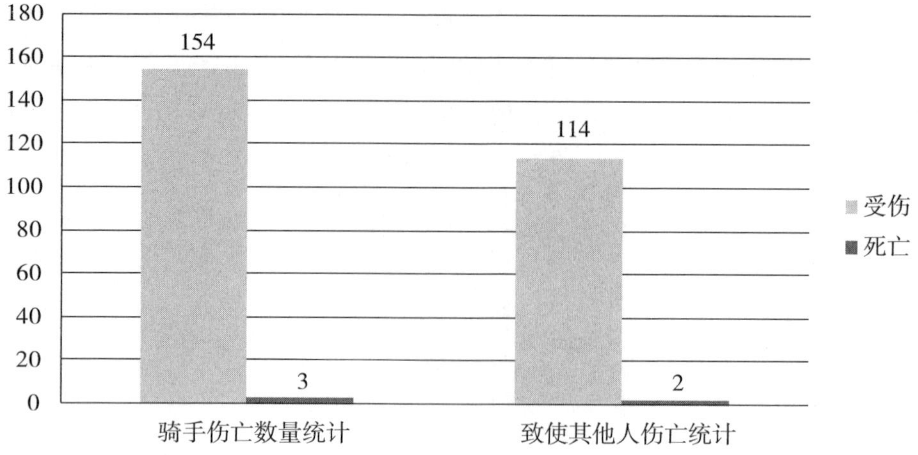

图 12　2019 年上半年上海市骑手伤亡及致他人伤亡统计情况

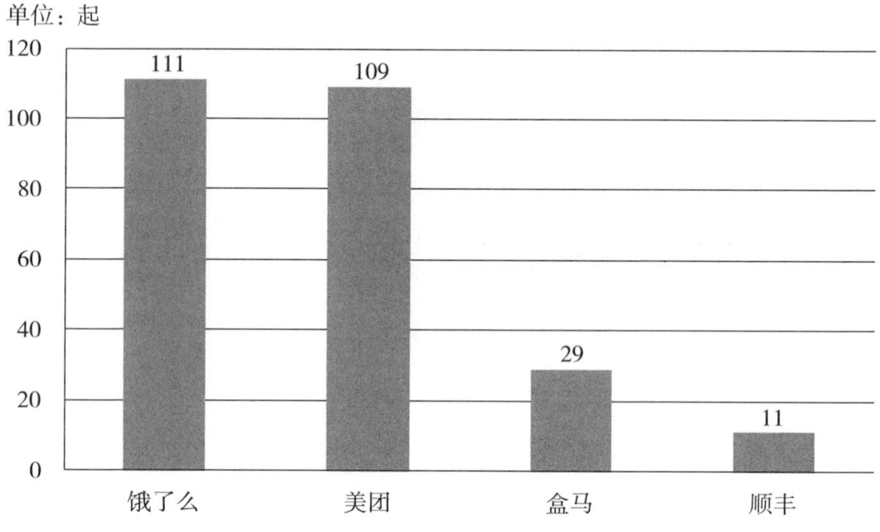

图 13　2019 年上半年上海市快递外卖行业发生事故较多的单位

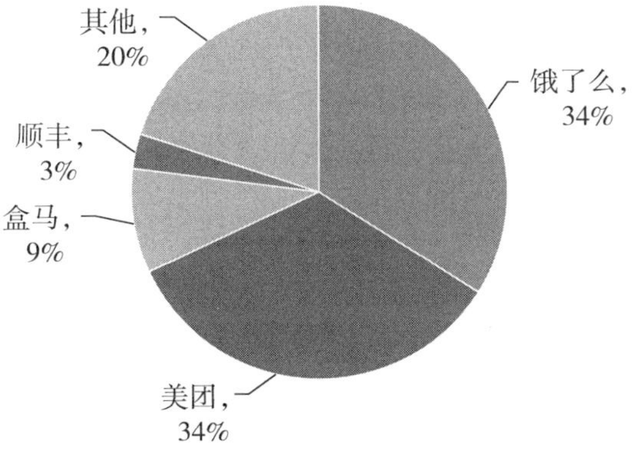

图 14　2019 年上半年上海市快递外卖行业单位发生交通事故数量占比

截至 2020 年 9 月，上海公安部门共查处快递、外卖网约配送员各类交通违法行为 4.3 万余起；截至 2020 年 11 月 30 日，全市一共发生快递外卖各类道路交通事故 207 起，导致 184 人受伤，7 人死亡，7 人中包括 5 名网约配送员和 2 名行人（见图 15）。排名前三的造成伤亡事故的交通违法行为是逆向行驶、不按规定车道行驶以及闯红灯。截至 2020 年 12 月底的统计数据显示，上海市共发生涉及快递外卖行业的道路交通事故 423 起，造成 7 人死亡，347 人受伤（见图 16）。[49] 一个月之间新增 216 起交通事故，造成 163 人受伤（见图 17）。

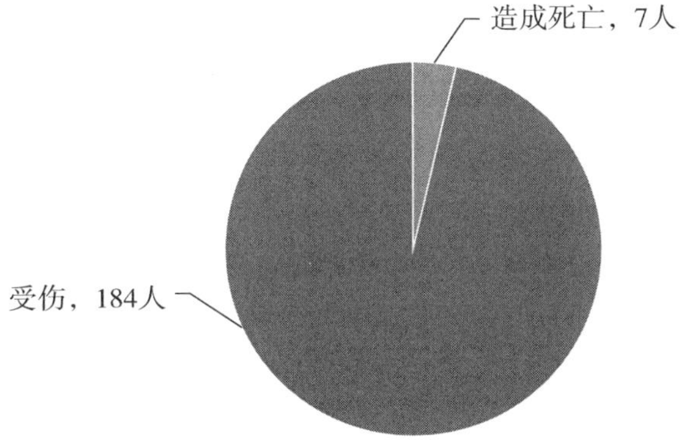

图 15　截至 2020 年 11 月底上海市快递外卖行业交通事故伤亡情况

〔49〕 参见《〈上海市非机动车安全管理条例（草案）〉提交二审，从平台入手解决“计时沙漏”导致的安全隐患》，载上海人大，http://www.spcsc.sh.cn/n8347/n8483/u1ai224694.html，最后访问日期：2021 年 1 月 12 日。

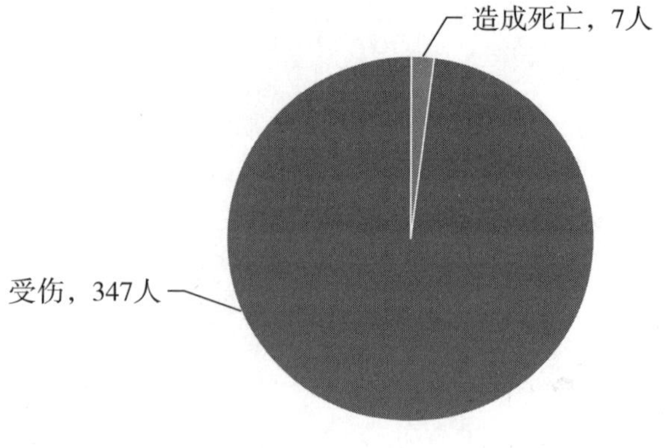

图 16　截至 2020 年 12 月底上海市快递外卖行业交通事故伤亡情况

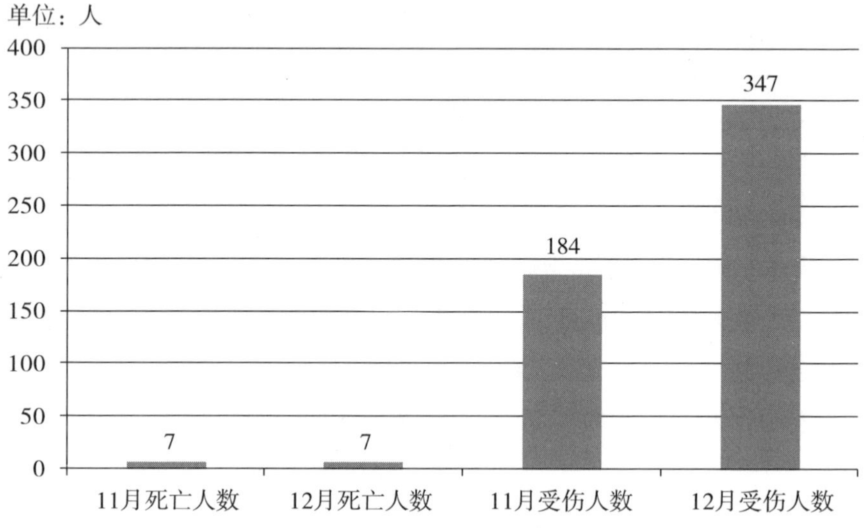

图 17　2020 年 11 月、12 月上海市快递外卖行业交通事故伤亡数对比图

2. 外卖行业交通事故多发的原因

(1)“灵活性”导致网约配送员有效管理不足

随着信息技术的进步，生产过程可以突破固有的内部生产车间限制，实现更大范围的生产要素整合，但企业边界模糊化后随之而来的问题是难以对雇员形成有效的劳动过程管控。专送网约配送员虽然要接受专送站点的管理，但仅包括晨会、高峰期人工调单、事故或异常情况处理等；众包网约配送员则只需下载App完成注册即可加入,众包站点并不能对网约配送员进行直接管理,其职能在于从网约配送员身上收集一切可分析的数据,以便于对App内的劳动规则、订单单价、配送时长、奖惩机制等进行调整。[50] 外卖行业用工"灵活性"导致无法对网约配送员形成有效的管理与培训,这是造成交通违法情况屡禁不止的重要原因。

(2)算法管理的苛刻要求

算法技术的介入,使时间的及时性成为互联网经济平台塑造高质量服务的重要依据,网约配送员的每一步操作都要在规定时间内完成。[51] 平台系统通过强大的算法支持指导网约配送员工作(分配订单、计算配送时间、规划配送路线)并根据绩效进行奖惩。[52] 平台系统的"数字控制模式"对网约配送员的配送工作形成了比传统雇主更为严苛的管理模式。网约配送员将这种量化控制当成督促和协助自己完成配送任务并拿到提成的手段[53],但在"数据控制"的高压下为了绩效一再突破交通规则,造成事故频发。

(3)网约配送员自身交通意识的缺失

阿里研究院《饿了么2020蓝骑士调研报告》[54]和美团研究院《2018外卖骑手就业报告》[55]数据显示,多数网约配送员来自农村地区,且知识水平有限。企业在招募网约配送员时只进行一轮面试,应聘者只要身体健康、会骑电动车、会使用导航软件即可。在员工培训方面,网约配送员被聘用后只需在App上进行简单的培训即可上岗,培训内容包括App的操作方式、劳动流程以及基本配

---

〔50〕 参见李胜蓝、江立华:《新型劳动时间控制与虚假自由——外卖骑手的劳动过程研究》,载《社会学研究》2020年第6期。

〔51〕 参见孙萍:《"算法逻辑"下的数字劳动:一项对平台经济下外卖送餐员的研究》,载《思想战线》2019年第6期。

〔52〕 参见陈龙:《游戏、权力分配与技术:平台企业管理策略研究——以某外卖平台的骑手管理为例》,载《中国人力资源开发》2020年第4期。

〔53〕 参见陈龙:《"数字控制"下的劳动秩序——外卖骑手的劳动控制研究》,载《社会学研究》2020年第6期。

〔54〕 参见《2020饿了么蓝骑士调研报告》,载知乎网,https://zhuanlan.zhihu.com/p/143788705。

〔55〕 参见《美团〈2018外卖骑手就业报告〉:77%的骑手来自农村》,载金融界网站,https://baijiahao.baidu.com/s?id=1622893993010061079&wfr=spider&for=pc。

送礼仪等。[56] 因此，相当一部分网约配送员对城市道路交通规则不甚了解，从而导致外卖行业交通事故情况无法从源头进行改善。

(4)非机动车管理机制上的问题

外卖行业交通事故多发与非机动车管理机制也息息相关，主要包括以下三个方面：第一，非机动车驾驶行为违法成本过低。公安部门长期以来对机动车和非机动车实施二元管理，相较于机动车，对非机动车违法行为的处罚程度极其轻微。[57] 第二，非机动车交通规划不属于法定规划。上海市共有124条、约150km的禁非道路，导致非机动车路网存在断点。虽然总体占比不高，但由于大多集中于中心区，与配送需求热点区域重合，造成了“机非混行”等现象。[58] 第三，非机动车生产未形成统一标准。我国于2019年4月15日正式实施《电动自行车安全技术规范》(GB17761—2018)，但国家市场监督管理总局在2019年年底对电动自行车的抽检中发现不合格率为28.8%。[59] 根据霍普金斯大学在2019年6月对上海电动自行车的车速调查结果，83%的车辆骑行速度超过《上海市非机动车管理办法》规定的15km/h[60]，31%的车辆超过新国标25km/h的标准。[61]

---

〔56〕 参见李胜蓝、江立华：《新型劳动时间控制与虚假自由——外卖骑手的劳动过程研究》，载《社会学研究》2020年第6期。

〔57〕 《道路交通安全法》第89条规定，行人、乘车人、非机动车驾驶人违反道路交通安全法律、法规关于道路通行规定的，处警告或者5元以上50元以下罚款；非机动车驾驶人拒绝接受罚款处罚的，可以扣留其非机动车。

〔58〕 参见邵丹、李薇：《上海电动自行车发展新特征和管理对策》，载《交通与港航》2020年第2期。

〔59〕 市场监管总局办公厅关于2019年童车等60种产品质量国家监督抽查情况的通报，载国家市场监督管理总局网，http://gkml.samr.gov.cn/nsjg/zljdj/201912/t20191211_309153.html。

〔60〕 参见《上海市非机动车管理办法》第30条规定，驾驶电动自行车、残疾人机动轮椅车上道路行驶，除遵守第29条规定外，还应当遵守下列规定：(1)驾驶人年满16周岁；(2)最高时速不得超过15公里；(3)非下肢残疾人员不得驾驶残疾人机动轮椅车。

〔61〕 Qingfeng Li, *PhD MHS BIGRS Shanghai: Four Rounds of Observational Studies on Ebikes*，电动自行车安全和有效管理上海论坛，2019。

三、主要问题的性质、内容与可能的发展趋势

(一)网约配送员与平台关系的法律分析

1. 双方法律关系的学理探讨

(1)关于"是否存在从属性"的法理探讨

学者针对平台灵活就业劳动者是否具有从属性主要持有三种不同观点。第一,平台灵活用工劳动者仍具有强从属性。在互联网大数据时代,数字化知识和信息"日益成为具有组织功能的关键生产要素并逐渐具有生产资料的性质"。[62] 软件开发者平台、程序语言提供了中心化的基础服务[63],构成实质上的生产工具。平台经济"只是改变劳动力与生产资料(劳动条件)相结合的方式,并未改变劳动力与生产资料(劳动条件)相结合的本质"。[64] 与此同时,平台对劳动者的控制与监督在技术的赋能下更加复杂与隐蔽。其隐蔽性在于,通过对劳动过程的技术监控以及消费者评价等替代或弱化了指挥管理和雇主直接控制。[65] 第二,平台灵活用工劳动者从属性弱化。劳动者的劳动时间和地点自主性更大且存在多重兼职,平台仅仅提供服务需求信息[66],劳动者的独立性增强,从属性随之弱化。第三,平台灵活用工劳动者不具有从属性。"超时罚款"等考核行为乃是平台对劳务提供者的一种"选任"行为。平台要求网约配送员身着特定服装等行为外观,并不能证明存在管理,而是"向劳务需求方证明其作为特定平台劳务提供者的身份"[67],方便劳务需求方辨认及其服务的顺利完成。网约配送员与平台所签订的"服务合作协议"等,本质上仍是合同行为。

(2)网约配送员与平台存在劳务关系或雇佣关系

劳务关系是两个或两个以上主体就劳务事项达成一致所形成的权利义务

〔62〕 胡磊:《网络平台经济中"去劳动关系化"的动因及治理》,载《理论月刊》2019 年第 9 期。

〔63〕 参见胡凌:《分享经济中的数字劳动:从生产到分配》,载《经贸法律评论》2019 年第 3 期。

〔64〕 参见王全兴、王茜:《我国"网约工"的劳动关系认定及权益保护》,载《法学》2018 年第 4 期。

〔65〕 参见王全兴、刘琦:《我国新经济下灵活用工的特点、挑战和法律规制》,载《法学评论》2019 年第 4 期。

〔66〕 参见秦国荣:《网络用工与劳动法的理论革新及实践应对》,载《南通大学学报(社会科学版)》2018 年第 4 期。

〔67〕 王天玉:《网络劳务是对劳动法的挑战吗》,载《中国法律评论》2018 年第 6 期。

关系，具有以下特点：第一，主体平等，不具有监督与被监督的关系；第二，劳务关系具有一次性、临时性；第三，无特殊约定时生产资料由劳动者提供。[68] 在平台经济灵活用工模式下，平台不直接对配送员进行管理，配送员接单与派单的完成具有一次性与临时性，且大多自备交通工具与智能设备等，符合劳务关系特征。

另外，也有学者认为网约配送员与平台之间存在雇佣关系。互联网时代，平台众包模式下劳动者基本为远程工作，人格从属性日渐式微。相较于从属性标准，以时间因素与义务因素作为区分劳动关系与雇佣关系的标准更加科学。[69] 众包工作指向框架式的工作义务，目的性明确，与劳动合同控制工作过程存在本质差别。因此，"较为自由的平台就业形态宜认定为非劳动关系的雇佣关系，而后按照经济隶属的程度再区分为自雇者还是类雇员，确定类推适用哪些劳动法律保护"。[70]

（3）以"类雇员"为代表的"第三类主体"引入

部分学者借鉴欧洲一些国家的做法，主张应突破"从属性劳动"与"独立性劳动"的二分法束缚，构建独立性劳动、经营性劳动、从属性劳动之"劳动三分法"，[71] 也有学者提出对劳动者实行"分类调整、区别对待"的标准。[72] 德国"类雇员"理论在一定程度上可作为平台灵活用工模式下的参考方向。"类雇员"理论对平台用工的解释力在于：①劳动者自备交通工具等生产资料，对工作时间、工作地点具有自主性，以一定的劳动成果作为工资报酬的对价，缺乏人格从属性，但具有经济从属性，属于"经营性劳动"。②平台用工下的项目均由个体劳务提供者独立完成，平台利用算法以及智能设备辅助劳动者完成工作，劳务活动的个人属性明显。③劳动者直接从平台获取工作信息，并不直接与劳务

〔68〕 参见苏晖阳：《新型用工劳动关系的法律规制研究》，载《中国人力资源开发》2020年第5期。

〔69〕 参见娄宇：《民法典的选择：劳动合同抑或雇佣合同——〈德国民法典〉第611a条修订的教义学分析与启示》，载《法律科学（西北政法大学学报）》2019年第5期。

〔70〕 参见王全兴、刘琦：《我国新经济下灵活用工的特点、挑战和法律规制》，载《法学评论》2019年第4期。

〔71〕 参见王天玉：《互联网平台用工的"类雇员"解释路径及其规范体系》，载《环球法律评论》2020年第3期。

〔72〕 参见谢增毅：《我国劳动关系法律调整模式的转变》，载《中国社会科学》2017年第2期。

需求者进行交易,形成隔离于劳务需求市场的"内部劳动力市场",其非真正的市场参与者。④平台用工研究对象的主要群体非兼职者,而是以平台用工为业的劳动者。即使存在多平台兼职的现象,受平台等级与报酬挂钩的规制,劳动者仍会有一个主要的服务平台,其劳动报酬构成其主要的生活来源。[73]"第三类主体"的引入,增强了法律制度灵活性,有助于填补强从属性与无从属性之间的群体权益保护空白,但应结合我国实际情况,遵从法理建立科学的分类标准。

(4)双方成立混合契约关系

混合契约的观点认为"平台用工创新模式因同时具备承揽合同与劳动合同要件,属于在一个合同中包含了两个典型合同的部分,应视作混合合同予以进一步认识"。[74] 在不涉及第三人争议的情形下,劳务提供者之给付劳务适用承揽规则,财产关系如报酬等则适用劳动合同规则。涉及第三人争议时,若劳务提供者存在为平台服务的外观表征,则平台负为第三人赔偿之责任或受委托为劳务提供者向第三人主张赔偿之责任。若劳务提供者不存在为平台服务的外观表征,无法推定平台与劳务提供者之关系,按侵权纠纷处理。

2. 立法规制的沿革与司法观点

为解决实践中大量未签订书面劳动合同但实质上符合劳动关系特征的法律问题,劳动和社会保障部于2005年发布了《关于确立劳动关系有关事项的通知》(以下简称《确立劳动关系的通知》),《确立劳动关系的通知》第1条从主体资格、劳动管理、业务组成部分等方面设立了劳动关系的相关认定标准。[75] 在司法案例中也可以看到,相当一部分法院仍旧是按照《确立劳动关系的通知》的要求认定平台与网约配送员之间的法律关系。然而,套用既有规定存在难以界定的情况。有学者指出,《确立劳动关系的通知》存在诸多问题:第一,"构成要

〔73〕 参见王天玉:《互联网平台用工的"类雇员"解释路径及其规范体系》,载《环球法律评论》2020年第3期。

〔74〕 王天玉:《互联网平台用工的合同定性及法律适用》,载《法学》2019年第10期。

〔75〕 参见《关于确立劳动关系有关事项的通知》第1条规定:"用人单位招用劳动者未订立书面劳动合同,但同时具备下列情形的,劳动关系成立。(一)用人单位和劳动者符合法律、法规规定的主体资格;(二)用人单位依法制定的各项劳动规章制度适用于劳动者,劳动者受用人单位的劳动管理,从事用人单位安排的有报酬的劳动;(三)劳动者提供的劳动是用人单位业务的组成部分。"

件”过于僵化,“同时具备”不能适应多变的劳动关系形式,科学的方法应是多要素的综合考察。第二,“劳动管理”中未突出实质从属性,即劳动管理失去对工作时间、地点等的自主性等。第三,考察要素少且过于粗略。“各项劳动规章制度”不适应现实多行业、多岗位、企业规模大小不一的现象。第四,过分强调“主体资格”。[76] 但也有学者认为,“传统劳动关系概念和判定理论具有很强的弹性和适应性,其并非完全过时,仍可包容网络平台用工关系”,并认为,劳动关系的认定应结合平台的性质及具体模式进行判定,没有统一的答案。[77]

平台经济兴起后,由交通运输部、工业和信息化部等七部委于2016年7月27日联合发布的《网络预约出租汽车经营服务管理暂行办法》是较早关于平台经济的规定。根据其规定,平台可以和司机签订劳动合同、劳务合同等多种形式的协议。2021年7月,人力资源和社会保障部、国家发展和改革委员会等八部门联合印发《关于维护新就业形态劳动者劳动保障权益的指导意见》。该意见明确,互联网平台用工符合确立劳动关系情形的,企业应当依法与劳动者订立劳动合同。不完全符合确立劳动关系情形但企业对劳动者进行劳动管理的,应当指导企业与劳动者订立书面协议,合理确定企业与劳动者的权利义务。个人依托平台自主开展经营活动、从事自由职业等,按照民事法律调整双方的权利义务。该意见对平台经济灵活用工模式下的劳动者分类保护也具有一定指导意义。

网络用工是一种新型用工模式,不能完全套用传统的劳动或者劳务案件的审理思路,而要探索一种既有助于平台经济发展,又能保护平台从业人员、物流配送企业、消费者、不特定第三方利益的思路。第一,遵从实际履行原则。从业人员和公司之间的法律关系存在多样性,要根据不同的法律特征来界定,这一点在部分司法裁判中已有体现。第二,平台承担补充责任。平台用工存在大量第三方单位介入的情形,在第三方公司参与的情况下,从业人员和第三方公司

---

〔76〕 参见王倩:《共享经济用工中的劳动关系认定理论研究综述》,载《中国劳动关系学院学报》2020年第2期;王天玉:《基于互联网平台提供劳务的劳动关系认定——以“e代驾”在京、沪、穗三地法院的判决为切入点》,载《法学》2016年第6期;王倩:《德国法中劳动关系的认定》,载《暨南学报(哲学社会科学版)》2017年第6期。

〔77〕 参见谢增毅:《互联网平台用工劳动关系认定》,载《社会科学文摘》2019年第2期。

有合同的，一般遵从合同约定。虽然平台和从业人员不直接签订合同，但若平台在选择第三方公司过程中有过错，或者平台收入与第三方公司经营业务不可分，存在利益分配权以及平台对第三方公司的控制程度达到对从业人员的间接控制和间接管理时，在第三方公司不能承担责任的情况下，平台需承担相应的补充赔偿责任。

综上所述，目前在学理、立法和司法层面，整体都较为关注互联网灵活用工模式下劳动提供者的真实劳动现状，从其工作模式、报酬获取方式、被支配程度出发，分析从属性及可能的法律关系，探求劳动关系之本质，都讲求根据事实权利义务判断双方关系的性质。

（二）网约配送员权益保障问题的实践分析

1. 网约配送员职业伤害保险的实践尝试

前文提及网约配送员权益保障问题主要包括两个方面：一是职业伤害保障不健全，二是社会保险缺失。针对职业伤害保障而言，平台提供的商业险始终以能否盈利为首要目标，且理赔面窄、理赔难度大。商业保险和工伤保险对重伤与死亡待遇仍存在较大差距，后者不仅包括医疗和康复费用，而且包括日后保障基本生活的补助，如伤残津贴和伤残补助金。从政策上看，国务院办公厅发布《关于促进平台经济规范健康发展的指导意见》（国办发〔2019〕38 号），明确提出要抓紧完善平台从业人员社保政策，积极开展职业伤害保障试点；从社会公平正义角度来看，缺少劳动关系而无法投保工伤保险，不符合劳动无贵贱之分的精神。工伤保险制度在于对工业伤害的保障，全部由雇主缴纳，实行无过错原则，应保尽保，更具福利性和恩惠性〔78〕。课题组梳理目前各地的探索实践，主要有两种模式，一种是纳入现有工伤保险，实行工伤单险种模式，如江苏南通、山东潍坊等地；另一种是创设新型职业伤害保险，如江苏太仓、江苏吴江等地〔79〕。

江苏太仓在 2014 年发布了《太仓市灵活就业人员职业伤害保险暂行办

〔78〕 参见陈敏：《“非职工”群体纳入工伤保险制度保障探析》，载《政治与法律》2017 年第 2 期。

〔79〕 参见王显勇、夏晴：《共享经济平台下的网约工纳入工伤保险的理论依据与制度构想》，载《中国劳动》2018 年第 6 期。

法》,探索出新型"职业伤害保险",参保对象为本市户籍劳动年龄段的灵活就业人员,并建立了职业伤害保险基金财政专户,由基金支付,实现了全员免费参保。该险种办理流程简单,待遇结算便捷[80],按照伤残等级享受社会保险补贴、基本生活补助和安装辅助器等待遇。该职业伤害保险提升了对灵活就业人员的保障,但不足的是,参与该险种必须缴纳当地的养老保险和医疗保险,且参保对象的范围较小,不仅有年龄限制,户籍限制,而且劳动时间也有限制,必须从事非全日制劳动[81]。

此外,江苏南通、吴江、常州,山东潍坊,浙江衢州、湖州,广东省等地先后出台了灵活就业人员的职业伤害保险政策。上述地区设立的职业伤害保险在参保主体、缴费标准、认定调查、工伤待遇等方面都有所差异,如在工伤待遇方面,广东广州、山东潍坊、江苏常州、浙江衢州和湖州都是参照《工伤保险条例》的标准;江苏太仓和南通只有医疗费用参照工伤保险,太仓的基本生活补助略低于工伤保险,吴江则按伤残等级单独设计了具体的伤残补助金和伤残津贴。又如,在参保主体上,吴江的参保对象范围最宽,无户籍和缴纳社会保险的要求,太仓的参保对象范围最窄,南通、潍坊和太仓都要求缴纳养老或医疗保险方可参保。[82]

在具体执行上,南通因国企改制,大量员工下岗,社保局在 2006 年就推出了《关于灵活就业人员参加工伤保险的通知》,在 2015 年改为《南通市灵活就业人员工作伤害保险暂行办法》,由于缺少上位法的支持以及代理机构责任过重,制度实施受阻,收不抵支,目前已经不再实施。课题组认为,相关部门应当总结上述地区经验,为灵活就业人员职业伤害保险在全国范围内铺开做初步准备,具体需要明确该险种的投保主体及缴费标准,确定工伤待遇及责任分配,以及施行何种缴费制度等。

从国家立法层面看,人力资源和社会保障部也在研究如何解决新业态从业

[80] 参见陆俊:《太仓市完善工伤保险制度保障灵活就业人员权益》,载《中国劳动》2013 年第 8 期。

[81] 参见李坤刚:《"互联网 +"背景下灵活就业者的工伤保险问题研究》,载《法学评论》2019 年第 3 期。

[82] 参见翁仁木:《平台从业人员职业伤害保障制度研究》,载《中国劳动》2019 年第 10 期。

人员的职业伤害问题,会在纳入现有工伤保险制度和创设新型职业伤害保险制度之间做出选择。[83] 课题组认为,专门设计适合灵活就业人员的职业伤害保险制度更为有利。若在全国范围内允许无固定劳动关系的员工直接投保工伤保险,纳入工伤保险基金,在具体操作上会因为职业类型多样产生种种难题,打破现有的工伤保险适用边界,影响我国工伤保险基金财务稳定。相反,制定灵活就业人员的职业伤害保障制度可针对不同行业不同风险设置不同系数,灵活度更高,即使需要调整也更为便捷,能够更好地适应经济结构调整带来的职业结构变化[84],针对灵活就业的特殊性做出专门的安排,可行性更强。[85]

2. 网约配送员融入社保体系的实践瓶颈

针对网约配送员社会保险缺失问题,各地政府也在积极出台相关指导意见,尽可能将新业态从业人员纳入社会保险范围内,如浙江省、成都市、沈阳市等。[86] 浙江和沈阳的指导意见都明确要坚持分类施策和协同治理,以"包容审慎"和"双维护"为原则,既保障企业自主经营权,又要兼顾新业态从业人员的合法权益。

相较而言,成都市指导意见更为具体的规定:对于全日制从业人员,新经济组织应当依法为其缴纳职工社保;对于非全日制从业人员,新经济组织应为其参加工伤保险,其本人按灵活就业人员参保养老保险和医疗保险;对于劳务派遣从业人员,由派遣单位为其缴纳职工社保;业务外包则由承揽单位缴纳职工社保;依据合同法签订民事协议的,由其本人按灵活就业人员参保养老保险和医疗保险。上述规定同样体现了分类施策的原则。

但是,对于网约配送员来说,即使全日配送,也难以建立劳动关系,此时以灵活就业人员的身份参与职工社保,负担又过重,参与居民社保,待遇又过低,

---

〔83〕 参见《工伤赔偿最大难点是劳动关系难确定》,载新华网,http://www.xinhuanet.com/fortune/2021-1-14/c_1126979996.htm。

〔84〕 参见《网约工易受"伤",职业伤害保障快跟上!》,载《工人日报》2021年1月18日,第6版。

〔85〕 参见张军:《新业态从业人员参加工伤保险难点及对策建议》,载《中国医疗保险》2017年第6期。

〔86〕 浙江省人力资源和社会保障厅《关于优化新业态劳动用工服务的指导意见》(2019年);成都市人民政府办公厅《关于促进新经济新业态从业人员参加社会保险的试行实施意见》(2019年);沈阳市人力资源和社会保障局《关于优化新业态灵活用工劳动关系服务的指导意见》(2020年)。

每一种选择都存在一定的难点和痛点。[87] 归根结底,社保体系改革目前还是滞后于经济和就业形势的发展[88],存在诸多缺陷,并不适合新业态从业人员。课题组认为,目前社会保险制度主要存在以下三点问题。

第一,职工社保和劳动关系刚性捆绑。我国目前的职工社保依旧以标准劳动关系为前提,以雇佣组织和个人为缴费对象,[89]灵活从业者不是标准劳动关系的主体,因而游离于社会保险之外。新业态从业人员的灵活性与职工社保所要求的劳动关系无法匹配,导致了政府、平台、个人之间的社会养老保险责任难以确定。[90] 客观上,灵活就业人员工作不稳定,更需要社会保险保障其生存权和发展权。[91] 同时,这种深度捆绑的社会保险模式,也造成了多重劳动关系的社会保险义务与责任的分配,其相当复杂。实践的飞速发展使与劳动关系捆绑的全有全无社会保险模式(俾斯麦模式)不再适应目前的就业形态,社会保障模式应当做出适当变革来适应新技术和新业态。

第二,灵活就业人员参保缺少激励。首先,根据我国《社会保险法》第 60 条的规定,灵活就业人员可以直接向社会保险费征收机构缴纳社保。该条文属于任意性规范,对灵活就业人员不形成约束,虽然顾及了收入水平较低的劳动者,但没有考虑对于有能力缴纳而未缴纳的群体来说,不参加社保最终损害的是个人社会保险权利。[92] 其次,根据目前政策,灵活就业人员养老保险的个人缴费比例比普通职工高 12 个百分点[93],但进入个人账户比例皆为 8%,灵活就业人员难免会觉得参与社保不具有性价比。最后,在我国,享受养老保险待遇只要求连续缴费满 15 年,年轻的网约配送员并不急于投保社会保险,且能接触社会

---

〔87〕 参见汪德华:《零工经济的社保难题与应对思路》,载《探索与争鸣》2020 年第 7 期。

〔88〕 参见房连泉:《社保流动性障碍成因及破解之道》,载《中国国情国力》2020 年第 12 期。

〔89〕 参见韩秉志:《社保应是新业态从业者的必需品》,载中国经济网,http://www.ce.cn/xwzx/gnsz/gdxw/201801/05/t20180105_27576865.shtml。

〔90〕 参见薛惠元、舒怡:《新业态从业人员养老保险问题与对策探析》,载《决策与信息》2019 年第 8 期。

〔91〕 参见倪雄飞:《灵活就业者的社会保障权研究》,载《河南财经政法大学学报》2018 年第 1 期。

〔92〕 参见张荣芳、弭晶:《非典型劳动者社会保险权实现的法理逻辑与立法进路》,载《湖北大学学报(哲学社会科学版)》2020 年第 5 期。

〔93〕 参见薛惠元、舒怡:《新业态从业人员养老保险问题与对策探析》,载《决策与信息》2019 年第 8 期。

保险信息的渠道也较为有限。

第三,城乡居民社会保险收益率过低。城乡居民保险的不足之处在于未设置统筹账户,共济能力较差,[94]实际起到的是强制储蓄作用。作为储蓄,个人养老金账户利率偏低,为三年银行定期利率,不仅远低于城镇职工养老保险的收益率,近年来甚至略低于消费者物价指数的平均数,无法起到应有的保值增值作用。同时,职工养老保险每年都会随当地社会平均工资增长而有所调整,而城乡居民保险基础养老金虽有提升,但基数小,增长少,比起参加城乡居民保险,灵活就业人员参加职工保险更为划算。[95]

(三)互联网外卖行业灵活用工风险的社会治理

1. 互联网外卖行业的现有风险治理经验

(1)各地交警部门的治理经验

2018 年,公安部交通管理局联合中国物流与采购联合会及相关企业,共同加强外卖行业电动自行车交通管理工作,并下发《关于警企共治创新外卖行业电动自行车交通违法治理工作的通知》,部署各地公安交管部门加强警社合作、警企共治,与外卖企业建立警企协作、信用惩戒、指导帮扶、宣教培训、联合整治"五大机制",强化和创新外卖行业电动自行车交通违法治理工作。

上海在交警部门的引导下设立同城配送委员会,通过规制企业达到间接规范管理网约配送员的目的。同城配送委员会推出对配送车辆、人员、平台的监管措施,确保车辆营运过程可监控,人员培训及守法信息可追溯,派送平台实时数据可对接,形成一个闭环管理管控体系。同城配送委员会成立以来,企业通

〔94〕 参见张荣芳:《共享发展理念下社会保险体系的完善》,载《东岳论丛》2019 年第 2 期。

〔95〕 参见薛惠元、仙蜜花:《灵活就业人员参加养老保险的制度选择——基于职保与城乡居保制度比较的视角》,载《保险研究》2015 年第 2 期。

过交通安全考试与强制学习新规考核、“一人一车一码”[96]、计分管理制度[97]等方式逐步加强对网约配送员的管理。上海交警部门除了推动同城配送专业委员会的设立之外，还形成了一套约谈与通报机制。深入调查重点事故，约谈违法高发企业，并发挥新闻媒体舆论监督作用。此外，深圳、杭州、潍坊、昆明等地交警部门也针对外卖配送车辆交通违法乱象推出了一系列治理措施，包括搭建外卖送餐车精细化管理平台、建立分级处罚机制等。整体上，各地交警部门的治理措施可以分为强化交通安全学习教育、实施精准管理模式、构建分类处罚机制等主要类型。

(2)各地灵活就业人员职业伤害保障经验

2019 年，国务院办公厅发布《关于促进平台经济规范健康发展的指导意见》，明确提出抓紧完善平台用工和灵活就业等从业人员社保政策，积极开展职业伤害保障试点。如前文所述，江苏、山东、浙江、广东等地相继出台关于灵活就业人员职业伤害保障的政策，逐步完善对灵活就业人员的职业伤害保障。

(3)数字经济治理经验

国家多次强调，要加快传统产业数字化、智能化，做大做强数字经济，拓展经济发展新空间。国家层面，国务院及有关部门相继发布了《促进大数据发展行动纲要》《国家信息化发展战略纲要》《关于促进分享经济发展的指导性意见》等一系列政策战略文件，鼓励和引导数字经济相关行业、产业全面发展。地方层面，浙江省人大(含常委会)于 2020 年 12 月 24 日发布《浙江省数字经济促进条例》，成为全国第一部以促进数字经济发展为主题的地方性法规。江苏、河北、山东、内蒙古等地也相继发布关于发展数字经济的意见指导，旨在推进数字经济健康发展。

---

[96] 一人一车一码：在网约配送员的送餐箱上喷印一个 7 位数的编码，这个编码与人、车信息绑定，企业可以查询编码确定网约配送员的个人信息和交通违法情况，并通过交警与外卖企业组建的警企联络微信群锁定违法的网约配送员。

[97] 计分管理制度：对扣满 12 分的网约配送员强制其进行下线学习，考核完毕后才能继续接单；若两次扣满 12 分仍需强制下线学习；三次扣满 12 分的网约配送员则会进入黑名单，整个行业将不再对其录用。根据课题组调研数据，从同城配送专业委员会成立至 2020 年 11 月底，已经有 30 个违法高发的网约配送员被纳入黑名单。浦东交警还配套开发了“浦东外卖骑手交通违法记分管理 App 平台”，推进计分管理的实施。

2. 行政主管部门支持下的行业协会治理模式探析

结合互联网外卖行业已有的实践经验和存在的问题,外卖平台企业灵活用工需要引入政府监管和行业协会自治,两者是彼此依存、相互支撑的关系。

(1)政府监管的优势与不足

互联网外卖行业协会成立初期,其自治权尚未成熟,需要明确相应的行政主管部门,积极为行业协会健康发展创造良好的外部环境,扮演“适度积极”的“主导型”角色,给予行业协会资金保障和扶持等。[98] 然而,无论政府多强大都无法包揽全部的社会事务。[99] 对于外卖行业发展中的技术性事务,如行业各类细化标准的制定和实施、行业商业保险的定价与成本分担等,政府无法也不适合全权统揽。同时,政府监管存在自身无法克服或基本难以克服的缺陷而容易导致其效果难以达到理论上的应然状态,政府的过度干预亦会产生负面效应。一方面,在市场经济资源既定的条件下,政府监管强化必然伴随企业资源支配权的弱化,影响企业市场主体地位。另一方面,政府干预的强化难免压缩企业话语权空间,使企业对于政策难以形成较稳定的预期进而影响其内部筹划和决策。[100]

(2)行业协会治理的优越性

由于政府监管所存在的不足和不能覆盖之处,课题组认为需要在新业态的治理结构中引入行业治理。综观学界针对行业协会的研究,学者根据不同的分类标准对行业协会所履行的职能进行了梳理与归类,虽然没有统一定论,但存在互通之处。总体而言,行业协会的细化职能包括代表、沟通、服务、协调、监督、统计、研究、信息提供等。有学者在大类上将行业协会职能划分为合约性职能[101]

---

〔98〕 参见季亚丽:《行业协会自治的法律制度构建》,载《中北大学学报(社会科学版)》2005 年第 4 期。

〔99〕 参见沈荣华:《论服务型政府的结构理性》,载《行政论坛》2014 年第 5 期。

〔100〕 参见鲁篱:《论行业协会自治与国家干预的互动》,载《西南民族大学学报(人文社科版)》2006 年第 9 期。

〔101〕 “合约性职能”是指为降低交易成本和为惩罚合约执行中的机会主义行为而实施的职能。

和非合约性职能[102]，或认为协调和服务是行业协会最核心的两大职能。[103]

从我国行业协会政策文件样本的沿革和发展来看，行业协会的"行业治理"职能一直为政府所重视。[104] 行业协会的基本角色是作为私部门和公部门之间的联结桥梁，促进和保障国家与行业企业之间的沟通，一方面推动实现本行业集体性利益，另一方面也承接政府部分职能的转移，协助政府完善社会公共治理。[105] 课题组将互联网外卖行业协会的职能概括为自律、服务和参政三个主要方面。

行业协会的自律职能包括规则制定权、监管权、惩罚权、争端解决权等方面。具体而言，外卖行业协会有权通过会员大会等民主决策机制，制定或修改行业公约、行业服务规范、行业交易规则、行业标准等内容，且有权对不遵守相关规则的会员实施一定惩戒。行业协会的服务职能主要包括提供一般的信息咨询服务、针对性的专业中介服务和特殊项目的外联服务。行业协会的参政职能主要体现在其对政府相关政策、规划的建言献策中。外卖行业整体上属于一种新业态行业，其治理模式尚处在探索阶段。行业协会能够根据履职过程中积累的经验，结合会员和行业中其他企业的利益诉求，为政府决策提供一手资料和更贴近行业发展现状的建议，助力政府对行业实施更有效的管理和规划，推动行业公共治理。

上述是行业协会在互联网外卖行业所能发挥的核心职能阐述，之所以强调在这一新业态中引入行业协会治理，一个十分关键的因素还在于行业协会所能实现的竞争中性和对行业经济秩序的自我调控。一般而言，行业协会的成员既

---

[102] "非合约性职能"是指为增进同一方交易集体利益而实施的职能。

[103] 参见代竨等：《不同类型行业协会承接政府职能转移的差异》，载《经济与管理研究》2017 年第 12 期；江静：《转型国家行业协会功能发挥的制约因素——基于政府视角的分析》，载《财经问题研究》2006 年第 11 期；郑江淮、江静：《理解行业协会》，载《东南大学学报（哲学社会科学版）》2007 年第 6 期；余晖：《行业协会及其在中国转型期的发展》，载《制度经济学研究》2003 年第 1 期；贾西津、沈恒超、胡文安等：《转型时期的行业协会：角色、功能与管理体制》，社会科学文献出版社 2004 年版，第 22－32 页。

[104] 我国关于行业协会的政策文件主要包括《关于选择若干城市进行行业协会试点的方案》（1997 年）、《关于促进行业协会商会改革与发展的若干意见》（2005 年）和《关于加快推进行业协会商会改革和发展的若干意见》（2007 年）等。

[105] 参见吴碧林、眭鸿明：《行业协会的功能及其法治价值》，载《江海学刊》2007 年第 6 期。

具有同一性又具有竞争性。在互联网外卖行业,若在送餐时间设定、商业保险定价等方面无法实现统一标准,则极有可能产生部分更加关注网约配送员人身财产利益和公共交通安全风险补偿的企业,此部分企业在消费者终端市场竞争中反而因成本较高而处于劣势。企业为了扩大自身竞争优势而选择性忽略网约配送员群体的职业保障和公共交通安全风险,即产生企业个体理性与行业协会集体理性之间的冲突,长此以往,这类企业行为会导致"溢出损害"而阻碍行业的健康发展。[106] 同时,前述送餐时间设定和商业保险定价等在性质上更多属于行业技术性事务,不宜由政府通过强制性法规的形式确定。因此,行业协会在其中的重要作用就在于以自律的力量促进横向协调,组织企业进行互谅互让、着眼行业发展全局的沟通,推动符合行业整体利益的统一、可执行的标准确立和稳定行业自律秩序的建立。与外卖行业息息相关的《上海市非机动车安全管理条例》中有关非机动车保险、企业交通安全责任等条款,其实施落地亦需要行业协会从中发挥自律职能,以促进行业统一标准的适用,进而维护公平市场竞争秩序。

四、规范互联网外卖平台企业灵活用工的路径

(一)规范外卖平台企业灵活用工的基本原则

1. 兼顾新就业形态的灵活性与安全性

2019年12月13日国务院印发《关于进一步做好稳就业工作的意见》,指出"支持劳动者通过临时性、非全日制、季节性、弹性工作等灵活多样形式实现就业",明确表示支持社会新就业形态和劳动者灵活就业。从发展趋势看,产业数字化与智能化转型必将推动平台经济向纵深发展,企业形态将迎来更大的变革,传统就业方式将受到越来越大的冲击,就业方式将被重新定义,灵活就业成为就业常态和趋势。[107] 在实现就业智能化、专业化、灵活化的同时,必须兼顾就业安全性,切实保障劳动者权益,应在社会法中关注劳动关系从属性表征的变

---

[106] 参见郭薇、秦浩:《行业协会与政府合作治理市场的可能性及限度》,载《东北大学学报(社会科学版)》2013年第1期。

[107] 参见王一鸣:《为新就业形态创造更大发展空间》,载《人民日报》2020年9月29日,第9版。

化。建立适应新就业形态的劳动工时、劳动定额、最低工资等多样化劳动标准体系,积极探索建立适应新就业形态的社会保障制度,特别是职业伤害保障制度,通过切实提升就业质量,维护劳动者权益,补齐新就业形态劳动者法律保障的短板。

2. 推动我国社会保障数字化与社会化发展

依赖信息技术日新月异的创新与互联网迅速推广的应用,数字经济与平台经济快速增长,由此而产生的新就业形态对传统生产方式与生活方式产生深刻影响,进而给以传统生产方式为原型构建的社会保障制度发展带来了新的挑战。我国作为新兴的数字化大国,在构建社会安全网的过程中,应积极应对其冲击,重塑新时代社会保障的发展理念,对于灵活就业人员,应借助信息技术手段采取更加科学的筹资标准与待遇计发方式。以灵活应对灵活,确保原二分法体系下农村进城务工劳动者及互联网经济下新兴的数字劳动群体享受公平社会保障权益。网约配送员作为灵活就业群体中的弱势群体,目前其参保缴费率较高,应当通过制度调整,进一步提高这一群体的参保比例,推动社会安全网的进一步发展,使社会保障能够更好地促进社会公平。

3. 实现政府监管与行业自治的良性互动

党的十九大报告指出"打造共建共治共享的社会治理格局……发挥社会组织作用,实现政府治理和社会调节、居民自治良性互动"。平台经济是经济与社会的新生事物,行业协会与政府主管部门之间需要建立一种良性平衡的互动机制。政府主管部门通过充实资源、给予财政支持等方式培育、扶持行业协会发展,而行业协会则凭借利益代表等功能有效参与政府决策和社会公共治理。[108]互联网外卖行业作为一个新兴产业,政府强有力的支持和引导在行业协会成立初期对协会功能的发挥尤为关键。从行业长期发展角度看,建立行政主管部门支持下的行业协会治理模式,由政府推动协会发展并依靠协会的自律、自治实现行业资源的有效配置,既有助于充分发挥协会对互联网外卖行业的自律性规

〔108〕 参见黎军:《行业自治及其限制:行业协会研究论纲》,载《深圳大学学报(人文社会科学版)》2006 年第 2 期。

制作用,也有助于更好地促进和维护公平竞争的市场秩序。[109]

(二)网约配送员与平台关系界定与侵权责任分配

1. 审慎判定劳动关系

2019 年 8 月 1 日,国务院办公厅印发《关于促进平台经济规范健康发展的指导意见》(以下简称《平台经济发展意见》)。《平台经济发展意见》遵从稳中求进的原则,旨在充分挖掘平台经济的潜能,反映出我国顺应数字化发展趋势的整体导向。劳动关系的模糊性与复杂性是我国当前互联网平台用工模式的突出问题,但盲目认定劳动关系,造成企业责任承担畸重,无疑也会打击平台经济发展的可持续性。因此,课题组认为应当在平衡平台经济发展与劳动者权益保护的基础上审慎判定劳动关系。

当前针对网约配送员从属性的观点不一,涵盖了从属性由无到有、由弱到强等多种观点。平台灵活用工模式下劳动关系难以界定的重要原因在于我国劳动二分法式框架难以适应新经济模式下衍生的新事物。"类雇员"等"第三类主体"的理论和配套制度在一定程度上能够为当前平台用工下劳动者的权益保护提供立法上的借鉴思路。例如,德国法律中"类雇员"享有法定带薪年休假、意外保险、企业养老保险等。此外,英国在自身的"劳动三分法"下,最新判例认定 Uber 平台的司机为介于雇员(employee)与自雇员(self - employed)之间的工人(worker),而工人(worker)则具有获得国家最低工资、带薪假日、最低休息时间以及限制每周平均工作时长等保护。

"类雇员"等"第三类主体"理论的引进与适用不能一蹴而就。当下,在审慎判定劳动关系的前提下,应遵循实际履行原则认定网约配送员与平台之间的法律关系,具体可依据以下路径。第一,在双方订立相关合同或协议的前提下,尊重双方合意,考察合同或协议所体现之法律关系。第二,鉴于平台用工可能运用有名合同掩盖真实之法律关系,应突破合同名称之限制,考察不同法律关系的事实特征:(1)劳动关系。坚持审慎认定原则,除了一般的人身从属性、依附性特征以外,还要考虑人身从属性和依附性的强弱程度以及互联网用工本身

[109] 参见徐家良:《双重赋权:中国行业协会的基本特征》,载《天津行政学院学报》2003 年第 1 期。

的经营管理模式和用工特点等。(2)劳务关系。注重合意,包括人身依附性、从属性比较弱,工作内容相对有临时性等特征。(3)承揽关系。同样着重于合意,另外,考虑平台是否对从业人员进行监督管理,是否承担经营风险,注重考察从业人员的工作成果等。(4)居间关系。实际是否符合居间法律关系的特征,包括是否提供了订立合同的机会或者媒介服务。

2. 致第三人损害时的责任分配

(1)企业平台的补充责任

如上文所述,当前司法实践中,致第三人损害赔偿责任的承担主体和形式呈现多元化特征。参考相关意见,致第三人损害赔偿责任的归责可依据以下路径:在代理商等第三方公司承担用人单位责任的前提下,代理商等第三方公司无力承担赔偿责任的,平台企业应承担补充责任。具体理由主要包括三个方面:第一,领头企业"保证人责任"。领头企业相较于中下游企业,具有劳动条件、劳动形式等内容上的决定权。[110] 平台具有选任第三方公司的权利,由此间接影响劳动者权益保障。若平台在选任第三方公司时疏于考察,则应为其选任过错承担"保证人"的补充责任。第二,平台对第三方公司具有一定的控制,实践中第三方公司针对网约配送员的管理规则在一定程度上反映了平台意志。第三,当平台的主要收入依靠第三方外包公司的业务时,第三方公司实质上成为平台营利的"部门",两者具有强经济联系。

(2)故意或重大过失的网约配送员应承担相应责任

《民法典》第1191条规定了用人单位承担侵权责任后,有权向有故意或者重大过失的工作人员追偿。《最高人民法院关于审理人身损害赔偿案件适用法律若干问题的解释》也有相应规定。平台经济模式下,对于网约配送员是否具有故意或重大过失应审慎认定。在超时扣款的逼迫下,时间是网约配送员的枷锁,网约配送员选择违章行驶的可能性大大增加。除此之外,据报道,外卖App内置的导航基于直线距离预测时间的长短,未考虑绕道以及可能存在的红绿灯

〔110〕 参见王茜:《平台三角用工的劳动关系认定及责任承担》,载《法学》2020年第12期。

时间,导航路线可能会包含逆行路段,甚至还可能出现步行模式。[111] 因此,在认定故意或重大过失时,应充分还原事实,并关注配送时间的可行性和导航规划的合理性。

(3)引入社会化保险机制

道路交通事故是外卖行业的突出问题,完全依靠企业与网约配送员个人可能难以弥补损害。一方面,完全依靠企业与个人,加剧了企业的成本与责任负担,加大了从业者的门槛与风险,不利于平台经济新业态的可持续性发展。另一方面,缺乏相关的保险机制即使致第三人损害的风险转移也是外卖行业第三人损害难以完全弥补的根源之一。因此,推动完善外卖行业责任保险社会化机制迫在眉睫。

(三)完善网约配送员权益保障的思路

1. 出台全国性灵活就业人员职业伤害保险并完善与地方试点制度的衔接

第一,出台全国性的灵活就业人员职业伤害保险制度。2021 年 7 月,人力资源和社会保障部、国家发展改革委等八部门联合印发的《关于维护新就业形态劳动者劳动保障权益的指导意见》,明确指出应强化职业伤害保障。课题组认为,灵活就业人员职业伤害保险在参保主体上,应当允许任何未与用人单位或者雇主建立劳动关系的劳动者投保,且不应设置代理社保的门槛,允许异地就业的灵活就业人员在非户籍地参保。在保障待遇方面,应以“以支定收、收支平衡”为原则,按照行业风险系数高低确定费率,风险较低可选择 0.5% 的费率,风险较高可选择 2% 费率,兼顾保障劳动者权益和基金平稳运行之间的平衡。此外,按月缴费可能更适应灵活就业人员工作变动大、不稳定的特点。缴费主体方面,政府、平台与个人各应承担一部分费用,其中政府应起主导作用。平台承担费用的高低也因其类型不同而有所区分,组织型平台较中介型平台应当承担更高的费率。

第二,完善与地方试点制度的衔接。由于部分地区已经先行试点了灵活就业人员职业伤害保障政策,待人力资源和社会保障部发布全国性的灵活就业人

---

〔111〕 参见《外卖骑手,困在系统里》,载微信公众号“人物”2020 年 9 月 8 日,https://mp.weixin.qq.com/s/Mes1RqIOdp48CMw4pXTwXw,最后访问日期:2021 年 1 月 15 日。

员职业伤害保险制度后,会存在衔接问题,主要包括条例适用的位阶障碍及各地既有政策如何顺利衔接两个方面。在相关条例适用的位阶障碍方面,需要及时解决地方性法规和部门规章之间的冲突。在各地既有政策如何顺利衔接方面,应根据各地的实际情况决定如何实施新政。课题组认为,由于绝大多数试点地区采用工伤单险种模式,直接纳入工伤保险基金,针对这部分地区可以暂缓实施新型职业伤害保险政策,待原有保险投保时间期满后,再过渡到职业伤害保障中。针对原本就另设立职业伤害保险基金的地区,可将现有的职业伤害保险基金专户直接并入全国性的职业伤害保险基金中,做到无缝衔接。

2. 设计统一的网约配送员第三者责任险

第一,完善网约配送员第三者责任险。目前,网约配送员第三者责任险保障额度和范围都非常有限,在提升保额、扩大保险覆盖范围方面,行业协会应当发挥作用,联合各大平台,借助政府支持,与商业保险公司进行接洽,尽可能地在维持低保费的同时提升第三者损害赔付的上限,包括提升死亡伤残赔偿、医疗费用赔偿以及财产损失赔偿等。

第二,网约配送员第三者责任险转化为强制险的构想。商业险一般以自愿为原则,但外卖行业交通违法行为较多,事故发生率不断攀升,对人民利益影响较大,且平台之间保障水平存在较大差异,小微平台即使不愿为骑手投保商业保险亦无从规制。课题组认为,可以参照机动车交强险,对特定高风险行业实行非机动车强制保险,弥补交通事故造成的人身财产损失。

3. 完善网约配送员的社会保险机制

2021 年 7 月,人力资源和社会保障部等八部门发布的《关于维护新就业形态劳动者劳动保障权益的指导意见》中指出要健全社会保险制度,聚焦新业态下劳动者权益保护的突出问题。《关于维护新就业形态劳动者劳动保障权益的指导意见》只是一个总体性的规定,为了更好地实施该意见,目前全国总工会已经制定出台了《关于切实维护新就业形态劳动者劳动保障权益的意见》,同时,国家市场监管总局也牵头出台了《关于落实网络餐饮平台责任切实维护外卖送餐员权益的指导意见》,其中在完善社会保障方面,鼓励平台探索提供多样化商业保险保障方案,提高多层次保障水平。

从我国现行社会保险制度来看,基本养老保险包括城镇职工和城乡居民基本养老保险两类,已经从制度上实现了全覆盖。《关于维护新就业形态劳动者劳动保障权益的指导意见》明确规定,符合确立劳动关系情形的劳动者,企业应当依法为其缴纳职工基本养老保险。如专送网约配送员就符合建立劳动关系的基本条件,应当签订劳动合同,加盟商和代理商应当按时发放工资,依法为其缴纳社会保险,同时保障其依法享有的休息权。对于众包网约配送员,则可根据是否与平台具有经济从属性进行分层管理,经济从属性的认定可以根据工作时长这一指标,若网约配送员在一个自然月内,工作满 4 小时达 22 天,则可以认为其与平台具有一定的经济从属性,平台有义务为其代缴一定比例的社会保险。归集后作为社会保险费,按月为其代缴社会保险。为避免平台压力过重,政府可为平台企业提供一定的补助。对于未满工作时长的灵活就业人员也不应当完全将其排除在社会保险的范围之外,既可以以灵活就业人员身份参加职工基本养老保险,也可以参加城乡居民基本养老保险。为了鼓励灵活就业人员参加职工基本养老保险,消除部分人员不愿参、参不起,个别超大城市未放开外省户籍导致灵活就业人员参保限制等问题,《关于维护新就业形态劳动者劳动保障权益的指导意见》中对缴费比例、缴费基数、缴费方式等制度设计上做了特殊照顾。

从长远看,要革新社会保险的定位,以普惠性、统一性为原则,冲破劳动关系和社会保障捆绑的藩篱,为灵活就业人员参与社会保险提供制度激励,改善我国基金管理能力,推动城乡保险一体化,推动构建数字化社会保险新模式。应当建立适合非典型劳动者参与的社会保险,不以劳动关系为前提,并且涵盖养老和医疗保险。同时,应当积极落实《关于维护新就业形态劳动者劳动保障权益的指导意见》中"探索适合新就业形态的社会保险经办服务模式",为灵活就业人员提供一站式、便捷化的经办服务。在制度有温度、落实有效率的目标之下,方能开创新业态从业人员社会保险待遇的新格局。

(四)政府支持下行业协会主导的社会治理

1. 行业主管部门的确立

基于外卖行业核心业务形态与市场主体类型以及《上海市非机动车安全管

理条例》第 5 条第 5 款相关规定，结合政府部门职能划分，建议商务部门和市场监管部门同时作为外卖行业行政主管部门。其中，商务部门负责包括饿了么、美团在内的电子商务平台外卖企业的指导和监督，市场监管部门则负责包括实体餐饮企业、平台代理商、人资商等在内的外卖行业相关企业的指导与监督，由此在监管对象层面基本实现行业重要市场主体全覆盖。

在监管事项的划分上，建议商务部门重点监管涉及外卖平台企业内部规则制定层面的问题，如配送时间算法决策规则，平台用工制度建设，代理商、人资商合作机制建设等，而市场监管部门则侧重关注除平台企业之外的其他相关企业的经营规范问题，如实体餐饮企业食品卫生安全、平台代理商和人资商落实配送员日常管理等方面。

对于备受关注的网约配送员交通安全管理责任的落实方面，商务部门和市场监管部门均有各自范围内的监管权限，但关注点不同。商务部门重点监管外卖企业对于为其提供服务的配送员的安全培训与管理责任是否落实到位，市场监管部门则关注人资商、代理商是否在平台企业的授权范围内尽到配送员安全管理责任。

在确立行政主管部门的基础上，基于前文对于行业协会治理优越性的阐述，课题组建议互联网外卖行业整体上以行业协会治理为主导，但行政主管部门可以且不限于从以下三个维度对外卖行业协会发展给予支持。

第一，为行业协会的行为提供决策指导。行业协会立足行业利益与成员利益，而行业主管部门可以从全局视角给予行业协会决策指导，引导其配合和促进国家整体经济和就业政策的实现。第二，为行业协会正当的自治活动提供保障和支持。原则上充分尊重协会基于自治而实施的行为，必要时以制定法规等形式将协会合理的自治行为上升为国家意志。对于协会在自治活动中实施的合理奖惩行为，在产生纠纷时给予协会支持。[112] 第三，以购买服务、设立专项扶持基金等方式推动协会发展。对于外卖行业协会包括行业信息统计、行业标准

〔112〕 参见鲁篱：《论行业协会自治与国家干预的互动》，载《西南民族大学学报（人文社科版）》2006年第9期。

制定等职能可以通过购买服务的方式推动其履职。同时，针对行业协会成立伊始等特定发展时期，或网约配送员职业保障等特定事项，主管部门可以设立专项扶持基金。[113]

2. 行业协会的成员结构

外卖行业协会的成员应当包括外卖平台企业，增强协会的行业辐射度与影响力。除此之外，未来随着行业发展应逐步扩展到中小企业，给予中小企业行使话语权的平台，行政主管部门也应当对行业协会是否民主运行履行监督责任。在外卖平台企业之外，建议协会成员还可以扩展至平台用工的代理商。实践中，与网约配送员签订协议，产生直接法律关系的更多是代理商而非平台，因此代理商加入行业协会，有助于促进其合法合规运营，进而推动网约配送员职业保障和行业健康长远发展。

3. 行业协会治理的重点关注问题

结合外卖行业的发展现状，建议外卖行业协会在成立后重点关注行业自律公约和惩戒措施的制定与执行。

(1)行业自律公约的重点内容

第一，明确外卖平台企业及相关企业应当落实安全管理责任。企业安全管理责任主要包括三方面：首先，建立健全内部安全管理制度，特别是对配送时间和路线的合理确定规则。其次，完善对网约配送员驾驶行为的管理，包括监督网约配送员使用悬挂专用号牌的车辆和佩戴安全头盔等。最后，配合政府部门对非机动车安全的统一管理，在可能的情形下及时将有关交通安全信息接入政府部门管理信息系统。

第二，明确企业应当定期开展交通安全培训与考核。企业应当承担网约配送员的安全培训与考核责任，而行业协会则应在课程内容、课时、考核范围等设置上制定明确的标准，供企业参照执行，同时可以为企业提供必要的专家资源。

第三，制定行业统一的充分考虑安全因素的配送时间算法标准。行业协会有必要制定适用于全行业的统一的配送时间算法标准，既将交通安全风险充分

---

〔113〕 参见易继明：《论行业协会市场化改革》，载《法学家》2014 年第 4 期。

纳入算法决策,又有助于维护行业的公平竞争秩序。协会在确定算法标准时,可以将红灯停留时间、人行横道减速耗用时间、配送地电梯等候时间、消费者取餐时间等纳入算法决策的考虑因素。

第四,制定合理的商业险行业标准及成本分担规则。行业协会首先可以以协会名义集中与保险公司洽谈,争取通过大规模集中采购的方式以较低成本获取较高保障水平的商业险产品资源;其次,确立行业统一的投保标准,将商业险推广覆盖至全行业;最后,确定合理的成本分担规则,充分考虑不同主体在保费承担中的公平性。保费资金来源可以包括政府专项扶持基金、行业协会运营资金、外卖平台企业及其代理商自有资金、网约配送员接单收入等渠道。

(2)行业惩戒措施的制定与执行

行业协会对成员的惩戒方式主要包括业内惩戒和第三方制裁两种途径。外卖行业协会对成员企业组织安全培训不到位、网约配送员管理不到位、制定配送时间算法不符合安全标准等行业违规行为,可以视情形采取书面批评、业内通报、责令限期整改等业内惩戒措施,或实施第三方制裁,如建议相关监管部门对违规企业实施警告等行政处罚或行政强制措施等。此外,对于网约配送员违规行驶致使交通事故频发等行为,应由相关企业予以惩戒,情节严重的可以取消其网约配送员资格,而行业协会则应充分发挥其对成员企业履行管理责任的监督作用。

结语:社会法应适时修改以补齐法律短板

互联网平台灵活用工模式的迅速发展是对我国劳动法律体系的极大考验,平台中的劳务提供者如网约配送员的权益保障问题成为法律短板,既不利于日益扩大的新就业形态下从业者群体的权益保障,又对分享经济下社会公平提出巨大挑战。只有通过补齐法律短板,才能切实提升灵活就业的安全性,维护劳动者权益,社会法应当适时修改,在以下三个方面回应社会需求。

第一,在社会法中承认"经济从属性"劳动者的劳动法地位。应关注平台经济下劳动关系从属性表征的变化,劳务提供者和平台之间往往由传统的"人格从属性"向"经济从属性"转移。在原先的劳务提供者类型的理论原型中适用的二分法，即人格从属性劳动者（劳动关系）—自雇劳动者（民事关系），由于平台经济发展下经济从属性的劳务提供者群体日益扩张，转变为三分法，即人格从属性劳动者（劳动关系）—经济从属性劳动者（类雇员）—自雇劳动者（民事关系）的理论原型。针对经济从属性劳动者（类雇员），在社会法的主体地位上，应承认经济从属性劳动者（类雇员）的法律地位，将其部分纳入社会法，包括劳动法和社会保险法的调整范围。适时在社会法中引入"类雇员"等"第三类主体"，增强劳动法相关制度的灵活性，既有助于厘清平台灵活用工下工作人员的法律关系，也有助于填补强从属性与无从属性之间的群体权益保护空白。

第二，应当积极探索建立适应新就业形态下灵活就业人员的社会保险制度，特别是职业伤害保险制度。习近平总书记主持2021年2月26日中央政治局第二十八次集体学习时强调"要健全农民工、灵活就业人员、新业态就业人员参加社会保险制度"。在总结各地试点经验的基础上，尽早建立起全国性的健全的职业伤害保险制度，费用由平台与政府共同承担，费率应在保障劳动者权益和保证基金安全之间找到平衡点。应革新社会保险的定位，以普惠性、统一性为原则，冲破劳动关系和社会保障捆绑的藩篱，为灵活就业人员参与社保提供制度激励，推动构建数字化社会保险新模式，借助信息技术手段采取更加科学的筹资标准与待遇计发方式，以灵活应对灵活。

第三，应探索建立适应平台经济灵活就业的劳动工时、劳动定额、最低工资多样化劳动基准法体系和可行的集体协商制度。例如，利用技术手段实现平台从业者的连续工作时长控制，推动工会与平台就劳动报酬或单项收费价格、算法中涉及劳动者基本权益的重要内容进行集体协商，推动工会和职工民主管理机构在相关算法设计、算法公开等监管程序中担当重任，完善和健全劳动基准法体系与平台用工集体协商机制。

平台经济领域必需设施理论的适用问题研究

袁 波*

随着信息技术的飞速发展,网络平台化经营成为我国数字经济发展的主流趋势。近年来,新的行业模式逐渐颠覆了人们日常生产生活模式,平台经济领域也正在以不断前进的势头促进着中国经济的高速发展。平台经济作为一种新兴经济形态,在激励行业创新与经济发展的同时,暴露出许多现行法律难以规制的行为,平台的规模在日益扩大,如何有效监管和采用何种法律监管,为国家带来了诸多挑战。

习近平总书记强调,以良法善治保障新业态新模式健康发展。中央政治局会议要求强化反垄断和防止资本无序扩张。中央经济工作会议更是将强化反垄断和防止资本无序扩张作为2021年经济工作中的八项重点任务之一,要求健全数字规则,完善平台企业垄断认定等方面的法律规范,加强规制,提升监管能力,坚决反对垄断行为。〔1〕

然而,双边市场的特性使得平台经济领域滥用市场支配地位的案件层出不穷,同时兼具企业与市场的身份使得平台两处受益,很容易形成一家独大的现象。从全球监管态势来看,2019年欧美主要国家针对数字平台的监管呈现趋严

---

* 袁波,法学博士,上海财经大学法学院讲师、院长助理,上海财经大学竞争政策与法治研究中心执行主任。本文系国家社科基金青年项目“大数据条件下反垄断法遇到的挑战与制度因应研究”(20CFX057)的阶段性研究成果。本文的写作得到了王安康、王靖淳、廖雪雁等的帮助,特致谢忱,然文责自负。

〔1〕 参见国家市场监管总局反垄断局:《国务院反垄断委员会办公室负责同志就〈国务院反垄断委员会关于平台经济领域的反垄断指南〉答记者问》,载 http://gkml. samr. gov. cn/nsjg/xwxcs/202102/t20210207_325971. html。

态势。欧盟继续保持高压态势，欧盟委员会完成谷歌反垄断执法第三案，德、英、法等国也频频主动出击，并尝试将隐私保护、平台规则透明化、数据安全等更多因素纳入反垄断监管范围。2019 年以来，美国针对数字平台的反垄断监管态度发生较大转向，同时开启了针对四大数字平台的反垄断调查，从传统上以私人诉讼为主的较为宽松的市场监管转向更多带有行政监管意志的反垄断执法调查。[2]

就我国而言，国家市场监管总局也针对平台展开了反垄断调查。例如，2021 年 4 月，国家市场监督管理总局针对阿里巴巴在中国境内网络零售平台服务市场滥用市场支配地位行为作出行政处罚决定，并向其发出《行政指导书》。《行政指导书》第 16 条明确规定阿里巴巴应当“依法加大平台内数据和支付、应用等资源端口开放力度，充分尊重用户选择权，没有正当理由不得拒绝交易，促进跨平台互联互通和互操作”。[3] 这昭示着，平台经济在逐渐成为经济增长支柱的同时，应当肩负起连接各个平台以及尊重消费者的责任，要以开放包容的态度促进创新与发展。

双边市场特性使互联网平台两边用户相互促进，极易形成“赢者通吃”的局面，导致具有庞大用户规模的平台易于成为关键性的“必需基础设施”，此时平台厂商违背必需设施理论，造成市场势力的跨市场传递和滥用将可能成为不正当竞争行为的重要表现。[4] 对此，国务院反垄断委员会颁行的《平台经济领域的反垄断指南》明确提出平台经济具有适用必需设施理论的可能性，但是传统上，必需设施理论主要适用于铁路、公路等自然垄断行业。如何衡量平台是否构成必需设施以及平台构成必需设施需要遵循什么样的判定方法均没有具体明确的标准。互联网平台作为新兴行业能否适用必需设施理论具有不确定性，过度盲目的适用必需设施理论反而会对行业的创新积极性造成严重的打击，不

---

〔2〕 参见中国信息通讯研究院政策与经济研究所：《平台经济与竞争政策观察（2020 年）》，载 http://www.caict.ac.cn/kxyj/qwfb/ztbg/202005/P020200530560741723821.pdf。

〔3〕 参见国家市场监管总局反垄断局：《市场监管总局发布阿里巴巴集团控股有限公司在中国境内网络零售平台服务市场垄断案行政处罚决定书和行政指导书》，载 http://www.samr.gov.cn/fldj/tzgg/xzcf/202104/t20210409_327698.html。

〔4〕 参见鲁彦、曲创：《互联网平台跨界竞争与监管对策研究》，载《山东社会科学》2019 年第 6 期。

利于市场活力的延续。对此,应当对必需设施理论进行详细的阐述与剖析,审视必需设施理论在平台经济领域内适用所存在的问题,明确其在平台经济领域内适用的限度,从而更好地维护反垄断法保护公平竞争的宗旨。

一、平台经济与反垄断法中的必需设施理论

(一)必需设施理论的理论溯源与制度载体

必需设施理论(Essential Facility Doctrine)[5]是美国反托拉斯法和欧盟竞争法中惯常使用的一个原理,该理论滥觞于美国联邦最高法院 1912 年的 Terminal Railroad 案,[6]由美国《谢尔曼法》第 2 条发展而来,不过,美国联邦最高法院至今对这一理论的态度仍模棱两可。与之相比,必需设施理论因 1974 年的 Commercial Solvents 案而被欧盟广泛适用。[7] 最初,该理论仅适用于铁路、电信通信等传统行业基础设施,以打破自然垄断,推动市场的有序竞争。随着社会的变革,该理论也逐渐向非自然垄断领域扩展,发挥其独特的规制作用。

一般而言,必需设施是指在生产经营活动中必不可少的设施,具备不可或缺性。必需设施理论,即一个具有市场支配地位的经营者,必须将其所掌控的"必需设施"给予市场中的其他主体使用。[8] 必需设施理论的初衷在于鼓励竞争,避免垄断者因掌握"必需设施"而阻碍竞争,甚至排除竞争。在平台经济盛行的今天,若超大型数字平台企业无端禁止其他经营者合理使用其在轴心型或辐射型相关市场所掌控的具有"必需设施"属性的大数据资源,则就涉嫌构成滥

---

〔5〕 国内竞争法学界,对于"Essential Facility Doctrine"采用了不同的译法,因而必需设施理论又称"核心设施理论""关键设施理论"等。其中,使用"必需设施理论"表述的有:王先林:《竞争法学》(第 3 版),中国人民大学出版社 2018 年版,第 253 页。采用"核心设施理论"这一译法的包括:王晓晔:《反垄断法》,法律出版社 2011 年版,第 213 页;李剑:《反垄断法核心设施理论研究》,上海交通大学出版社 2015 年版,第 1 页。采用"关键设施理论"这一称谓的有:时建中:《反垄断法——法典释评与学理探源》,中国人民大学出版社 2008 年版,第 215 页。为了与国家市场监管总局《禁止滥用市场支配地位行为暂行规定》保持一致,本文使用"必需设施理论"。

〔6〕 United States v. Terminal Railroad Association of St. Louis, 224 U. S. 383 (1912).

〔7〕 Commercial Solvents v. Commission, ECR 223 (1974).

〔8〕 Sandeep Vaheesan, *Reviving an Epithet: A New Way Forward for the Essential Facilities Doctrine*, 2010 Utah Law Review 911, (2010).

用大数据资源排除、限制竞争的垄断行为。[9] 更有观点认为，在具体监管中，可以通过必需设施理论合理推定平台跨界中的不正当竞争行为，适时将易隐藏的不正当竞争行为纳入反垄断法的规制范围。[10]

从法院渊源上看，我国《反垄断法》未明确规定必需设施理论，仅存在与其具备相似性的拒绝交易条款。[11] 2010 年，国家工商行政管理总局颁布《禁止滥用市场支配地位行为的规定》（已失效），其中第 4 条第 5 项引入了必需设施理论，即“拒绝交易相对人在生产经营活动中以合理条件使用其必需设施”。其中第 2 款表明在认定必需设施时，“应当综合考虑另行投资建设、另行开发建造该设施的可行性、交易相对人有效开展生产经营活动对该设施的依赖程度、该经营者提供该设施的可能性以及对自身生产经营活动造成的影响等因素”。此外，国家工商行政管理总局 2015 年公布了《关于禁止滥用知识产权排除、限制竞争行为的规定》，其中第 7 条第 1 款规定，“具有市场支配地位的经营者没有正当理由，不得在其知识产权构成生产经营活动必需设施的情况下，拒绝许可其他经营者以合理条件使用该知识产权，排除、限制竞争”。明确了必需设施理论在知识产权领域的可适用性。

值得一提的是，2017 年 3 月，国务院反垄断委员会发布的《关于滥用知识产权的反垄断指南（征求意见稿）》第 15 条规定，拒绝许可是经营者行使知识产权的一种表现形式。但是，具有市场支配地位的经营者，尤其是其知识产权构成生产经营活动的必需设施时，其没有正当理由拒绝许可知识产权，可能构成滥用市场支配地位，排除、限制竞争。不过，2019 年 1 月，国务院反垄断委员会正式公布《关于知识产权领域的反垄断指南》，其在第 16 条删除了“必需设施”。同年 6 月，国家市场监督管理总局公布《禁止滥用市场支配地位行为暂行规定》，其中第 16 条再一次明确了必需设施理论，并在第 3 款增加了“正当理由”的构成要件。

《禁止滥用市场支配地位行为暂行规定》第 16 条第 1 款中规定，平台经济

---

〔9〕 参见翟巍：《超大型数字平台企业双轮垄断的规制范式》，载《财经法学》2021 年第 1 期。

〔10〕 参见鲁彦、曲创：《互联网平台跨界竞争与监管对策研究》，载《山东社会科学》2019 年第 6 期。

〔11〕 参见《反垄断法》第 17 条第 3 项。

领域的经营者没有正当理由不能“拒绝交易相对人在生产经营活动中,以合理条件使用其必需设施”。并在第2款指出,“在依据前款第五项认定经营者滥用市场支配地位时,应当综合考虑以合理的投入另行投资建设或者另行开发建造该设施的可行性、交易相对人有效开展生产经营活动对该设施的依赖程度、该经营者提供该设施的可能性以及对自身生产经营活动造成的影响等因素”。2021年2月,国务院反垄断委员会公布《平台经济领域的反垄断指南》,其中第14条参酌了《禁止滥用市场支配地位行为暂行规定》的规定。该指南为必需设施理论在平台经济领域适用奠定了基础。如果确定某平台经营者拥有必需设施,则会要求其在特定条件下承担开放部分市场以及允许下游经营者使用的强制义务。从企业的角度出发,拥有必需设施可能会丧失部分积极性,但是从整个行业的发展角度,却可以增强整个产业的竞争活力。[12] 由此可见,我国虽然没有明确规定必需设施理论的适用条件,但是仍旧将必需设施作为平台经济领域垄断的衡量标准之一,具有其特殊的意义性与存在性。

(二)必需设施理论与拒绝交易制度的关系

拒绝交易,顾名思义,就是指经营者在没有正当理由的情况下,拒绝与交易相对人交易的行为。我国《反垄断法》第22条第3项明确将拒绝交易作为一种滥用市场支配地位的行为予以规制。国家市场监督管理总局《禁止滥用市场支配地位行为暂行规定》第16条第5项规定,禁止具有市场支配地位的经营者没有正当理由,拒绝交易相对人在生产经营活动中,以合理条件使用其必需设施。

一般认为,必需设施理论是规范滥用市场支配地位行为的一项理论,具有市场支配地位的经营者没有正当理由,不得在其所有的物品构成生产经营活动必需设施的情况下,拒绝许可其他经营者以合理条件使用该必需设施,排除、限制竞争。[13] 据此,就必需设施理论与拒绝交易制度的关系而言,可以认为必需设施理论从属于拒绝交易制度,必需设施理论是拒绝交易行为违法性认定中的一种特殊情形。例如,美国联邦最高法院在Trinko案中就指出,反垄断法对于

---

〔12〕 参见邵晨:《搜索中立与搜索引擎平台的博弈》,载《法律适用》2020年第4期。

〔13〕 参见王先林:《涉及专利的标准制定和实施中的反垄断问题》,载《法学家》2015年第4期。

拒绝交易行为的规制并不表明该行为本身具有违法性,必需设施理论的适用事实上已处于或接近反垄断法规制的边界,是拒绝交易行为不承担反垄断责任一般规则的有限例外。[14]

不过,有必要指出的是,虽然必需设施理论与拒绝交易制度有着千丝万缕的关联性,但是它们也存在差异性。拒绝交易的竞争损害逻辑是:具有市场支配地位的经营者通过拒绝交易,横向封锁或纵向封锁竞争对手,把产品价格提高到竞争水平之上,实现市场支配地位的巩固或传导。必需设施理论并未遵循竞争损害逻辑,其反对的只是基于独特资产形成的市场进入壁垒和垄断地位,而不是反对排除、限制竞争行为。[15] 进一步而言,必需设施理论是为公共利益而牺牲合同自由以解决市场失灵的特殊情况,反垄断法一般并不要求经营者仅仅因为损害公平竞争而为市场竞争者提供便利。[16] 在此意义上,禁止拒绝交易制度的出发点在于具有不正当性的竞争损害,必需设施理论的出发点则是造成了竞争损害,而不在乎行为的正当与否。如此说来,必需设施理论更像是一个套在具有市场支配地位经营者头上的“紧箍咒”,对其强行附加了一项义务。[17]

(三)平台经济何以引起必需设施理论的适用

互联网平台,是指通过网络信息技术,使相互依赖的双边或者多边主体在特定载体提供的规则下交互,以此共同创造价值的商业组织形态。[18] 随着互联网平台的飞速发展,我国平台经济维持着平稳的发展趋势,阿里巴巴、哈啰单车等互联网平台企业逐渐崛起。根据中国信息通信研究院监测,截至 2019 年年底,我国价值超 10 亿美元的数字平台企业达 193 家,比 2015 年新增了 126 家。从价值规模看,2015 ~ 2019 年,我国数字平台总价值由 7957 亿美元增长到 2.35

---

〔14〕 参见王健、吴宗泽:《论数据作为反垄断法中的必要设施》,载《法治研究》2021 年第 2 期。

〔15〕 参见宁度:《拒绝交易的反垄断法规制——兼评〈关于平台经济领域的反垄断指南〉拒绝交易条款》,载《法治研究》2021 年第 4 期。

〔16〕 参见曾彩霞、朱雪忠:《必要设施原则在大数据垄断规制中的适用》,载《中国软科学》2019 年第 11 期。

〔17〕 参见陈兵、徐文:《规制平台经济领域滥用市场支配地位的法理与实践》,载《学习与实践》2021 年第 2 期。

〔18〕 参见《平台经济领域的反垄断指南》第 2 条第 1 项。

万亿美元。[19] 2020年,在新冠肺炎疫情的影响下,一时间网购成为居民的主要生活工具,许多传统行业面临倒闭的危机,而平台经济却稳步向前。由此可见,在互联网时代,平台经济正在潜移默化地影响着人们的行为与习惯,对当今时代经济发展具有巨大的冲击力。

较之于传统经济,平台经济具有交叉网络外部性、平台市场二重性、跨时间空间性的特点,更容易呈现寡头竞争的市场格局,引发必需设施理论的适用。

首先,平台经济相比于传统经济具有交叉网络外部性。所谓外部性,是指某一市场主体的行为可能会对另一市场主体造成损害或收益,而并不会因此承担义务或获得回报。在平台经济领域,平台一边的用户规模往往与另一边的用户规模成正比,平台用户数量越多,该平台的价值就越大,越能够吸引平台双方更多用户的加入,从而形成网络迅速扩张的正反馈效应。[20] 平台经济还具有网络外部性,不同的企业具备不同的优势,但是实力强的企业往往在竞争中占据主导地位,其通过用户黏性让用户产生依赖感,用高时间成本令用户惰于尝试或重新接受同类型平台。相比于传统经济行业,平台经济领域更能够有针对性地向消费者提供精准性的服务,通过技术的天然优势不断扩宽自己的经营优势。与此同时,强者恒强的马太效应也会令平台经济领域更容易产生垄断。

其次,平台经济领域相比于传统经济具有平台市场二重性。互联网平台自身既是资源交互的场所,又兼具经营者的身份,即互联网平台不仅是经营平台,更是在平台上经营,这是平台经济的突出特质之一。[21] 平台经营者和平台内经营者是两个不同的概念。对于传统经济而言,其大多属于传统经济领域内的经营者,需要彼此之间的资源互换以实现配置最优。同时具备两个概念的互联网平台,它既可以作为平台市场的"主人"制定进入市场的准则,也可以作为"客人"按照自己所制定准则加入市场。平台经济具备资源配置及市场供需的特

---

〔19〕 参见中国信息通讯研究院政策与经济研究所:《平台经济与竞争政策观察(2020年)》,载 http://www.caict.ac.cn/kxyj/qwfb/ztbg/202005/P020200530560741723821.pdf。

〔20〕 参见陈兵:《平台经济领域相关市场界定方法审视——以〈国务院反垄断委员会关于平台经济领域的反垄断指南〉第4条为中心的解读》,载《法治研究》2021年第2期。

〔21〕 参见陈兵、徐文:《规制平台经济领域滥用市场支配地位的法理与实践》,载《学习与实践》2021年第2期。

性，这种"自产自销"的现象便会使得平台反竞争行为对内具有强制性，对外具有隐蔽性。[22]

最后，平台经济领域相比于传统经济具有跨时间空间性。互联网平台具有跨市场竞争特性，形成对平台整体的产品异质化竞争优势，这模糊了市场的边界，能够通过传导效应，将在某一相关市场上具有的市场力量传递到其他关联市场甚至是不相关市场。[23] 简言之，互联网平台具有动态竞争性，它可以将本不相关联的市场串起来，构建一个平台生态系统。平台经济还将线上与线下相结合，以虚拟服务、物流快递等方式突破了传统经济领域时间与空间的限制，实现了横向与纵向的完美融合。

(四)平台经济领域适用必需设施理论的争论

基于上述平台经济特点，在双边市场权益的加持下，平台经营者很有可能运用其自身优势在相关市场具有支配地位，诱发滥用市场支配地位的行为。诚然，这些行为中的大部分可以援引反垄断法予以规制，但由此产生了诸多法律适用难题，如平台经营者市场支配地位的认定、强制平台开放共享的具体条件等，这些问题或者存在立法空白，或者缺少有效的理论支撑，亟须从理论和制度上予以解决。在这方面，平台经济领域适用必需设施理论引起的争论最大，因为它要平衡好两方面的关系：一方面要尊重产权和鼓励人们创造、投资必需设施，另一方面要通过这一原则的实施来促进市场竞争。[24] 从既有研究看，针对平台经济领域能否适用必需设施理论这一问题，形成了否定说和肯定说两种对立观点。

1. 否定说：平台经济领域不应当适用必需设施理论

大部分学者之所以对平台经济领域能否适用必需设施理论这一问题持有否定的观点，主要原因在于：该理论的适用与古典经济学理论、平台经济的发展

---

〔22〕 参见陈兵：《平台经济领域相关市场界定方法审视——以〈国务院反垄断委员会关于平台经济领域的反垄断指南〉第4条为中心的解读》，载《法治研究》2021年第2期。

〔23〕 参见陈兵、徐文：《规制平台经济领域滥用市场支配地位的法理与实践》，载《学习与实践》2021年第2期。

〔24〕 参见林平、马克斌等：《反垄断中的必需设施原则：美国和欧盟的经验》，载《东岳论丛》2007年第1期。

相冲突。

(1)与古典经济学理论的冲突

依照古典经济学理论,必需设施理论违背了契约自由理论和劳动财产理论。

契约自由,可以从两个角度理解:一是当事人意思自治的结果;二是强调当事人的意思自治不受诸如政府等外来力量的干预。契约自由是商品经济的产物,其实质是自由竞争。契约自由是市场经济的本质特征,它的精神呼唤私人间利益冲突的自由解决。[25] 必需设施理论实际上是法律强加给市场支配企业额外的交易义务。[26]

拒绝交易行为具有内在商业合理性。这种内在商业合理性来自市场经济最核心的价值之一,即交易自由。市场经济中的任何人都有权利拒绝与他人进行交易或以自己认为合理的条件进行交易。[27] 以平台经济领域的数据开放为例,大数据具备不排他、可替代等特征,大数据脱离了平台并不能作为竞争过程中的必需设施,相关市场平台主体也很难因其认定构成市场支配地位。[28] 大数据主体是否愿意与交易对手甚至是竞争对手共享数据信息,应当属于数据拥有者自主决定的自由交易行为。[29]

反垄断法倡导市场进入自由、贸易自由、契约自由或选择自由,旨在排除有害于自由竞争和消费者福利的障碍。[30] 按照必需设施理论的逻辑思考,其认为所谓的自由竞争、契约自由仅仅是一种竞争优势者的自我优待行为,认为优势经营者不管出于何种意图,排除其他经营者均是影响市场竞争的一种错误行

[25] 参见丁亚琦:《论我国标准必要专利禁令救济反垄断的法律规制》,载《政治与法律》2017 年第 2 期。

[26] 参见曾彩霞、朱雪忠:《必要设施原则在大数据垄断规制中的适用》,载《中国软科学》2019 年第 11 期。

[27] 参见宁度:《拒绝交易的反垄断法规制——兼评〈关于平台经济领域的反垄断指南〉拒绝交易条款》,载《法治研究》2021 年第 4 期。

[28] 参见傅晓:《警惕数据垄断:数据驱动型经营者集中研究》,载《中国软科学》2021 年第 1 期。

[29] 参见任超:《大数据反垄断法干预的理论证成与路径选择》,载《现代经济探讨》2020 年第 4 期。

[30] 参见高富平:《竞争法视野下创新和竞争行为调整的体系化思考》,载《法商研究》2015 年第 3 期。

为，它主张自由竞争只是一种假想状态，并不存在真正的自由竞争。《反垄断法》毕竟是私法体系的一类，它不可能抛弃契约自由的市场自我调节机制，从而转向政府强制调整。自由是具有双方相对性的。在市场经济中，交易的一方当事人有权利选择交易的对象，交易条件、内容、方式；换个角度，交易的一方当事人也有权利拒绝特定的交易对象，拒绝接受交易条件、内容、方式。〔31〕必需设施理论作为对交易相对人一方有利的理论，并没有考虑到设施拥有方的自由选择权。在平台经济时代，平台是否构成必需设施是一个未知数，如果仅仅依靠一个未知数去断定交易行为的合理性，法律无疑是以"契约自由"为幌子的"自由假想"规定。

洛克在《政府论》中提出"人的劳动使它们同公有的东西区别开来，人的劳动在万母——自然在已经完全的作业上面加上一些东西，从而使它们成为人的私有财产"。平台经济领域所谓的"基础设施"也是在互联网的基础上发展而来，其是平台经营者自身通过创新和技术的产物，它的初衷是用来维持平台经营者的生存与便利，并不具有财产共有性。因此，必需设施理论更像是一种对私有产权的粗暴侵犯。〔32〕

必需设施理论是一种典型的反垄断法上的利益分配方法，是一种权利让位于利益，私益让位于公益的典型表现，即牺牲权利主体的部分权利和利益，转而保护市场竞争。〔33〕平台经营者在开拓平台时并没有损害他人的利益，它所获得的平台均来自其自身的努力经营，脱离了平台经营者的劳动，也就不会产生该平台设施，也就不会出现其他经营者想要依托该平台发展的现象。平台是一个平台经营者起始点，是平台经营者的权益，平台的出现与强大并不代表着该经营者要与他人共享，走向经营的终点。

《政府论》中提出"上帝将世界给予全人类所共有时，也命令人们要从事劳动，并且人的贫乏处境也需要他从事劳动"。平台经营者通过劳动在互联网平

〔31〕 参见张志伟：《中国互联网企业拒绝交易行为的反垄断法律规制探讨》，载《江西财经大学学报》2015 年第 3 期。

〔32〕 参见林平、马克斌等：《反垄断中的必需设施原则：美国和欧盟的经验》，载《东岳论丛》2007 年第 1 期。

〔33〕 参见焦海涛：《个人信息的反垄断法保护：从附属保护到独立保护》，载《法学》2021 年第 4 期。

台的基础上创建了自己平台设施，该设施归平台经营者所有，旁人无权夺取他人所有物。再者，平台经营者拒绝共享设施的行为，并不代表着其他经营者丧失了相应的竞争权利。以微信开放外部链接接口为例，微信禁止外部链接在微信内打开的行为只是微信平台内部的封禁，抖音链接依旧可以在浏览器中打开使用，抖音本身就无权在无偿的情况下使用微信具有私人财产属性的接口。在劳动财产理论的视角下，必需设施理论其实是对平台经营者私人财产权的侵犯，是对平台经营者的限制与惩罚。

(2)与平台经济发展的现实冲突

部分学者认为，必需设施理论的适用与平台经济本身的动态竞争特质不相符，贸然适用会损害市场主体的投资激励和创新机制。

市场鼓励自由竞争是为了激发市场的活力，充分发挥市场自身资源配置的调节功能。竞争与损害相随相伴，在市场中一个企业设立的初衷便是获取利益，获取利益的前提便是要在市场中占据优势竞争地位，夺取消费者市场。如果严格遵循“竞争性损害”的文义解释，任何竞争行为都会产生竞争者之间的利益减损。[34] 必需设施理论看似“道貌岸然”，实际上是对竞争损害的一种救济措施，是对市场自由竞争的一项限制措施。反垄断法自制定起就不断强调保护的是竞争，而非竞争者。[35] 市场机制存在的前提在于市场所鼓励的自由竞争，若适用必需设施理论便是对自由竞争的限制与否认，市场机制也会因此失去其调控作用，进而会消失不见。[36]

必需设施理论的违法性认定标准，本质上反对的只是基于独特资产形成的市场进入壁垒和垄断地位，而不是反对排除、限制竞争。[37] 必需设施理论是为公共利益而牺牲合同自由以解决市场失灵的特殊情况，反垄断法一般并不要求

---

〔34〕 参见陈兵：《数字经济新业态的竞争法治调整及走向》，载《学术论坛》2020 年第 3 期。

〔35〕 参见彭景、陈萍萍：《论美欧知识产权人拒绝交易的反垄断法规制》，载《知识产权》2012 年第 7 期。

〔36〕 参见李剑：《反垄断法中核心设施的界定标准——相关市场的视角》，载《现代法学》2009 年第 3 期。

〔37〕 参见宁度：《拒绝交易的反垄断法规制——兼评〈关于平台经济领域的反垄断指南〉拒绝交易条款》，载《法治研究》2021 年第 4 期。

经营者仅仅因为损害公平竞争而为市场竞争者提供便利。[38] 反垄断法中的竞争是一个过程而非状态,[39]各个主体的不断创新会推动市场持续竞争,从而令市场结构呈现出垄断性结构和动态性竞争的双重特点,可称为"动态竞争性垄断结构"。[40] 一方面,从市场结构来看,平台经济领域的市场具有天然的高度垄断性。另一方面,从市场行为看,市场又存在激烈的高度竞争。市场上暂时处于垄断地位的企业看似拥有稳固的地位,但却时时面临来自竞争对手和潜在进入者的威胁与挑战,新出现的颠覆性技术和商业模式随时都可能会淘汰原有的产品或服务。[41]

从平台经济领域的角度出发,互联网平台本就是一个动态发展的平台,平台经营者所处地位具有替代性,平台设施也并不具有市场进入的唯一性,平台经济领域本就处在竞争的动态环境中。从交易相对人的角度来看,可能具有市场支配地位的经营者的行为属于拒绝交易行为,但是对于实施该行为的经营者而言,可能只是对交易对象的一种选择,或应对交易形势变化的一种选择,并不具有通过拒绝交易限制竞争的主观故意。[42] 在这种情形下适用必需设施理论,不免显得违背反垄断法的初衷。

平台经济的主基调是创新,其中技术创新、产品创新、业态创新、模式创新已经成为平台经济发展和平台竞争的重要驱动力。平台竞争力主要表现为创新力,竞争强度主要由平台企业的创新能力决定。[43] 必需设施理论是对短期竞争的促进、长期收益的消耗。平台经营者构建平台设施的目的在于获取长期利益和增加市场竞争力,必需设施理论所要求的开放平台基础设施,势必对平台经营者长期利益造成损害,从而影响平台经营者创新活力。在 Trinko 案中,美国联邦最高法院也指出,必需设施理论会降低市场垄断经营者、竞争相对方或

---

〔38〕 参见王健、吴宗泽:《论数据作为反垄断法中的必要设施》,载《法治研究》2021 年第 2 期。

〔39〕 参见孙晋:《数字平台的反垄断监管》,载《中国社会科学》2021 年第 5 期。

〔40〕 参见张素伦:《竞争法必需设施原理在互联网行业的适用》,载《河南师范大学学报(哲学社会科学版)》2017 年第 1 期。

〔41〕 参见周文、刘少阳:《平台经济反垄断的政治经济学》,载《管理学刊》2021 年第 2 期。

〔42〕 参见张志伟:《中国互联网企业拒绝交易行为的反垄断法律规制探讨》,载《江西财经大学学报》2015 年第 3 期。

〔43〕 参见孙晋:《数字平台的反垄断监管》,载《中国社会科学》2021 年第 5 期。

者双方投资该设施的积极性。[44]

《平台经济领域的反垄断指南》第 3 条第 3 项指出，要激发创新创造活力，防止和制止排除、限制竞争行为抑制平台经济创新发展和经济活力，有效激发全社会创新创造动力，构筑经济社会发展新优势和新动能。[45] 平台经济领域大多是具有高度创新性的企业，持续创新的能力不仅是企业保持竞争优势的条件，也是高度竞争市场提出的要求。[46] 在没有充分理由的情况下直接采用必需设施理论，强制平台经营者交易，将会打击市场积极投资的活力与市场动态创新的效率。创新有助于企业提升产品质量、降低成本，从而降低价格、提高消费者福利，过度监管反而会抑制创新活力。[47]

必需设施理论的过度使用必定挫败经营者对必需设施投资和竞争的积极性。必需设施理论可以短时间内促进竞争，提高消费者受益性，但从长期动态的角度来看，人们对必需设施的投资将会下降，社会将蒙受动态效益的损失，最终还是会令消费者的利益受损。[48] 倘若平台经营者事前知道自身平台设施会被他人无偿使用，那么该平台设施可能就不会出现或存在。竞争法的目的不仅仅是以现有的生产方式使现有产品产量最大化，而且继续发现并创造新产品以及新的更有效率的生产方式。[49]

2. 肯定说：平台经济领域应当适用必需设施理论

平台经济领域具有垄断的可能性，其通过拒绝交易，不向其他竞争者开放平台设施的方式，控制平台市场的进入门槛。其拒绝提供该必需设施或仅给予质量差的必需设施服务，必然导致其他竞争者在市场中处于劣势，具有市场支

---

〔44〕 Verizon Commc' ns Inc. v. Law Offices of Curtis V. Trinko, 540 U. S. 398, 407 – 408 (2004).

〔45〕 参见《平台经济领域的反垄断指南》第 3 条第 3 项。

〔46〕 参见叶明、李鑫：《大数据领域反垄断规制的理论证成与制度构建》，载《科技与法律（中英文）》2021 年第 1 期。

〔47〕 参见费方域、闫自信等：《数字经济时代数据性质、产权和竞争》，载《财经问题研究》2018 年第 2 期。

〔48〕 参见张素伦：《竞争法必需设施原理在互联网行业的适用》，载《河南师范大学学报（哲学社会科学版）》2017 年第 1 期。

〔49〕 [美]杰西·马卡姆：《中国〈反垄断法〉下的知识产权保护——价格管制和不确定性问题》，载《环球法律评论》2010 年第 4 期。

配地位企业的行为,即为滥用市场支配地位行为。[50] 必需设施理论为竞争执法机构提供了一种强迫企业允许竞争对手利用其设施的手段,能够防止公用企业滥用市场支配地位行为的发生,促进市场竞争的发展。[51]

平台经营者所构建的设施,由于强大的网络效应和规模经济,令平台经营者在市场中占据主导地位,不断利用市场的力量扩大平台生态,反而阻止了其他竞争者的创新步伐。[52] 平台经济下总会存在平台强弱不对称性,市场机制的调节在此基础上并不能发挥其作用,只能依靠政府干预调节。平台经济视角下下的经营自有权只是平台经营者的自我说辞,其背后隐藏着排除、限制竞争的目的。[53] 拒绝交易便是平台经营者实施杠杆行为、跨界传导垄断力的方式,也是破坏市场竞争生态的典型方式。[54] 平台经营者仅需通过对平台设施垄断性的使用,便可以达到排除其他竞争者的目的。这不仅是对市场竞争秩序的损害,也是对消费者福利的损害。鉴于平台经营者的垄断对竞争秩序及消费者福利的破坏,在自由市场自我调节失灵的情况下,引入必需设施理论规制垄断,是符合反垄断法维护竞争秩序这一价值目标的。[55] 必需设施理论是某种程度的强制共享,它实际上增加了竞争,使新进入者能够随着时间的推移获得发展自己设施所需的立足点。[56] 因此,必需设施理论的存在便是为了在维护公平竞争秩序的同时,达到鼓励创新并提高消费者福利的目的。[57]

---

〔50〕 参见丁国峰:《电信业滥用市场支配地位的法律规制——以电信联通涉嫌垄断为例》,载《江淮论坛》2012 年第 3 期。

〔51〕 参见姚保松:《〈反垄断法〉中的基础设施条款探析》,载《西南政法大学学报》2008 年第 4 期。

〔52〕 参见杨东、臧俊恒:《数据生产要素的竞争规制困境与突破》,载《国家检察官学院学报》2020 年第 6 期。

〔53〕 参见殷继国:《互联网平台封禁行为的反垄断法规制》,载《现代法学》2021 年第 4 期。

〔54〕 参见曾彩霞、朱雪忠:《必要设施原则在大数据垄断规制中的适用》,载《中国软科学》2019 年第 11 期。

〔55〕 参见曾彩霞、朱雪忠:《必要设施原则在大数据垄断规制中的适用》,载《中国软科学》2019 年第 11 期。

〔56〕 See T. Randolph Beard, et al., *Mandated Access and the Make-or-Buy Decision: The Case of Local Telecommunications Competition*, 45 Q. REV. ECON. & FIN. 28 (2005).

〔57〕 参见胡继晔、杜牧真:《数字平台垄断趋势的博弈分析及应对》,载《管理学刊》2021 年第 2 期。

3. 其他观点：自然垄断说和公共事业说

除了肯定说和否定说两种观点外，部分学者开始寻求突破现行反垄断法的基本框架解决平台经济领域的互联互通问题，而其中最具代表性的是自然垄断说和公共事业说。

(1)自然垄断说

自然垄断说认为，必需设施理论过于模棱两可，无法提供一个有效的框架，必需设施理论本就属于自然垄断下的一个模糊分支，针对这一类案件应当采用合理准入和效率衡量的标准去适用于自然垄断案件。[58] 随着互联网平台的用户规模、市场份额和影响力不断提升，超级平台已经发展成为自然垄断。[59] 有观点认为，平台经济具有天然垄断的特性。一是平台经济具有非竞争性。平台经营者对平台经济设施的使用，归因于其自身对互联网数据的正确运用。互联网数据并不局限于多位经营者同时使用，平台经营者的使用也没有提高其他经营者利用数据构建基础设施的边际成本。二是以数据为依托的平台经济生产的边际成本很低，具有巨大的规模经济性。三是正外部性。平台经济的消费者越多，平台经济的效益也就越大，从而吸引更多的消费者进入平台。[60]

自然垄断具有客观性，所谓自然垄断，是指由于该行业的特点决定了市场上只能有一个经营者，这样才会使生产成本最低。[61] 平台经济自然垄断的形成归因于规模经济与范围经济。[62] 平台经济领域依托于互联网，其范围突破时间与空间的限制，具有广泛的规模性。其依托于平台形成平台经营者与市场参与者的双重地位，将平台与市场业务密切关联，形成平台市场一体化，从而降低自己作为市场参与者的竞争成本，取得相应的竞争优势。网络效应本身很可能产

---

〔58〕 John Cirace, *An Economic Analysis of Antitrust Law's Natural Monopoly Cases*, 88 W. Va. L. Rev. (1986).

〔59〕 参见王晓晔：《数字经济反垄断监管的几点思考》，载《法律科学(西北政法大学学报)》2021 年第 4 期。

〔60〕 参见袁志刚：《东西方文明下数字经济的垄断共性与分殊》，载《探索与争鸣》2021 年第 2 期。

〔61〕 参见黄力平：《公用事业反垄断与政府公共管理改革》，载《云南行政学院学报》2008 年第 3 期。

〔62〕 参见戚聿东：《我国自然垄断产业分拆式改革的误区分析及其出路》，载《管理世界》2002 年第 2 期。

生类似自然垄断这样的市场在位者优势,〔63〕具备更强的自我生长能力同时更容易出现自然垄断。〔64〕

诚然,平台经济具有自然垄断的特征,但应当看到,这种垄断时刻面临着创新的危机。考虑到数字时代新技术、新模式的快速迭代和高水平投资特点,成功的平台经营者所获得的市场力量往往又是短暂而脆弱的。〔65〕平台经济领域的垄断应当是具备平台更替的垄断。以即时通信服务为例,我们比较熟悉的即时通信软件 ICQ 出现在 1996 年,它被认为是最早的即时通信软件之一,但仅仅在推出几年后,ICQ 在即时通信服务市场的市场份额就被 MSN 和 Skype 迅速蚕食,两者迅速成为该领域的两大翘楚,不过随着 Facebook 的异军突起,市场结构很快又发生变化,Facebook 一跃成为即时通信领域的绝对霸主。由于大型平台对社会生产和再生产控制权的集中,大型平台往往难以迅速开发和应对新的社会需要、革新技术和组织,平台经济总是发生类似即时通信服务市场那样的快速而连续不断的结构变化。〔66〕每一个新生事物均可能成为一个大型平台,现有大型平台的自然垄断并不是恒久的,其具有随时可被替代的危机。是故,平台经济的自然垄断特征并不显著,无时无刻不面临动态竞争,把平台经济视为自然垄断的观点是站不住脚的。

(2)公共事业说

互联网平台在性质上属于准公共空间或准公共平台,兼具公共空间和私人空间属性,是互联网公共领域私人化和私人领域公共化的产物。〔67〕鉴于互联网作为一个基础性网络平台,成为人们工作生活和经济发展不可或缺的一部分,应像对待公共事业那样将互联网和超大型数字平台的某些业务定位为基础设

〔63〕 参见胡滨、杨涛等:《大型互联网平台的特征与监管》,载《金融评论》2021 年第 3 期。

〔64〕 参见孙方江:《数据垄断视角下金融业和互联网平台的共生发展问题研究》,载《西南金融》2021 年第 3 期。

〔65〕 参见熊鸿儒:《我国数字经济发展中的平台垄断及其治理策略》,载《改革》2019 年第 7 期。

〔66〕 参见谢富胜、吴越等:《平台经济全球化的政治经济学分析》,载《中国社会科学》2019 年第 12 期。

〔67〕 参见殷继国:《互联网平台封禁行为的反垄断法规制》,载《现代法学》2021 年第 4 期。

施,遵从公共事业规制。[68]

平台经济领域最重要的设施是数据,数据的使用具有非排他性,平台经营者对数据的使用,并不会影响该数据对其他经营者的价值性,具有强公共物品属性。[69] 将数据纳入公共事业中管制具备现实依据。例如,浙江省人民政府办公厅于 2020 年 6 月颁布《浙江省公共数据开放与安全管理暂行办法》,其中第 2 条第 2 款规定“本办法所称的公共数据,是指各级行政机关以及具有公共管理和服务职能的事业单位(以下统称公共管理和服务机构),在依法履行职责过程中获得的各类数据资源”。深圳市人民代表大会常务委员会 2021 年 7 月颁布《深圳经济特区数据条例》,其中单独将公共数据设置为第 3 章,表明了互联网平台的部分数据具有公共性,应当划归政府管理。平台经济数据与上述条款中的公共数据具备一定的区别性,但是平台经济数据来自个人与公共数据的积累,其又具备一定的非私人性。因此,在公共管理和服务机构之间,应当以共享公共数据为原则,不共享为例外,开展无偿共享公共数据。[70]

公共性较强的产业大多依规模经济原理而运转市场,竞争机制在这些领域基本上不起作用,而是由政府直接进行规制,或通过公法人的身份进行垄断经营。[71] 平台经济领域具有规模经济的特性,依照公共事业说的标准,市场竞争机制无法调整平台经济领域的竞争秩序,在一家独大的局面下,很难产生新的平台将其取代。平台经营者过度把控基础设施,是一种权力集中情形,若想在平台领域中构建良好的竞争秩序,只能将平台交由政府管控并采取相应公共措施干预。不过,公共事业通常是存在市场准入管制的领域,而平台经济目前并不存在类似的管制措施,因而其与传统公共事业存在显著差别,若是将平台等同于公共事业,无异于对平台采取管制手段,与现实情况并不相符。

---

〔68〕 Rahman K. S, *Regulating Informational Infrastructure: Internet Platforms as the New Public Utilities*, Vol. 2 Georgetown Law Technology Review, p. 234 – 252(2018). 转引自刘诚:《数字经济监管的市场化取向分析》,载《中国特色社会主义研究》2020 年第 Z1 期。

〔69〕 参见费方域、闫自信等:《数字经济时代数据性质、产权和竞争》,载《财经问题研究》2018 年第 2 期。

〔70〕 参见孙益武:《论平台经济反垄断执法中的数据因素》,载《法治研究》2021 年第 2 期。

〔71〕 参见徐士英:《“必需设备原理”在反垄断法中应用之评析》,载《安徽大学法律评论》2008 年第 1 期。

二、域外经验和做法:基于美国和欧盟的判例

(一)美国:从开放适用到审慎适用

1. 开放适用的典型案例

(1)United States v. Terminal Railroad Association of St. Louis 案[72]

必需设施理论作为拒绝交易行为违法性认定中的重要制度之一,通常认为1912 年美国联邦最高法院对 Terminal Railroad Association 案的裁定是必需设施理论的起源。

在该案中,终端铁路协会控制着通往圣路易斯的所有路线,美国联邦最高法院审查了相关地理位置和地形,认为这座城市被三大河流包围,且坐落在几座小山之间,因此在不使用终端铁路协会控制的设施条件下,任何铁路公司要想进入圣路易斯是不可能的。最终,法院认为终端铁路协会拒绝其他铁路交通公司获取其终端的行为是不合理的限制交易行为,要求涉案公司向其他竞争者开放其设施。

(2)Otter Tail Power Co. v. United States 案[73]

本案原告 Otter Tail Power Co. 是一家电力公司,其根据市政当局授予的特许经营权在明尼苏达州、北达科他州和南达科他州的 465 个城镇以零售方式销售电力。Otter Tail 公司服务区的每个镇一般只能容纳一个配电系统,使每个镇成为一个自然垄断的电力零售分配和销售市场。然而,当 Otter Tail 在这些城镇的特许经营权到期时,市民们投票决定建立一个市政分配系统,而 Otter Tail 拒绝以批发方式出售新系统电力资源并拒绝同意其他能源供应商轮流供电,以阻止其服务的城镇建立自己的市政分配系统。本案是最高法院首次适用《谢尔曼法》第 2 条来认定 Otter Tail 实施的拒绝交易行为违反了法律的规定,因其禁止城镇建立自己的电力系统并拒绝向公共系统零售商出售电力资源,也拒绝通过其设施接受其他公司的电力,Otter Tail 在一个受管制的市场中,试图在传输

---

[72] United States v. Terminal Railroad Association of St. Louis, 224 U. S. 383 (1912).

[73] Otter Tail Power Co. v. United States, 410 U. S. 366 (1973).

费用和零售价格方面进行垄断。

(3) MCI Telecommunications Corp. v. American Telephone & Telegraph Co. 案[74]

1972 年,MCI 开始建设全国长途电信设施,为了实现长途电信网与城市电话网络的互联,MCI 与 AT&T 进行了谈判,但是谈判数月并无进展。于是 MCI 向 AT&T 提起了诉讼,包含四项独立的指控。根据《谢尔曼法》第 2 条提及的垄断、企图垄断和共谋垄断以及《谢尔曼法》第 1 条涉及的共谋限制贸易行为。MCI 声称 AT & T 实施了 22 种不当行为,可分为掠夺性定价、拒绝互联、恶意谈判和非法搭售等。且 MCI 在审判中声称,根据最初为融资目的而准备的利润损失研究报告,由于 AT & T 的所谓非法行为,其遭受了大约 9 亿美元的损失。

一审法院于 1980 年判决 AT&T 败诉,赔偿 1.8 亿美元及诉讼费用、律师费用。随后,AT&T 向美国联邦上诉法院提起上诉,尽管上诉法院推翻原审判决中关于掠夺定价及损害金额的结论,但维持了原审判决中关于拒绝联网行为构成非法垄断行为的认定。

在本案中,第七巡回上诉法院引入了一个能够适用于所有必需设施案件的一般性测试,其对以后的许多案件产生了重要影响。依该判决,必需设施理论的适用包含四个构成要件:一是必需设施为某个垄断者所控制;二是竞争者没有能力对该项设施进行复制,或者这种复制是不合理的;三是垄断者有拒绝某个竞争者使用该必需设施的行为;四是该设施的提供具有可行性。[75]

2. 审慎适用的典型案例

(1) Verizon Communs., Inc. v. Law Offices of Curtis V. Trinko, LLP 案[76]

1996 年颁布的《电信法》规定,地方电话运营商有义务为新的市场进入者提供电话网络,包括在不施加捆绑的基础上提供单个网络元素的接入。原告柯

---

〔74〕 MCI Telecommunications Corp. v. American Telephone & Telegraph Co., 512 U. S. 218 (1994).

〔75〕 Ali A. Massadeh, The Essential Facilities Doctrine Under Scrutiny: EU and US Perspective, https://papers.ssrn.com/sol3/papers.cfm? abstract_id = 1738326.

〔76〕 Verizon Communs., Inc. v. Law Offices of Curtis V. Trinko, LLP, 540 U. S. 398 (2004).

蒂斯是美国电话电报公司(AT&T)的一家客户,刚刚进入纽约市场。被告威瑞森通讯公司(Verizon)是纽约州当地的电话运营商,已经与AT&T等竞争对手签署了互联协议,这是《电信法》第252条规定的义务,具体而言,协议中的条款规定Verizon将向AT&T等用户提供其网络服务。Verison提供的未捆绑网络服务义务在于为运营支持系统提供访问的入口,如果没有该系统,竞争对手就无法完成其客户的订单。Verizon与竞争对手签订的互联协议是由纽约公共服务委员会批准的,且获得了美国通信委员会批准的提供长途服务授权。

本案中,Trinko起诉Verison歧视竞争对手,诉称Verison通过拒绝提供给竞争者AT&T必需设施而垄断了当地的电话服务,阻碍消费者成为或继续作为Version竞争对手的客户,以此实现反竞争目的,这一行为违反了《谢尔曼法》第2条[77]的规定。但地区法院驳回了Trinko的诉讼请求,认为Trinko指控Verison未向竞争对手提供电话服务的理由不满足《谢尔曼法》第2条的要求。对此,Trinko提起上诉,但第二巡回上诉法院推翻了地区法院判决,认为Trinko对Verison垄断行为的主张有效并且给予了支持。最终,Verison向美国联邦最高法院提出上诉,而美国联邦最高法院又推翻了第二巡回上诉法院的判决。

本案的争议焦点在于,Trinko指控Version违反《电信法》规定的与竞争者分享网络服务义务的行为是否构成《谢尔曼法》第2条所禁止的垄断行为。法院认为:"仅仅拥有垄断权力并凭此收取垄断价格,并不当然违法。只有当垄断行为伴随着反竞争行为的出现,才能被认定为具有违法性;同时,如果迫使这些公司分享其优势资源,则会减少对企业创新的激励以及垄断者或其竞争者对具有经济获利性行业的投资,从而与反垄断法的立法目的形成一定冲突。"自此之后,法院在认定拒绝交易行为是否违反《谢尔曼法》第2条时更加审慎。

在Aspen Skiing Co. v. Aspen High lands Skiing Corp.案[78]中,法院认为,在特定条件下,拒绝交易行为可以被认定为反竞争行为,违反《谢尔曼法》第2

---

〔77〕《谢尔曼法》第2条规定:任何人垄断或企图垄断,或与他人联合、共谋垄断州际间或与外国间的商业和贸易,将构成重罪。如果参与人是公司,将处以不超过1000万美元的罚款;如果参与人是个人,将处以不超过35万美元的罚款,或三年以下监禁。也可由法院酌情并用两种处罚。

〔78〕Aspen Skiing Co. v. Aspen High lands Skiing Corp., 472 U. S. 585, 601 (1985)

条。本案与 Aspen 案的区别在于：第一，Trinko 并未指出 Version 是自愿与其竞争对手交易还是基于法律的强制力，从而难以界定 Trinko 拒绝交易的动机是出于竞争目的还是反竞争的恶意；而在 Aspen 案中，其单方终止资源交易的行为表明其愿意为了放弃短期获利而达成反竞争的目的。第二，二者定价行为存在差异，Aspen Skiing 拒绝以零售价出票因其预期未来的垄断零售价格会更高；而 Version 不愿意提供服务，是因为获得的补偿仅以成本为基础，这不能显示其有垄断的意愿。第三，Aspen Skiing 拒绝向竞争者提供的产品是已经零售的产品；而在 Trinko 案中，Version 提供的电话服务并没有向公众销售或提供。因此，在法官联合发表意见中，斯卡利亚法官认为："尽管我们考虑了下级法院创立的'必需设施理论'，但这个结论也不会改变……我们从未认可该理论……并且在本案中我们认为没有必要认可或者否定它。"

据此，美国联邦最高法院认为 Trinko 案不应当纳入 Aspen 案所确立的适用《谢尔曼法》第 2 条的例外，且 Version 也没有帮助竞争者的义务。

（2）Federal Trade Commission v. Facebook 案〔79〕

本案中，美国联邦贸易委员会（FTC）指控 Facebook 公司通过多年的反竞争行为非法维持其在个人社交网络的垄断地位。社交网络市场有很高的进入壁垒，包括强大的网络效应、高转换成本。Facebook 公司以显著的数据优势，阻碍了其他公司提供新产品和服务的直接竞争。为维护 Facebook 自身垄断地位，FTC 表示其通过两种行为不断强化其垄断地位：其一，拒绝为竞争对手提供平台应用接口；其二，实施一系列收购潜在竞争企业的行为。

早在 2019 年 6 月，由美国反垄断、商业和行政法小组委员会带头的司法委员会对美国在线竞争状况发起了调查，在该调查报告中指出，Facebook 通过一系列收购被其视为竞争威胁的公司来维持和扩大其主导地位，并有选择地排斥

〔79〕 此部分内容主要来源：①美国贸易委员官网 https://www. ftc. gov/enforcement/cases - proceedings/191 - 0134/facebook - inc - ftc - v；②美国国会报告《数字市场竞争的调查》原文，https://judiciary. house. gov/uploadedfiles/competition_in_digital_markets. pdf；③Ftc v. Facebook, Inc. United States District Court for the District of Columbia June 28, 2021, Decided; June 28, 2021, Filed Civil Action No. 20 - 3590 (JEB), http://law. ubalt. edu/faculty/profiles/docs/Ftc% 20v. % 20Facebook_% 20Inc. _% 202021% 20U. S. % 20Dist. % 20LEXIS% 20119540. pdf。

竞争者使用其平台,以使自己免受竞争压力。这些因素叠加在一起,使社交网络市场走向垄断。自2004年成立以来,Facebook至少收购了63家公司,其中大部分收购涉及软件公司,如Instagram、WhatsApp、Face. com、Atlas、LiveWire和Onavo,Facebook还收购了几家虚拟现实和硬件公司,如Oculus。该公司还收购了几款小众社交应用、5家ablockchain平台、860家Oculus游戏开发商和一家著名的GIF制作和分享公司。过去的十年中,Facebook除了通过收购那些被Facebook认定为竞争威胁的公司来保护和扩大其主导地位外,还滥用其垄断力量来损害社交网络市场的竞争。Facebook利用其数据优势创造出优越的市场情报来识别新生的竞争威胁,然后收购、复制或杀死这些公司。一旦占据了主导地位,Facebook就会根据其他公司是否存在竞争威胁来选择性地执行其平台政策,这样一来,其在削弱其他公司的同时使自己的服务处于优势地位。

举例而言:Facebook在2012年针对一款名为Ark的应用程序,以其违反Facebook关于使用用户朋友数据的平台政策为由,决定终止Ark对Facebook API的访问,并禁止其在平台上使用6个月;2013年,Facebook对其在个人社交网络的竞争对手Path和当地社交网络竞争对手Circle采取了终止其对平台关键API功能访问的措施;同年,Facebook声称Twitter在2012年收购的短视频应用Vine复制了Facebook的Score News Feed功能,作为回应,Facebook切断了Vine对Facebook API的访问,从而使Facebook降低消费者对Vine的体验,并减少平台的竞争威胁,最终,Twitter在2016年关闭了Vine。此外,2019年Facebook以数据抓取违反Facebook平台政策为由,切断了营销公司Stackla对其API的访问。

FTC在诉状中指出,Facebook一再以开发者同意不与其竞争的条款作为获取Facebook API功能的条件。虽然与开发者的互联互通能够给平台带来巨大的利益,包括提高用户参与度及由此带来的经济回报,但Facebook只向那些不会威胁到Facebook的应用开发者提供完全的互联权限。

针对FTC对Facebook拒绝向竞争对手开放API的指控,美国哥伦比亚特区联邦地区法院认为该行为并不属于"以不正当竞争手段排除竞争对手"的行为。相反,地区法院表示,"在Aspen Skiing Co. v. Aspen High lands Skiing

Corp. 案中，认定反竞争的违法行为不能仅仅凭借损害竞争的意图或者不去帮助竞争对手，因为在集中的市场中，保持或提高自己的市场地位总是存在竞争对手必须遭受损失的认识。若反垄断法要谴责垄断者从事的每一个具有限制竞争对手目的或者效果的行动，则排除垄断者帮助竞争对手义务规则的空间就会所剩无几……即使作为一个垄断者，它仍然有权力参与市场竞争，并且没有任何义务帮助竞争对手；Facebook 只是禁止第三方使用自己的数据去帮助竞争对手，没有禁止第三方为竞争对手开发类似产品，所以该行为属于合法行为”。

3. 涉必需设施理论的其他案例〔80〕

2020 年 10 月，美国众议院司法委员会发布《数字市场竞争调查报告》。该报告除了对前文所提及的 Facebook 的主导地位及其商业行为进行调查以外，还针对在线平台 Amazon、Apple 和 Google 做了自上而下的调查，已确定它们的力量将如何影响美国的经济。调查显示，在过去的十年里，数字经济变得高度集中，故而容易出现垄断。就小组委员会调查的社交网络市场、通用在线搜索市场和在线广告市场，各自仅由一两家公司主导，而 Amazon、Apple、Facebook 和 Google 在各市场的分销渠道中分别占据支配地位，并开始发挥“守门人”的作用。

（1）Google

依据美国众议院司法委员会的调查，Google 分别于通用在线搜索和在线广告的市场中占据着垄断地位并受到进入门槛的保护，包括其点击和查询数据以及 Google 在世界上大多数设备和浏览器上被广泛设置为默认浏览器，甚至大型上市公司、小企业和企业家等都依赖 Google 的流量，导致没有其他搜索引擎可以替代 Google。

Google 通过一系列反竞争策略维持了其在通用搜索领域的垄断地位。首先，Google 利用其搜索垄断地位从第三方盗用内容，用以提升自己的垂直服务

〔80〕 此部分内容来源于美国国会报告《数字市场竞争的调查》原文，https://judiciary.house.gov/uploadedfiles/competition_in_digital_markets.pdf。

以降低第三方垂直提供商的地位。其次,通过一系列反竞争合同以维持其对通用搜索市场的垄断地位。Google 在 2005 年收购 Android 操作系统后,Google 利用合同限制和排他性条款,将 Google 在搜索领域的垄断地位从台式设备扩展到移动设备。相关文件显示,Google 要求智能手机制造商预先安装 Google 自己的应用程序,并给予其默认状态,而这阻碍了竞争对手参与搜索领域以及其他应用程序市场。

具体而言,Google 通过垂直管理和合同协议在移动和桌面生态系统中获得了默认位置。通过拥有在世界范围内的移动操作系统占主导地位的安卓,Google 能够确保 Google 搜索在移动设备取代电脑成为进入互联网的关键入口时仍然占据主导地位。正如在报告中所讨论的,在某些关键时刻,Google 会限制对 Google Play Store 的访问,只预装 Google 搜索,相较于竞争对手的搜索引擎,这一要求使 Google 获得了显著优势。通过每年数十亿美元的收入分成协议,Google 还在 Apple 的 Safari 浏览器(桌面和移动设备)和 Mozilla 的火狐浏览器上设定为默认搜索引擎。

虽然 Google 将 Android 描述为"免费的、资源开放型的移动操作系统",任何人都可以用它进行下载和修改,而不用收取版权费。Android 的独特之处在于,Google 通常不会通过出售专有硬件或收取许可费来从其操作系统中获利。但实际上,使用 Android 系统的智能手机制造商必须签署 Google 的许可协议,因为 Google 限制了非许可使用的功能。只有通过 Google 的许可协议,智能手机制造商才能访问 Google 的专有应用程序,如 Gmail、YouTube、Chrome、Google Maps 和 Google Play Store。作为回报,Google 要求某些应用程序必须预先安装,并且必须在移动设备上占据主导地位。设备制造商也必须签订协议,以防其专门定制 Android 系统并创建一个 Android 分支,使 Android 版本在与为 Android 生态系统开发的应用不兼容的设备上得以运行。

小组委员会的调查显示,Google 还通过一系列利用 Android 的破坏竞争的方式来巩固和扩大其主导地位。其中包括。①使用合同限制和排他性条款,以扩大 Google 从电脑桌面到通讯移动端的搜索垄断地位并借以支持自己的应用程序。②设计了 Android Lockbox ,秘密跟踪包括 Google 竞争对手在内的第三方应用程序的使用和参与情况的实时数据。③由于 Google Play Store 是用户在 Android 设备上安装应用程序的主要方式,因此 Play Store 有效地充当了世界上大多数移动设备上软件发布的看门人的角色。具体表现为。

第一,Google 利用其 Play Store“看门人”的功能向移动开发者收取高额费用。例如,Google 会向付费应用程序开发者收取 30% 的佣金,让它们可通过 Play Store 为用户所下载;此外,Google 还向开发者收取来自应用内部交易或在应用内购买支出的30% 费用。根据小组委员会获得的文件,2011 年至2015 年,来自 Play Store 的收入占到 Google 从 Android 操作系统、硬件销售和游戏商店总收入的 85%。

第二,尽管 Google 并没有阻止所有访问应用程序的替代渠道,但实际上,这些选项并没有为 Google Play Store 提供有意义的替代。相比之下,Play Store 和 Android 生态系统的双重优势使得 Google 可以通过对竞争对手的剥削、排斥和歧视来进行控制和损害竞争的行为。具体而言,第三方应用程序可以通过引导消费者从其他渠道——在应用程序商店外使用浏览器——下载应用程序来避免游戏商店的佣金和费用。但没有预装在设备上与 Google 形成竞争关系的应用商店,如 Amazon 应用商店,必须从其他渠道下载。尽管从技术上讲,通过其他渠道下载是竞争对手在应用商店和应用开发者的选择,但市场参与者解释说,Google 会让从其他渠道下载变得困难。例如,根据移动设备上运行的 Android 版本的不同,在 Android 设备上下载和安装 Fortnite 可能需要多达 16 个步骤或更多,包括要求用户更改设备的默认设置以及当被警告这样做很危险时要手动授予各种许可的权限。

(2)Amazon

Amazon 在美国在线零售市场拥有巨大而持久的市场力量,作为美国占主导地位的在线购物市场,Amazon 在与第三方卖家打交道时市场力量达到了顶峰。该平台垄断了许多中小企业,使得这些企业在接触线上消费者时没有可以替代 Amazon 的产品。Amazon 在其全球市场上有 230 万活跃的第三方卖家,一项调查估计,其中约 37%(约 85 万卖家)依赖 Amazon 作为唯一的收入来源。

Amazon 目前的主导地位主要是通过以下方式达成的:首先,收购其竞争对手,包括 Dipers. com 和 Zappos 以及在邻近市场运营的公司,将客户数据添加到其库存中,进一步加固了其防御竞争对手的“护城河”。这一举措加固并扩大了其在电子商务以及其他市场的垄断地位,使其可以对许多业务线进行延伸与控制,并以破坏自由和公平竞争的方式令自己的竞争对手处于劣势地位。其次,Amazon 实施了针对 Groupon 和其他竞争对手的广告屏蔽。调查报告显示,2009 年一位 Amazon 高层管理人员在电子邮件中讨论了针对 Diapers. com 实施广告屏蔽的可能性,他说:“我们是没有义务让他们在我们的网站上做广告。我认为我们应该立即阻止他们购买产品广告或以最低价格购买这些广告,以便真正反映出尿布购买者流失的机会成本(或向这样的竞争对手反映新客户的真实价值)。”这位高管建议 Amazon 应维护战略竞争对手的“观察名单”,当“观察名单”上的商家试图发布大量产品广告时设置“自动触发”功能,并经过逐步批准才允许他们广告投放。

(3)Apple

Apple 在移动操作系统和移动应用程序商店这两个高度集中的市场上都拥有强大且持久的市场力量。Google 的 Android 与 Apple 的 iOS 移动操作系统是美国乃至全球两个主要的移动操作系统。Apple 在所有 Apple 移动设备上都安装了 iOS,并且未将 iOS 授权给其他移动设备制造商。美国超过一半的移动设备以 iOS 或 2019 年推出的平板电脑的 iOS 衍生版本 iPadOS 运行。由于较高的转换成本,生态系统锁定以及品牌忠诚度,Apple 的市场力量十分持久,不可能存在成功的竞争对手进入市场来争夺 iOS 和 Android 的主导地位。可以说,Apple 对 iOS 的控制为其提供了对 iOS 设备上软件分配的关守权力。因此,它在移动应用商店市场中占据主导地位,并拥有在 iOS 设备上分发软件应用程序的垄断权。

Apple 的 App Store 是在 iOS 设备上分发软件应用程序的唯一方法,以其作为操作系统提供商的角色,禁止使用 App Store 的替代产品,并向某些类别的应用程序收取费用和佣金,以吸引客户。它通过从 App Store 中删除应用程序来应对其想要绕过费用和佣金的企图。

此外,Apple 为了巩固自己的垄断地位,其实施了一系列自我优待行为。具体包括：

第一，将 iPhone 的默认应用程序锁定并且预安装 Apple 应用程序，但是不允许在其系统上安装任何第三方应用程序。据统计，Apple 在当前的 iPhone 型号中预装了大约 40 个 Apple 应用程序，其中一些应用程序被设置为默认应用程序，并且是操作系统应用程序。但直到 2020 年 9 月发布的 iOS 14 为止，它都不允许消费者选择第三方 Web 浏览器或电子邮件应用程序作为默认应用程序。

第二，Apple 专门为自己开发的应用程序设置了私人 API 访问入口，但该入口不允许第三方开发人员使用，其只能使用 iOS 的公共 API。并且，通过私人 API 的专有使用，Apple 还能够不断优化自己向用户提供的服务。例如，Tile（一家制造硬件和软件的公司）的首席隐私法律总顾问 Kirsten Daru 向小组委员会表示，多年来 Tile 一直与 Apple 有成功的合作，但 Apple 于 2019 年计划推出一款名为“Find My”具有查找功能的应用程序与 Tile 竞争，该行为损害了 Tile 所提供的服务及其用户体验。而且，Apple 对 iOS 13 进行了系列更改使 Tile 的客户更难以设置相关服务，并需要采取一系列令人困惑的步骤来授予 Tile 跟踪电话位置的权限。但 Apple 却将“Find My”预先安装在 iOS 设备上，并在安装过程中默认激活并获得相关访问权限，减轻用户使用相关服务的负担。

（4）小结

美国司法委员会经调查发现，一家占主导地位的平台拒绝与第三方交易以获取更大价值或更多数据，或确保在某个特定市场上的优势。由于优势平台在其主要市场上不面临有意义的竞争，它们拒绝与第三方开展业务，相当于剥夺了市场参与者的必要投入。这种拒绝其他经营者进入市场的行为会破坏相邻市场之间的竞争，削弱市场参与者按自身优势进行竞争的能力。为了解决这一问题，美国司法委员会建议国会考虑恢复“必需设施理论”，或要求占主导地位的公司在非歧视基础上提供进入他们的基础设施服务或设施通道的法律要求。

4. 美国的态度和立场

经过以上案例的梳理，笔者认为，美国当局在适用必需设施理论过程中发生了态度上的转变。在前文所述的 Terminal Railraod 案、Otter Tail 案、MCI 案、Trinko 案、Facebook 案，以及美国众议院司法委员会对 Google、Amazon 及 Apple 的反垄断调查等系列案例中,可以将其态度总结为从开放适用到审慎适用。具体而言,在 Trinko 案以前,美国法院对于铁路、电力、电信网络等国家基础设施领域的企业实施了拒绝交易行为如何定性问题,态度都非常明确,均认定属于垄断行为,并要求向竞争对手提供该必需设施供其使用。在 Trinko 案以后,随着互联网的发展,涌现出 Facebook、Google、Amazon、Apple 等互联网平台企业。同时,在网络效应和规模经济的作用下,使互联网企业相较于传统企业来说,其进入门槛变得更高,从而更容易形成市场支配地位,而其所实施的行为也将给整个市场经济的竞争秩序造成重大的影响。因此,在认定其拒绝交易行为性质或是否适用必需设施理论的过程中,司法部门的态度逐渐趋于审慎,在企业行为自由和市场竞争秩序之间不断进行价值权衡。这一态度转变的原因在于以下两方面。

一方面,从其对市场竞争秩序的影响而言,如同最高法院在 Trinko 案中所强调的,强制垄断企业分享必需设施的好处并非绝对的而是不确定的,其可能导致投资行为的扭曲、创新激励政策的削弱,从而造成经济的衰退和消费者福利的减损。具体而言,强迫垄断者与其不愿意选择的竞争者进行交易有可能会减弱双方创新的动力。于垄断者而言,法院一旦要求开放必需设施,则其必定考虑是否要对市场优势资源或产业进行投资;而于竞争者而言,则有可能会引发其道德风险,更加倾向于考虑自己能否使法院信服以期获得垄断者提供的产品或服务,而非努力通过创新以改善自身的市场竞争能力。创新能够推动经济的发展,故降低企业创新的动力将会损害消费者福利,所以在适用反垄断法的过程中,应重视激发企业的创新活力,即允许企业通过投资、创新,对行业的看法与远见来获取尽可能多的盈利,最终使社会整体福利提高。

另一方面,该理论本身也存在语义的模糊性和应用上的困难等问题,因此其本身不能提供明确的指导以确定某一设施的构成要素,不能界定必要性的认定以及拒绝交易的构成要件。虽然 MCI 案提出了认定"必需设施"的四要件,但是法院在判决过程中仍然对于其中细节存在若干问题。例如,一项设施的构成要素及其对于有效竞争的重要程度如何界定;如果竞争者有能力复制该项必需设施,则其复制行为的成本和合理性是否有若干判断标准;在评估提供该设施可行性阶段，强迫与竞争对手进行交易会对该设施的有效性和安全性带来何种影响，等等。

综上所述，美国司法部认为应当审慎适用必需设施理论，如果反垄断法干预市场经营者单边、无条件拒绝与竞争者交易的行为，将会对消费者造成长期的伤害，特别是考虑到有可能抑制整个经济的发展和事后补救的困难程度。因此，美国司法部门认为，市场经营者实施单方且无条件地拒绝与竞争对手交易的行为不应为《谢尔曼法》第 2 条所禁止。

（二）欧盟：从审慎适用到制度革新

经过多年的执法和司法实践适用，必需设施理论已经适用于物理性的基础设施，包括港口、铁路以及受知识产权保护的无形财产。尽管必需设施理论不再被应用于欧盟的竞争执法中，但在欧盟的政策讨论中，它经常被称为开放市场的工具，在这些市场中，“科技巨头”扮演着为消费者把关的“守门人”角色。当前，数字经济不再由物理基础设施驱动，数据、算法等正成为数字经济的重要资产，与此有关的开放共享问题引起必需设施理论的关注。

1. 从典型案例管窥必需设施理论

（1）Commercial Solvents Corporation 案〔81〕——首次被认定为拒绝交易行为的案例

本案是在欧盟竞争法下被认定为拒绝交易行为的第一个司法判例。该案讲述了，商业溶剂公司，作为一家按照马里兰州法律成立的公司，其是氨基丁醇的制造商。氨基丁醇是一种被生产用于治疗结核病的乙胺丁醇需要的原料。在 1966～1970 年，其向 Zoya 供应了大量用于制造乙胺丁醇的原料，之后却拒绝向 Zoya 提供。于是，Zoya 向欧洲共同体委员会申请认定商业溶剂公司存在违反《欧洲经济共同体条约》第 85 条和第 86 条（现在的第 81 条和第 82 条）规定的行为，欧洲共同体委员会就此展开调查。最终，法院认为商业溶剂公司的行为违反了《欧洲经济共同体条约》第 86 条（现在的第 82 条）的规定，于是采取

〔81〕 Istituto Chemioterapico Italiano S. p. A. and Commercial Solvents Corporation v. Commission of the European Communities, 7－73（1974）.

了相关措施结束商业溶剂公司的侵权行为,并对商业溶剂公司处以罚款。在本案中,法院认为:“如果一个企业在原材料市场上具有支配地位,并且为了保留这些原材料用于制造自己的衍生品,拒绝向一个本身就是这些衍生品制造商的客户供货,从而有可能消除这个客户的所有竞争,那么这个企业就是在第 86 条意义上滥用其支配地位。”

(2)Magill 案〔82〕——第一次提出拒绝行为构成滥用市场支配地位的要件

Radio Telefis Eireann(以下简称 RTE)和独立电视出版有限公司(以下简称 ITP)是两家电视台,在当时社会条件下,市场上没有出现全面的每周电视指南。于是 RTE 和 ITP 都出版了专门涵盖自己节目的电视指南,并根据爱尔兰和联合王国的法律,要求对自己的每周节目单进行版权保护,以防止第三方复制。根据一审法院的判决,爱尔兰的大多数家庭和北爱尔兰的 30% 至 40% 的家庭可以接收 RTE、ITV 和 BBC 播放的电视节目。但 Magill 电视指南有限公司(以下简称 Magill)试图出版一份全面的每周电视指南,这一行为被上诉人和 BBC 阻止了,他们获得了禁止出版每周电视列表的禁令。对此,Magill 向欧洲共同体委员会提出申诉,要求宣布 RTE、ITP 和 BBC 滥用其支配地位,拒绝为出版各自的每周节目单发放许可证。欧洲共同体委员会决定提起诉讼,在诉讼结束时,欧洲共同体委员会通过了一项决定,认为存在违反《欧洲经济共同体条约》第 86 条(现在的第 82 条)的情况,并命令这三家公司停止这种违法行为,特别是“应要求在不歧视的基础上向……第三方提供各自的每周节目预告清单,并允许其他经营者复制这些清单”。对此,RTE 和 ITP 要求废除欧洲共同体委员会的决定,并要求欧洲共同体委员会支付诉讼费用。欧洲共同体委员会认为,维持自己决定的判决且执行部分是合理的,因为本案中被诉的行为显然属于滥用市场支配地位,损害了消费者的利益,将 Magill 的多渠道指南赶出了市场,限制了成员国之间的贸易,并且(至少是三个申请人中的两个)打算限制这种贸易。最终法院认可了初审法院和欧洲共同体委员会的意见,驳回了上诉人的申请,

---

〔82〕 Radio Telefis Eireann (RTE) and Independent Television Publications Ltd. (ITP) v. Commission of the European Communities, C-241/91 (1995).

并命令他们支付费用。

在本案中,初审法院指出:“上诉人通过保留出版其每周电视节目列表的独家权利,阻止了一种新产品在市场上的出现,即一种可能与他们自己的杂志竞争的普通电视杂志。因此,上诉人利用其作为广播活动一部分而制作节目单的版权,以巩固在爱尔兰和北爱尔兰的每周电视指南衍生市场上的垄断地位。”同时,法院第一次提出如果满足以下三个条件,可以认为某一市场经营者具有滥用市场支配地位的行为:第一,当消费者对某种新产品存在具体、持续和定期的潜在需求,而市场经营者已提供的服务(本案指24小时内的完整节目清单、周末和公共假期前的48小时内的节目清单,以及某些杂志的电视部分)又成为新产品(本案中为每周电视指南)所需基本信息的唯一来源或必不可少的原材料时,市场经营者若拒绝提供该项服务将阻止市场中某种新产品的出现,则该种拒绝行为构成了滥用行为;第二,在相关市场中,这种拒绝行为是缺乏理由的;第三,此种拒绝行为将排除市场上的所有竞争,从而保护自身在相关市场及衍生市场的垄断地位。

(3)Bronner案[83]——补充了认定拒绝行为构成滥用的要件

Oscar Bronner是《标准日报》的报纸出版商,Mediaprint是日报《新克朗报》和《库里尔报》的报纸出版商。1994年,Oscar Bronner在奥地利日报市场上的发行量份额为3.6%,广告收入份额为6%;而Mediaprint的发行量占该市场份额的46.8%,广告收入占市场份额的42%,并覆盖了53.3%的14岁以上的私人家庭人口和71%的所有报纸读者。在报纸发行方面,Mediaprint已经建立了一个全国性的家庭递送计划并通过其一家子公司实施,该计划包括在凌晨时分将报纸直接送到用户手中。

Oscar Bronner根据《卡特尔和其他限制性做法的联邦法律》第35条提起诉

[83] Oscar Bronner GmbH & Co. KG v Mediaprint Zeitungs - und Zeitschriftenverlag GmbH & Co. KG, Mediaprint Zeitungsvertriebsgesellschaft mbH & Co. KG and Mediaprint Anzeigengesellschaft mbH & Co. KG.,C-7/97 (1998).

讼,[84]要求 Mediaprint 停止滥用其市场支配地位,将《标准日报》纳入其家庭递送计划中,而 Oscar Bronner 也会支付合理的报酬。Oscar Bronner 公司认为,邮政投递一般要到深夜才会进行,并不能完全代替家庭递送服务;而且,Oscar Bronner 用户数量较少,若组织自己的家庭递送服务体系将无利可图;此外 Mediaprint 对 Oscar Bronner 实施了差别待遇,因其将不由 Mediaprint 出版的《经济日报》也纳入家庭递送计划。

对此,Mediaprint 辩称:第一,建立其家庭递送服务需要大量的行政和财政投资,让所有奥地利报纸出版商都能使用该系统将超出其系统的承受能力;第二,它拥有主导地位的事实并不意味着它有义务通过协助竞争公司来补贴竞争;第三,《经济日报》的地位与《标准日报》的地位不可同日而语,因为前者的出版商还委托 Mediaprint 集团负责印刷和整个发行工作,包括在报亭的销售,因此,家庭递送只构成"一揽子"服务的一部分。

本案争议焦点在于,一个在某成员国的日报市场上占有很大份额并在该成员国经营唯一的全国性报纸送货上门服务的新闻企业,拒绝让一个竞争对手的报纸出版商在经济上合理的条件下单独或与其他出版商合作建立和经营自己的送货上门服务,是否构成《欧洲经济共同体条约》第 86 条(现在的第 82 条)所指的滥用市场支配地位。法院对该问题给出了否定的答案,法院并不认为 Mediaprint 的行为构成滥用市场支配地位。

法院不仅通过适用"Magill 案"提出的认定滥用市场支配地位行为的三要件,并在此基础上做出了补充和修正。第一,法院认为有必要依赖"Magill 案"的判决,将关于行使知识产权的判例法适用于任何财产权的行使,从而认定经营者企业的拒绝交易行为构成《欧洲经济共同体条约》第 86 条(现在的第 82 条)所描述的滥用市场支配地位行为。于是,在后面的案件中,拒绝行为的对象

〔84〕 参见《卡特尔和其他限制性做法的联邦法律》第 35 条规定,初审法院应根据申请,命令有关企业结束对支配地位的滥用。这种滥用可能包括,特别是以下情形:(1)直接或间接施加不公平的购买或销售价格或其他交易条件;(2)限制生产、市场或技术发展,损害消费者利益;(3)通过对同等交易适用不同的条件,使其他交易方处于竞争的不利地位;(4)使合同的缔结受制于其他贸易方对补充义务的接受,而这些补充义务根据其性质或商业惯例,与这些合同的主题没有关系。

不是某一知识产权而是服务[85]；第二，对于构成要件一所称的“市场经营者若拒绝提供该项服务将阻止市场中某种新产品的出现”，本案并未对其进行适用，反而增添了新的构成要件，即具有市场支配地位的经营者实施的提供某项产品或服务对其他经营者是必不可少的，并且不存在实际或潜在的替代物。具体到本案，法院认为，“如果拒绝送货上门的服务可能会消除要求提供服务的人在日报市场上的所有竞争，而且这种拒绝不可能有客观的理由，同时这种服务本身对该人的业务开展是不可或缺的，因为没有实际或潜在的替代物来替代这种送货上门的计划……而在本案中，即使在一个成员国的领土上只有一个全国性的家庭递送计划，而且该计划的所有者在该计划构成的服务市场中占有支配地位……但也存在其他投递报纸的方案，如通过邮寄和通过在商店和售货亭销售……要使这种接入能够被认为是不可或缺的，至少要确定建立第二个家庭递送计划——其分发发行量与现有计划的发行量相当——在经济上是不可行的”。

（4）IMS 案[86]——拒绝交易行为分析方法的定型

IMS Health GmbH & Co. KG（以下简称 IMS）是一家专门从事医药和保健行业的公司，同时提供德国医药产品的销售数据。这些数据是按照 1860 块砖型结构图来对应德国的某个地理区域。1860 块砖型结构是在 IMS 的客户——制药行业企业的帮助下建立的，并成为该行业的一个标准。在 20 世纪 90 年代末，IMS 的竞争对手之一 Pharma Intranet Information AG（以下简称 PII）被 NDC Health GmbH & Co. KG（以下简称 NDC）收购，开始使用与 IMS 非常相似的砖型结构。2000 年，IMS 在德国起诉 PII 和 NDC 侵犯版权，称其 1860 块砖型结构是受版权保护的数据库。作为回应，NDC 在同年向欧洲共同体委员会提出申诉，声称 IMS 拒绝许可其 1860 块砖型结构是滥用市场支配地位的行为。同时，解决 IMS 和 NDC 之间版权纠纷的德国法院要求欧盟法院就《欧盟运行条约》第 102 条的解释作出初步裁决。于是，欧盟司法法院进一步明确了适用“必需

---

〔85〕 参见许光耀：《知识产权拒绝许可行为的反垄断分析方法——以欧盟微软案为例》，载《价格理论与实践》2018 年第 3 期。

〔86〕 IMS Health GmbH v. NDC Health GmbH，C - 418/01（2004）.

设施理论”的特殊条件，其被用来判断拒绝许可某一知识产权是否构成《欧盟运行条约》第102条规定的滥用市场支配地位情形。

欧盟法院提到了公认的判例法，根据该法，拥有支配地位的企业拒绝授予知识产权许可本身并不构成滥用市场支配地位的行为；如果构成的话，需满足以下四个要件：①支配企业拒绝许可的知识产权，是进入下游市场必不可少的条件；②拒绝许可行为将阻碍新产品或服务的出现；③拒绝许可行为缺乏合理理由；④拒绝许可行为将消除下游市场的所有竞争。由此可见，以上这四个要件正是“Bronner案”与“Magill案”中所有要件的累加。至此，欧盟法上对于支配企业拒绝交易行为的反垄断分析方法已经定型。

(5)Microsoft案[87]——对拒绝行为反垄断分析方法的改进

本案起源于1998年12月Sun Microsystems, Inc.(太阳公司)向欧盟委员会提出申述，指控微软在个人电脑操作系统的市场中占据主要地位，却拒绝向自己提供与该系统进行相互操作的必要信息。2000年2月，欧盟委员会对微软的反竞争行为展开调查，审查微软在其Windows媒体播放器产品方面的行为。

2000年8月1日，在初步调查的基础上，欧盟委员会向微软发送了一份反对声明，声称微软拒绝披露竞争对手的工作组服务器操作系统在使用微软的个人电脑操作系统时所需要的界面信息。2001年8月30日，欧盟委员会向微软发出了第二份声明。一方面，该声明确认并扩大了第一份反对声明中提出异议审查的范围，不仅在个人电脑操作系统中，而且在服务器操作系统方面也存在反竞争行为；另一方面，欧盟委员会指出微软将其Windows媒体播放器产品与Windows个人电脑操作系统进行了反竞争的捆绑。

此外，欧盟委员会于2004年3月24日通过了一项决定，结束了对微软的调查。在该决定中，欧盟委员会认为微软通过以下方式滥用了其在个人电脑操作系统市场的支配地位：第一，微软通过拒绝向工作组服务器操作系统市场中的竞争者提供必要的界面信息，以使自身产品能够与Windows互相操作，从而在

〔87〕 此部分案例介绍的资料来源：Microsoft Corp. v. Commission of the European Communities, T-201/04 (2007)，欧盟委员会官网：https://ec.europa.eu/competition/sectors/ICT/microsoft/investigation.html。

市场上进行有效的竞争。对此,欧盟委员会裁决命令微软在 120 天内披露完整和准确的接口信息,以使竞争对手的产品能够与 Windows 互通,并以合理的条件提供这些信息。第二,微软通过将 Windows 媒体播放器产品与 Windows 个人电脑操作系统捆绑在一起的行为损害了市场竞争,于是欧盟委员会命令微软在 90 天内提供一个不包括 Windows 媒体播放器的 Windows 版本。最终,欧盟委员会决定对微软的行为征收 4.972 亿欧元的罚款。

然而,2004 年 6 月微软向欧盟初审法院提出上诉,要求暂停 2004 年欧盟委员会决定的处罚并废除其于 2004 年作出的决定。欧盟初审法院审理了该纠纷,判决驳回微软要求暂停所实施的处罚申请,并认为微软应遵守 2004 年的决定,该决定立即生效。

在本案中,欧盟初审法院指出,如果要认定某一企业的拒绝交易行为是否构成滥用市场支配地位的行为,需要满足以下要件:一是所拒绝的产品是进入相邻市场从事“有活力的竞争”所必不可少的;二是这一拒绝行为会消除后一市场上所有的“有效竞争”;三是这一拒绝行为会阻碍具有潜在消费者需求的新产品出现;四是这一拒绝行为没有合理理由。[88] 相较于“IMS 案”修正后的四要件,欧盟法院又重新做出了调整,增加了“有活力的竞争”与“有效竞争”的限定,进一步完善了“必需设施理论”的适用要件。

2. 欧盟的态度和立场

欧盟委员会《适用欧共体条约第 82 条查处市场支配地位企业滥用性排他行为的执法重点指南》只规定了一类拒绝交易情形,即上游具有市场支配地位的经营者拒绝向下游竞争对手供应。在对该行为进行违法性认定时,需考虑如下因素:(1)拒绝所涉及的产品或服务,对于在下游市场中进行有效竞争是客观必要的;(2)拒绝很可能导致下游市场的有效竞争消除;(3)拒绝很可能导致消费者利益受损。据此可见,相较于美国,欧盟在适用必需设施理论认定企业的拒绝交易行为时则更为严苛。

---

〔88〕 参见许光耀:《知识产权拒绝许可行为的反垄断分析方法——以欧盟微软案为例》,载《价格理论与实践》2018 年第 3 期。

首先,通过以上案例的梳理可以发现,欧盟法院自 Magill 案首次提出认定拒绝交易行为构成滥用市场支配地位的三要件后,虽然陆续借助 Bronner 案、IMS 案等在不断补充和完善这一理论的适用情形,但其本质上是在试图用这一套标准模型应用于个案分析中,即使涉及新的行业领域问题时,也可以严格按照该项原则认定企业的滥用市场支配地位行为。

其次,在适用范围上,美国更多将“必需设施理论”运用于港口、机场、桥梁、铁路网络、电力等物理基础设施。但在欧盟,必需设施理论被拓展至包括知识产权在内的无形资产领域,因而作为欧盟境内的企业,其为巩固自身的竞争优势而实施的拒绝交易行为将更有可能被政府进行反垄断审查。

最后,在惩罚力度和执法手段上,欧盟法院最后的判决结果大概率将处于市场支配地位的企业所实施的拒绝交易行为被认定为滥用市场支配地位的可能性更高,并对其处以高额罚款;而美国,其官方机构展开的反垄断调查多走向和解,或者更高概率被认定为不构成滥用市场支配地位。

值得注意的是,欧盟 2020 年 12 月公布了专门针对数字平台企业的反垄断法案——《数字服务法》和《数字市场法》,两者覆盖的范围包括社交媒体、在线市场和其他在欧盟运营的数字平台在内的所有数字服务,并规定对“系统不合规行为”的平台采取“结构层面”惩治措施,〔89〕尤其是《数字市场法》对于规制长期具有市场支配地位的超大型数字平台所实施的垄断行为提供了新的监管工具。

《数字市场法》的出台,旨在弥补现有的反垄断工具失灵的问题,将事后监管扭转为事前监管。相较于传统行业,平台经济具有网络效应、动态竞争等特点,其相关市场、市场支配地位等要件的认定变得异常困难,使相关反垄断案件的调查周期冗长,对其规制出现了明显的滞后性。2017 年,欧盟对谷歌作出的第一个处罚决定花费了 7 年的时间便是一个很好的例子。为加强对互联网平台巨头企业的事前监管,《数字市场法》赋予了欧盟委员会更强大的调查权,允许其开展针对性市场调查,以便立法机构及时更新监管规则,包括对指定“守门

〔89〕 参见张志安、李辉:《互联网平台反垄断的全球比较及其中国治理路径》,载《新闻与写作》2021 年第 2 期。

人”的市场调查、系统性违规行为的调查以及对新服务、新做法的调查。在调查过程中,欧盟委员会可通过简单的请求或决定要求企业提供一切必要的资料,包括进入企业的数据库和算法,并要求企业对其做出解释。欧盟委员会及其委任的审计师或专家还可以对企业进行现场视察,并向关键人员提问,而企业必须接受欧盟委员会下达的现场检查决定。〔90〕

同时,该法案创新性地引入了“守门人”的平台概念,并为认定“核心平台服务”提供者具有“守门人”身份提供了可量化的指标〔91〕。较于原先相关市场的界定、市场支配地位等要素认定的复杂过程,此举具有更强的可操作性。如果“核心平台服务”提供者满足“守门人”标准,就得承担特殊的义务和责任。为此,《数字市场法》也细化了“守门人”应遵守的18项平台义务,较于原先的滥用市场支配地位行为的判断,平台也将更加明确自己在市场中的定位及责任,从而减少平台与法官的自由选择或裁量的空间。例如,不得把从核心服务获取的个人数据与其他服务或第三方服务获取的个人数据混合使用,也不得把其他服务获取的个人数据未经用户主动同意混合使用;“守门人”应许可商户在其平台和第三方平台以不同价格或交易条件向终端用户提供相同的产品或服务;“守门人”还有数据互操作义务,如当许可商户和其他辅助服务商在操作系统、硬件、软件与“守门人”辅助服务的条件相一致的情况下与其辅助服务互操作,等等。

三、本地生活视角下适用必需设施理论的可行性

(一)本地生活平台适用必需设施理论的可行性

1. 必需设施理论的适用极易引发创新和竞争的冲突

反垄断法设置的目的在于维护市场的公平竞争以及消费者的利益,它着重

〔90〕 参见中国信息通讯研究院政策与经济研究所:《平台经济与竞争政策观察(2021年)》,载http://www.caict.ac.cn/kxyj/qwfb/ztbg/202105/P020210528594083206416.pdf。

〔91〕 欧委会在《数字市场法》中设置了三大量化指标,同时满足以下三个条件的“核心平台服务”提供者通常将被界定为“守门人”:(1)平台过去三个财政年度在欧洲经济区的年营业额达65亿欧元或在上一财政年度平均市值或估值达650亿欧元(约5200亿元人民币),且至少在3个成员国提供中介服务;(2)欧盟境内月活跃用户数量超过4500万(约10%欧盟人口)或上一财政年度注册用户商超过1万;(3)过去三个财政年度终端用户和商户数量都能达到第2个标准。See Art. 3, Digital Markets Act.

于市场经济效率的提高。本地市场作为平台经济的产物,意指利用当地线下市场与线上平台相结合的模式,在线下经营者与消费者之间搭建一座信息充分化的桥梁,以达到市场资源配置的最优化。

本地生活平台主要是一个信息集合平台,平台一般主张平台信息所有权归属于平台方,下游竞争者则主张信息的共享化,因而其更多涉及的是与竞争者的接入矛盾。对于下游竞争者而言,本地生活平台的构建依托于互联网平台,必需设施理论不仅要求本地生活平台具有开放的必要性,还要求下游竞争者必须具有接入该技术的能力与手段。信息的搜集与归纳整理并不需要强大的技术支撑,下游竞争者的产品亮点在于对本地生活平台信息的集合化,以满足消费者的需求。以慢慢买为例,慢慢买作为下游竞争者仅是一个信息的集合平台,它以各类购物平台信息为依托,提供京东自营、天猫超市等本地生活购物平台的精选比价、实时优惠券等服务,令消费者可以根据自身的消费偏好选择符合自己价格预期的商品。本地生活平台的出现,激励了一部分下游竞争者在产品研发上的积极性与创新性。由此推演开去,以必需设施理论确保本地生活平台的开放共享,必然会刺激下游竞争者数量的激增,以竞争带动下游竞争市场的创新。下游竞争者确实提高了消费者福利,促进了下游市场的有效竞争,但是对于上游本地生活平台来说,下游竞争者的做法虽然提高了平台的曝光量,却也可能会造成一些本地生活平台点击量的下降。相同的商品,消费者总会作出物美价廉的倾向,价格稍贵的平台便会丧失相应的点击量,长此以往损害的反而是本地生活平台投资与创新的积极性,造成两败俱伤的局面。

对于作为上游竞争者的本地生活平台而言,必需设施属于一种强制共享机制。一方面,它可以让新兴平台竞争者在共享信息的基础上,锁定具有线上意愿化的线下经营者。另一方面,它也可以通过对本地生活平台的开放,令新兴平台竞争者获取本地生活平台的相关技术支持。抖音近些年将视频内容与线下消费相融合,旨在从娱乐流量平台转向娱乐生活一体化平台。不置可否,抖音以短视频的方式上架商品链接具有创新性,但是其内在仍然采用的是口碑、美团等线上团购,线下消费的底层平台逻辑。叮咚买菜、橙心优选等本地生活平台的涌现是竞争自由与经营者投资积极性高涨的外在表现,但这并不代表着必需设施理论没有适用的空间。适用必需设施理论，最主要的目的是防止本地市场平台因一家独大而出现滥用市场支配地位的现象，维持良好的竞争秩序。微信在社交平台占据一席之地，仅站在本地市场的角度考虑，其通过小程序公众号等功能促进了一些新兴本地生活平台的发展，但微信拒绝向抖音开放链接接口以及并不支持口碑小程序的行为，无疑是对腾讯系大众点评的自我优待。据此可知，本地生活平台的开放仅是名义上的鼓励公平自由竞争，本地生活平台作为互联网企业的一个衍生业务，其背后隐藏的是各大互联网平台的综合较量。例如，美团长期深耕于本地生活领域，一直在本地生活业务上快速扩张，发展出美团闪购、美团买菜、美团优选等业务，由此使一个美团 App 便可获得体验多重本地生活服务的用户黏性，也决定了美团相较于其他本地生活平台更容易形成一个完美的生态闭环，占据本地生活市场的优势地位。

综上所述，互联网市场竞争是动态的、复杂的，这给本地生活平台适用必需设施理论带来了一定难度，市场竞争的动态在于互联网平台的更迭时效性偏快，因而平台的垄断地位总存在着被打破的可能性，激励着平台不断创新与发展。同时，互联网市场也是复杂的，本地生活平台背后涉及各种平台利益的纠纷，平台的垄断也会阻碍其他竞争者参与竞争，减少其获得公平竞争的机会。必需设施理论的价值在于通过政府管控维护市场的公平竞争，不足在于设施的开放降低了设施开发者投资的动力，而这一冲突也决定了在本地生活平台要用审慎的态度合理适用这一理论。

2. 必需设施理论与本地生活平台治理规则的冲突与调和

2021 年，国家市场监督管理总局依法对腾讯违法实施经营者集中行为作出行政处罚决定，其中提及腾讯应当不断完善平台内部治理规则，按照公平、合理、无歧视原则与其他经营者合作。[92] 同年，国家市场监督管理总局又在对美团的行政处罚决定书中提出，要规范企业竞争行为，不得利用平台规则滥用市场支配地位，排除、限制其他竞争者参与市场竞争。由此可知，在市场竞争中，平台内部规则存在不合理使用限制、排除竞争可能性，因而厘清平台内部规则

〔92〕 参见国家市场监管总局(2021)67 号行政处罚决定书。

的边界，有利于市场公平竞争。

根据《反垄断法》第22条的规定，具有市场支配地位的平台经营者在实施拒绝交易行为时，应当具备合理的理由。以徐某青与腾讯科技滥用市场支配地位纠纷案为例，[93]徐某青因投稿带有商业宣传性质的表情包未被微信审核通过，请求法院认定微信滥用市场支配地位构成拒绝交易。对此，最高人民法院提出：一是互联网具有动态竞争性，市场份额并不能作为市场支配地位的唯一认定条件；二是平台经营者有权制定合理的平台内部规范，规制平台使用者的行为，从而提高平台经营者与平台用户的长远利益。最高人民法院认定微信对表情的审核行为具有合理性的裁定也从侧面反映出：具有市场支配地位的平台存在合法垄断的可能性，推行必需设施理论的适用也应当存在例外情况。

随着新冠肺炎疫情的暴发，本地生活平台以“线上线下一体化发展”的商业模式开始转向“线上为主线下为辅”的模式。实体经济的不景气，反而刺激了线上本地生活的数字化进程，以阿里系、腾讯系等为首的本地生活行业增速不断上涨，所占市场份额也不断加大。但是，不断扩大的市场份额并不能直接代表其具有支配市场的力量，它仅是本地生活平台在迎合消费者需求的一项回报，是认定市场支配地位的一项指标。本地生活平台作为一个功能性平台，强调的是自主经营空间与商业生态化，以提供机遇吸引商家，又以商家入驻为消费者提供服务形成供需一体化的市场优势。不过，本地生活平台的优势也恰恰是其可能适用必需设施理论的基础，因为本地生活平台一旦做出拒绝交易的行为，可能会导致被拒绝者失去与其竞争对手站在同一起跑线的机会，损害被拒绝者参与公平竞争的权利。

本地生活平台依托于大型互联网平台，在获取用户地理位置为前提的条件下，通过对用户偏好进行大数据分析，为用户精准投放其所需内容，其背后蕴藏的是一个行业繁荣兴盛的命脉。“微信封禁飞书”涉及的是平台的宣传推广服务，而本地生活平台的开放则更多涉及的是数据共享服务。以哈啰本地生活平台为例，其《哈啰生活平台用户协议》中便规定禁止用户采用未经哈啰生活所认

---

[93] 参见最高人民法院（2017）最高法民申4955号民事裁定书。

可的程序或者非正常浏览等技术手段获取内容数据的行为,[94]《哈啰生活服务隐私保护政策》中也提及并不会与哈啰生活以外的主体共享用户信息。[95] 哈啰本地生活的内部条款符合我国现行对个人信息保护的相关法律法规,其出发点在于维护用户的个人隐私权,具有合理性。若强行采用必需设施理论开放哈啰本地生活平台,不仅会令消费者隐私信息透明化,而且会损害哈啰本地生活平台利用数据创新的积极性。除此之外,目前所流行的口碑、大众点评等本地生活平台主要得益于天时、地利与人和,由于互联网市场竞争的时效性与动态性,它们完全有被哈啰本地生活等新兴本地平台取代的可能性。综上而言,必需设施理论虽然以维护公平竞争为出发点,也应该从审时度势的视角出发。

必需设施理论与本地市场平台内部边界应协调审慎适用。本地生活平台具有可替代性,但是其背后所涉及的商业逻辑却具有不可替代性。微信以抖音违反《微信外部链接内容管理规范》拒绝开放接口的行为并不同于微信拒绝"徐某青上架表情包"的行为。微信在国内具有广泛的群众性,徐某青可以借助微信公众号发布自己的表情,以起到同样的宣传效果,而抖音在微信以外的渠道发展,则会令抖音失去一种公平竞争的宣传机会。因此,以平台内部的规则实施拒绝交易行为具有一定的商业合理性,但这并不意味着平台具有制定内部边界的绝对自由。与此同时,引入必需设施理论虽然具有一定的可行性,但是也要尊重市场竞争的自由,赋予设施拥有者合理拒绝的权利。

(二)本地生活数据适用必需设施理论的可行性

本地生活服务市场,是指一系列能够提供本地城市餐饮、美容美发、休闲娱乐、健身医疗等服务的应用程序搭建的平台市场。该市场通过整合线下经营者的资源,以"网店"形式展现给移动互联网用户,实现产品直接上门服务的目标;同时该市场也能为用户提供方便快捷、全面的经营者信息,促成消费者完成线下消费,为线下经营者提供免费的推广渠道。典型的本地生活服务软件,包括

---

〔94〕 参见《哈啰生活服务平台用户协议》,载 https://m. hellobike. com/ebike - h5/latest/article. html? guid = ce4a5b7b61f04b63b38ca8ef66b67dd5。

〔95〕 参见《哈啰生活服务隐私保护政策》,载 https://m. hellobike. com/ebike - h5/latest/article. html? guid = 8fb567d460734938ac01074d411d6d92。

美团、大众点评、饿了么、社区团购等。

随着数字经济的到来，互联网企业改变了传统获取市场力量的竞争模式，平台利用网络效应积累庞大的用户群体并收集用户留下的海量行为数据。但单条数据的价值可以忽略不计，只有互联网企业收集到数以百万、千万甚至亿计的海量数据，并将其加以整合和统筹，才能最大化发挥数据背后的经济价值，刻画出更加完整和精确的用户画像，提供更优质的产品和服务。互联网巨头企业因为先发优势已经积累到海量数据，并投入了大量的资金和成本，因此开放数据将会损害创新和投资激励；另外，禁止数据开放将会形成数据孤岛的局面，数据背后的经济价值也将难以得到最大程度的发挥。因此，数据能否适用必需设施理论让第三人获取数据访问权，成为一大争议焦点。

如果在个案中数据构成必需设施，拥有数据的平台必须将数据向第三方开放。但是数据的特殊之处在于：第一，我国法律没有规定数据的权属，虽然它产生于消费者，但实践中我们倾向认为数据的财产性利益归属于数据处理者一方；第二，用户数据会涉及个人信息和个人隐私，如果数据使用不当，则可能侵害用户权利，因此企业在对相关数据进行处理时，必须考虑这一点；第三，如果平台确实要向第三方开放自己所掌握的数据，是否具有可行性，换句话说，第三方可否依据必需设施理论要求拥有数据的平台向其开放数据。上述三点无疑是我们将数据认定为必需设施所要考虑的问题。

1. 以数据权利归属作为必需设施理论适用的前提

之所以首先探讨数据的归属问题，原因在于它关系着本地生活平台对所收集的数据处理是否具有正当性，也即其取得是否要获得用户授权以及对第三方访问数据进行处理的行为是否具有合法性。我国《民法典》第 127 条规定：“法律对数据、网络虚拟财产的保护有规定的，依照其规定。”但是，当前现行的法律规范对于数据的权属问题尚属立法空白。虽然《深圳经济特区数据条例（征求意见稿）》曾经明确规定个人数据归个人所有，[96]而公共数据归国家所

〔96〕 参见《深圳经济特区数据条例（征求意见稿）》第 11 条第 1 款规定：自然人对其个人数据依法享有数据权，任何组织或者个人不得侵犯。

有,[97] 但由于争议较大,上述规定在正式通过的《深圳经济特区数据条例》中被删去,使相关问题在立法上仍属于未决事项。

目前,学术界就数据权属问题的讨论可以归纳为以下五种观点:第一,数据归个人所有;第二,数据属于平台;第三,数据为个人和平台共有;第四,数据归公众所有;第五,数据属于国家所有。[98] 在司法界,法院虽然没有明确数据的权利归属,但是对于数据背后的财产性权益倾向归属于数据开发平台。比如,在"大众点评诉爱帮网站案"[99]"大众点评诉百度地图案"[100] 中,审判法院均认可原数据收集方为数据的收集、整理和运用付出了人力、物力和财力等经营成本,属于其劳动成果,由此产生的利益应当受法律保护。在"淘宝诉美景案"中,[101] 一审法院进一步指出:"单个网上行为痕迹信息的经济价值十分有限,在无法律规定或合同特别约定的情况下,网络用户对此尚无独立的财产权或财产性权益可言。但网络数据产品不同于网络原始数据,数据内容经过网络运营者大量的智力劳动成果投入,通过深度开发与系统整合,最终呈现给消费者的是与网络用户信息、网络原始数据无直接对应关系的独立的衍生数据,可以为运营者所实际控制和使用,并带来经济利益。网络运营者对于其开发的数据产品享有独

[97] 参见《深圳经济特区数据条例(征求意见稿)》第 21 条规定:公共数据属于新型国有资产,其数据权归国家所有。深圳市政府代为行使区域内公共数据的数据权,授权市数据统筹部门制定公共数据资产管理办法并组织实施。

[98] 参见丁晓东:《数据到底属于谁?——从网络爬虫看平台数据权属与数据保护》,载《华东政法大学学报》2019 年第 5 期;张玉洁:《国家所有:数据资源权属的中国方案与制度展开》,载《政治与法律》2020 年第 8 期。

[99] 参见北京市海淀区人民法院(2010)海民初字第 24463 号民事判决书。一审法院认为:"大众点评网的商户简介和用户点评,是汉涛公司搜集、整理和运用商业方法吸引用户注册而来。汉涛公司为此付出了人力、财力、物力和时间等经营成本,由此产生的利益应受法律保护。"

[100] 参见上海市浦东新区人民法院(2015)浦民三(知)初字第 528 号民事判决书及上海知识产权法院(2016)沪 73 民终 242 号民事判决书。一审法院认为:"点评信息是汉涛公司的核心竞争资源之一,能带来竞争优势,具有商业价值;而且汉涛公司为运营大众点评网付出了巨额成本,网站上的点评信息是其长期经营的成果。"二审法院认可一审法院的判决结果,并表示:"大众点评网上用户评论信息是汉涛公司付出大量资源所获取的,且具有很高的经济价值,这些信息是汉涛公司的劳动成果。百度公司未经汉涛公司的许可,在其百度地图和百度知道产品中进行大量使用,这种行为本质上属于未经许可使用他人劳动成果。"

[101] 参见杭州铁路运输法院(2017)浙 8601 民初 4034 号民事判决书及浙江省杭州市中级人民法院(2018)浙 01 民终 7312 号民事判决书。

立的财产性权益。”由此可见，法院认可数据产品的独立财产性权益归属于原数据开发平台所享有。

针对数据资源的权属问题，有学者建议根据数据是否具有直接识别特定主体的功能，将其分为“敏感个人数据”与“普通个人数据”，在此前提下讨论数据的归属问题。这与《个人信息保护法》划分个人信息的类别方式一致。其建议将“普通个人数据”的权属分配给平台与用户共有，而将“敏感个人数据”仅归属于用户个人。[102] 这样的做法有利于降低平台收集数据的交易成本，激励其利用数据资源创造更大的价值，同时能更好地保护数据背后潜藏的用户个人隐私的人格权问题，防止企业片面逐利而侵害用户个人隐私。除此之外，也有学者建议借助自物权—他物权和著作权—邻接权的权利分割思想，根据不同主体对数据形成的贡献来源和程度的不同，设定数据原发者拥有数据所有权与数据处理者拥有数据用益权的二元权利结构，以实现数据财产权益分配的均衡，既体现了对用户作为数据权源的尊重，也为平台的前期投入提供了转化为生产力的可能。[103]

综上所述，不论用户数据资源权利归属于谁，基于“额头出汗原则”，[104] 能让平台企业获取相应报酬，以鼓励投资和创新，同时能兼顾对用户个人隐私的保护，遵循比例原则。正是因为个人信息背后具有人格权和财产权的双重属性，才让数据适用必需设施理论变得更为复杂。因此，将数据产品的财产权归属于企业能兼顾平台方的利益，但需要按照法律规定要求企业采取必要的技术手段保护用户个人隐私，否则将需承担侵权责任或由执法机关进行行政处罚。

2. 平台对数据的开放共享须以个人信息保护法为指引

《个人信息保护法》第 4 条第 2 款规定：“个人信息的处理包括个人信息的收集、存储、使用、加工、传输、提供、公开、删除等。”个人数据是个人信息的表现形式，平台在处理个人数据的时候，会不可避免地触及个人信息的内容。因为

---

〔102〕 参见黄锫：《大数据时代个人数据权属的配置规则》，载《法学杂志》2021 年第 1 期。

〔103〕 参见申卫星：《论数据用益权》，载《中国社会科学》2020 年第 11 期。

〔104〕 额头出汗原则（sweat of the brow），也称辛勤原则，是一条知识产权法律原则，与著作权法联系紧密。根据该法律原则，作者通过创作（如数据库、通讯录）付出了劳动，就可获得著作权，并不一定需要真正的创造或“原创性”。

个人信息又可分为敏感个人信息与普通个人信息，是以平台对于不能直接识别到特定个人的普通个人信息与敏感个人信息进行处理时应有所分别。《个人信息保护法》作为数据领域的三部基础性法律之一，对于平台处理个人信息的行为也给出了相应的指导规范。

第一，《个人信息保护法》第 4 条第 1 款规定："个人信息是以电子或者其他方式记录的与已识别或者可识别的自然人有关的各种信息，不包括匿名化处理后的信息。"是故，平台在处理个人信息之前，应当对数据字段进行加密处理，实现数据的匿名化和去标识化，以保证加密过后的数据难以识别到特定个人，且在一定成本范围内难以将其复原，尽可能防范数据被盗取、泄露后对用户造成的伤害最小化。

第二，遵循《个人信息保护法》第 5 条至第 9 条规定的处理个人信息的原则，如平台应当遵循合法、正当、必要和诚信的原则，合目的性原则，比例原则，便民原则，等等。

第三，知情同意原则是本地生活平台处理数据的合法性基础，根据法律规定〔105〕，平台处理个人信息需要取得个人同意，或为履行合同、法定职责或义务所必需，或为保护生命健康和财产安全所必需以及基于公共利益所必需而处理个人信息。甚至认定平台获得的个人同意有效性时，可以考虑用户个人的同意能力、知情程度、自愿程度、明确程序及形式要件等因素。

第四，《个人信息保护法》专门规定了"敏感个人信息"的处理规则，〔106〕其泄露或者被非法使用以后的后果将比普通个人信息更为严重，因此对其使用的条件规定更为严苛。对于敏感个人信息的使用除了取得用户个人同意以外，还必须基于特定的目的和充分的必要性。

第五，保障用户对个人信息的支配性和救济性的权利。比如，知情权，决定权，查阅权，复制权，更正补充权，删除权，解释说明权，向国家机关投诉、举报的权利等。〔107〕

---

〔105〕 参见《个人信息保护法》第 13 条和第 14 条。

〔106〕 参见《个人信息保护法》第 28 条至第 32 条。

〔107〕 参见《个人信息保护法》第 44 条至第 50 条。

第六，如前文所述，并非所有的数据处理活动都会侵犯个人隐私，如购买记录、出行记录、网页浏览痕迹等个人信息的泄露，相较于身份证、电话号码、家庭住址这样的信息泄露后遭到非法使用对个人权益的侵害程度应当是不同的。对此《个人信息保护法》规定了个人信息处理者的义务，例如，针对个人信息进行分级分类管理制度、制订安全事件应急预案等不同的保护手段。

3. 必需设施理论指导下第三方访问平台数据的可行性

《关于平台经济领域的反垄断指南》第 14 条规定：控制平台经济领域必需设施的经营者拒绝与交易相对人以合理条件进行交易，排除限制竞争，构成拒绝交易。首先应当解决，数据能否构成必需设施。2020 年 11 月 10 日，国家市场监督管理总局发布《关于平台经济领域的反垄断指南（征求意见稿）》中对相关数据是否构成必需设施有专门规定，[108]但在正式颁行的《关于平台经济领域的反垄断指南》将该款删除，而是将“平台占有数据情况”作为衡量平台是否构成必需设施的一项指标。[109]

但数据是否可以成为必需设施，应当考虑数据必须是经营者参与竞争必不可少的要素，且拥有数据的平台拒绝开放数据将会产生排除、限制竞争的后果。首先，数据是不是参与竞争的经营者所必不可少的要素，我们可以从数据的可替代性进行分析。虽然数据具有非竞争性，但是由于互联网的网络效应和规模经济的双重作用，让市场先行进入者将会获得先发优势，拥有庞大规模的用户群体并收集到海量的用户数据。数据的经济价值就在于其规模和处理的核心算法技术，因此数据规模将会成为新兴企业进入市场的第一个壁垒，使新兴企业难以进入市场或者难以获得市场份额。其次，根据波特五力模型分析，[110]拒

---

[108] 《关于平台经济领域的反垄断指南》（征求意见稿）第 14 条第 3 款规定：认定相关数据是否构成必需设施，一般需要综合考虑数据对于参与市场竞争是否不可或缺，数据是否存在其他获取渠道，数据开放的技术可行性，以及开放数据对占有数据的经营者可能造成的影响等因素。

[109] 《关于平台经济领域的反垄断指南》第 14 条第 2 款规定：认定相关平台是否构成必需设施，一般需要综合考虑该平台占有数据情况、其他平台的可替代性、是否存在潜在可用平台、发展竞争性平台的可行性、交易相对人对该平台的依赖程度、开放平台对该平台经营者可能造成的影响等因素。

[110] 波特五力模型是由迈克尔·波特于 20 世纪 80 年代初提出，其认为行业中存在五种力量决定竞争规模和程度，分别为同行业内现有竞争者的竞争能力、潜在竞争者进入的能力、替代品的替代能力、供应商的讨价还价能力与购买者的议价能力。

绝开放数据是否会产生排除、限制竞争的后果。第一,在本地生活领域,由于互联网企业的特殊性,数据规模作为一个高门槛将会进一步强化现有经营者的市场力量,而将潜在竞争者拒之门外;第二,如果禁止第三方访问数据的权限,第三方表面上通过自行收集的方式获得的数据可以替代其他企业已经收集到的数据,但数据的经济价值主要在于数据的规模和算法分析能力,因此,不同的互联网企业得出的数据产品质量将会参差不齐;第三,数据的供应者是用户个人,而单条信息的价值是微不足道的,同时在实践中用户往往通过同意平台制定的服务协议的方式,将数据的处理使用权限授权给平台,如若不然,则将无法使用该平台提供的服务,可见用户之于平台,仍然处于劣势地位;第四,数据的购买者往往也是难以获得数据的经营者,其市场地位相对劣势也是不言而喻的。综上所述,数据作为必需设施是满足其构成要件的,只是数据背后涉及侵害用户个人隐私的风险及互联网市场多方主体利益分配不均,使在适用该理论时需要更加谨慎。

根据爱迪斯企业生命周期理论,新兴的市场经营者由于处于发展的孕育期或是婴儿期,以满足市场需求为企业发展的首要目标并投入大量资金,让企业快速发展。在本地市场中,想要获得数据的第三方往往是难以获得数据或者收集数据规模较小的新兴企业,其获取其他平台数据访问权的动力就在于:第一,为了企业的生存和发展,需要尽快定位消费者的喜爱和偏好,从而满足市场需求,获取市场份额;第二,减少自己前期投入成本,有利于新兴企业在前期的存活。对于处于巅峰期或是成熟期的企业而言,虽然已经拥有了庞大的市场份额和市场规模,但巅峰期和成熟期也意味着是企业走向衰败的开端。如果在此之际,企业不能积极主动防范各种风险,整个企业将不可避免地走向衰败和解体。这或许也能解释为什么互联网巨头企业不愿意将自己的数据向其他平台开放,让其搭便车不用付出任何劳动就能获得前期生产出的劳动成果,甚至为了巩固自己已经获取的市场力量,不惜猎杀市场现有的或者潜在的经营者。

但是,企业如果开放数据,允许第三方访问自己的数据,并非会抑制市场竞争的投资激励和创新激励。

第一,如前文所述,数据后续的算法处理能力也是数据经济价值最大化的